MADAME DE STAËL

ET

NAPOLÉON

Cet ouvrage a été déposé au ministère de l'intérieur (section de la librairie) en novembre 1902.

PARIS. TYP. PLON-NOURRIT ET Cⁱᵉ, 8, RUE GARANCIÈRE. — 3090.

Madame de Staël en 1816

d'après une miniature appartenant à M. le Duc de Broglie

Plon-Nourrit & C.ie Edit

PAUL GAUTIER

MADAME DE STAËL

ET

NAPOLÉON

Orné d'une héliogravure

PARIS

LIBRAIRIE PLON

PLON-NOURRIT ET Cᵉ, IMPRIMEURS-ÉDITEURS

8, RUE GARANCIÈRE — 6ᵉ

1903

A

MONSIEUR ALBERT VANDAL

DE L'ACADÉMIE FRANÇAISE

Respectueux hommage

PRÉFACE

« Je suis loin d'avoir toujours vu Napoléon sous le
même aspect où il m'apparaît aujourd'hui. *Mes opinions ont fait route avec lui.* »

Ce mot de Mme de Rémusat pourrait servir d'épigraphe à ce livre. Il pourrait se trouver dans *Dix années
d'exil* ou dans les *Considérations sur la Révolution française*.
Il ne s'y trouve pas. S'il en faut croire Mme de Staël,
après avoir payé au héros de Rivoli et d'Arcole le juste
tribut d'admiration que méritait son génie, elle a tout
aussitôt deviné en lui le tyran futur; elle a vu « Napoléon percer sous Bonaparte »; elle a versé des larmes
au 19 brumaire sur le sort de la liberté; elle s'est armée
de pied en cap pour la défendre, et, pendant quinze
années, elle a soutenu le bon combat, sans défaillance,
sans faiblesse; persécutée, errante, elle a été dans le
grand silence de l'Europe captive, la voix qui s'élève
au nom des plus nobles intérêts de l'humanité, de la
liberté, de l'enthousiasme, de la morale...

C'est dans cette attitude qu'elle a voulu paraître aux regards de la postérité. A la postérité il appartient de rechercher si le portrait est de tout point conforme à l'original. On connaît le célèbre tableau de Gérard, qui représente Mme de Staël coiffée du turban, les yeux brillants du feu de l'inspiration, tenant à la main la légère branche de feuillage dont elle occupait ses doigts, quand elle charmait de son éloquence son auditoire attentif. C'est Mme de Staël, sans doute, mais Mme de Staël telle qu'elle apparaît au visiteur de passage, dans le grand salon de Coppet, ou en 1814 aux fameuses réunions de Clichy. Ce portrait est trop académique ; il y manque un peu l'abandon, la fièvre, la passion, la vie, que sais-je ? Delphine, Corinne. Il y eût perdu en noblesse peut-être ; il eût gagné en vérité.

Il en est de même de l'attitude que Mme de Staël s'est composée à l'égard de Bonaparte. Comme le portrait de Gérard, elle laisse de parti pris tout un côté dans l'ombre : les petits intérêts, les maladresses, le dépit, la rancune, l'intrigue, les faiblesses de toutes sortes. Puis, ce tableau — je parle des *Considérations* — est composé à distance et de souvenir ; la lutte est terminée ; l'ennemi vaincu est enchaîné dans son île lointaine. Mme de Staël a-t-elle su résister au désir auquel d'autres ne résistent guère ? Ne s'est-elle pas donné le facile plaisir de prévoir après coup tout ce qu'elle n'a pas pressenti à l'origine ? N'a-t-elle pas voulu se faire pardonner certaines défaillances ? Elle a tout oublié, coquetterie, enthousiasme, illusions; il n'est resté d'elle que la Némésis vengeresse.

Loin de nous la pensée de rabaisser cette femme illustre! Elle reste un très grand talent — réservons le mot de génie — et un très noble cœur. Elle a réellement beaucoup souffert, souvent par sa propre faute, et souvent aussi victime de la tyrannie, victime surtout des temps où elle vivait, de la lutte sans merci engagée entre la France révolutionnaire et impériale et l'Europe monarchique. Elle s'est souvent trompée; elle a été parfois injuste envers Napoléon, envers la France même. Elle est femme, et très passionnée : très clairvoyante quand rien ne trouble son jugement, très aveugle quand la passion l'égare.

Faire une enquête impartiale, raconter cette longue querelle, qui intéresse non seulement la femme la plus célèbre et le plus grand héros du siècle passé, mais aussi, par l'importance du conflit, l'humanité tout entière, faire œuvre de psychologue et de moraliste autant que d'historien, telle a été notre ambition; tel est le but que se propose ce livre.

Les sources principales où nous avons puisé les documents originaux, inédits pour la plupart, qui nous ont servi à écrire cet ouvrage, sont : 1° les Archives du château de Broglie; 2° les Archives de Coppet; 3° les Archives nationales; 4° les Archives du

ministère des Affaires étrangères ; 5° le manuscrit inédit de Mme de Staël, légué à la Bibliothèque nationale
par Mme Lenormant.

Nous adressons ici notre hommage de respect et
de profonde reconnaissance à la mémoire du duc de
Broglie, qui a consenti, en 1899, à nous recevoir à
Broglie et à nous communiquer, par une rare faveur,
un grand nombre de lettres intéressantes adressées
à Mme de Staël, en particulier celles de Joseph Bonaparte, de Chateaubriand, de Talleyrand, etc. Son fils
aîné nous a continué cette bienveillance et nous lui en
adressons nos respectueux et sincères remerciements.
M. d'Haussonville a mis à notre disposition les manuscrits du livre *De l'Allemagne*, qui sont à Coppet,
et a autorisé M. Albert Vandal à nous communiquer
les lettres inédites de Necker à sa fille pendant la
période du Consulat, qui proviennent des Archives
de Coppet : nous remercions M. d'Haussonville et
M. Albert Vandal.

Aux Archives des Affaires étrangères, nous avons
découvert un grand nombre de dépêches concernant
Mme de Staël, en particulier celles de M. de Cabre,
notre chargé d'affaires en Suède en 1812-1813, qui
montrent sous un jour très curieux le rôle de Mme de
Staël auprès de Bernadotte. Aux Archives nationales,
nous avons pu consulter les nombreux rapports de
police qui concernent Mme de Staël et compléter
par de nouveaux documents ceux déjà publiés par
M. Welschinger dans son ouvrage *La Censure sous*

le Premier Empire. MM. Aulard et Dejob ont bien voulu
nous aider de leurs conseils et de leurs indications :
nous les en remercions, ainsi que M. C. Salomon, à
qui nous devons la traduction du très curieux passage
de Pouchkine, concernant le voyage de Mme de Staël
en Russie.

Enfin, parmi les nombreux ouvrages que nous
avons consultés, il est juste de distinguer le livre
si consciencieux de lady Blennerhassett, qui reste,
malgré quelques erreurs, la plus abondante source
d'informations sur Mme de Staël, et les pénétrantes
études de MM. Émile Faguet, Albert Sorel et Charles
Dejob.

MADAME DE STAËL

ET

NAPOLÉON

CHAPITRE PREMIER

Quand le général Bonaparte débarqua à Paris le 15 frimaire an VI (5 décembre 1797) pour remettre entre les mains du Directoire le traité de Campo-Formio, il envoya un de ses aides de camp demander à M. de Talleyrand, qui était alors ministre des Relations Extérieures, à quelle heure il pourrait se présenter chez lui. Talleyrand répondit avec empressement qu'il l'attendrait le lendemain à onze heures du matin; et, de suite, il fit prévenir Mme de Staël, son amie, de se trouver au rendez-vous.

Celle-ci brûlait d'impatience de contempler les traits du jeune général en chef de l'armée d'Italie. Il revenait couronné des lauriers de la victoire; il était, à vingt-huit ans, le premier homme de guerre de l'Europe; on vantait son courage, son désintéressement, son amour de la liberté. Il aimait les philosophes et les poètes ; Garat disait qu'il était lui-même « un philosophe à la tête des armées ». Il lisait Ossian, qui plaisait à sa nature rêveuse, et « sem-

1

blait le détacher de la terre (1) ». Il dédaignait le faste,
vivait simplement, se dérobait aux ovations, qui gênaient
sa modestie. Bref, il semblait un héros de Plutarque destiné à donner aux temps modernes un exemple des vertus
antiques.

La renommée du général Bonaparte avait enflammé
l'imagination romanesque de Mme de Staël. Elle n'avait
pas attendu son arrivée à Paris pour lui exprimer son
enthousiasme. Elle aimait la gloire : c'était la passion de
son âme; toute célébrité était pour elle un aimant auquel
elle ne pouvait résister. Elle avait écrit en Italie plusieurs
lettres au jeune général, sans le connaître (2). Il était à
la fois, disait-elle, « Scipion et Tancrède, alliant les
vertus simples de l'un aux faits brillants de l'autre. » Il
semble même qu'elle ait dépassé les termes ordinaires de
l'admiration. Bonaparte était très épris de sa femme,
et Mme de Staël lui aurait écrit que c'était une « mons-
truosité que l'union du génie à une petite insignifiante
créole, indigne de l'apprécier ou de l'entendre (3) ».

---

(1) Discours de Talleyrand à la réception solennelle du Luxembourg.

(2) Quatre ou cinq lettres. Ce fait, rapporté dans le *Mémorial*, semble
ne pouvoir être mis en doute, si l'on rapproche le passage du *Mémorial*
(chap. VIII) de cet extrait d'une lettre que le général Bertrand écrit après
la mort de Napoléon au roi Joseph, à Londres (6 octobre 1821) : « Il
paraîtrait que les papiers que vous aviez n'ont pas été brûlés. Je pré-
sume donc que vous avez la correspondance avec les souverains, et en
conséquence je vous engage à la faire imprimer... Si vous avez ces pièces,
voyez : *il doit y avoir quatre ou cinq lettres de Mme de Staël*, qu'elle lui a
écrites en Italie, et qu'il désire qu'on imprime. Nous n'avons jamais pu
avoir son dernier ouvrage, de sorte que l'Empereur n'a pu y répondre. »
(Du Casse, *Mémoires du roi Joseph*, t. X, p. 269.) La famille de Mme de
Staël fit-elle des démarches auprès du roi Joseph, ou celui-ci, qui avait
été fort lié avec Mme de Staël, se refusa-t-il à exécuter cette dernière
volonté de son frère? Toujours est-il que les lettres ne furent pas publiées.

(3) *Mémorial de Sainte-Hélène.* — Cf. BOURRIENNE, *Mémoires*, t. VI. — Bou-
rienne déclare qu'il a souvent été témoin des avances que Mme de Staël
faisait au Premier Consul et même au général en chef de l'armée d'Italie.
Il parle de ces lettres enthousiastes, dont Bonaparte lui lisait des fragments en riant et disant : « Bourrienne, concevez-vous rien à toutes ces
extravagances? Cette femme-là est folle! » Et encore : « Eh bien, oui! Une

Admettons que Bonaparte ait exagéré plus tard à dessein les termes de cette lettre. Il n'est guère douteux que le sentiment ait existé.

Plus tard, quand Augereau vint à Paris au 18 Fructidor, envoyé par Bonaparte pour sauver la République, Mme de Staël l'interrogea avidement sur son héros. Aimait-il bien la liberté? On parlait de son ambition; elle demanda s'il était vrai qu'il songeât à se faire roi de Lombardie (1); la réponse d'Augereau fut admirable : « Non, assurément, dit-il, c'est un jeune homme trop bien élevé pour cela ! » Bonaparte avait contribué à sauver la République, comme Mme de Staël elle-même, qui avait conseillé, approuvé le coup d'État du 18 Fructidor. Comme Mme de Staël aussi, il avait gémi de cette cruelle nécessité; il avait écrit à Talleyrand : « C'est un grand malheur pour une nation de 30 millions d'habitants, et au xviiiᵉ siècle, d'être obligée d'avoir recours aux baïonnettes pour sauver la patrie (2). » Comme Mme de Staël, il était épris de la liberté. Il était, comme elle le disait, « le meilleur républicain de France, le plus libre des Français (3). » Il demandait à ce même Talleyrand de lui envoyer une commission de publicistes pour organiser l'Italie libre (4); et quel nom se présentait à son esprit? Celui de Benjamin Constant, l'ami intime, le confident, l'*alter ego* de Mme de Staël (5).

Il est certain que jamais admiration ne fut plus vive que celle qu'éprouvait alors Mme de Staël pour le général

femme bel esprit, une faiseuse de sentiment, se comparer à Joséphine! Bourrienne, je ne veux pas répondre à de pareilles lettres. »
(1) *Considérations sur la Révolution française*, IIIᵉ partie, chap xxiii.
(2) *Correspondance de Napoléon*, t. III, lettre du 19 septembre 1797.
(3) BLENNERHASSETT, *Madame de Staël et son temps*, lettre à Meister, 24 juillet 1797.
(4) *Correspondance*, 1ᵉʳ octobre 1797.
(5) Lettre de Talleyrand du 2 octobre : « Je sais que le nom de Benjamin Constant s'est présenté à votre esprit. »

Bonaparte. Celui-ci d'ailleurs la ménageait. Il sentait en elle une puissance, et, tout en étant importuné de l'excès parfois gênant de son enthousiasme, il se gardait bien de la décourager.

Enfin, il arrivait. Son voyage à travers la Suisse avait été une vraie marche triomphale. Les habitants se pressaient sur les routes, les municipalités le haranguaient, le canon tonnait en son honneur (1). Lui, toujours modeste, se dérobait à ces hommages.

Avertie par Talleyrand, Mme de Staël courut au ministère. Bonaparte devait se présenter à onze heures. Dès dix heures, elle était dans le salon de Talleyrand. On annonça le général. Talleyrand s'empressa au-devant de lui. Bonaparte entra, petit, mince, pâle, l'air fatigué (2). Mais « vingt batailles gagnées vont si bien à la jeunesse, à un beau regard, à la pâleur et à une sorte d'épuisement » ! En traversant le salon, Talleyrand lui nomma Mme de Staël. Il fit « peu d'attention » à elle, dit Talleyrand. Pourtant, il eut un mot aimable, qui toucha la fille de Necker; il lui dit qu'il avait cherché son père à Coppet (3), qu'il regrettait d'avoir passé en Suisse sans le voir. Et tout de suite, il se tourna vers Bougainville, qui était là avec quelques personnes, comme s'il eût craint un plus long entretien avec elle. Elle resta troublée, muette pour la première fois de sa vie. Elle sentait une gêne étrange, cette « difficulté de respirer », qu'elle n'avait jamais éprouvée en présence d'un autre homme.

Bonaparte entra dans le cabinet du ministre. Quand il en sortit, le salon était rempli de monde. Il dit à haute

---

(1) A son entrée à Bâle notamment.
(2) Il écrivait à Talleyrand le 1ᵉʳ octobre 1797 : « Je puis à peine monter à cheval; j'ai besoin de deux ans de repos. »
(3) *Considérations*, IIIᵉ partie, chap. xxvi.

voix : « Citoyens, je suis sensible à l'empressement que
vous me montrez; j'ai fait de mon mieux la guerre et de
mon mieux la paix. C'est au Directoire à savoir en profiter
pour le bonheur et la prospérité de la République. » Ces
paroles modestes semblèrent de bon augure; on sut gré
au génie de déposer ses lauriers sur l'autel de la Patrie.

Telle fut la première entrevue de Mme de Staël avec
Bonaparte. Il était évident qu'une lutte curieuse allait s'engager entre ces deux personnages, l'un essayant de dominer l'autre, et l'autre se dérobant sans cesse, mais avec
de brefs compliments, de légères flatteries, des formules
de politesse ennuyée. En langage d'escrime, il refuse le fer.

Elle le revit quatre jours plus tard, le décadi suivant,
20 frimaire (10 déc. 1797), quand il fut reçu par le Directoire en audience solennelle, dans la cour du Luxembourg.
Au fond de la cour se dressait l'autel de la Patrie, décoré
de trophées de drapeaux, conquis par l'armée d'Italie.
Les Directeurs attendaient en costume romain; parmi la
foule élégante, impatiente d'acclamer le héros de la fête,
étaient Mme Récamier et Mme de Staël (1). Une musique
jouait des airs patriotiques. Bonaparte arriva, simplement
vêtu, « suivi de ses aides de camp, tous d'une taille plus
haute que la sienne, mais presque courbés par le respect. »
Il fut couvert d'applaudissements. Talleyrand prit le premier la parole, célébra « cet amour insatiable de la patrie
et de l'humanité », à qui le général devait ses glorieuses
victoires, son dédain du faste, son goût pour la poésie
d'Ossian. Il ajouta : « Ah ! loin de redouter ce qu'on voudrait appeler son ambition, je sens qu'il faudra peut-être
le solliciter un jour pour l'arracher aux douceurs de sa

(1) *Considérations*, III⁰ partie, chap. XXVI. Mme de Staël n'était pas alors
en relations avec Mme Récamier. Ce ne fut qu'à la fin de 1798 qu'elle se
lia avec elle. (*Mémoires de madame Récamier.*)

studieuse retraite. La France entière sera libre ; peut-être
lui ne le sera jamais. Telle est sa destinée. »

Le général Bonaparte répondit brièvement, en remet-
tant au Directoire le traité de paix signé à Campo-Formio.
Puis, ce fut le tour de Barras de le féliciter au nom du
Directoire. « Votre cœur, lui dit-il, est le temple de l'honneur républicain. » Et, le discours fini, tous les Directeurs
l'embrassèrent. Cependant éclatait l'hymne de Chénier :

> Tu fus longtemps l'effroi, sois l'honneur de la terre,
>   Ô République des Français!
> Que le chant des plaisirs succède aux cris de guerre ;
>   La victoire a conquis la paix.

Comment Mme de Staël n'eût-elle pas partagé l'ivresse
générale ? Elle s'en est défendue plus tard. Mais qui donc
alors n'admirait pas Bonaparte ? Assurément, celle qui
portait dans tous ses sentiments une passion incroyable
ne fut pas la dernière à poursuivre de ses hommages le
général Bonaparte.

Elle eut pour lui une « espèce de culte » (1). Elle le
« harcela », dit le *Mémorial*. Le mot est juste : dans les
dîners, les bals, les réceptions officielles, elle fut là, le
couvant de ses regards. Elle l'invite à un bal chez elle : il
ne vient pas (2). Elle eût été bien aise d'accaparer cette
jeune gloire. Le malheur était que Bonaparte s'y refusait
poliment, mais énergiquement. Il avait pour cela deux
raisons. D'abord, il n'aimait pas ce genre de femmes,
intrigantes, ambitieuses ; il n'aimait dans la femme que
les qualités vraiment féminines : la beauté, la douceur, la
grâce. Il devinait que Mme de Staël voulait le faire servir
à ses projets politiques, l'enchaîner à son char ; cela pouvait plaire à Constant, ce jeune Suisse dévoré d'am-

---

(1) LACRETELLE, *Testament philosophique et littéraire*, t. II, p. 72.
(2) GOURGAUD, *Journal inédit de Sainte-Hélène*, t. I, p. 127.

bition, qui avait associé sa fortune à celle de Mme de
Staël. Il en était tout autrement du héros d'Italie.

En second lieu, Bonaparte craignait l'humeur incon-
sidérée, imprudente, de Mme de Staël. Elle compromet-
tait ses amis, et il importait beaucoup au général Bonaparte de ne pas inspirer d'inquiétude au Directoire.
Déjà celui-ci redoutait sa gloire. C'était pour calmer ses
craintes que Talleyrand avait parlé dans son discours du
peu d'ambition de Bonaparte. Le général s'appliquait,
dans ses moindres actes, à ne pas donner prise au
soupçon. Il affectait une simplicité spartiate. On disait que
sa maison de la rue Chantereine était « simple, petite,
sans luxe ». Il sortait rarement, sans suite, dans une
simple voiture à deux chevaux (1). Au théâtre, il se dissimulait au fond de sa loge, il fuyait les ovations. Il témoignait une grande déférence aux savants, aux philosophes. Il parlait mathématiques avec Lagrange et Laplace,
métaphysique avec Sieyès, poésie avec Chénier, politique avec Gallois, législation et droit public avec Daunou (2). On lui demandait en Italie ce qu'il ferait après la
victoire; il avait répondu : « Je m'enfoncerai dans une
retraite, et j'y travaillerai à mériter un jour l'honneur
d'être de l'Institut. » Et, quand il en fut nommé membre
dans la séance du 5 nivôse, il adressa au président Ca-
mus une lettre conçue en ces termes (3) : « Le suffrage
des hommes distingués qui composent l'Institut m'ho-
nore. Je sens bien qu'avant d'être leur égal, je serai longtemps leur écolier... *Les vraies conquêtes, les seules qui ne
donnent aucun regret, sont celles que l'on fait sur l'ignorance...* » Le mot parut sublime. C'était la première fois

---

(1) *Moniteur* du 19 frimaire (9 décembre 1797).
(2) *Moniteur* du 25 frimaire (15 décembre).
(3) *Moniteur* du 8 nivôse.

qu'on voyait un soldat victorieux rabaisser sa propre
gloire, s'incliner devant la science. L'Institut fut charmé,
et, avec lui, Mme de Staël.

Cependant elle ne cessait de le poursuivre. Elle l'effa-
roucha promptement; car il « ne voulait être ni observé
ni deviné (1) ». Mais il sut se contenir, resta dans les
limites d'une froide politesse. Ce serait une erreur absolue de croire qu'à ce moment le général Bonaparte
rompt en visière à Mme de Staël. Au contraire, il la ménage, mais ne se livre pas. A la fête donnée en son
honneur par Talleyrand, il paraît « une heure ou deux,
concentré, presque morose (2). » Réellement il est, au
physique, épuisé; puis il s'observe, il ne veut pas alarmer
les Directeurs. C'est ce moment que choisit Mme de Staël;
elle l'aborde au milieu d'un cercle nombreux, lui demande
quelle est, à ses yeux, la première femme du monde,
morte ou vivante. « Celle qui a fait le plus d'enfants, »
lui répond, *en souriant*, Bonaparte (3). Plaisanterie de
soldat, un peu vive peut-être, mais nullement impolie;
simple malice, que le sourire corrige. Mme de Staël l'im-
portune; il la déconcerte par ses réponses. C'est de l'escrime courtoise. Ainsi, plus tard, après Brumaire,
Mme de Staël ne s'avise-t-elle pas de lui demander devant
tout le monde (elle veut une galerie, des spectateurs) s'il
aimait les femmes. « Madame répondit Bonaparte,
j'aime la mienne! » Sur quoi Mme de Staël de s'écrier
devant Lucien : « Cette repartie est tout bonnement sublime; Épaminondas m'aurait ainsi répondu (4)! »

---

(1) Mme DE RÉMUSAT, *Mémoires*, t. II, p. 298.
(2) Mme DE CHASTENAY, *Mémoires*, t. I.
(3) NAPOLÉON, *Mémoires*, t. 1, p. 368. Cf. le *Mémorial*.
(4) IUNG, *Lucien Bonaparte et ses Mémoires*, t. II, p. 235. — Selon Lucien,
cette scène eut lieu « le soir même du 18 Brumaire ». Mme de Staël ne perdait
pas de temps. Cette poursuite acharnée de Bonaparte par Mme de Staël

Au fond, il se méfie. S'il dîne avec elle et Sieyès, s'il
sent sur lui le feu de ses regards, son visage devient
« de marbre » (1). Sieyès parle de Necker; il en parle
avec exagération, il sait que nulle flatterie n'est plus
sensible au cœur de Mme de Staël. « C'est le seul
homme, dit-il, qui ait jamais réuni la plus parfaite préci-
sion dans les calculs d'un grand financier à l'imagination
d'un poète. » Bonaparte approuve; il ajoute quelques
mots obligeants sur Necker et sur sa fille (2); mais
ce sont formules de vague politesse. Ce n'est pas tout à
fait ce que désire Mme de Staël. Elle veut dominer à tout
prix Bonaparte, et, puisqu'il résiste à sa coquetterie, elle
fonce avec impétuosité sur le terrain de la politique.
Justement, le Directoire se propose d'envahir la Suisse,
et *elle ne veut pas* qu'il l'envahisse. Elle ne veut pas, parce
que Necker est toujours inscrit sur la liste des émigrés, et qu'une loi condamne à mort tout émigré qui
reste dans un pays occupé par les troupes françaises;
elle ne veut pas, parce qu'un peuple doit conquérir
par lui-même sa liberté, non par le secours des armées
étrangères. C'est cette dernière raison qu'elle développe
à Bonaparte avec éloquence. Celui-ci l'écoute, impassible;
elle s'enflamme, elle vante le bonheur, la beauté de l'Hel-
vétie... « Sans doute, répond froidement Bonaparte, mais
il faut aux hommes des droits politiques! » Il répète :

est souvent comique par l'indiscrétion de Mme de Staël, par l'empressement de Bonaparte à éviter ses hommages. Un jour, s'il en faut croire
le *Mémorial*, Mme de Staël serait entrée à l'improviste dans sa maison,
rue Chantereine, aurait pénétré jusqu'à l'appartement de Bonaparte, et
comme celui-ci s'excusait d'être à peine vêtu : « Peu importe! lui dit-elle,
le génie n'a pas de sexe! » L'anecdote est amusante et, il faut l'avouer,
nullement invraisemblable. L'admiration de Mme de Staël prenait parfois
les formes les plus étranges, les plus embarrassantes, pour ceux qui en
étaient l'objet.

(1) *Considérations sur la Révolution française*, III⁴ partie, chap. xxvi.
(2) *Considérations, ibid.*

« Oui, des droits politiques ! » Et vite il se rejette sur l'a-
mour de la retraite, la campagne, les beaux-arts, il « prend
l'air bonhomme ». Voilà son interlocutrice encore une fois
déçue.

Bref, quand, en janvier 1798, Mme de Staël part pour
la Suisse, elle a le sentiment qu'elle n'a pu subjuguer
Bonaparte (1). Mais ce serait bien mal la connaître de
croire qu'elle y renonce. Elle est toujours enthousiaste
du « héros »; elle est séduite, troublée aussi par l'étrangeté
de cette nature; il ne ressemble à aucun des hommes
qu'elle a connus; il ne lui « rappelle » personne (2).
Raison de plus pour faire sa conquête. Il aura, comme
dit le philosophe, tout son amour ou toute sa haine.

(1) « Sa grande ambition était de subjuguer les hommes politiques et
de leur faire subir l'ascendant de ses opinions. » LACRETELLE, *Testament
philosophique et littéraire*, t. II, p. 70. Et encore : « Elle était née conquérante. C'était une *coquette inspirée* ; elle ne plaignait point sa peine pour
acheter par des flots d'éloquence une conquête qui n'eût coûté qu'un
sourire à une jolie femme. »
(2) *Considérations*, III⁰ partie, chap. XXVI.

CHAPITRE II

Le 30 floréal an VI (19 mai 1798), le général Bonaparte partit de Toulon pour la campagne d'Égypte. Quel travail se fit, en son absence, dans l'esprit de Mme de Staël? Quelle évolution dans ses idées politiques?

Si Bonaparte avait entrepris cette campagne dans la pensée de frapper les esprits, de s'emparer des imaginations, il faut avouer qu'en ce qui concerne Mme de Staël il réussit complètement. Elle admirait en lui, au retour de Campo-Formio, le grand capitaine, l'excellent républicain, le philosophe désintéressé; mais, désormais, celui qui date ses lettres du Caire, et dont les « ordres partent d'Alexandrie pour arriver jusqu'aux ruines de Thèbes, vers les confins de l'Éthiopie (1) », grandit démesurément dans son imagination : il lui apparaît comme une sorte de personnage fabuleux, un « héros », au sens véritable du mot, un être intermédiaire entre l'homme et la divinité, plus grand qu'Alexandre, plus grand que César. Dans les réunions chez Barras, elle en parle sans cesse. « Elle eût trouvé beau, dit un témoin, d'aller le joindre au fond de la Thébaïde et d'y partager ses destins (2). » Il est, écrit-elle à cette époque, « le

(1) *Considérations*, IVᵉ partie, chap. Iᵉʳ.
(2) Mme DE CHASTENAY, *Mémoires*, t. I.

guerrier intrépide, le penseur le plus réfléchi, le génie le
plus extraordinaire (1) » que l'histoire ait encore produit.
Elle s'indigne à la pensée qu'une mesquine condition
d'âge puisse lui interdire l'accès du Conseil des Anciens.
« Quel républicain n'aurait pas regretté que l'intrépide
et généreux Bonaparte n'eût pas atteint quarante années (2)? » Il signe ses proclamations : *Bonaparte, général
en chef et membre de l'Institut national.* Elle applaudit ; il
« montre à l'opinion sa véritable route (3) ». Car il est
bien entendu que l'Institut doit désormais gouverner la
France, régenter l'opinion, instruire les politiques. Elle
s'est moquée plus tard (4) de la conversation de Bonaparte avec le muphti dans la pyramide de Chéops.
« Gloire à Allah ! Il n'y a de vrai Dieu que Dieu, et Mahomet est son prophète. Le pain dérobé par le méchant
se réduit en poussière dans sa bouche, etc. » Soyons bien
persuadés qu'alors ce langage nouveau et poétique l'en
chante : elle admire son idole en chacune de ses méta-
morphoses.

Chose curieuse ! Bonaparte ne l'ignore pas. Sans doute,
Mme de Staël a soin de le lui faire savoir. Et de son
côté, le héros des Pyramides se met en frais de galanterie ; il craint moins, à distance, les assiduités compro-
mettantes, et il a grand intérêt à ménager Mme de Staël,
cette trompette éclatante de la renommée. Donc, il fait
venir, il lit ses ouvrages, sans doute ce livre *De l'influence*

(1) Extrait du manuscrit intitulé : *Des circonstances actuelles qui peuvent terminer la Révolution, et des principes qui doivent fonder la République en France.* Ce manuscrit est déposé avec d'autres papiers de Mme de
Staël à la Bibliothèque nationale sous la cote *Nouvelles acquisitions
françaises,* 1300. Il date des derniers mois de 1798 ou du commencement
de 1799. (Voir l'étude que nous avons publiée à ce sujet dans la *Revue des
Deux Mondes* du 1ᵉʳ novembre 1899.)
(2) *Des circonstances actuelles.*
(3) *Ibid.*
(4) *Considérations,* IVᵉ partie, chap. 1ᵉʳ.

des passions, qui est le dernier qu'elle ait donné au public.
Mme de Staël l'apprend, elle exulte ; elle l'écrit à son père.
Et M. Necker lui répond : « Ainsi donc, te voilà en gloire
aux bords du Nil. Alexandre le Macédonien faisait venir
de tous les coins du monde des philosophes et des so-
phistes pour les faire parler ; l'Alexandre corse, pour
épargner du temps, n'entre en communication qu'avec
l'esprit de Mme de Staël. *Il entend les affaires* (1). »
M. Necker ne se trompait pas : Bonaparte entendait les
affaires. En lisant les ouvrages de Mme de Staël, en si-
gnant « Bonaparte, membre de l'Institut », comme plus
tard en allant rendre visite à Auteuil à Mme Helvétius,
il flattait un puissant parti, qui devait l'aider à édifier sa
propref ortune.

Quelles sont, à la fin de l'année 1799, c'est-à-dire à la
veille du retour de Bonaparte, les idées politiques de
Mme de Staël (2) ?

Elle veut tout d'abord qu'on « termine la Révolution, »
c'est-à-dire qu'on mette un terme à l'état révolutionnaire,
en particulier à l'emploi de la force et de l'arbitraire.
Telle est l'idée maîtresse de Mme de Staël, de Benjamin
Constant, de tous les modérés de cette époque, on pourrait dire de la majorité des Français. Depuis la chute de
la royauté, le pays n'a pas retrouvé son assiette, il flotte
d'un extrême à l'autre, il est le jouet des partis. Une sorte
de scepticisme politique s'est emparé des esprits ; l'opinion
est incertaine, chancelante ; l'indifférence, générale. On
préférerait la République, mais on s'accommodera de la
royauté, si celle-ci donne le repos, la paix extérieure et

_____

(1) Lettre de M. Necker à Mme de Staël, du 4 mai 1799. (Archives de
Coppet ; communiquée par M. Albert Vandal.)
(2) Nous nous servons pour ce rapide exposé du manuscrit inédit déjà
cité : *Des circonstances actuelles*. (Voir *Revue des Deux Mondes*, 1ᵉʳ novembre
1899.)

intérieure. Voilà la disposition générale de la nation,
« disposition funeste dans une république. » Le gouvernement est effrayé de ne sentir aucune résistance, *comme,*
en marchant dans la nuit, on a peur de sentir le vide. Cette
apathie désespérante de la nation, — le mot est de Jourdan, qui s'accorde avec Mme de Staël, — il faut en
triompher, il faut créer ce qui n'existe à aucun degré :
un esprit public. Mais cela n'est possible que si l'on
renonce à l'état révolutionnaire, si un gouvernement
régulier, appuyé sur des lois sages, humaines, tolérantes,
préside aux destinées de la France.

La première condition est de renoncer à l'arbitraire,
ce « germe de mort de toutes les institutions (1) ». C'est
la maladie mortelle dont souffre la République. L'histoire
de France, depuis le commencement de la Révolution
jusqu'au 18 Brumaire, n'offre qu'une série de coups d'État
successifs : ainsi, peu à peu, on a détruit dans les esprits
la notion de la justice et le respect de la loi. Mais jamais
gouvernement n'a fait de l'arbitraire un emploi plus fré-
quent, plus odieux, que le Directoire; depuis Fructidor,
il vit d'expédients, casse les élections, frappe tantôt les
jacobins, tantôt les modérés, tantôt les royalistes; ferme
les clubs des uns et des autres, supprime les journaux,
déporte les rédacteurs, imprimeurs, propriétaires; établit
des commissions militaires en permanence, proscrit par
simple arrêté tout prêtre suspect (2). On peut le caractériser d'un mot : c'est l'organisation de l'arbitraire. Cependant l'insurrection royaliste a repris une nouvelle vigueur :
au nord, au midi, à l'ouest, on prend les armes; la

---

(1) Discours prononcé par Benjamin Constant au cercle constitutionnel
du Palais-Royal, le 9 ventôse an VI.
(2) Depuis Fructidor, tout prêtre, réfractaire ou soumis, peut être
déporté par simple arrêt motivé.

chouannerie désole la Bretagne, la Normandie, le Maine, arrive jusqu'aux portes de Paris. Sous l'influence du double péril intérieur et extérieur, les jacobins s'agitent, demandent qu'on déclare « la patrie en danger (1) ». Seule, la victoire de Masséna à Zurich rend un peu de calme aux esprits. Mais ce n'est qu'un répit : on est frappé de l'absence de toute modération, de toute justice : l'arbitraire et la tyrannie restent à l'ordre du jour.

Voilà ce qui désolait Mme de Staël; elle écrivait à Barras : « Profitez donc du premier succès pour être modéré (2) ». C'est sous l'empire de ce sentiment qu'elle écrivait à Garat cette admirable lettre où elle le suppliait d'obtenir le rappel des *fructidorisés*, Barbé-Marbois et Lafond-Ladébat, de la Guyane. Elle plaidait avec éloquence la cause de la tolérance, de la pitié, de la justice. « La passion de mon âme, écrivait-elle alors (3), c'est la pitié... Il est un point sur lequel les républicains ont bien fait de n'avoir pas de confiance en moi, c'est lorsqu'il s'agissait d'une mesure de rigueur quelconque; mon âme les repousse toutes, et mon esprit, venant au secours de mon âme, m'a toujours convaincue qu'avec un degré de génie de plus on arrivait au même but avec moins d'efforts, c'est-à-dire en causant moins de douleurs. »

Il était évident que le gouvernement qui réconcilierait l'ancienne France et la nouvelle, qui détruirait les échafauds, abaisserait les barrières du pays, rappellerait les exilés et les proscrits, ferait régner partout l'ordre et la justice, elle l'appelait de tout l'élan de son âme, sans

(1) Jourdan aux Cinq-Cents, 27 fructidor (13 septembre 1799).
(2) Cité par Alb. VANDAL, *les Causes directes du 18 Brumaire*. (*Revue des Deux Mondes*, 15 avril 1900.)
(3) *Des circonstances actuelles*, fol. 129.

savoir encore comment ni par qui un tel gouvernement
pouvait s'établir.

Républicaine, elle l'est, à cette époque, très nettement.
Elle compare la royauté constitutionnelle à l'antique machine de Marly, compliquée et bruyante. Elle est persuadée que le gouvernement républicain répond au vœu
de la nation; qu'une réaction royaliste, qu'une « contre-
révolution » serait la mort de toute liberté. On peut être
assuré que Benjamin Constant exprime les propres idées
de Mme de Staël quand il publie, en messidor an VII,
sa brochure : *Des suites de la contre-révolution de 1660 en
Angleterre.* Il écrit cet ouvrage en réponse à celui qu'a
fait paraître Boulay de la Meurthe sur la révolution
d'Angleterre, et où l'auteur garde le silence sur les
atrocités qui signalèrent le retour de Charles II, tout en
montrant que les fautes des républicains d'Angleterre
ont amené la chute de la république. Ce que Constant
voulait montrer, c'étaient les « créances des restau-
rateurs de la royauté », les « engagements violés, les
amnisties enfreintes, les protestations foulées aux pieds ».
Il dépeignait le prétendant rentrant en France « esclave
des Russes », qui exigeraient de lui des « garanties de
faiblesse et d'asservissement éternel ».

Donc, prévenir la contre-révolution était le premier devoir des Français. Il était incontestable que la propagande royaliste, en cette année 1799, avait pris en
France des proportions alarmantes (1). Le pays était

(1) Voir également la lettre de Constant à son oncle Samuel, du
17 fructidor an VII (3 septembre 1799). Il lui écrit que Mme de Staël a dû
lui remettre l'ouvrage qu'il vient de publier; il est affermi, dit-il, dans son
inclination pour le gouvernement républicain, et prépare un autre
ouvrage, qui sera un examen de tous les principes d'une constitution
républicaine. Cet ouvrage, qui n'a pas paru, mais qui existe, dit-on,
manuscrit, était le commentaire joint à la traduction du livre de Godwin :
Recherches sur la justice sociale.

inondé de brochures royalistes, de lettres du prétendant
datées de Mittau, d' « adresses au peuple » (1). Dans les
provinces, on protestait contre la conscription, contre
l'impôt, au cri de « vive le roi ». On soupçonnait même
la monarchie, tout au moins celle des d'Orléans, d'avoir
des alliés jusqu'au sein du Directoire, dans la personne
de Sieyès. A l'anniversaire du 18 fructidor, le Directoire
avait jugé à propos de rassurer les esprits, en manifes-
tant tout son amour pour la république, toute sa haine
de la royauté.

Mme de Staël et Benjamin Constant restaient fermement attachés à la République. Mais, comme Mme de Staël,
Constant dénonçait avec éloquence le péril qui menaçait de l'engloutir : la « dégradation de l'esprit public (2) »,
la tyrannie, l'arbitraire, le jacobinisme. Tout autant et
plus que les royalistes, il détestait les jacobins et le club
du Manège, le régime des délations, des proscriptions,
de l'exil, les « ressources trompeuses de la violence ».
Il recommandait à tous les bons citoyens de s'unir, de
conclure entre eux une « alliance de moralité ». Il eût
voulu, comme Mme de Staël, que l'on constituât dans la
démocratie un grand parti des honnêtes gens, une sorte
d'aristocratie des talents et des lumières. Il semblait bien
qu'en parlant ainsi Constant ne fût pas tout à fait désintéressé, qu'il dût prendre dans cette aristocratie la place
qu'il croyait mériter par la vigueur de son esprit, son
adhésion sincère à la République. S'il se plaignait de
« l'ignorance obstinée » du Directoire et de son « aver-

---

(1) Voir l'Esprit et le vœu des Français en l'an VII, brochure infernale,
dit l'Ami des lois du 17 thermidor ; — De l'avenir et du changement de
dynastie, 1er octobre 1799 ; — Adresse au peuple sur le seul moyen qui lui
reste de rendre la paix à la France et à l'Europe, Mittau, 1799 ; — Lettre du roi
à M. le duc d'Harcourt, ambassadeur en Angleterre, Mittau, 27 juin 1799, etc.
(2) Des suites de la contre-révolution de 1660, p. 80.

sion pour le talent », c'est qu'il aspirait de tous ses vœux
à l'établissement d'un régime qui lui permettrait de
donner libre carrière à son incroyable ambition.

Donc, l'amour de la République et la haine du jacobinisme qui animaient Mme de Staël et le confident de
toutes ses pensées n'étaient point dénués de tout intérêt
personnel : elle rêvait un état de choses qui permit à
Benjamin de prendre la part la plus large aux affaires
politiques, à Necker peut-être de rentrer en scène, et
lui donnât ainsi à elle-même les moyens de réaliser ce
qui avait été depuis le début de la Révolution la cons-
tante préoccupation de sa vie : jouer un grand rôle politique, exercer le pouvoir, diriger les destinées du pays.

Il était bien évident que la machine gouvernementale
ne pouvait durer plus longtemps encore : elle cédait, elle
craquait de toutes parts. La constitution de l'an III,
« rédigée dans un moment d'orage (1), » obligeait les
dépositaires des autorités qu'elle avait créées à la violer,
à l'éluder de toutes manières en affectant pour elle une
profonde vénération. Mme de Staël elle-même avait,
quoi qu'elle ait dit plus tard, proclamé la « nécessité » (2)
du 18 Fructidor pour sauver la République. Mais c'était là
une ressource extrême, qui démontrait la nécessité d'un
changement de constitution. Mme de Staël voulait un
pouvoir exécutif confié à plusieurs membres, armé du
veto suspensif, du droit de dissoudre le parlement. Celui-ci
devait être « un tableau réduit selon les proportions du
grand ensemble de l'opinion publique (3) ». Il devait
comprendre deux chambres, qui répondraient à deux

---

(1) *Des suites de la contre-révolution de 1660.*
(2) *Des circonstances actuelles*, fol. 141. « Le 18 Fructidor, c'est le droit de
dissoudre le parlement d'Angleterre violemment exercé, parce qu'il n'en
existait pas un moyen légal et qu'il y en avait *une nécessité positive.* »
(3) *Des circonstances actuelles.*

tendances de l'esprit humain : le besoin d'acquérir et celui de conserver; l'une serait nommée par le peuple; l'autre se composerait de membres à vie, sans condition d'âge : là prendraient place les « savants », les « guerriers fameux », les révolutionnaires assagis, grassement rentés et devenus les plus fermes soutiens d'un régime où ils trouveraient honneurs et profits. C'était déjà le sénat de l'Empire !

Une fois de plus, la France était en mal de constitution, mal qui semblait chronique d'ailleurs, et dont on n'apercevait point encore le remède. On disait bien que Sieyès l'avait trouvé; mais depuis dix ans il tenait cette merveille « dans un nuage (1) », sans jamais se décider à la faire descendre sur terre. Cependant Mme de Staël, devinant en Sieyès le politique qui préparait l'avenir, s'attachait à sa fortune. « Tu es bien contente, je crois, lui écrivait M. Necker, de la prépondérance que prend le citoyen Sieyès, et je crois aussi qu'on peut en féliciter la République (2). » Il était certain qu'elle se rallierait à Sieyès le jour où Sieyès passerait des idées aux actes : il s'agissait d'attendre l'occasion propice.

Mais qui aiderait Sieyès à mettre au jour cette fameuse constitution ? Il avait dit : « On ne peut rien fonder avec des brouillons et des bavards; il nous faut deux choses : *une tête et une épée.* » Il pensait bien être la tête; qui serait l'épée ?

L'erreur de Sieyès, comme celle de Mme de Staël et de tous les modérés à cette époque, fut de croire qu'on pourrait se servir, pour établir la liberté, d'un soldat, d'un général qui s'empresserait, la révolution accomplie,

----

(1) *Considérations sur la Révolution française*, IVᵉ partie, chap. II.
(2) Lettre inédite de M. Necker, 7 messidor an VII (26 juin 1799), tirée des archives de Coppet.

de soumettre son autorité à celle du pouvoir civil. N'avait-
on pas fait appel déjà le 13 Vendémiaire, le 18 Fructidor,
à l'épée de Bonaparte, à celle d'Augereau? Et ces deux
généraux, après avoir sauvé la République, n'avaient-ils
pas donné l'exemple de la soumission aux lois? N'en
serait-il pas de même, cette fois encore, pour le général,
quel qu'il fût, que Sieyès appellerait à son aide? Cette
pensée semblait tellement naturelle que Sieyès, en l'absence de Bonaparte, avait jeté les yeux sur Joubert; mais
la balle russe qui frappa Joubert sur le champ de bataille
de Novi avait arrêté net le complot, en supprimant celui
qui en devait être le principal exécuteur. Depuis ce temps
Sieyès cherchait autour de lui; il avait fait appeler
Moreau à Paris ; mais le caractère hésitant, indécis, de ce
général ne convenait pas à un acte de cette nature.
Sieyès pensait à Macdonald, à Beurnonville, sans pourtant se décider pour l'un ou pour l'autre. Necker lui-
même, qu'on ne saurait guère accuser de préparer la dictature, enthousiasmé de la bravoure et des succès de
Masséna, écrivait à sa fille : « Est-ce un tel homme qu'il
faut souhaiter (1)? »

Bref, la France marchait à la dictature, mais sans en
avoir conscience. « Ceux mêmes qui eussent accepté le
despote, qui le désiraient peut-être, eussent rougi d'a-
vouer ce sentiment (2). » Lucien Bonaparte déclarait aux
Cinq-Cents que celui qui « oserait porter une main sacri-
lège sur la représentation nationale passerait sur son
corps avant d'atteindre aucun de ses collègues », et
Augereau, plus énergique, qu'on « lui couperait le cou »
avant de commettre un tel attentat. Mais ceux-là même

---

(1) Lettre inédite. (Archives de Coppet.)
(2) A. VANDAL, *les Causes directes du 18 Brumaire*. (*Revue des Deux Mondes*, 1er mai 1900.)

qui préparaient le coup d'État en silence étaient loin de
s'imaginer qu'il pût avoir de semblables conséquences.
La plupart pensaient de très bonne foi sauver la République, les idées de la Révolution, l'héritage de l'Assemblée constituante et de la Convention. Ils ne doutaient
pas un instant qu'ils pourraient rejeter ou dominer à leur
gré l'instrument dont ils avaient besoin pour accomplir
leurs desseins. Ainsi pensait Sieyès; ainsi pensaient
Mme de Staël, Benjamin Constant, Cabanis, Daunou,
Rœderer, Boulay de la Meurthe, Chazal, Gaudin, Regnier,
la plupart de ceux qui préparèrent, exécutèrent, approu-
vèrent le coup d'État du 18 Brumaire.

Mais ils avaient compté sans l'ambition de Bonaparte.

CHAPITRE III

Depuis cinq semaines, le général Bonaparte, de retour d'Égypte, était à Paris. Il ménageait tous les partis, jacobins, modérés, royalistes, sans se donner à aucun. Mais, par l'intermédiaire de Talleyrand, il s'était rapproché de Sieyès; avec Talleyrand, Rœderer, Cabanis, Regnier, Volney, Boulay de la Meurthe, Lucien Bonaparte, on avait arrêté dans ses grands traits la révolution de Brumaire (1). Ceux-là même qui n'étaient pas mêlés directement au complot sentaient que de grands événements allaient s'accomplir.

Renseignée sur ce qui se passait à Paris, Mme de Staël accourt de Coppet. Benjamin Constant vient à sa rencontre (2). Le soir du 18 Brumaire, au dernier relais de poste avant Paris, à Charenton, elle apprend que Barras vient de passer, accompagné d'une escorte de dragons (3), se rendant à sa terre de Grosbois. Barras relégué à Grosbois, Gohier et Moulins gardés à vue au Luxembourg, le gouvernement de Paris confié à Bonaparte, un décret du Conseil des Anciens ordonnant le transfert à Saint-Cloud

(1) Miot de Melito, *Mémoires*, t. I.
(2) Benjamin Constant, *Souvenirs historiques*. (*Revue de Paris*, 1830, tome XI.)
(3) Elle dit dans les *Considérations* : « Accompagné par des gendarmes. » (IVᵉ partie, chap. ii.)

des deux conseils, tels étaient les événements qui faisaient le sujet des conversations. Les postillons, les gens
d'auberge ne parlaient d'autre chose. Un nom était dans
toutes les bouches, celui de Bonaparte. Mme de Staël en
fut frappée ; on ne disait plus, comme jadis : l'Assemblée
constituante, le peuple, la Convention ; un homme déjà
était tout.

L'imagination remplie encore de cette scène populaire,
elle arrive à Paris, elle trouve la ville « agitée par l'attente
de la grande journée du lendemain ». Ses amis l'informent
que tout est prêt. Bonaparte s'est entendu avec Sieyès ;
il veut ramener l'ordre, la tranquillité, la paix ; il fera la
révolution contre les jacobins. En somme, c'est un nouveau Fructidor, destiné à sauver la République ; il a, en
partie, les mêmes auteurs (1) ; mais, cette fois, c'est le
péril jacobin, non plus le péril royaliste, qu'il s'agit
d'écarter. De l'aveu même de Mme de Staël, Bonaparte a
pour lui la majorité des « honnêtes gens » (2). Nul doute
qu'à cet instant il n'ait aussi pour lui Mme de Staël. Et il
y a à cela une raison qui prime toutes les autres : c'est
que si Bonaparte succombe, si Augereau, si Jourdan, sou-
lèvent les faubourgs, si le Manège triomphe, Mme de
Staël n'a plus qu'à partir, qu'à reprendre le chemin de
Coppet. Elle est exécrée des jacobins, elle est sous le
coup d'un arrêté du Directoire qui l'exile et qui n'a jamais
été rapporté (3), elle est *tolérée* à Paris, et cette tolérance ne

(1) Discours de Cabanis à ses collègues à la commission intermédiaire
du Conseil des Cinq-Cents. (*Ami des Lois* du 30 brumaire.)
(2) *Considérations*, IV⁰ partie, chap. ii.
(3) Voir Archiv. nat. AF¹¹¹ 363. « Mme de Staël a l'honneur de supplier
le Directoire exécutif de vouloir bien rapporter le mandat d'arrêt qui fut
lancé contre elle il y a près de deux ans, etc. » Cette requête est de
l'an VI. Nous n'avons aucune preuve que le mandat d'arrêt ait été rapporté. Voir notre article sur *Madame de Staël et la police du Directoire.*
Revue Bleue, 1898.)

durera pas, elle le sait, si ses ennemis l'emportent. Ce sentiment perce dans les *Considérations*, malgré ses réti-
cences (1). Puis, tous ses amis, les Talleyrand, les Sieyès,
les Daunou, les Cabanis, les Chénier, sont du complot ou
prêts à s'y rallier. Enfin Bonaparte est son héros, son
idole; il estime Mme de Staël, et il est le meilleur des
républicains.

Le lendemain, 19 brumaire, Benjamin Constant se hâte
vers Saint-Cloud (2). Il est dévoré de fièvre; la partie qui
se joue est pour lui décisive. Il veut une place, sa part
de pouvoir; et il espère bien que si Bonaparte gagne, il
gagnera avec lui. Mme de Staël partage son impatience.
D'heure en heure, il lui envoie un courrier qui la ren-
seigne. Un instant, elle apprend que Bonaparte trouve de
la résistance; on veut le mettre hors la loi. Elle éprouve
une affreuse inquiétude. « Je me préparai, dit-elle, à
quitter de nouveau la France (3)! » Enfin arrive un autre
message : les grenadiers conduits par Murat ont envahi
l'orangerie; les représentants se sont enfuis par les
fenêtres. Alors « je pleurai, dit-elle, non la liberté, elle
n'exista jamais en France, mais l'espoir de cette liberté,
sans laquelle il n'y a pour ce pays que honte et malheur ».
Elle pleura peut-être; mais, on peut le croire, ce fut simple
réaction nerveuse d'une âme délivrée d'une grande inquié-

---

(1) « Sans aucun doute, la majorité des honnêtes gens, craignant le
retour des jacobins, souhaitait alors que le général Bonaparte eût l'avantage. Mon sentiment, je l'avoue, *était fort mélangé*. La lutte étant une fois
engagée, une victoire momentanée des jacobins pouvait amener des scènes
sanglantes... Un de mes amis, présent à la séance de Saint-Cloud, m'envoyait des courriers d'heure en heure : une fois il me manda que les
jacobins allait l'emporter, *et je me préparai de nouveau à quitter la France.* »
Considérations, IVe partie, chap. II.

(2) « Le 18 au matin (il veut dire le 19), spectateur plutôt que complice,
je courus à Saint-Cloud, non sans incertitude et sans douleur, et je con-
templai l'écroulement, pour quatorze années, du gouvernement représen-
tatif. » (*Revue de Paris*, 1830, tome XI.)

(3) *Considérations*, IVe partie, chap. II.

tude. La liberté, certes, elle l'aimait sincèrement; mais
elle pensait que le triomphe de Bonaparte, c'était le
triomphe de la liberté (1).

On l'a dit très justement, l'esprit de légalité avait été
tué dans la nation (2) : tel avait été le résultat des révolutions successives, qui avaient amené depuis dix ans
chaque parti au pouvoir. Les amis les plus sincères de la
liberté ne se faisaient aucun scrupule d'avoir recours à
la force pour établir le gouvernement de leur choix.
Qu'était-ce que le Dix-huit Brumaire, sinon un Neuf Thermidor, un Dix-huit Fructidor, avec cette différence qu'on
espérait bien, comme on disait alors, comme disait Mme de
Staël, « terminer la Révolution, » en finir une fois pour
toutes avec cet état convulsif qui désolait la France? Terminer la Révolution (3), fût-ce par un coup de force,
revenir aux principes et aussi à la belle concorde fra-
ternelle de 1789, ramener dans le pays l'ordre, la paix,
la tolérance, la justice, le respect des lois, tel fut le rêve
des modérés de cette époque. Ce furent eux qui firent le
Dix-huit Brumaire (4); ils crurent sincèrement sauver la
République. Deux ans plus tard, La Fayette écrivait
encore au Premier Consul : « Le Dix-huit Brumaire a
sauvé la France (5). »

Mais il y avait aussi cette différence avec le Neuf Ther-

(1) « La joie du triomphe de Bonaparte, que nous croyons être aussi
celui de la liberté. » (Lettre d'un émigré de Hambourg, probablement un
des frères de Lameth, à Mme de Staël, 21 novembre 1799. Archives de
Coppet.)

(2) AULARD, le Lendemain du 18 Brumaire. (Revue de Paris, mars 1896.)

(3) « Citoyens, la Révolution est fixée aux principes qui l'ont commencée.
Elle est finie. » (Message des consuls au peuple français, après la promul-
gation de la constitution.)

(4) « Le Dix-neuf Brumaire a été fait par les modérés... Cette journée a
sauvé la République et les républicains. » (Paroles de Girardin au Tribunat le 15 nivôse an VIII.)

(5) Lettre du 20 mai 1802, pour expliquer son vote négatif sur le consulat à vie.

midor et le Dix-huit Fructidor : c'est qu'aucune révolution ne s'était encore montrée plus humaine, plus tolérante. Point de réaction, point de persécution; le lendemain, pour se conformer à l'usage, on dresse une liste de proscrits; mais quinze jours plus tard, on la révoque, Bonaparte n'avait pas voulu être « l'homme d'un parti » (1); il se proposait de faire régner la justice, de « fermer toutes les plaies de la France » (2), de terminer la guerre civile et la guerre extérieure. Chaque jour était marqué « par un acte de justice ». On rappelait les proscrits de Fructidor, comme le désirait Mme de Staël; on rayait des noms de la liste des émigrés; on protégeait contre toute insulte les révolutionnaires, on laissait rouvrir les églises. Tout était à la paix, à la concorde, à la tolérance; et, quand les théophilanthropes, dans leur temple de Saint-Germain-l'Auxerrois, célébraient une fête en l'honneur de cette dernière vertu (3), il semblait vraiment que ce fût le symbole d'une France nouvelle, réconciliée, unie dans un même amour de la justice et de la paix.

Rien n'égalait l'enthousiasme de Mme de Staël pour le nouveau gouvernement. « Votre joie à tous, votre contentement... » (4) lui écrivait M. Necker, qui, plus calme, ne voyait pas sans inquiétude l'exaltation de sa fille. « Tes nerfs s'agitent, lui écrit-il le 28 brumaire;... tout repose malheureusement sur une vie; mais il est jeune, et la fortune nous le conservera. » Et plus tard, le 25 frimaire (16 décembre) : « L'ivresse générale où vous êtes!... Ton enthousiasme pour Bonaparte... Je te féli-

---

(1) Proclamation du 19 brumaire, datée de onze heures du soir.
(2) Proclamation du 7 nivôse an VIII aux habitants des départements de l'ouest. (*Correspondance de Napoléon.*)
(3) *Ami des lois*, 18 frimaire an VIII.
(4) Lettre de M. Necker à Mme de Staël du 25 brumaire (16 novembre) an VIII. (Archives de Coppet; communiquée par M. Alb. Vandal.)

cite d'être heureuse de sa gloire. » — Le 27 frimaire :
« Vous êtes tous dans l'enchantement. Je vous félicite,
non pas de tant d'esprit, mais de tant de bonheur! » Le
mot est piquant; il montre que Necker ne partageait
pas toutes les illusions de Mme de Staël et de ses amis. Il
avait lui-même pour Bonaparte une grande admiration;
mais il n'était pas dépourvu de toute crainte pour l'avenir.

Donc Mme de Staël exulte. Elle voit s'ouvrir devant
elle une ère de justice, de tolérance, de liberté. Plus
d'échafauds, plus d'exils; la pitié — la passion de son
cœur — est satisfaite. Elle sait gré à Bonaparte de rappeler les fructidorisés. C'est qu'elle a elle-même quelques
remords et quelques craintes; elle a attiré sur sa tête des
haines effroyables. Elle n'a pas voulu le 19 fructidor,
soit; mais elle a voulu le 18; et les parents, les amis des
proscrits la rendent responsable des souffrances qu'ils
endurent sur les plages brûlantes de Sinnamari. Elle
espère que la clémence du Premier Consul allégera le
poids de leur haine. Mais surtout elle est joyeuse de l'avènement de la liberté. Il faut lui pardonner son erreur :
elle était alors générale. Était-ce même une erreur? On
était si las de l'anarchie et de l'arbitraire! On avait une
telle reconnaissance envers le jeune héros, couronné de
gloire, qui proclamait la nécessité de la justice! Personne, à peu près, dans l'ivresse des premiers instants,
ne devinait, ne pouvait deviner sa tyrannie future. On
admirait la modération de ses premiers actes et ce « pouvoir doucement énergique » (1), qui imposait silence aux
factions au nom de la liberté. Il méritait vraiment, suivant l'expression d'un correspondant de Mme de Staël (2),

_____

(1) Expression de Rœderer, qui caractérisait ainsi la constitution de
l'an VIII.
(2) Un des frères de Lameth, dans la lettre déjà citée du 21 novembre 1799.

que l'on mît en bas de sa statue ce vers que le poète latin applique au plus grand des Fabius :

Tu Maximus ille es
Unus qui nobis... restituis rem!

Mais un autre motif de joie venait remplir d'espérance le cœur de Mme de Staël : elle allait caser Benjamin Constant.

On sait toute l'ambition de ce dernier; jusque-là, malgré lui, il avait rongé son frein; mais il était bien décidé à ne pas laisser passer une si belle occasion, à ne pas se laisser oublier. Suivant un mot usité à cette époque, « il fallait se montrer, » c'est-à-dire faire ses offres de service au nouveau gouvernement, solliciter des places. Benjamin « se montra », et de la façon la plus énergique. Bonaparte avait dit : « La carrière est ouverte aux Français de toutes les opinions, pourvu qu'ils aient des lumières, de la capacité et de la vertu (1). » M. de Constant, bien qu'il fût Suisse de naissance, pensa répondre aux conditions de ce programme et se mit en campagne.

On allait organiser le Tribunat et le Conseil d'État; les journaux (2) annonçaient qu'il serait sûrement de l'une ou de l'autre de ces Assemblées. Mme de Staël, qui pensait que le Tribunat convenait à l'éloquence passionnée de Constant, s'adressa à Chabaud-Latour, qui avait été député du Gard aux Cinq-Cents et faisait partie de la commission chargée de préparer la constitution de l'an VIII. Elle le pria de présenter son protégé à Bonaparte. Mais il faut laisser ici la parole à Aimé-Martin, qui tenait de Chabaud lui-même le récit de cette entrevue.

---

(1) Conversation de Bonaparte avec Xavier Audouin, jadis condamné à la déportation. (*Ami des lois* du 22 frimaire.)
(2) Voir *l'Ami des lois* de frimaire.

« M. Chabaud conduit Benjamin Constant chez Bonaparte et le présente. Bonaparte dit qu'il a lu les ouvrages
de Benjamin Constant, qu'il en a été très satisfait; il lui
adresse des compliments; Benjamin répond par des flatteries, et finit par témoigner le désir d'être tribun.

« Et pourquoi pas? dit Bonaparte. Oui, cela est pos-
« sible; nous verrons. » A ces mots, Benjamin proteste
de son dévouement au général.

« Vous sentez bien, lui dit-il, que je suis à vous; je ne
« suis pas de ces idéologues qui veulent tout faire avec
« des pensées (désignant ainsi Sieyès, le rival de Bona-
« parte). Il me faut du positif, et si vous me nommez, vous
« pouvez compter sur moi. »

« On se sépare. En descendant l'escalier, M. Chabaud-
Latour déclare qu'il se propose de faire une visite à
Sieyès. Bonaparte lui propose de le suivre. Il ne demande
pas à être présenté. Il connaît Sieyès. Il veut le voir, il
veut lui parler. L'hôtel de Sieyès était dans la même rue,
et justement vis-à-vis de celui de Bonaparte.

« On traverse la rue, on monte, on entre. Benjamin
Constant réussit à obtenir la faveur d'un moment d'entretien; il demande à Sieyès de le porter au Tribunat, et lui
dit : « Vous savez combien je hais la force! Je ne serai
« point ami du sabre; il me faut des principes, des pen-
« sées, de la justice. Aussi, si j'obtiens votre suffrage, vous
« pouvez compter sur moi; car je suis le plus grand ennemi
« de Bonaparte (1). »

L'anecdote est jolie. M. Chabaud, dit Aimé Martin, fut
stupéfait de l'aplomb de Benjamin. Les lecteurs de la
Correspondance et du *Journal intime* seront moins étonnés.
A un grand talent, à un amour sincère de la liberté, Cons-

(1) *Souvenirs inédits d'Aimé Martin. (Intermédiaire des chercheurs et
curieux*, t. XXIX.)

tant joignait un désir effréné de parvenir et une absence presque totale des scrupules qui arrêtent assez souvent le commun des hommes.

Le *Mémorial* de Las Cases, le *Journal inédit de Sainte-Hélène* de Gourgaud, confirment, à quelques détails près, le récit d'Aimé Martin (1). Mme de Staël, qui était liée avec Joseph Bonaparte, usa de son crédit. Napoléon hésitait, se méfiait; il est probable qu'il ne se décida que contraint, et par peur de déplaire aux nombreux amis de Mme de Staël. Il écrivit à Lebrun (2), et le 3 nivôse an VIII Benjamin fut nommé (3). Immédiatement, il jeta le masque. « A onze heures du soir, il suppliait encore à toute force; à minuit, et la faveur prononcée, il était déjà relevé jusqu'à l'insulte (4). »

Pourquoi une si prompte volte-face? que voulait Benjamin Constant? que demandait Mme de Staël?

D'abord, cela est très certain, ils voulaient, comme le dit Constant, « servir la liberté jusqu'au bout, sous toutes ses formes (5). » Ils avaient désiré, accepté le dix-huit Brumaire avec l'idée bien arrêtée d'établir en France un gouvernement républicain fondé sur le respect des lois, la tolérance et la justice. Ils n'avaient pas douté un instant que ce ne fût le triomphe d'un tel gouvernement, et

---

(1) « Après le 18 Brumaire, Joseph me tourmenta pour faire nommer Benj. Constant au Tribunat. Je ne voulais pas d'abord; mais je finis par céder ; j'en écrivis à Lebrun, et Benjamin fut nommé. » (*Journal inédit de Sainte-Hélène*, t. II, p. 133. — Cf. le *Mémorial*, chap. VIII.)

(2) *Journal inédit de Sainte-Hélène*, t. II, p. 133.

(3) Sa nomination paraît le 4 nivôse dans les journaux.

(4) *Mémorial*, chap. VIII.

(5) Lettre à son oncle Samuel de Constant du 30 nivôse (20 janvier 1800). (*Lettres de Constant à sa famille*, publiées par Menos.) Voir aussi les lettres à la comtesse de Nassau-Chandieu, celle du 30 nivôse an VIII. « *Je l'ai beaucoup désiré*, non comme bonheur, — en est-il dans la vie? — mais comme occupation, comme occasion de remplir son devoir, ce qui est la seule façon de repousser le poids de l'incertitude, des souvenirs et des inquiétudes, partage éternel de notre triste et passagère nature. »

qu'il ne fût facile de se débarrasser du général Bonaparte, le jour où son ambition deviendrait menaçante. Ils s'imaginèrent que le moment était venu de lui faire sentir leur puissance, de poser des bornes à son ambition, de lui signifier qu'il n'irait pas plus loin, et que sa mission était accomplie.

A ce noble sentiment, à cette naïve illusion, se joignirent chez Mme de Staël des préoccupations moins désintéressées. Elle voulut jouer au pouvoir, dominer le Premier Consul, marcher avec lui tout au moins d'égal à égal. Ce serait une erreur absolue de croire qu'à cette époque elle déteste Bonaparte. Bien au contraire, elle l'aime, elle l'admire, comme le prouve la correspondance de Necker avec sa fille; et, si elle lui fait la petite guerre, c'est pour le forcer à faire attention à elle. Elle n'a pu le vaincre par la coquetterie; elle espère le vaincre par la crainte. Elle aime mieux être haïe que dédaignée : mieux vaut la haine que l'indifférence.

C'est qu'elle a de l'orgueil, beaucoup d'orgueil, et de l'ambition, beaucoup d'ambition. Elle est fille de M. Necker, et elle veut qu'on s'en souvienne. Le pouvoir, les hommes de pouvoir ont pour elle un attrait merveilleux (1); elle voudrait faire de son salon l'antichambre du Parlement, ou plutôt le Parlement lui-même. Elle ira droit à son but, malgré les menaces, les persécutions, l'exil.

D'ailleurs, cette passion se complique chez elle de la mélancolie, de l'ennui : elle s'est ennuyée toute sa vie. Ses intrigues n'ont d'autre but que de la distraire. Elle veut oublier son mal, repousser, comme dit Constant, « le poids de l'incertitude, des souvenirs, des inquié-

(1) « Elle tournait comme une toupie autour des gens en place, » suivant un mot de Mme Reinhard.

tudes (1). » Elle craint la solitude; elle recherche la foule,
les applaudissements. Il lui faut cent personnes autour
d'elle : philosophes, écrivains, politiques, hommes d'État,
gens du monde, étrangers, diplomates. Alors, elle oublie,
elle est heureuse, ou plutôt elle semble heureuse : car
« la gloire n'est que le deuil éclatant du bonheur. »

Il est dommage pour elle qu'elle ait voulu jouer ce rôle
sous le Consulat, c'est-à-dire au début du gouvernement
le plus personnel qu'ait encore connu la France, dans le
temps le moins favorable à toute opposition. De là sa
déconvenue et ses misères.

(1) Lettre de Constant à la comtesse de Nassau-Chandieu, du 30 nivôs
an VIII.

CHAPITRE IV

Ce fut peu de temps après le Dix-huit Brumaire que Mme de Staël commença à donner des inquiétudes à Bonaparte. Elle remuait, s'agitait, discutait chaque soir la constitution avec ses amis. Elle s'adresse à un ancien conventionnel, lui exprime ses « alarmes sur la liberté ». « Oh! madame, lui répondit-il, nous en sommes arrivés au point de ne plus songer à sauver les principes de la Révolution, mais seulement les hommes qui l'ont faite (1). » « Certes, ajoute-t-elle, ce vœu n'était pas celui de la France. » Elle ne se rendait pas un compte très exact de l'incroyable lassitude de l'opinion publique (2); on ne songeait plus à « sauver les principes », et, sauf le petit groupe des amis de Mme de Staël, les principes n'intéressaient plus personne. La nation aspirait au repos : elle était avide de gouvernement.

Cependant Bonaparte essaye d'arrêter cette opposition naissante; ces conversations, ces intrigues de salon entravent son œuvre. Il envoie son frère Joseph à Mme de Staël; plus d'une fois Joseph, d'un caractère doux et conciliant, très lié avec Mme de Staël, servira d'intermédiaire entre les deux partis. Il a mission d'offrir la paix. « Mon

(1) *Considérations sur la Révolution française*, IVᵉ partie, chap. iii.
(2) Voir, à ce sujet, Miot de Melito, *Mémoires*, t. I, p. 259.

3

frère se plaint de vous. Pourquoi, m'a-t-il répété hier,
pourquoi Mme de Staël ne s'attache-t-elle pas à mon gouvernement? Qu'est-ce qu'elle veut? Le payement du dépôt
de son père? Je l'ordonnerai. Le séjour de Paris? Je le lui
permettrai. Enfin qu'est-ce qu'elle veut (1)? » A quoi
Mme de Staël aurait répondu : « Il ne s'agit pas de ce que
je veux, mais de ce que je pense. » La réponse est fière.
Joseph aurait pu répliquer que son frère ne lui interdisait
nullement de « penser », mais que le moment était peut-
être mal choisi pour Mme de Staël, au lendemain d'une
révolution qu'elle avait applaudie avec ivresse, de recommencer contre le gouvernement d'éternelles critiques, de
troubler l'œuvre si difficile, si délicate, qu'il avait entreprise. Mais nous aurons plus d'une fois l'occasion de
montrer que le tact des circonstances n'est pas la qualité
maîtresse de Mme de Staël.

Chose étrange! Elle est abhorrée des royalistes, des
fructidorisés, des jacobins; nous en aurons bientôt la
preuve. Elle doit le séjour de Paris à Bonaparte. Elle l'accable d'instances pour qu'il raye M. Necker de la liste des
émigrés, pour qu'il lui rende les fameux deux millions que
l'ancien ministre avait prêtés au trésor royal, pour qu'il
nomme Benjamin Constant tribun. Elle lui demande tout,
espère tout de lui; et, avec une rare inconscience, elle
choisit ce moment pour commencer l'attaque, et elle
s'étonne que Bonaparte s'irrite!

L'ambassade de Joseph eut un résultat tout différent de
celui qu'attendait Napoléon. Il offrait la paix à Mme de
Staël : elle lui déclara la guerre.

_____

(1) *Dix années d'exil*, Ire partie, chap. 1er. — Il faut certainement placer
cette démarche de Joseph avant l'incident du Tribunat. « *Peu de temps*
après le 18 Brumaire, » dit Mme de Staël. Et après le discours de Constant, le Premier Consul n'offre plus la paix, mais accepte la guerre qu'on
lui a déclarée.

Le Tribunat était enfin constitué. Il allait siéger au
Palais-Royal, ce berceau de la Révolution ; il en conserverait l'esprit, il serait, comme on disait alors, « l'opposition
organisée. » Une petite conspiration se forme, dont Mme de
Staël est l'âme. « Je voyais avec plaisir, je l'avoue,
le petit nombre de tribuns qui ne voulaient point rivaliser
de complaisance avec les conseillers d'État (1). » On
tombe d'accord que l'occasion est belle de dénoncer l'aurore de la tyrannie. Quel triomphe pour Constant ! Quelle
joie pour Mme de Staël !

Le 11 nivôse (1ᵉʳ janvier 1800), le Tribunat s'assemble.
Le 13 (3 janvier), le tribun Duverrier prend la parole pour
une cause futile (2). Il s'applaudit que le Tribunat siège
au Palais-Royal, dans le lieu où Camille Desmoulins a
arboré le premier la cocarde nationale, « ce signe révéré
de nos ennemis mêmes, ce lieu, en un mot, où, *si l'on*
parlait d'une idole de quinze jours, on se rappellerait qu'une
idole de quinze siècles a été brisée en un jour. »

L'effet fut foudroyant, dépassa même les espérances
de Mme de Staël et de ses amis. Tout Paris s'émut : c'était
la première attaque dirigée contre le Premier Consul.
Bonaparte entra dans une vive colère. Il riposta dans le
Moniteur du 15 par la plume d'André Jourdan, dans le
Journal de Paris (même date) par celle de Rœderer. Il blâme
ceux qui veulent déconsidérer l'autorité (3) ; il signale les
désirs inquiets, turbulents, d'une célébrité dangereuse
pour la République. Il définit le Tribunat (4). « Est-il
vrai que ce soit l'opposition organisée ? Est-il vrai qu'un
tribun soit condamné à s'opposer toujours sans raison et

(1) *Dix années d'exil*, chap. II.
(2) Il se plaint de mesures préjudiciables aux propriétaires d'établissements situés dans le Palais-Royal.
(3) *Moniteur* du 15 nivôse an VIII.
(4) *Journal de Paris*, 15 nivôse.

sans mesure au gouvernement, à attaquer tout ce qu'il
fait et tout ce qu'il propose; à déclamer contre lui, quand
il approuve le plus sa conduite; à le calomnier, quand il
n'a que du bien à en dire; à l'insulter, alors qu'il doit le
plus de reconnaissance à son zèle; *à tout agiter, quand le
gouvernement travaille à tout calmer;* à le faire inconsistant
et faible, alors qu'il a le plus besoin de se montrer ferme
et fort; à lui déclarer la guerre, quand il fait la paix; à
déraisonner, quand il est sage; à l'affliger, quand il jouit
du bien qu'il fait; à s'indigner, à s'irriter, quand sa conduite a mis la joie au cœur du grand nombre et l'espérance
au cœur de tous?

« Si c'était le métier d'un tribun, ce serait *le plus vil et
le plus odieux des métiers.* »

Cet article est significatif; il montre que Bonaparte avait
eu vent de la conspiration, et qu'il se doutait que cette
escarmouche n'était que le prélude d'attaques plus
sérieuses.

Il ne se trompait pas. Le soir du 14 nivôse, Mme de
Staël reçoit dans son salon nombreuse compagnie; parmi
les invités se trouve Lucien Bonaparte; Benjamin Constant s'approche d'elle. « Voilà votre salon rempli de personnes qui vous plaisent, lui dit-il tout bas; si je parle,
demain il sera désert; pensez-y (1)! » — « Il faut suivre
sa conviction! » répond-elle. Elle ne croit pas à la persécution : Bonaparte n'oserait pas. C'est un défi qu'elle lui
lance.

Le lendemain, 15 nivôse (5 janvier 1800), au début
de la séance, Stanislas de Girardin, fort sagement, essaye

_____

(1) B. Constant, à ce moment, retient plus qu'il n'excite Mme de Staël.
Il regrette ses imprudences, ses mots piquants sur le Premier Consul.
« Vous avez eu tort, lui dit-il, ne le bravez pas ainsi; il sait par où vous
êtes vulnérable; *soyez prudente.* » (Duchesse D'ABRANTÈS, *Histoire des salons
de Paris*, t. II, p. 431.)

d'arranger les choses. Il donne au Tribunat des conseils
de modération. « Nous sommes, dit-il, à une époque où
une phrase imprudente émise à cette tribune retentit dans
Paris et dans toute la France ; elle peut par son influence
funeste, les interprétations malignes que la malveillance
lui donne, jeter de l'inquiétude dans les esprits, retarder
la conclusion de la paix, en faisant croire aux puissances
que notre gouvernement, au lieu d'être affermi, est encore
exposé à de nouvelles secousses. » L'allusion est claire.
Duverrier, tout penaud, s'exécute et démentit l'interpré-
tation que « la malveillance a donnée à une expression qui
n'a jamais eu ni pu avoir le sens qu'on y attache (1) ».
Il se rallie avec enthousiasme au serment que propose
Girardin « Je promets de remplir avec fidélité les fonctions qui me sont attribuées par la constitution. »

Cependant l'ordre du jour appelait la discussion de la
proposition du gouvernement, réglant la présentation, la
discussion et l'adoption des projets de loi. Cette proposition suscitait à bon droit de vives critiques par la hâte
inquiète que témoignait le gouvernement en obligeant le
Tribunat à discuter les lois au jour fixé. Benjamin Constant prit la parole (2). Avec son éloquence sarcastique et
nerveuse, il railla ceux qui semblaient « considérer le
Tribunat comme un corps d'opposition permanente » et
pensaient le priver ainsi de la légitime influence qu'il
devait exercer. Mais il montra en même temps qu'il
n'était point une assemblée de rhéteurs n'ayant pour but
que des succès d'éloquence, qu'il tenait ses pouvoirs de la
constitution et qu'il en userait avec fermeté et sagesse.

(1) Le *Moniteur* du 16 nivôse.
(2) Mathieu, rapporteur de la commission, prend le premier la parole ;
il conclut, après quelques critiques, à l'adoption du projet de loi. Duchesne
parle après lui, et vote contre le projet ; Chauvelin vote pour ; Gillet (de
l'Oise) vote contre. Benjamin Constant parla le cinquième.

« L'idée, s'écriait-il, que la vocation du Tribunat ne pouvait être que de retarder la formation de la loi a empreint tous les articles du projet *d'une impatience inquiète et démesurée* d'éluder notre résistance prétendue en nous gagnant de vitesse; de nous présenter, pour ainsi dire, les propositions au vol, dans l'espérance que nous ne pourrons pas les saisir, et *leur faire traverser notre examen comme une armée ennemie,* pour les transformer en lois sans que nous ayons pu les atteindre. » Il dépeignait les « malheureux orateurs », pressés par le temps, incapables de plaider « ce qu'ils regardent comme la cause du peuple ». Il déclarait son horreur pour les lois d'urgence, les plus désastreuses de la période révolutionnaire. « Nous devons au peuple de le préserver de ces lois, s'il est possible. Ce n'est pas notre cause, c'est la sienne que nous plaidons. » Il réclamait enfin pour le Tribunat l'indépendance nécessaire, sans laquelle « il n'y avait que servitude et silence, silence que l'Europe entière entendrait ».

Il était impossible de se méprendre sur le sens des allusions dont fourmillait le discours de Benjamin Constant. Il était impossible de désigner plus clairement « l'impatience inquiète » du Premier Consul : les images mêmes dont se servait Constant, ce Tribunat qu'il s'agissait de traverser *comme une armée ennemie,* évoquaient dans tous les esprits l'idée de Bonaparte (1). Mais surtout tout le monde avait été frappé de cette « impatience d'opposition » qui éclatait dans le discours de Constant, de cette amertume que certains qualifiaient de

---

(1) Chauvelin s'en plaint dans sa réplique à Constant. « Comment douter, dit-il, que le Tribunat ne soit considéré déjà *par quelqu'un en France* comme pays ennemi? » (Séance du 16 nivôse.) Voir aussi le discours de Riouffe et son apologie en trois points du Premier Consul; il est *grand;* il est *clément;* il est *juste.* (Séance du 16 nivôse.)

« scandaleuse (1) », de cette hâte fébrile d'attaquer l'adversaire et de l'étreindre corps à corps à la première rencontre. On admirait cette éloquence hautaine et cinglante qui rappelait les jours déjà lointains de l'Assemblée constituante et le souvenir de Mirabeau (2). Mais un grand nombre d'esprits modérés étaient d'accord pour blâmer l'ardeur peu adroite de Constant et cette sorte de défi qu'il semblait lancer au Premier Consul. Il faut reconnaître qu'en général, à part la « douzaine de métaphysiciens » dont se plaignait Bonaparte (3), l'opinion ne fut pas favorable à Constant. Il y avait, depuis Brumaire, une réaction furieuse contre l'idéologie, qu'il était à la mode d'accuser de tous les excès de la Révolution. On était las des assemblées délibérantes, des discours, des discussions de tribune (4); le surmenage oratoire de l'époque révolutionnaire avait dégoûté, pour quinze ans, la nation de tout exercice de rhétorique et de l'exercice même de la liberté. L'opposition naissante du Tribunat alarma l'opinion, qui se rangea du côté de Bonaparte.

Le Premier Consul entra dans une violente colère. Quoi! après les invectives de Duverrier, le discours de Constant! Et cela malgré les avertissements du *Moniteur*, du *Journal de Paris!* Après les sages conseils de Stanislas de Girardin! L'adoption du projet de loi à la majorité de 54 voix contre 26 ne put adoucir l'amertume qui débordait de son cœur. Il sentit le coup droit, l'attaque personnelle. La riposte fut immédiate. Le 18 nivôse (8 jan-

(1) Discours de Riouffe du 16 nivôse.
(2) Discours de Riouffe du 16 nivôse.
(3) « Ils sont là-bas au Tribunat douze à quinze métaphysiciens bons à jeter à l'eau! C'est une vermine que j'ai sur mes habits, mais je la secouerai! Il ne faut pas qu'ils se figurent que je me laisserai attaquer comme Louis XVI! » (Extrait de l'étude de Loève-Weimars sur Benj. Constant, *Revue des Deux Mondes*, 1833, t. 1, p. 234.)
(4) MIOT DE MELITO, *Mémoires*, t. I, p. 259.

vier), il faisait insérer dans le *Moniteur* une note qui désigna Constant de façon assez transparente. « Chacun, disait cette note, a soif de gloire, chacun veut confier son nom aux cent bouches de la Renommée, et quelques gens ignorent encore qu'on parvient moins sûrement à la considération par l'empressement à bien dire, que par la constance à servir utilement, obscurément même, ce public qui applaudit et qui juge. »

La note était conçue dans la forme modérée qui convient à un journal officiel. Mais cela ne suffisait pas à la vengeance du Premier Consul. Inspirée directement par lui ou par ses émissaires, la presse se déchaîna avec une violence inouïe contre Benjamin Constant et contre Mme de Staël. Bonaparte ne s'y était pas trompé; c'était elle qui avait suscité, inspiré le discours de Benjamin; ce fut elle qu'il frappa. Le même jour que paraissait la note du *Moniteur*, le *Journal des Hommes libres* (1), organe jacobin à la discrétion de Fouché, publiait en style du *Père Duchesne* un article furibond contre Mme de Staël, intitulé : *Dialogue entre un Suisse, madame de Staël et le peuple français*. Elle y était dénoncée comme l'inspiratrice de Constant : c'était elle qui l'avait amené en France, qui avait découvert « l'amour qui le brûlait à petit feu pour la liberté et les principes ». Elle était représentée comme l'agent d'une conspiration orléaniste et cléricale destinée à ramener en France M. Necker, impatient de ramasser ses « quatre » millions aux dépens du Trésor public. Le *Peuple* concluait avec urbanité :

(1) Fouché s'en était rendu propriétaire. Il travaillait à embrigader les vieilles troupes jacobines au service du pouvoir nouveau, en même temps qu'il espérait bien s'en faire, au besoin, une arme contre Bonaparte lui-même. Dans le numéro du 17 nivôse, on se plaignait de la *nomination inconstitutionnelle du Suisse Constant*; on assurait qu'une protestation allait être adressée au Corps législatif contre cette nomination; de là l'inquiétude de Benjamin et de Mme de Staël.

« Ce n'est pas votre faute si vous êtes laide, mais c'est votre faute si vous êtes intrigante. Corrigez-vous promptement, car votre règne n'est plus de ce monde. Vous savez le chemin de la Suisse ; essayez-y encore un voyage, *si vous ne voulez pas que mal vous arrive*. Je vous ai jugée, j'ai jugé vos talents. C'est depuis que vous êtes arrivée que tout va chez moi à la débandade. Emmenez votre Benjamin. Qu'il aille essayer ses talents dans le sénat suisse. Qu'il se garde de venir troubler un peuple qui est las de ses manœuvres et des vôtres. J'ai dit. »

Tel fut l'accueil que Constant et Mme de Staël reçurent de la presse jacobine.

Du côté des royalistes, ils ne furent pas plus heureux. Ce fut *l'Ange Gabriel* qui mena la charge. Il montra Mme de Staël — *Curchodine* (1) — courant après la gloire, s'attachant aux gens en place, pardonnant toutes les médisances, pourvu qu'on s'occupât d'elle. Elle écrit « sur la métaphysique, qu'elle n'entend pas ; sur la morale, qu'elle ne pratique pas ; sur les vertus de son sexe, qu'elle n'a pas ». Elle s'est associée avec Benjamin ; elle est parvenue à le décorer de la toge tribunitienne. Maintenant, s'est-elle écriée, « nous avons le pied à l'étrier ; la France est à nous... Criez, mon ami, criez, tempêtez, faites du bruit, déchaînez-vous contre l'autorité ; je connais le pays, c'est le moyen de réussir. » Et le journal résumait les ambitions de Mme de Staël sous cette forme plaisante : « Benjamin sera consul, je donnerai les finances à papa, mon oncle aura la justice, mon mari une ambassade lointaine. Moi, j'aurai l'inspection sur tout, et très sûrement je régenterai l'Institut. »

(1) Mme Necker était née Curchod.

Cependant, quelle était l'attitude de Mme de Staël devant ce débordement de violences?

Elle fut atterrée. Tout d'abord elle s'était réjouie du bruit qu'avait fait le discours de Constant. Elle avait passé, il est vrai, un moment pénible dans la soirée désormais célèbre du 18 nivôse. Elle donnait un grand dîner en l'honneur de Constant; en quelques heures, elle reçut dix lettres d'excuses (1), et parmi ces lettres un billet de Talleyrand, l'ami d'autrefois, celui qui lui devait sa situation, sa fortune! Elle fut toute décontenancée. Mais elle reprit vite son assurance; on « illumina », on « couronna » Constant, on le proclama un second Mirabeau.

Quand elle sut quelques jours après la colère de Bonaparte, quand elle apprit ses menaces, quand elle lut les journaux, surtout le *Journal des Hommes libres*, dont elle connaissait les attaches avec la police, elle fut littéralement affolée. Elle l'avoue elle-même (2) : nul doute que si elle avait pu deviner ce déchaînement de fureur, elle n'eût pas engagé la lutte. Elle avait cru naïvement que Bonaparte aurait peur d'elle, qu'elle le mènerait, le gouvernerait à sa guise. L'idée ne lui était pas venue qu'il pourrait se fâcher sérieusement, la menacer, l'exiler. Elle était « étonnée, confondue... ». « C'est une véritable folie que toute cette persécution, écrivait-elle à Rœderer... Quelle femme s'est montrée dans tous les temps plus enthousiaste que moi de Bonaparte (3)? » Le plus singulier est qu'elle était parfaitement sincère; non

---

(1) *Dix années d'exil*, Ire partie, chap. II.
(2) *Ibid.*
(3) RŒDERER, *Œuvres*, t. VIII, p. 659-660. Mme de Staël à Rœderer, 9 janvier 1801. « Mais, expliquez-moi donc, je vous en conjure, Rœderer, ce qui se passe depuis trois jours! Ce déchaînement, cette violence contre Benjamin! Ce *Journal des Hommes libres* lancé contre moi seulement, parce que je suis l'amie d'un homme qui a prononcé un discours indépendant sur un règlement, etc. »

seulement elle avait été, mais elle était encore enthousiaste de Bonaparte. Explique qui pourra cette contradiction. La passion de la gloire, le désir du bruit et de
la renommée, tout autant que l'amour de la liberté,
l'avaient lancée dans cette aventure. Maintenant, elle
s'apercevait qu'elle était par plus d'un côté vulnérable :
elle était menacée de l'exil; elle voyait ses amis, les Talleyrand, les Rœderer, l'abandonner; sur l'invitation du
Premier Consul, Joseph Bonaparte s'abstenait de paraître
dans son salon; le vide, peu à peu, se faisait autour d'elle.

Cette punition, si cruelle pour une femme qui ne vivait
que pour la société et le monde, ne suffit pas au Premier
Consul. Il voulut lui donner un avertissement sévère et
comme un avant-goût de l'exil. Sur son ordre, Fouché,
alors ministre de la Police, fit venir Mme de Staël (1). Il
fut d'une politesse extrême; il parlait avec facilité, esprit,
une certaine noblesse, et avait pour système « de faire le
moins de mal possible, la nécessité du but admise ». Il
était même assez obligeant de sa nature. Il exposa à
Mme de Staël que le Premier Consul, « mal informé sans
doute (2), » la soupçonnait d'avoir excité Constant contre
lui. Elle se récria : « M. Constant était un homme d'un
esprit trop supérieur pour qu'on pût s'en prendre à une
femme de ses opinions! » Fouché s'inclina; ses lèvres
minces sourirent. Mme de Staël, s'animant, parla du
« respect qu'on devait à la liberté des opinions dans un
Corps législatif ». Fouché devint distrait; l'ancien conventionnel avait vu défiler sous ses yeux tant de principes, qu'ils ne l'intéressaient plus guère. Il disait un
jour à un naïf jeune homme, qui prétendait tenir de la
constitution le droit d'écrire dans les journaux à sa

(1) *Dix années d'exil*, Iʳᵉ partie, chap. ii.
(2) Duchesse d'ABRANTÈS, *Histoire des salons de Paris*, t. II.

guise : « Mon Dieu, cher monsieur, la constitution ressemble à ces belles femmes, à qui l'on peut bien jeter en
passant un coup d'œil d'admiration, mais qu'il est défendu
de regarder de trop près. » Il insinua à Mme de Staël
qu'il serait bon d'aller passer quelques jours à sa campagne de Saint-Ouen ; il l'assura qu'à son retour tout
serait apaisé. Elle le quitta, presque rassurée. Suivant le
mot d'une personne qui a connu Fouché, « il n'était pas
possible de le quitter sans être à peu près content de lui,
sans espérer infiniment (1). »

Mme de Staël partit pour Saint-Ouen (2). A son retour,
« il s'en fallait de beaucoup » que la paix fût faite. Avec
une rare maladresse, au lieu de se faire oublier, elle
pourchasse le Premier Consul ; elle veut le voir à tout
prix. Elle écrit à Talleyrand pour lui demander une invitation à un bal qu'il donne et où paraîtra Bonaparte ; elle la
lui demande *au nom de l'ancienne amitié*. Talleyrand répond
qu'*au nom de l'ancienne amitié* il la prie de ne pas venir.
Elle entend dire que le Premier Consul doit se rendre à
une soirée chez Mme de Montesson, avec Mme Bonaparte,
sa fille et les Murat, nouvellement mariés. Elle sollicite
Mme de Montesson, qui consent d'autant plus volontiers
à l'inviter que Bonaparte ne viendra pas à ce bal. Mme de
Staël paraît ; chacun s'écarte ; elle reste seule, dans son
coin, avec « sa grosse robe de satin gris ardoise (3) »,
comme pestiférée. La gracieuse Delphine de Sabran, la
veuve de Custine, l'aperçoit : son cœur s'émeut, elle va

---

(1) Mme DE CHASTENAY, *Mémoires*, t. II, p. 40.
(2) « On assure que Mme la baronne de Staël est allée faire un tour
dans ses terres. » (*Journal des Hommes libres*, 25 nivôse.)
(3) Mme DE CHASTENAY, t. I, p. 420 Ce fut probablement en février
qu'eut lieu ce bal chez Mme de Montesson. C'était, dit Mme de Chastenay, après le mariage de Murat, qui eut lieu le 20 janvier (et non
juin) 1800, et au moment où Mme de Staël faisait imprimer son ouvrage
De la littérature.

vers elle. Reconnaissante de cette délicatesse, Mme de
Staël donna plus tard à l'héroïne d'un de ses romans le
nom de *Delphine* (1).

Mme de Staël tombe dans un découragement profond.
Elle veut voir Bonaparte : c'est une obsession véritable.
Lui, toujours, se dérobe. Le 30 pluviôse (19 février),
elle est là dans la cour du Carrousel, pour assister à la
prise de possession solennelle des Tuileries par le Premier Consul (2). Elle voit passer la garde consulaire,
commandée par Murat en personne, les quarante voitures
du cortège, le carrosse des consuls traîné par six chevaux
blancs. Elle voit les laquais abaisser le marchepied « avec
violence »; elle le voit, *lui*, s'élancer, monter l'escalier,
au milieu de la foule qui l'acclame. « *Lui* ne regardait
ni ne remerciait personne. » Il passe sans la voir; elle
reste interdite, respirant à peine.

Non seulement il ne veut pas la voir, mais il la poursuit de sa haine. Il écrit à Joseph le 19 mars : «M. de
Staël est dans la plus profonde misère, et sa femme
donne des dîners et des bals. Si tu continues à la voir,
ne serait-il pas bien que tu engageasses cette femme à
faire à son mari un traitement de 1,000 à 2,000 francs
par mois? Ou serions-nous déjà arrivés au temps où l'on
peut, sans que les honnêtes gens le trouvent mauvais,
fouler aux pieds non seulement les mœurs, mais encore
les devoirs plus sacrés que ceux qui réunissent les enfants
aux pères?... Que l'on juge des mœurs de Mme de Staël
comme si elle était un homme; mais un homme qui
hériterait de la fortune de M. Necker, qui aurait longtemps joui des prérogatives attachées à un nom distin-

---

(1) A. Stevens, *Madame de Staël*, t. I, p. 285, d'après des notes du
Genevois Piclet de Sergy.

(2) Elle commet une erreur dans *Dix années d'exil*, quand elle dit que
ce fut « vers les derniers jours du dernier siècle ».

gué, et laisserait sa femme dans la misère, lorsqu'il
vivrait dans l'abondance, serait-il un homme avec lequel
on pourrait faire société? »

Cette lettre est d'une extrême sévérité à l'égard de
Mme de Staël. Mais il est juste d'ajouter que le pauvre
M. de Staël, qui vivait à cette époque séparé de sa femme,
avait par ses prodigalités lassé la patience de Necker
et de sa fille. Une première fois, Necker lui avait donné
36,000 francs en lui faisant promettre d'aller en Suède
régler ses affaires. Le baron avait accepté, mais n'avait
pas dépassé la Hollande : il était revenu à Paris un peu
plus pauvre qu'auparavant. De nouveau, Necker lui
avait payé 30,000 francs de dettes. Mais depuis le prudent banquier avait fermé son coffre-fort et se contentait
de servir une pension à ce gendre prodigue. Vraiment,
il était injuste de rendre Mme de Staël responsable de
l'insouciance d'un mari qui ne se souvenait d'être le
gendre de M. Necker que lorsqu'il s'agissait de payer
ses dettes.

Mais, injustice à part, il est certain qu'un des griefs de
Bonaparte contre Mme de Staël était le dédain qu'elle
affichait des mœurs bourgeoises et des opinions reçues.
Il lui reprochait de vivre selon les habitudes de l'ancienne
société française du dix-huitième siècle, affichant ses
relations avec Benjamin Constant, semblant ne pas soupçonner même l'existence de M. de Staël. Il avait résolu
de ramener plus de sévérité dans les mœurs, plus de
dignité dans le mariage; il avait fermé la porte des Tuileries à plus d'une femme de la société de Joséphine,
dont la chronique scandaleuse avait trop parlé. Réellement, cette grande dame gênait ses projets de réforme
sociale par la liberté de sa conduite, par l'éclat de son
exemple.

Cependant, Necker, fort inquiet de la situation de sa fille, cherchait tous les moyens de la réconcilier avec le Premier Consul. Il s'étonnait dans les lettres à sa fille, destinées probablement à être lues par la police, de la haine de Bonaparte (1); il rappelait que Mme de Staël avait toujours été la plus grande admiratrice de son génie. Il lui recommandait la prudence. « *Ton héros* Bonaparte est admiré par tous, lui écrivait-il; sois sage, sois prudente (2) ! » « Le moyen de ton retour (elle est à Saint-Ouen) est que j'écrive moi-même au général; je vois déjà comment. » Ces paroles étaient suivies d'un déluge de flatteries à l'égard du Premier Consul. Necker espérait enfin que le livre *De la littérature*, qui était sur le point de paraître, affermirait la situation de sa fille. « J'attends beaucoup, écrit-il dans son style singulier, de cette manifestation du Haut Toi ! »

Mme de Staël, Necker, Constant lui-même, tous étaient au désespoir de l'aventure du Tribunat. Mme de Staël ne demandait qu'à se réconcilier avec Bonaparte. Joseph disait à son frère : « Si vous montriez pour elle seulement un peu de bienveillance, elle vous adorerait (3). » Cela est vrai : elle eût adoré Bonaparte. Mais par sa raideur, son dédain, ses insultes même, il s'en fit une ennemie irréconciliable.

(1) Archives de Coppet.
(2) *Ibid.*, du 6 ventôse (24 février).
(3) IUNG, *Lucien Bonaparte et ses Mémoires*, t. II, p. 233. Et Bonaparte répondait : « Ah! c'est trop! Je ne me soucie pas de ces adorations-là; elle est trop laide ! »

CHAPITRE V

Au mois d'avril 1800 (1), Mme de Staël publiait un livre intitulé *De la littérature, considérée dans ses rapports avec les institutions sociales*. Quel but s'était-elle proposé en écrivant ce livre? Était-il de nature à la réconcilier avec le Premier Consul?

Toutes les fois qu'on examine un de ses ouvrages, il faut bien se pénétrer de cette idée : « Tout livre de Mme de Staël est un acte. » Elle n'écrit pas pour chanter, mais pour penser et agir. Cette formule convient à ses romans mêmes, à *Delphine*, à *Corinne*; elle s'applique mieux encore au livre *De la littérature*. Tel qu'il est, et paraissant à son heure, c'est plus qu'un acte; c'est un véritable manifeste (2). Qu'on se représente l'état de la France au lendemain du Dix-huit Brumaire, l'extrême lassitude de l'opinion, l'absence totale d'esprit public, cette sorte de courbature morale qui affecte la nation. On n'était pas très loin de proclamer la faillite de la Révolution; on était saturé de théories et de principes; on accusait les

(1) Cette date ressort d'une lettre de Mme de Staël à Fauriel, du 7 floréal (27 avril), citée par Sainte-Beuve (*Portraits contemporains*, t. II, p. 486). « Vous avez promis de vous occuper de l'affaire de M. de Narbonne, monsieur, car vous êtes inépuisable en bonté. *Je vous envoie mon livre.* »

(2) Le mot est de Vinet.

philosophes de tous les maux. Bonaparte n'était pas le
seul à railler les idéologues et l'idéologie ; il avait derrière
lui la nation. On reprochait aux philosophes leur « véritable tyrannie », leurs « prétentions », leurs « préjugés
non moins vains que les préjugés nobiliaires (1) ». On
les invitait à abdiquer. Fontanes écrivait : « C'est sur ce
qui est, non sur ce qui doit être, sur des certitudes et non
sur des possibilités, qu'il faut arranger le plan du bonheur
général... C'est des lieux élevés que doit partir la lumière ;
alors elle se distribue également, alors elle éclaire sans
éblouir ; c'est-à-dire *qu'un gouvernement très instruit doit
mener la foule*. Mais si la foule marchait en avant, comme
le veulent les novateurs, si ses mouvements n'étaient pas
contenus et dirigés avec la plus grande sagesse, nous re-
tomberions dans l'anarchie et l'ignorance, au nom des
lumières et des progrès de l'esprit humain (2). »

Au nom du parti des philosophes, Mme de Staël prit la
plume et écrivit leur apologie : ce fut le livre *De la littérature*. Elle fit un acte de foi philosophique et un acte
politique : un acte philosophique, puisqu'elle affirmait
son inébranlable confiance dans la loi du progrès, dans la
perfectibilité, dans l'esprit du dix-huitième siècle et de
la Révolution ; un acte politique, puisqu'elle proclamait
la nécessité de certains principes, dont aucun gouvernement, disait-elle, *excepté le gouvernement despotique* (3), ne
pouvait se passer dans la conduite des nations.

A vrai dire, si les philosophes avaient été les premiers
auteurs de la chute de la royauté, s'ils avaient fait la
Révolution, ils n'avaient jusqu'alors guère eu à se louer

---

(1) *État de la France depuis le Dix-huit Brumaire an VIII*. Brochure
anonyme, parue quatre mois après Brumaire.
(2) Le *Mercure*, messidor an VIII, à propos de l'ouvrage de Mme de
Staël.
(3) Préface de la seconde édition.

4

d'elle. Dans la crise formidable que la France venait de
traverser, ils avaient vu se tourner contre eux et les royalistes, qui les chargeaient de tous les péchés d'Israël, et
les jacobins, qui suspectaient leur modérantisme, leur
esprit de tolérance. Ils avaient été proscrits, guillotinés,
persécutés. Ils avaient cru faire le bonheur de l'humanité,
et n'avaient assuré que leur propre infortune. Sous le
Directoire, ils avaient bien essayé de faire entendre leur
voix; Benjamin Constant, Mme de Staël, avaient prêché
la concorde, la tolérance, la justice; mais les passions
étaient trop vives, le gouvernement faible et tyrannique;
de nouveau, ils avaient attiré sur eux l'exécration des
partis, la fureur des jacobins, la haine des monarchistes.
Ils saluèrent avec ravissement le Dix-huit Brumaire; le
général Bonaparte leur avait prodigué l'encens et les
louanges; il leur faisait visite, s'entretenait avec eux, se
glorifiait d'être de l'Institut. On crut tenir une sorte de
philosophe grand général, grand politique : un Marc-Au-
rèle. La philosophie était donc au pouvoir, et naturellement les « philosophes » et leurs amis pensèrent gouverner à leur tour. Ils avaient rêvé de fonder en France un
grand parti modéré, le parti des lumières, qui rayonnerait
autour de l'Institut, siégerait dans les conseils du gouvernement, ferait l'éducation du peuple (1). Ils estimaient
« avoir reçu en dépôt l'esprit même de la Révolution et la
science politique » (2); ils voulaient constituer une sorte
d'aristocratie républicaine, aristocratie des talents, non
plus de la naissance, une véritable classe dirigeante.
Quelle ne fut pas leur stupéfaction, quand ils virent leur

(1) Voir le manuscrit inédit : *Des circonstances actuelles*, et l'étude que
nous avons publiée à ce sujet, *Revue des Deux Mondes*, novembre 1899.
(2) A. VANDAL, *Études sur le Dix-huit Brumaire*. (*Correspondant*, 10 novembre 1900.)

idole distribuer les places « tantôt à droite, tantôt à gauche (1) », tantôt aux « jacobins » et tantôt aux « aristocrates » ! Bonaparte, en cela, agissait avec sagesse : il voulait fondre et réconcilier tous les partis en une France nouvelle, tout envelopper de sa toge consulaire. Mais, une fois de plus, les philosophes se jugèrent dupes.

Le livre *De la littérature* est l'exposé de leurs revendications, une sorte d'ultimatum adressé au Premier Consul.

On sait quelle doctrine forme le fond de l'ouvrage : c'est la théorie de la perfectibilité. Ce fut elle qui, du propre aveu de Mme de Staël, « déchaîna toutes les passions politiques (2). » Pour quelles raisons? C'est ce qu'il nous faut éclaircir.

Cette idée de la perfectibilité, du progrès indéfini de l'esprit humain, n'était pas nouvelle; c'est l'idée chère au dix-huitième siècle, aux encyclopédistes, à tous les hommes de la Révolution. Mme de Staël rappelait, non sans malice, que le « citoyen Talleyrand », dans son rapport sur l'Instruction publique du 10 septembre 1791, reconnaissait en elle le caractère le plus frappant de l'humanité. Elle avait été le cheval de bataille de la Révolution; c'était en son nom qu'on avait renversé l'ancienne royauté, l'ancienne aristocratie, détruit les privilèges, édifié une société nouvelle. La Révolution, même en ses erreurs les plus sanglantes, avait été une véritable crise d'optimisme, un acte de foi, souvent naïf, mais touchant, à force de sincérité, dans la toute-puissance de la raison humaine, dans un avenir toujours meilleur. L'humanité s'était mise en marche à la recherche du bonheur, avec

_____

(1) *Dix années d'exil*, chap. III. Ces réflexions de Mme de Staël sont très curieuses et montrent bien les griefs du parti contre Bonaparte. Notez qu'elles précèdent immédiatement ce qu'elle dit de son ouvrage *De la littérature*.

(2) Préface de la seconde édition.

quelle ardeur, quelles espérances! Qu'ils avaient été beaux,
ces débuts de la Révolution! Quelle concorde des âmes!
Quel élan vers l'avenir! Mme de Staël n'avait pas été la
dernière à partager ces illusions, cet enthousiasme : elle-
même n'avait-elle pas fait de la recherche du bonheur la
grande affaire de sa vie? Ce *credo* de la Révolution, c'était
son *credo* à elle; le lui arracher, c'était lui arracher sa
raison de vivre. La perfectibilité, c'était, comme on l'a
très bien dit, une « conception du bonheur général (1) » ;
dans une âme noble et généreuse comme celle de
Mme de Staël, ce n'était que l'élargissement de son rêve
personnel de bonheur, auquel elle associait l'humanité
tout entière.

Mais il se trouvait, par la force des choses, que cette
idée de la perfectibilité était devenue le champ de bataille
des partis politiques, de la Révolution et de la contre-
révolution. Ses ennemis la croyaient morte; quand ils la
virent surgir de nouveau, ils chargèrent contre elle. La
querelle n'était pas, comme le prétend Chateaubriand,
« purement littéraire (2) » ; elle était surtout politique.
Tous ceux qui étaient nourris de l'esprit du dix-huitième
siècle et de la Révolution, tous les *idéologues*, furent du
parti de Mme de Staël; tous ceux qui avaient la haine de
l'esprit révolutionnaire, ou qui, plus simplement, étaient
reconnaissants au Premier Consul d'avoir rétabli l'ordre
et la paix sociale, se déclarèrent contre Mme de Staël. Il
était impossible, d'ailleurs, de se méprendre sur le sens
de son livre. C'était bien un défi jeté au gouvernement
consulaire et à son chef. « Elle avait bien l'air, suivant le
mot de Chateaubriand, de ne pas aimer le gouvernement

(1) Em. FAGUET, *Politiques et moralistes du dix-neuvième siècle*, première
série.
(2) Lettre à M. de Fontanes sur l'ouvrage de Mme de Staël. (*Mercure*,
nivôse an IX.)

actuel, et de regretter les jours d'une plus grande liberté. »
Il n'y avait pas un mot sur le Premier Consul, mais les allusions perçaient à chaque ligne; les idées exprimées par
Mme de Staël étaient celles qu'il détestait avec le plus de
force, cette prétention à gouverner le monde avec des théories et des principes, cette croyance à l'efficacité souve-
raine de la Raison. Il avait inauguré un nouveau système
de gouvernement, fondé sur l'expérience, sur la connaissance pratique de l'homme, sur les leçons de l'histoire;
il ne croyait pas à la bonté naturelle de l'homme, ni aux
progrès indéfinis de la morale. Un journal (1) exprimait
très nettement sa pensée en disant : « Le génie qui préside
maintenant aux destinées de la France est un génie de
sagesse. L'expérience des siècles et celle de la Révolution sont devant ses yeux. Il ne s'égare point dans de
vaines théories... Il sait que les hommes ont toujours été
les mêmes, que rien ne peut changer leur nature, et c'est
dans le passé qu'il va puiser des leçons pour régler le
présent. »

Au nom de la perfectibilité, que prétendait démontrer
Mme de Staël? Qu'il était désormais impossible à un gouvernement de se passer des lumières; qu'il ne fallait pas
arguer des crimes de la Révolution pour médire de la philosophie, mais espérer infatigablement dans l'avenir,
presser les pas de l'esprit humain, se persuader « qu'il n'a
existé ni une pensée utile ni une vérité profonde qui
n'ait trouvé son siècle et ses admirateurs » (2).

On condamnait la philosophie (3); elle prenait sa défense.

(1) Le *Journal des Débats.*
(2) Discours préliminaire.
(3) Elle entend par ce mot la « connaissance générale des causes et
des effets..., l'indépendance de la raison, l'exercice de la pensée ». Les
ouvrages philosophiques sont ceux « qui tiennent à la réflexion ou à
l'analyse, et qui ne sont pas uniquement le produit de l'imagination, du
cœur ou de l'esprit ».

Elle avertissait le pouvoir que cette « haute philosophie jugeait les peuples et les rois », qu'elle était le plus ferme soutien des États ; sans elle, sans l'indépendance absolue de la pensée humaine, point de vraie gloire, point de morale, point d'enthousiame. « Il n'est pas vrai, écrivait-elle, qu'un grand homme ait plus d'éclat en étant seul célèbre, qu'environné de noms fameux, qui le cèdent au premier de tous, au sien... Qu'est-ce qu'un conquérant, opposant des barbares à des barbares dans la nuit de l'ignorance? César n'est si fameux dans l'histoire que parce qu'il a décidé du destin de Rome, et que dans Rome étaient Cicéron, Salluste, Caton, tant de talents et tant de vertus, que subjuguait l'épée d'un seul homme. Derrière Alexandre s'élevait encore l'ombre de la Grèce (1) ! » C'était dire au Premier Consul : « Nous seuls donnons la gloire, et vous ne serez grand qu'autant que nous serons libres. »

Elle disait encore que l'influence de l'esprit militaire était « un imminent danger pour les États libres » ; que l'esprit de corps, qui anime les soldats, est analogue à celui des prêtres; que l'habitude de la discipline anéantit l'usage de la raison; que la guerre est « le plus funeste fléau que les passions humaines aient produit »; que la gloire dès armes est une gloire frivole. « La force, disait-elle, se passe du temps et brise la volonté; mais par cela même elle ne peut rien fonder parmi les hommes. » A qui parlait-elle de la sorte? A celui qui allait faire de la guerre et de la force le plus formidable usage qu'eût encore vu l'humanité.

Elle disait que sans principes philosophiques il n'y a point de morale, et que sans morale il n'y a point de nations. C'est à sa faculté d'enthousiasme qu'on peut

(1) Discours préliminaire : *De la littérature dans ses rapports avec la gloire.*

juger de la valeur d'un peuple; et, par enthousiasme, elle entend tout ce qui élève l'âme au-dessus de l'intérêt personnel et de l'égoïsme : le dévouement, le sacrifice. Cela est très juste, et fait honneur à sa clairvoyance, à la noblesse de sa pensée. Elle était effrayée de ce profond égoïsme, de cette ardeur de jouir, de cette « basse avidité (1) » qui lui semblait, avec quelque raison, caractériser les mœurs de son époque. On tournait en dérision les sentiments les plus désintéressés, l'amour de la vérité, de la gloire, entendez de la vraie gloire, selon Mme de Staël, c'est-à-dire celle que méritent les services rendus à l'humanité. On était *désabusé* (2) : c'était la maladie de l'époque. Plus d'enthousiasme ; on était dans cet état que Dante appelle l'*enfer des tièdes*. La nation, lasse des rêveurs et des métaphysiciens, aspirait à des biens plus solides. Quelqu'un était venu qui allait lui dire : « Il n'y a qu'une seule chose à faire dans ce monde, c'est d'acquérir toujours plus d'argent et de pouvoir : tout le reste est chimère (3) ! » Exploiter ce qu'elle nomme la « dégradation actuelle », abaisser les caractères dans l'état social, en faire un principe de gouvernement et de politique, voilà ce qui sera le grand, l'éternel grief de Mme de Staël contre Napoléon. Et ce grief, il est déjà en germe dans le livre *De la littérature :* cet homme se propose d'avilir l'humanité. Cela est très exagéré sans doute, mais ce n'est qu'exagéré ; et dans toute exagération il y a une part de vérité.

Enfin, elle disait que, seuls, les écrivains, les philoso-

---

(1) Préface. Voir aussi, sur cette décadence de la France, cette avidité, ce désir de jouissances, le livre, déjà cité, *Des circonstances actuelles*, qui n'est antérieur que de deux ans à la *Littérature*.

(2) Discours préliminaire : *De l'importance de la littérature dans ses rapports avec la vertu*.

(3) Bonaparte à Melzi. Conversation rapportée par Mme de Staël, *Considérations*, IVᵉ partie, chap. xviii.

phes, les orateurs, pouvaient former l'esprit public,
apprendre à la nation l'usage de la liberté. Qui donc eût
pu prétendre à occuper leur place? Les savants? Mais les
sciences n'entretiennent pas l'esprit de liberté dans la
nation. L'astronome, l'œil fixé à sa lunette; le chimiste,
penché sur son alambic, s'accommodent fort bien d'un
pouvoir despotique; ils n'ont besoin que d'ordre et de
paix; la sévère hiérarchie d'un empire plaît à leur esprit
méthodique. « Ne rencontrant pas dans leur route les
passions des hommes, » ces honnêtes savants les tiennent pour négligeables; ce qui échappe à leurs calculs
leur semble ne pas exister (1).

C'est aux lettres, c'est à l'éloquence qu'il appartient
d'élever l'âme du peuple, de « développer les idées généreuses », de créer un esprit nouveau, qui soit d'accord avec
les institutions nouvelles. Mme de Staël était frappée du
fait que les institutions républicaines avaient devancé en
France l'esprit républicain : les Français n'étaient pas
préparés à la liberté. Ces grands mots de liberté, de
justice, n'avaient aucun sens aux yeux du peuple, et,
faute de les comprendre, il retombait dans l'ornière de
l'ancien despotisme. L'expérience de la Révolution n'était
pas concluante. Il fallait entreprendre avec courage la
longue éducation de la démocratie française, former un
grand parti modéré, composé de philosophes, d'orateurs,
d'hommes politiques, qui, avec un dévouement infatigable,
guideraient vers l'avenir les pas chancelants de la
nation (2).

Qui ne voit qu'un tel système était la critique la plus

(1) Discours préliminaire : *De la littérature dans ses rapports avec la
liberté.* — Voir dans les *Destinées de la poésie* l'admirable page de
Lamartine sur la tyrannie du chiffre.
(2) Voir, en particulier, tout ce qu'elle dit dans la seconde partie,
chap. VIII, *De l'éloquence.*

directe du gouvernement de Bonaparte? Mme de Staël
faisait un éloge enflammé de l'éloquence, et cela au lendemain de l'incident du Tribunat, alors qu'à ce seul souvenir le Premier Consul frémissait de colère. Elle voulait
achever l'œuvre de la Révolution, alors qu'il était entendu
que cette Révolution était terminée; secouer la langueur
publique, réveiller l'amour de la liberté dans les cœurs.
Elle relevait le drapeau de la philosophie politique (1), elle
appelait aux armes quiconque voulait s'enrôler sous la
bannière de l'idéologie contre le despotisme. Voilà ce
qu'il y avait au fond de cette doctrine de la perfectibilité :
un défi jeté au Premier Consul au nom de la Révolution.

A la distance où nous sommes, de telles déclarations
nous semblent platoniques : entre elles et nous s'étend,
comme un voile, le prestige du grand Empereur, le souvenir d'inoubliables conquêtes. Il en était autrement à
l'époque où écrivait Mme de Staël. On n'imagine pas —
Chateaubriand l'a dit — comme le pouvoir de Bonaparte
était encore faible et chancelant : Marengo n'était pas
venu consolider sa puissance. Le parti républicain était
fort; il comptait dans son sein des généraux illustres, des
écrivains, des orateurs. L'ambition de Bonaparte commençait à éveiller des résistances; on avait prononcé tout
haut le mot de tyrannie. Le livre *De la littérature* pouvait
agiter les esprits, créer de sérieuses difficultés au Premier
Consul. Il en fut irrité, sans doute, mais il dissimula son
dépit. Il était à la veille de la campagne de Marengo, il
allait jouer une partie décisive. Qu'importaient les vaines
clameurs de quelques idéologues, s'il revenait triomphant? La France serait à lui.

A quoi aboutit le livre *De la littérature?* A déchaîner

(1) L'expression est d'Amiel, dans son étude sur Mme de Staël, parue
en 1876 dans la *Galerie suisse*, tome II, Lausanne.

contre Mme de Staël les colères furieuses de ceux qui
l'accusaient de vouloir ressusciter l'esprit révolutionnaire.
Elle eut pour elle la coterie philosophique; elle eut contre
elle, il faut le reconnaître, à peu près l'opinion tout
entière. Il y a ainsi, à certaines heures de l'histoire, des
courants qu'on essaye en vain de remonter. L'organisme
des sociétés a besoin de repos, comme celui des individus;
la France était recrue de lassitude. Moralement parlant,
le livre de Mme de Staël est un très beau livre; politique-
ment, c'était peut-être une maladresse. Ce n'est pas tout
d'avoir raison : il y a temps pour cela; il faut choisir son
heure.

Au point de vue de Mme de Staël elle-même, le livre *De
la littérature* aggrava l'incident du Tribunat, accrut la
méfiance du Premier Consul (1) : il y aura trêve, mais la
guerre est déclarée.

(1) Bonaparte dit qu'il essaya de lire son livre; ses impressions sont
curieuses. « Je me suis mis à l'étude *au moins un quart d'heure* pour
tâcher d'y comprendre quelque chose. Le diable m'emporte si j'ai pu
déchiffrer, je ne dirai pas des mots, il n'en manquait pas, et de grands
mots encore; mais toute l'attention de mon intelligence n'a pas réussi
à trouver un sens à une seule de ces idées réputées si profondes. »
(*Lucien Bonaparte et ses Mémoires*, t. II, p. 242.)

CHAPITRE VI

Cependant Necker, beaucoup plus prudent que sa fille, ne voyait pas sans inquiétude l'irritation croissante de Bonaparte. Déjà, au moment de l'exil à Saint-Ouen, il avait pensé à intervenir, en écrivant lui-même au Premier Consul. Quand il apprit que Bonaparte allait partir pour l'Italie et probablement traverser la Suisse, il résolut de profiter de cette occasion pour le voir à son passage et plaider la cause de Mme de Staël. « Je le voudrais bien, écrivait-il à sa fille le 6 floréal (26 avril 1800), que le grand, le héros consul vînt à Genève (1)! » Bonaparte quitte Paris le 6 mai, s'arrête à Dijon; les 9, 10 et 11 mai, il est à Genève, il voit M. Necker.

L'entrevue est curieuse et, par plus d'un côté, prête à sourire. Qu'on se représente d'un côté l'étrange personnage qu'était Necker, corpulent, énorme, avec les boucles de sa coiffure placées plus haut que les sourcils, le visage pyramidal, qui se terminait à sa base « en un véritable fanon » (2); de l'autre, le maigre et ardent Bona-

---

(1) Mme de Staël se garde bien de dire que Necker désirait vivement, sollicitait une entrevue. « Bonaparte passa par Genève, dit-elle, et comme il *témoignait le désir de voir M. Necker*, mon père se rendit chez lui, plus dans l'espoir de me servir que pour tout autre motif. » (*Dix années d'exil*, chap. IV.)

(2) Voir le portrait amusant qu'en trace Norvins dans ses *Mémoires*, et le buste de Houdon, qui est à Coppet.

parte, son teint jaune, son geste brusque, ses yeux étin-
celants : quel rapport pouvait-il y avoir entre ces deux êtres?
L'un, excellent homme d'ailleurs, mais sorte d'idole impassible, encensé comme une divinité dans sa propre maison,
tout féru de théories et de systèmes, s'exprimant par
maximes, avec solennité et lenteur; rêvant du pouvoir
perdu, du temps où la foule portait son buste et celui du
duc d'Orléans en triomphe; l'autre, le Corse manieur
d'hommes, épris de réalités, ennemi des chimères, avide
de pouvoir, bien décidé à ne céder à personne la place
qu'il avait conquise. C'était plus que deux individus,
c'étaient deux époques de la Révolution, deux esprits dif-
férents qui étaient en présence : 1789 et 1800. Ils se
regardèrent avec curiosité. M. Necker ne trouva « rien de
transcendant » (1) dans la conversation de Bonaparte:
Bonaparte vit un « lourd régent de collège bien bour-
souflé » (2); il le jugea surfait même comme financier; il
ne savait même pas, dit-il, « comment on fait le service
avec des obligations du Trésor. » D'ailleurs, tout se passa
avec courtoisie. L'entretien dura une heure (3). Necker
ne réclama pas ses deux millions, mais il parla beaucoup
du crédit public, de « la moralité nécessaire à un ministre
des finances »; il laissa voir « assez lourdement » le désir
de rentrer au ministère. Surtout, il plaida la cause de
Mme de Staël, insinua au Premier Consul qu'il avait tout
intérêt à accueillir les talents célèbres (4). Bonaparte se
montra fort « aimable » pour M. Necker et pour sa
fille (5). Le résultat de cet entretien fut d'assurer à Mme de

(1) *Dix années d'exil*, chap. IV.
(2) *Mémorial*, chap. VIII.
(3) *Mémoires* de Napoléon; *deux heures*, dit Mme de Staël, (*Considérations*, t. II, IVᵉ partie, chap. VII.)
(4) *Dix années d'exil*, chap. IV.
(5) « Bonaparte a été aimable pour mon père et pour moi dans ses
discours. » À Gérando, 29 floréal (19 mai 1800). Lettre faussement datée

Staël pour quelque temps encore le séjour de la France.

Mme de Staël avait quitté Paris le lendemain du départ de Bonaparte (1), suivant, pour ainsi dire, son ennemi à la trace. Elle était agitée, anxieuse. Elle sentait que Bonaparte allait jouer sa fortune; que, s'il gagnait, c'en était fait d'elle et de ses amis. Elle allait, de Coppet, observer de plus près les événements. A Paris, toute l'opposition, ce qu'on appelait la « coterie Staël » (2), se démenait; les *brumairiens mécontents* (3) espéraient, souhaitaient un revers, une défaite (4). Le Premier Consul le savait. « Tenez-vous bien, avait-il dit en partant à Cambacérès et à Lebrun; si un événement survient, ne vous troublez pas. Je reviendrais comme la foudre accabler les audacieux qui oseraient porter la main sur le gouvernement. » Quand arriva à Paris la fausse nouvelle de la perte de la bataille, apportée par des courriers du commerce, on courut à la coterie Staël: on parlait déjà de former un gouvernement provisoire avec Lucien Bonaparte, Moreau, Carnot. Comme un coup de tonnerre, l'annonce de la victoire atterra les conspirateurs. Mais Bonaparte était au courant de l'intrigue. Il accourt en poste. Le 2 juillet, en pleine nuit, il entre à Paris, de fort mauvaise humeur; le lendemain, devant le ministre de la Police, Fouché, il

---

de l'an IX dans les *Lettres inédites*, publiées par le baron de Gérando. Voir aussi une lettre du 19 mai de B. Constant à son oncle Samuel; il le prie de le renseigner sur ce que fera ou dira le Premier Consul à Genève. « Il peut y avoir des circonstances qui importent beaucoup à mes intérêts personnels. » Constant était inquiet.

(1) Lettre de Benj. Constant à son oncle Samuel, 6 mai 1800. (*Lettres de Constant à sa famille*, publiées par MENOS.) Mme de Staël partit le 7 de Paris. Erreur de lady Blennerhassett, qui la fait partir pour la Suisse *peu de temps après Marengo*. (T. II, p. 464.)

(2) FOUCHÉ, *Mémoires*.

(3) Rœderer appelle ainsi ceux qui, « après avoir contribué à la journée de Brumaire, ont été fâchés de n'en pas recueillir les plus honorables fruits, les Chénier, les Chazal, etc. »

(4) Je souhaitais que Bonaparte fût battu. » (*Dix années d'exil*, chap. IV.)

éclate en invectives : « Me croient-ils un Louis XVI? Qu'ils
osent, et ils verront!... Je ferai rentrer tous ces ingrats,
tous ces traîtres dans la poussière... Je saurai bien sauver
la France en dépit des factieux et des brouillons (1). »

Mme de Staël fut consternée. « Le bien de la France,
a-t-elle écrit plus tard, exigeait qu'elle eût alors des
revers. » Phrase singulière, qui montre bien de quelle
ardeur elle poursuivait Bonaparte. Et cependant, malgré
elle, elle était fascinée par l'éclat de son triomphe. « Cet
homme, écrivait-elle à Mme Récamier, a une volonté qui
soulève le monde. » Et à Gérando, en parlant des succès
de Moreau : « Rien n'a l'éclat de Marengo, et il faut convenir que s'exposer, sa fortune faite, est plus brillant que
s'exposer pour la faire (2). » Elle ajoute : « La tête pourrait bien tourner de toutes les merveilles d'Italie. *J'ai cédé
à l'enthousiasme,* moi-même, que la flatterie éloignait de
l'admiration. Les gouvernementistes seront bien contents
de moi cet hiver, du moins ceux qui veulent la louange
sans la bassesse. » Elle était toute découragée. Et comment ne l'eût-elle pas été en lisant les nouvelles de Paris :
le peuple se portant d'un grand élan aux Tuileries pour
acclamer le Premier Consul; le soir, le faubourg Saint-
Antoine s'éclairant de mille feux, qui offraient l'aspect
d'un vaste incendie; les hommes politiques, les écrivains,
les savants, les artistes, les militaires se pressant à la
soirée que Talleyrand offrait à Bonaparte, s'inclinant
devant ce jeune visage « bruni par la gloire » (3). Quelles
acclamations, quand un mois plus tard (le 14 juillet), à
la fête de la Concorde, le Premier Consul, d'une voix

(1) Fouché, *Mémoires.*
(2) 15 messidor (4 juillet 1800). *Lettres inédites,* déjà citées. Gérando est
installé alors à Saint-Ouen, dans la maison de campagne qui appartenait à M. Necker.
(3) *Mémorial* de Norvins.

forte, porta un toast « au peuple français, notre souverain » ! L'amour de la liberté semblait s'unir à l'amour
de la gloire ; le sentiment de la grandeur de la patrie
exaltait les âmes : l'espoir d'une paix prochaine semblait
promettre à la France une nouvelle fortune, digne d'elle
et du grand homme qui présidait à ses destinées.

Quand vers le mois de novembre 1800 (1) Mme de
Staël revint à Paris, elle était toute calmée. M. Necker
écrivait à Gérando : « Je recommande à votre protection
et à celle de M. de Montmorency ce qu'elle rapporte de
Suisse en sentiments doux et en principes affermis, ce
qui va si bien à sa nature. » Elle retrouvait Bonaparte
encensé, déifié. C'était le temps où se négociait la paix
de Lunéville, le temps aussi où le Premier Consul préparait la paix religieuse, rétablissait l'ordre dans les
finances et dans toutes les branches de l'administration.
Bien « peu de personnes » démêlaient encore ses projets
pour l'avenir ; il est probable, d'ailleurs, que Bonaparte
lui-même n'avait pas de plan nettement arrêté dans
l'esprit. On voyait son pouvoir s'affermir de jour en jour ;
mais, à part le petit groupe de mécontents et d'ennemis
politiques irréconciliables, l'immense majorité de la nation
s'abandonnait avec confiance à l'homme de génie qui la
dirigeait. La paix, la paix ! Tel était alors le vœu de tous
les Français ; on était las de la guerre, de cette faction
perpétuelle en présence de l'Europe en armes. On avait
salué Marengo avec enthousiasme, parce que c'était
l'espoir de la paix. Les négociations commencées à Lunéville à la fin de l'année 1800 et enfin le traité signé le
9 février 1801 couronnaient l'œuvre du Premier Consul.

On comprend qu'en présence de tels événements

(1) *Dix années d'exil*, chap. v.

l'opposition se montrât impuissante. L'attentat de nivôse
avait donné à Bonaparte un prétexte pour faire arrêter et
déporter sans jugement les jacobins qu'il jugeait les plus
dangereux. Cette mesure, tout illégale qu'elle fût, n'avait
pas suscité de résistance. Les plus honnêtes gens se con-
tentaient de dire que cette liste « était composée d'hommes
très coupables (1) ». Nous savons déjà que le sens de la
légalité était perdu dans la nation. Les déportations de
nivôse semblaient plus naturelles que celles de fructidor ;
elles frappaient des individus plus dangereux ; elles éma-
naient du même principe. En vain, Benjamin Constant
et ses amis essayaient de faire revivre au Tribunat cet
esprit de légalité ; leur opposition était parfois mesquine,
vexatoire, peu adroite ; leurs petites rancunes personnelles rendaient suspects leur amour sincère de la liberté
et les efforts qu'ils faisaient pour la faire triompher.
Constant s'était associé aux félicitations adressées par
le Tribunat au vainqueur de Marengo, mais « en faisant
des vœux pour que la gloire ne fût jamais séparée de la
liberté » (22 juin 1800). Il avait accepté la conscription,
tout en s'élevant avec raison contre la dénonciation obligatoire des réfractaires. Surtout, en février 1801, après
l'attentat de la rue Saint-Nicaise, il avait parlé avec la
dernière énergie contre la proposition d'instituer des tribunaux d'exception (2) ; la loi n'avait passé qu'à huit
voix de majorité. Le Premier Consul s'emporta contre
ces « misérables métaphysiciens » et écrivit lui-même au
Journal de Paris (3) une diatribe très violente. « Ils sont

(1) *Dix années d'exil*, chap. v.
(2) *Ibid.*, chap. vii.
(3) Numéro du 15 pluviôse an IX. — Voir la même diatribe dans le
Mercure de France, journal de Fontanes, n° du 16 pluviôse. « On nous
adresse à cet égard les observations suivantes... » Et, à la suite, l'article
rédigé par Bonaparte.

douze ou quinze, disait-il, et se croient un parti. Dérai-
sonneurs intarissables, ils se disent orateurs... On a lancé
contre le Premier Consul des machines infernales, ai-
guisé des poignards, suscité des trames impuissantes;
ajoutez-y, si vous voulez, les sarcasmes, les suppositions
insensées de douze ou quinze nébuleux métaphysiciens.
Il opposera à tous ces ennemis le Peuple français. »
C'était bien, en effet, le peuple français qui faisait la
force du Premier Consul; l'opposition ne dépassait guère
l'enceinte du Tribunat, de l'Institut et du salon de
Mme de Staël.

Cet hiver de 1800-1801 et le printemps suivant se
passèrent tranquillement pour Mme de Staël. Bonaparte n'entendait plus parler d'elle; c'était tout ce qu'il
demandait. Elle, de son côté, continuait à lui faire une
sourde opposition, mais sans chercher l'éclat, sans se
compromettre; le trève négociée par Necker, acceptée
par le Premier Consul, portait ses fruits. S'il eût voulu,
Bonaparte aurait encore pu s'attacher Mme de Staël.
Au fond, elle était toujours enthousiaste de son génie.
Que lui demandait-elle? De s'occuper d'elle. Que lui
reprochait-elle? De la dédaigner, de la « renvoyer à ses
fuseaux ». Elle est gênée, émue en sa présence. Elle
dit à Lucien, *presque en pleurant :* « Que voulez-vous!
je deviens bête devant votre frère, à force d'*avoir envie de
lui plaire.* Je ne sais plus, et je veux lui parler, je cherche,
modifie mes tours de phrase; *je veux le forcer à s'occuper de
moi,* enfin, je me trouve et deviens en effet bête comme
une oie. » — « J'entends, répondait en riant Bonaparte;
c'est-à-dire que son génie étonné tremble devant le
mien (1)! » Elle craint des reparties blessantes : elle

(1) *Lucien Bonaparte et ses Mémoires,* t. II, p. 235.

souhaite et elle redoute de se trouver face à face avec lui.
C'est au point qu'invitée à dîner chez Berthier et sachant
y rencontrer le Premier Consul, elle écrit d'avance « les
diverses réponses fières et piquantes qu'elle pourra lui
faire (1) ». Le Premier Consul, ce jour-là, ne lui adressa
que la plus commune question du monde; Mme de Staël
en fut pour ses frais d'esprit. Elle eût préféré, soyez-en
sûrs, un peu moins d'indifférence.

Elle se console et s'étourdit, suivant son habitude,
dans le tourbillon du monde. Elle reçoit dans ses salons
de la rue de Grenelle-Saint-Germain tout le corps diplomatique, tous les étrangers de distinction : le général
russe Sprengporten, le chevalier de Kalitscheff, le comte
de Markoff, M. de Lucchesini, M. de Gallo, le comte de
Cobenzl. La France s'essayait alors à une vie nouvelle;
la société offrait un curieux mélange de révolutionnaires
assagis, d'émigrés rentrés, de royalistes, de généraux,
de diplomates; « les agneaux paissaient avec les loups
comme dans la jeunesse du monde (2). » On était bien
étonné de se trouver côte à côte; mais chacun avait pris
son parti de l'aventure. C'était un « tourbillon de bals,
de fêtes, de soirées (3) ». Mme de Staël y traînait Benjamin à sa suite; mais « le plus souvent, écrit celui-ci, je
me sauve à la nage »! On allait à la Comédie-Française
applaudir Talma et Monvel, Elleviou au théâtre Feydeau.
La société, le corps diplomatique, se donnaient rendez-

---

(1) *Dix années d'exil*, chap. vi. C'était une habitude de famille. M. de
Châteauvieux, se trouvant seul un jour dans le salon de Mme Necker,
trouva sous un fauteuil le scénario de la conversation qui allait suivre,
avec les réponses spirituelles que ferait la dame du logis aux questions
présumées de ses interlocuteurs.

(2) Lettre de Mme de Staël à Joseph Bonaparte, du 17 janvier 1801.
(Du Casse, *Mémoires de Joseph Bonaparte*, t. X, p. 417.)

(3) Benjamin Constant à Mlle Rosalie de Constant, janvier ou février
1801.

vous au théâtre Montansier ou au Vaudeville pour voir
jouer *Piron et ses amis, le Mariage de Scarron, Monsieur Guil-*
laume. La Comédie-Italienne, qui venait d'arriver à Paris,
s'était installée à la salle Olympique, rue Chantereine, et
réunissait la meilleure compagnie de Paris. Il y avait à la
Malmaison un théâtre de société, dont le Premier Consul
lui-même ne dédaignait pas d'être le régisseur, dont les
acteurs étaient Hortense de Beauharnais, son frère
Eugène, Bourrienne, Mme Junot, Didelot, Lauriston; de
même, à Neuilly, chez Lucien Bonaparte. Joseph Bonaparte recevait, dans sa belle propriété de Morfontaine (1),
Mme de Staël et son confident le plus cher, Mathieu de
Montmorency; Mmes Bacciochi, Leclerc, Murat, sœurs
du Premier Consul; Regnault de Saint-Jean d'Angély,
Rœderer, Chauvelin, Arnault, Andrieux, Boufflers, Fontanes, etc. (2); Mme de Staël charmait les soirées par la
lecture d'*Atala*, œuvre d'un jeune émigré, nouvellement
rentré en France, qu'elle se plaisait à protéger, M. de
Chateaubriand. On faisait de la musique, on jouait la
comédie. Ce dernier passe-temps était le divertissement
à la mode. L'envoyé d'Autriche, M. de Cobenzl, y appor-
tait une ardeur incroyable : c'était le grand organisateur
des petits jeux, des charades. Louche, gros, gras, court,
il avait joué à la cour de la Grande Catherine; on prétendait même qu'en ce temps-là, un jour, il avait reçu un
courrier diplomatique dans le costume de la comtesse
d'Escarbagnas, et qu'il avait eu toutes les peines du
monde à se faire reconnaître.

Tels étaient les plaisirs de cette année 1801, dont le
souvenir enchanté devait persister longtemps dans la
mémoire de Mme de Staël.

(1) *Dix années d'exil,* chap. vi.
(2) Voir MÉNEVAL, *Mémoires,* t. I, p. 63.

Cependant il était temps qu'elle quittât Paris. Au mois
d'avril (18 germinal-7 avril), le Premier Consul, décidé à
briser toute opposition à son pouvoir, avait supprimé
plusieurs journaux : le *Journal des Hommes libres*, le *Bien
Informé*, le *Journal des Défenseurs de la Patrie;* Raisson,
Vatar et d'autres chefs du parti jacobin avaient reçu
l'ordre de quitter Paris; Mme de Staël, elle aussi, avait
été « menacée (1) », à cause de l'influence qu'elle exerçait
sur l'esprit de Benjamin Constant.

En mai 1801, suivant son habitude, elle reprit le chemin
de la Suisse, pour passer l'été à Coppet (2). Elle trouva
Necker fort préoccupé de l'état de la France et des progrès du despotisme. Elle lui fit le plus vif tableau de la
tyrannie de Bonaparte, des dangers que courait la liberté;
elle l'excita à rédiger une sorte de testament politique,
ce qu'elle appelait son « chant du cygne ». Elle se figu-
rait que la France écouterait encore la voix chérie de
M. Necker. Naïves illusions! Necker céda. Le chant du
cygne, ce furent les *Dernières Vues de politique et de
finances.* On verra bientôt si, pour lui-même et surtout
pour sa fille, il eut lieu de s'en repentir. Du moins, on
convint que le livre ne serait pas publié à la fin de l'année 1801 (3); les circonstances n'étaient pas favorables;
on attendit l'année 1802.

Jamais, en effet, le gouvernement consulaire n'avait été
plus acclamé en France. La paix allait être bientôt con-

(1) Miot de Melito, *Mémoires,* t. I.
(2) Elle écrit de Coppet à Fauriel, le 17 prairial (6 juin 1801) : « Je
m'occupe de mon père, de l'éducation de mes enfants et de mon roman
(*Delphine*), qui vous intéressera, je l'espère. »
(3) On ne comprend pas l'erreur que commet lady Blennerhassett, quand
elle déclare (t. II, p. 171) que le livre parut *dans l'automne de 1801.*
Mme de Staël dit elle-même (*Dix années...* chap. VIII) : « Nous ren-
voyâmes à l'année suivante la question de savoir s'il ferait publier ce
qu'il écrivait. » Cela est très important, car c'est à partir de cette publication que commence la véritable persécution contre Mme de Staël.

clue avec l'Angleterre. Le 1ᵉʳ octobre 1801, on signait à
Londres les préliminaires de cette paix. La nouvelle,
quoi qu'en dise Mme de Staël, avait causé à Paris une
vive allégresse : on avait tiré le canon, affiché l'heureux
événement dans tous les théâtres, illuminé les édifices
publics. Il est vrai que cette joie n'approchait pas encore
du délire qui régnait à Londres; les voitures publiques
portaient en grosses lettres : *Paix avec la France*. Le
peuple avait dételé la voiture de M. Otto et du colonel
Lauriston. On les avait traînés en triomphe, aux cris de :
« Vive Bonaparte ! » Cela était bien fait pour troubler les
idées de Mme de Staël et la profonde admiration qu'elle
ne cessait de manifester pour la nation anglaise. Son dépit
éclate dans une lettre qu'elle écrit à Meister le 23 octobre.
« Que dites-vous de toutes ces paix et de l'indifférence de
Paris, à côté des transports de Londres? La paix était
bien plus utile cependant à la France qu'à l'Angleterre...
Bonaparte, très en colère de l'impassibilité de Paris, a dit
à ses courtisans réunis : « Que leur faut-il donc? Que leur
« faut-il donc? » Et personne ne s'est levé en pied, ou rassis
s'il était debout, pour lui dire : « La liberté! citoyen
« consul, la liberté (1)! » Elle retarda son retour à Paris,
« pour ne pas être témoin, dit-elle, de la grande fête de la
paix (2). » Singulier aveu, qui rappelle le dépit qu'elle
éprouva de la victoire de Marengo. Assurément, les sentiments de Mme de Staël n'étaient pas ceux de la France.

Au mois de novembre 1801, Mme de Staël revint à
Paris (3). Sa situation était alors assez difficile, pour les

(1) Citée par lady BLENNERHASSETT, t. II, p. 473.
(2) *Dix années d'exil*, chap. VIII.
(3) Lady Blennerhassett se trompe absolument, en fixant ce retour à
mars 1802. (T. II, p. 473.) Déjà, dans la lettre citée à Meister, Mme de Staël
annonçait son prochain retour. « Je vais rentrer dans les chaînes, etc. »
De plus, une lettre de Mme de Gérando du 8 frimaire an X (29 novembre)
ne laisse aucun doute sur ce point. « *Nous avions à déjeuner... Mme de*

raisons que nous venons de dire. Son état d'esprit peut se caractériser en deux mots : elle veut toujours plus de liberté, mais elle veut aussi faire sa paix avec Bonaparte. Elle écrit à Joseph, qui résidait à Morfontaine, le 17 frimaire (8 décembre 1801) : « L'opinion publique à la paix se relèvera tellement en France, qu'il faudra nécessairement lui faire des concessions importantes, la rassurer pour l'avenir, donner une liberté plus durable et mieux garantie; mais le moment de la force de cette opinion n'est pas encore arrivé... Lebrun a dit l'autre jour beaucoup de bien de moi à Bonaparte. Il a répondu : « Mais, « en vérité, je le crois, *car je n'entends plus parler d'elle.* » Vous voyez bien qu'à force de soins j'ai obtenu ce que je voulais (1). »

Hélas! une fois de plus encore, Mme de Staël était le jouet de ses illusions. Elle réclamait plus de liberté ; la réponse ne se fit pas attendre. En janvier 1802, eut lieu l'élimination de vingt membres du Tribunat, parmi lesquels Chénier, Cabanis, Ginguené, Chazal, Bailleul, Courtois, Ganilh, Daunou, Benjamin Constant, l'ami, le porteparole de Mme de Staël. Celle-ci fut vivement affectée d'une mesure qui la frappait dans ses plus chères affections, dans ses plus vives espérances. La barque qui portait Constant portait aussi Mme de Staël et sa fortune; elle avait tout mis en œuvre pour approcher du pouvoir, pour introduire dans la place cet émissaire, qui devait lui

<hr>

Staël. » Nous savons qu'il faut se méfier des dates attribuées par les éditeurs à ces lettres ; plusieurs sont inexactes. Mais la date de celle-ci est confirmée par certains faits auxquels il est fait allusion dans le texte : la nomination de Champagny à l'ambassade de Vienne (juillet 1801), la publication de la traduction de la *Messiade* de Mme de Kurtzroch. Enfin une lettre de Chateaubriand à Mme de Staël (Arch. de Broglie) du 24 vendémiaire (16 octobre) ne laisse pas de doute sur son retour à Paris en novembre 1801.

(1) Lettre inédite à Joseph Bonaparte, 17 frimaire an X. (Archives du château de Broglie.)

en ouvrir les portes. C'était elle qui avait créé, soutenu ce « véritable parti d'opposition parlante (1) »; elle attisait ce feu, elle soufflait cette flamme. Elle pensait que, de là, la liberté éclairerait le peuple, rayonnerait sur la France et le monde. Elle avait cru que jamais le Premier Consul n'oserait porter la main sur cet asile de l'éloquence républicaine; elle le narguait du haut de cette forteresse. Et voici que la forteresse était ébranlée, ses amis frappés, elle-même atteinte! C'était la guerre, et la guerre sans merci.

Ce fut d'abord, de la part de Mme de Staël, une grêle d'épigrammes vives, acérées, mordantes, sortes de *banderillas*, qui eurent le don d'exaspérer le Premier Consul. Bonaparte n'aimait pas l'esprit; comme il l'a dit lui-même, « il prenait tout au sérieux. » Il se sentit blessé plus que de raison par ces légères flèches que fit pleuvoir sur lui son adversaire. Puis il savait le pouvoir d'un mot dans cette société française, où les passions, mal assoupies, pouvaient faire explosion, au contact de l'étincelle (2). Mme de Staël avait « l'impertinence » de dire que le Premier Consul avait, non pas *épuré*, mais *écrémé* le Tribunat. Bonaparte traitait les philosophes d'idéologues. Mme de Staël l'appelait, lui, *idéophobe*. « Cela sent sa Mme de Staël d'une lieue... C'est gentil. Ah! elle veut la guerre... Idéophobe! C'est gracieux... Pourquoi pas hydrophobe?... On ne peut pas gouverner avec ces gens-là » ! Il fait avertir Mme de Staël par Talleyrand, « son ancien », qu'elle prenne garde à elle. Elle répond fièrement : « Le génie aussi est une puissance ! » Il la

---

(1) FAURIEL, *les Derniers Jours du Consulat.*
(2) Voir la longue et curieuse conversation du Premier Consul avec ses frères Lucien et Joseph sur Mme de Staël, *Lucien Bonaparte et ses Mémoires*, t. II, p. 233 et suiv. — Cette conversation se rapporte plutôt à l'année 1802 qu'à l'année 1803.
Cf. *Dix années d'exil.* « Je crois bien que je me laissai aller à quelques sarcasmes. » Chap. IX.

fait prévenir de nouveau par Lucien et Joseph. « Aver-
tissez bien cette femme, Son Illustration, que je ne suis
ni un Louis XVI, ni un Réveillère-Lépeaux, ni un Barras.
Conseillez-lui de ne pas prétendre à barrer le chemin,
quel qu'il soit, où il me plaira de m'engager; sinon, je la
romprai, je la briserai; qu'elle reste tranquille, c'est le
parti le plus prudent. » La voilà bien et dûment prévenue :
elle sait à quoi elle s'expose.

Au fond, Bonaparte la craint; il sait très bien qu'en
effet c'est une puissance, et qu'il faut compter avec elle.
Un mot est à retenir dans sa conversation avec ses frères :
« Je ne lui ferai jamais de mal inutilement. » Mais il se
défend, cela est clair, avec une vigueur qui fera plus
d'une fois jeter des cris à son adversaire. Si ce n'étaient
que ses épigrammes, il les lui pardonnerait encore facilement; mais ce qu'il ne peut lui pardonner, ce sont ses
intrigues. Une « intrigante »; qu'il parle à Lucien ou
à Joseph, qu'il écrive plus tard à Fouché, à Savary, à
Montalivet, toujours cette expression revient sous sa
plume. Elle « agite » les esprits; cela est exact, et cela
est exact surtout cette année 1802, où elle est l'âme d'un
véritable complot contre le Premier Consul.

Il est un acte que Mme de Staël n'a jamais pardonné
à Bonaparte, parce qu'il a trompé ses plus vives espérances : c'est le Concordat.

Trois semaines après la signature de la paix d'Amiens,
le 18 avril 1802, jour de Pâques, Paris se réveillait au
son du canon; à six heures du matin, soixante coups,
ébranlant les vitres de la vieille cité, apprirent aux Pari-
siens qu'on célébrait une nouvelle paix, la paix avec
l'Église. Pendant toute la matinée, le canon tonna. A
onze heures sonnantes, trente coups annoncèrent le départ
solennel du cortège, qui se rendait du palais des Tuile-

ries à l'église Notre-Dame. Par la place du Carrousel,
les rues de Malte, Saint-Honoré, du Roule, le Pont-Neuf,
le quai des Orfèvres, le Marché-Neuf, la rue Neuve-
Notre-Dame, se déroula le plus imposant des spectacles.
En tête, s'avançaient les hussards et les dragons, la fière
cavalerie de la République, les braves de Kellermann,
les vainqueurs de Marengo; puis venaient les troupes à
pied : l'infanterie d'élite, les bataillons de grenadiers de
la garnison, l'infanterie légère de la garde des Consuls,
les grenadiers de la garde; les chasseurs à cheval fer-
maient la marche des troupes. Alors commençait le défilé
des autorités civiles : les équipages du Conseil d'État, du
corps diplomatique, des ministres avec leurs gens en
livrée jaune, doublée de rouge et galonnée d'or; la voiture des Consuls, trainée par huit chevaux, précédés de
chevaux de main richement caparaçonnés, tenus par des
géants basanés, les mameluks de la garde; devant et
derrière la voiture, les gens du Premier Consul en habits
galonnés d'or, et, chevauchant aux portières, les généraux
commandant la place et la division, le premier inspecteur
de la gendarmerie, les généraux commandant la garde
des Consuls. Au milieu des acclamations, des cris de :
« Vive Bonaparte! » le cortège arriva aux portes de Notre-
Dame. Deux orchestres, chacun de cent cinquante musi-
ciens, dirigés par Cherubini et Méhul, exécutèrent les
chants sacrés. Les archevêques et évêques de France
prêtèrent serment entre les mains du Premier Consul, et
M. de Boisgelin, l'ancien archevêque d'Aix, qui avait
jadis fait le sermon du sacre à la cathédrale de Reims au
couronnement de Louis XVI, fut l'orateur officiel de
cette cérémonie, vanta la sagesse et la modération de
Bonaparte, appela la bénédiction du ciel sur la France
redevenue chrétienne. Sans doute, plus d'un républicain,

en voyant cette cérémonie, la trouva, comme Delmas, une « assez belle capucinade », et songea en lui-même « au million d'hommes qui s'étaient fait tuer » pour détruire ce qu'on rétablissait aujourd'hui.

Pendant ce temps, que faisait Mme de Staël? Enfermée dans son hôtel, toutes portes closes, « pour ne pas voir cet odieux spectacle », elle entendait en frémissant le grondement du canon « qui célébrait la servitude du peuple français ». Jamais elle n'avait éprouvé contre Bonaparte d'irritation plus vive ; elle méditait sur l'étrange fortune de cet homme, sur l'appareil vraiment royal du cortège, qu'annonçaient les journaux de la veille, sur les progrès si rapides du despotisme ; elle souffrait sincèrement dans son amour de la liberté. Ces voitures de l'ancienne monarchie, soigneusement époussetées, sorties au grand jour, « les mêmes cochers, les mêmes valets de pied marchant à côté des portières, » le même luxe royal, plus insolent toutefois, et plus brutal ; la superbe armée de la République, escortant ces vieux souvenirs de la monarchie : quel sujet de méditations et de tristesse ! Alors ces belles paroles de Milton lui revinrent à la mémoire : « Nous allons devenir la honte des nations libres et le jouet de celles qui ne le sont pas ; est-ce là, diront les étrangers, cet édifice de liberté que les Anglais se glorifiaient de bâtir? Ils n'en ont fait tout juste que ce qu'il fallait pour se rendre à jamais ridicules aux yeux de l'Europe entière (1). »

Mais, à cet amour sincère de la liberté, se joignait, chez Mme de Staël, un ressentiment tout particulier contre Bonaparte.

En réalité, quoi qu'elle ait prétendu dans ses *Considéra-*

---

(1) *Considérations sur la Révolution française*, t. II, IVe partie, chap. VI.

tions, ce qu’elle reproche au Premier Consul, c’est beaucoup moins d’avoir reconnu une religion d’État, que
d’avoir reconnu, comme religion d’État. la religion catholique. Elle s’était expliquée sur ce point, de façon fort
nette, quatre ans auparavant dans le livre *Des circonstances actuelles* (1), que les événements de Brumaire
l’avaient empêchée de publier. Elle y proclamait la nécessité de restaurer en France l’idée religieuse ; mais « en
bonne calviniste », disait-elle, elle proposait d’établir,
comme religion d’État, la religion protestante. Elle expo-
sait longuement les raisons de ce choix. La religion
catholique donne trop d’importance au dogme, qui choque
les principes de la raison ; son sort est intimement lié à
celui de l’ancienne monarchie ; elle rappelle des souvenirs
détestables, comme celui de la Saint-Barthélemy. Au contraire, la religion protestante assure la plus grande place
à la morale ; elle est l’ennemie de la royauté, qui l’a persécutée ; par l’organisation même de son culte et de ses
ministres, elle s’inspire des grands principes de liberté et
d’égalité. Le protestantisme, devenu religion d’État, sera
la plus formidable machine de guerre qu’on ait jamais
dirigée contre le catholicisme et ses alliés. « Je dis aux
républicains, écrivait Mme de Staël, qu’il n’existe que ce
moyen de détruire l’influence de la religion catholique...
Alors, l’*État aura dans sa main toute l’influence du culte
entretenu par lui*, et cette grande puissance, qu’exercent
toujours les interprètes des idées religieuses, sera l’appui
du gouvernement républicain (2). »

(1) Bibliothèque nationale, Manuscrits, *Nouvelles acquisitions françaises*,
1300. Voir notre article de la *Revue des Deux Mondes*, 1er novembre 1899,
p. 108 et suiv. Voir aussi tout ce qu’elle dit, dans ce manuscrit, sur les
théophilanthropes, que craignaient beaucoup les protestants, et sur les
raisons de ne pas adopter leur culte.
(2) Mme de Staël ne partageait pas les sentiments de ce groupe de l’Institut, qui se montrait hostile à tout rétablissement de la religion. Elle se

Donc, comme Rousseau, dont elle était une fervente
admiratrice, elle souhaitait une religion d'État, et cette
religion devait être, selon elle, la religion protestante.
Si elle approuva le coup d'État du 18 Brumaire, ce fut,
en partie, parce qu'elle espérait que le rêve qu'elle avait
fait serait réalisé par Bonaparte. Celui-ci s'était bien
gardé de détromper ses espérances. Suivant sa tactique
habituelle, il avait flatté, encouragé tous les partis : les
catholiques, les protestants, l'Institut, qui prétendait
alors remplacer la religion par la science et être en
quelque sorte le régulateur officiel de la vie morale de la
nation. Bonaparte avait dit : « Je suis de la religion de
l'Institut. » Mais nul ne soupçonnait alors qu'il pût jamais
avoir l'idée de reconnaître solennellement, comme religion d'État, le catholicisme. La première désillusion
qu'éprouvèrent les protestants fut à l'occasion de la
fameuse lettre écrite par le Premier Consul au préfet de
la Vendée pour l'inviter à lui envoyer douze habitants de
ce département, qu'il s'agissait de pacifier; il lui recommandait de choisir des prêtres de préférence. « Car j'aime
et estime les prêtres, disait-il, qui sont bons Français, et
qui savent défendre la patrie contre les éternels ennemis
du nom français, *ces méchants hérétiques d'Anglais* (1). » Il
est évident qu'en écrivant ainsi Bonaparte se souciait fort
peu des doctrines religieuses de l'Angleterre; mais c'était
une adroite flatterie adressée aux catholiques, « le seul
parti puissant, disait-il à Joseph, qui fût en état de contre-
balancer l'influence de l'armée (2). » La lettre fit grand
bruit et causa, parmi les idéologues, quelque scandale;

plaignait de cette disposition d'esprit, et regrettait de ne pas voir tous
les hommes éclairés se ranger du parti de la religion réformée. (*Dix
années d'exil*, chap. VII.)
(1) *Moniteur* du 8 thermidor (27 juillet 1800).
(2) MIOT DE MELITO, t. I.

c'était la première manifestation des sentiments de Bonaparte en matière de religion; la déception fut grande.
« Nous sommes un peu fâchés, nous autres protestants,
écrivait Mme de Staël à Fauriel, de ce qu'il appelle les
Anglais des hérétiques (1). »

Si elle avait été « un peu fâchée » de ce que le Premier
Consul traitât les protestants d'hérétiques, son irritation
fut vive de voir Bonaparte incliner de plus en plus vers le
catholicisme. Il repoussait les ouvertures qu'on lui faisait
au nom du protestantisme, et cela malgré la sympathie
évidente que les auteurs du Dix-huit Brumaire manifestaient en faveur de cette religion. « On croirait difficilement, dit plus tard Bonaparte, les résistances que j'eus à
vaincre pour ramener le catholicisme. On m'eût suivi
bien plus volontiers si j'eusse arboré la bannière protestante (2). » Il a expliqué lui-même les raisons qui l'avaient
empêché d'adopter ce parti. D'abord il « tenait réellement
à sa religion natale ». Pourquoi ne pas le croire? Ignoret-on l'influence de la première éducation, les impressions
indélébiles qu'elle laisse tout au fond de l'âme? Mme de
Staël elle-même n'était pas croyante, au sens absolu du
mot; elle se contentait d'un vague spiritualisme à la Jean-
Jacques; et cependant ne dit-elle pas : « Nous autres protestants, » et même : « Nous autres calvinistes? » Manquet-elle une occasion de se réclamer de la religion réformée?
N'est-elle pas pénétrée de son esprit, de ses tendances? En
second lieu (et cela est très vrai), le Premier Consul eût
créé en France « deux grands partis à peu près égaux », il
aurait « ramené la fureur des guerres de religion ». Ce qui
faisait la grande force du Concordat, c'est qu'il voulait rattacher les esprits non à une opinion nouvelle, mais à une

(1) SAINTE-BEUVE, *Portraits contemporains*, t. IV, art. *Fauriel.*
(2) *Mémorial*, chap. v.

opinion dominante, la seule à peu près qui eût survécu à
tant d'essais inutiles. Ce qui fit le succès de Bonaparte,
c'est qu'il s'inspira beaucoup plus des sentiments de la
nation que des désirs d'une coterie. Enfin, il n'est pas douteux qu'il ne vît ou ne crût voir dans les prêtres catholiques
une sorte de « gendarmerie sacrée », des « professeurs
d'obéissance passive » (1). Il espérait ainsi s'emparer de
la direction des âmes, asservir le pape lui-même; et alors
« quel levier d'opinion sur le reste du monde » ! Il ne
trouvait pas dans le protestantisme cette discipline des
esprits, dont il voulait faire la règle de l'ordre politique (2).
Il est vrai encore qu'il existe un rapport logique (3) entre
la proclamation du Concordat, le Consulat à vie, l'Empire, et que la cérémonie de Notre-Dame fut en quelque
sorte « la répétition habillée de son couronnement (4) ».
C'était le pas le plus décisif que le Premier Consul eût
encore fait dans la voie du pouvoir absolu.

Déçue dans son rêve du protestantisme promu à la
dignité de religion d'État, déçue dans son espérance de
la liberté, exaspérée contre Bonaparte, qui s'était joué
d'elle et de ses amis, aigrie par des rancunes personnelles, Mme de Staël se lance dès lors avec une
ardeur folle dans la lutte à outrance contre le Premier
Consul.

Elle ne se contente plus d'intriguer; elle se fait l'âme
d'un complot véritable. Elle ne s'adresse plus seulement
à ses amis du Tribunat, mais aux généraux mécontents
et jaloux; elle rêve un nouveau Dix-huit Brumaire, mais
à rebours, et cette fois contre Bonaparte. Il lui fallait une

(1) Le premier mot est de Montalembert; le second, de Miot de Melito.
(2) *Mémorial.*
(3) Aulard, *Études et leçons sur la Révolution française*, t. II.
(4) Staël, *Considérations*, IVᵉ partie, chap. vi.

épée; elle crut la trouver dans la personne du général
Bernadotte (1).

Ce personnage, qui commandait en chef l'armée de
l'Ouest, était plus souvent à Paris qu'à son quartier général de Rennes. Très intelligent, très ambitieux, animé
contre Bonaparte d'une jalousie folle, mais en même
temps rempli de prudence et d'indécision, Bernadotte
attendait l'occasion favorable d'agir presque à coup sûr et
sans se compromettre. Il affectait des idées libérales,
s'exprimait avec facilité et éloquence, joignait à de réelles
qualités d'esprit une noble prestance, un don de séduction véritable. Il connaissait et exploitait le mécontent-
tement de l'armée; il assistait aux réunions secrètes. Des
officiers comme Macdonald, Delmas, Lecourbe, Fournier,
Donnadieu, ne proposaient rien moins que de se défaire
du Premier Consul (2) : on devait le renverser de son
cheval à la parade, le fouler aux pieds. Fournier pariait
de l'abattre d'une balle de pistolet, au milieu de son état-
major. Bernadotte, plus modéré, ou plus prudent, se fût
contenté d'un enlèvement, mais, si l'on peut dire, d'un enlèvement *légal*. Il eût voulu être couvert par « une mesure
législative quelconque (3) », non seulement, comme le dit
Mme de Staël, parce que cela était plus conforme à ses
principes, mais aussi à sa nature, parce qu'il eût simplement exécuté la décision prise, sans assumer une responsabilité immédiate. Des « sénateurs » s'agitaient autour
de lui; mais pas un n'osait proposer ouvertement un tel
acte. « Pendant que toute cette négociation très dangereuse se conduisait, écrit Mme de Staël, *je voyais souvent*

(1) **Voir**, sur cette conspiration mal connue, Desmarets, *Quinze ans
de haute police*, chap. v; — Rovigo, *Mémoires*; — Guillon, *Complots
militaires sous le Consulat.*

(2) Rovigo, *Mémoires*, t. I, chap. xxviii.

(3) *Dix années d'exil*, chap. ix.

le général Bernadotte et ses amis : c'était plus qu'il n'en fallait pour me perdre, si leurs desseins étaient découverts. » Elle ne se contentait pas de les voir, elle les excitait à l'action, gourmandait la lenteur de Bernadotte. « Vous n'avez plus qu'un moment, s'écriait-elle ; demain le tyran aura quarante mille prêtres à son service (1). »

Mme de Staël se trompait en croyant que Bonaparte ignorait cette conspiration ; sa police en tenait tous les fils ; mais le mot d'ordre était de ne pas ébruiter l'affaire. Il savait qu'à Rueil avait eu lieu une réunion de douze généraux, qui avaient divisé la France en provinces, laissant à Bonaparte Paris et sa banlieue. Le traité avait été signé ; mais Masséna, chargé de le porter au Premier Consul, pris de peur, s'était au dernier moment dérobé (2). Bonaparte prévenait Bernadotte par l'intermédiaire de Joseph que, s'il continuait, il le ferait « fusiller sur la place du Carrousel (3) ». Fournier, Donnadieu, étaient arrêtés, enfermés au Temple. On arrêtait aussi le général Simon, le lieutenant Bertrand, le capitaine Rapatel, le capitaine Fourcart, le lieutenant Marbot, compromis dans l'affaire des placards de Rennes, destinés à soulever les troupes (4). Bernadotte, voyant le complot éventé, s'esquiva. De son côté, le Premier Consul évitait l'éclat qu'un procès politique n'eût pas manqué de susciter. L'affaire fut assoupie. Mais Bonaparte garde contre les principaux instigateurs de cette conspiration une rancune tenace. Il n'ignore pas le rôle joué par Mme de Staël ; il patiente ; il éclatera bientôt (5).

(1) *Mémorial de Sainte-Hélène,* ch. v. — GOURGAUD, *Sainte-Hélène,* t. I, chap. vii, p. 397.
(2) Comte CHAPTAL, *Souvenirs.*
(3) *Lucien Bonaparte et ses Mémoires,* t. II, p. 107.
(4) V. GUILLON, *les Complots militaires sous le Consulat et l'Empire.*
(5) « Il se préparait à ne voir que moi de coupable parmi tous ceux

En attendant, il faut qu'elle parte, qu'elle retourne à Coppet. Voici le mois de mai, l'époque habituelle de son voyage; puis le Premier Consul est décidément furieux contre elle, se répand en invectives, en menaces; ce n'est pas le prudent Bernadotte, c'est elle qui paiera les frais de la conspiration avortée. Elle emmène le baron de Staël, avec qui elle s'est réconciliée, dans l'intérêt de ses enfants, dans l'intérêt de sa fortune. Elle a payé une dernière fois les dettes de cet époux prodigue, fait vendre ses bibelots précieux, à son grand désespoir (1). D'ailleurs cette réconciliation ne porte pas chance au pauvre baron : il expire en route, le 9 mai, après trois jours de maladie, dans une chambre d'auberge, à Poligny (2). Mme de Staël poursuit son voyage. Elle arrive à Coppet, règle ses affaires, et aussitôt elle revient à sa grande pensée : la lutte contre Bonaparte. Elle va mettre le feu à la mine qu'elle a chargée depuis longtemps; et cette mine, c'est le bon, l'honnête M. Necker, qui, stimulé par son impétueuse fille, l'a préparée, bourrée avec un soin naïf, une inconscience prodigieuse, dont Mme de Staël sera la première victime.

qui l'étaient bien plus que moi, mais qu'il lui importait davantage de ménager... Des lettres de Paris m'apprirent qu'après mon départ le Premier Consul s'était exprimé très vivement contre mes rapports de société avec le général Bernadotte. » *(Dix années d'exil, chap. IX.)*

(1) *Relations secrètes des agents de Louis XVIII*, publiées par le comte REMACLE, p. 43. Depuis la fin de l'année 1799, M. de Staël avait quitté la carrière diplomatique. Sa dépouille mortelle fut rapportée à Coppet et déposée dans le cimetière de la paroisse.

(2) Voir Ch. BAILLE, *Notes sur le baron et la baronne de Staël. (Revue de Paris,* 1er avril 1902.)

CHAPITRE VII

En cette année 1802, le pouvoir du Premier Consul semble ne plus connaître de bornes. Il est évident, pour tout bon observateur, qu'il travaille à faire disparaître les institutions républicaines, et que bientôt il sera seul maître de la France. La paix d'Amiens met le comble à sa gloire (1); le Concordat lui assure l'appui des catholiques et du clergé; il est nommé président de la République cisalpine; il a « éliminé » ses adversaires du Tribunat; il a déjoué les conspirations formées contre lui; il fonde la Légion d'honneur, il travaille déjà à créer une noblesse nouvelle, qui sera son plus ferme appui. Il est l'idole non seulement de la France, mais de l'Europe tout entière; les étrangers affluent à Paris, se pressent aux audiences des Tuileries ou de Saint-Cloud; ils sont plus enthousiastes — les Anglais surtout — du génie de Bonaparte que les Français eux-mêmes.

Si Mme de Staël a pu jamais se faire quelque illusion sur les progrès foudroyants de l'absolutisme, les récents événements achèvent de l'éclairer. Le 8 mai 1802, un séna-

---

(1) Voir le singulier passage du chap. ix de *Dix années d'exil*, où Mme de Staël, qui était alors chez le ministre d'Angleterre, « exprime son étonnement » et ses regrets à la lecture des articles du traité. Elle s'étonne que l'Angleterre « rende tout » à une puissance « qu'elle a constamment battue sur mer ».

tus-consulte proroge pour dix ans les pouvoirs de Bonaparte. « Voici un deuxième pas fait vers la royauté,
s'écria-t-elle. Je crains que cet homme ne soit comme les
dieux d'Homère, qu'au troisième il n'atteigne l'Olympe. »
Le plébiscite du 14 thermidor (2 août 1802) le proclame
Consul à vie. Désormais, ce n'est plus seulement des Conseils, c'est de la nation elle-même, que Bonaparte tient
son autorité suprême. Deux jours après, le sénatus-con-
sulte du 16 thermidor (4 août) modifie la constitution de
l'an VIII, augmente les pouvoirs du Premier Consul. Le
deuxième et le troisième Consuls seront nommés par le
Sénat sur la présentation du premier ; le Premier Consul
peut aussi présenter un citoyen, qui lui succédera après
sa mort ; le Sénat se borne à ratifier le choix. En somme,
c'était le principe de l'hérédité introduit implicitement
dans la constitution ; car il était bien évident que le Premier Consul pourrait présenter ses descendants directs,
ou, à leur défaut, ses parents les plus proches. Il tenait,
en outre, dans sa main tous les collèges électoraux par le
droit qu'il avait de nommer les présidents des assemblées
de canton et des collèges d'arrondissement et de départe-
tement, d'ajouter des membres à ces mêmes collèges. Le
Sénat était lui-même entre les mains du Premier Consul ;
on avait décidé de le porter immédiatement de soixante
membres à quatre-vingts ; et le Premier Consul recevait
le pouvoir de nommer directement des sénateurs jusqu'au nombre de quarante. Comme le Sénat choisis-
sait entre les candidats, présentés par les collèges électoraux, les membres du Tribunat, du Corps législatif et du
Sénat lui-même, qu'il avait le droit de dissoudre les deux
autres assemblées, celui de casser les jugements des tribunaux qui seraient attentatoires à la sûreté de l'État, il
en résultait que le Premier Consul exerçait, en réalité, à

lui seul tous les pouvoirs dans la nation. Jamais plus formidable instrument de despotisme n'avait été forgé, au service d'un plus grand génie, d'une plus âpre ambition.

Toujours infatigable, Mme de Staël essaye d'arrêter la marche de son triomphant adversaire. Quelque opinion que l'on ait sur cette femme, on ne peut s'empêcher d'admirer sa ténacité, son énergie : elle n'a à aucun degré l'indécision rusée d'un Bernadotte, la faiblesse lourde et lente d'un Moreau.

En juillet 1802 (1), l'attention publique est attirée par une brochure non signée, intitulée : *Vrai sens du vote national sur le Consulat à vie.* Elle avait pour auteur un ancien député aux Cinq-Cents, proscrit au Dix-huit Fructidor, ami et confident de Mme de Staël. Ayant échappé à la déportation, grâce au zèle de son ami Gérando, Camille Jordan était rentré en France après le Dix-huit Brumaire, en février 1800. Il avait été à Saint-Ouen l'hôte de Mme de Staël. Celle-ci, avec son impétuosité ordinaire, s'était éprise de cette nature généreuse et candide, qui la reposait de la sécheresse et de l'incorrigible scepticisme de Constant. Celui-ci était fort déconcerté par son aventure du Tribunat; il se plaignait que son cœur fût « vide », son imagination « décolorée ». Il avait espéré jouer un grand rôle politique, et il avait été déçu. Son élimination du Tribunat avait achevé de l'abattre. Enfin l'irritation du Premier Consul l'obligeait à garder une prudente attitude. C'est alors que Mme de Staël se retourne vers Camille Jordan et lui offre le rôle de nouveau Gracchus, devenu disponible. Elle l'invite à écrire dès 1801 « quelque bon

_____

(1) « Camille Jordan a fait imprimer une brochure intitulée : *Sens du vote national sur la question du Consulat à vie,* dans laquelle, tout en faisant l'éloge du Premier Consul, il ose lui dire des vérités. » REMACLE, *Relations secrètes des agents de Louis XVIII,* p. 65, 19 juillet 1802.

ouvrage », qui lui marque sa place dans l'opinion
publique. Camille Jordan attendit jusqu'en 1802; l'occasion, alors, lui parut propice. Nul doute qu'il ne se soit
entendu avec Mme de Staël, et que dans la pensée de
celle-ci il n'ait servi d'éclaireur et d'avant-garde à l'ouvrage de Necker : il devait reconnaître le terrain, stimuler l'opinion publique.

En premier lieu, — il faut l'avouer, — Camille Jordan brûlait du désir de reprendre son rang, de se faire
connaître. Il est vrai qu'il ne signait pas son manifeste.
Mais on sait que l'anonymat est parfois un excellent
moyen de conquérir la notoriété; et, dans l'espèce, le
« citoyen *** » ne paraissait pas fort désireux de rester
longtemps sous le voile; il déclarait, dans sa préface, qu'il
était prêt à répondre de ses opinions à l'autorité, si celle-
ci désirait l'interroger. Son parent, M. Duchesne, qui
avait porté son manuscrit à l'imprimerie, ayant été un
instant arrêté, Jordan accourut pour prendre sa place.
Malheureusement pour lui, on le dédaigna; le Premier
Consul se souciait peu de donner un trop grand retentis-
sement au manifeste du citoyen ***, et Camille Jordan
eut le regret de rester libre.

En deuxième lieu, Jordan avait été guidé par une
pensée politique, qui est tout à son honneur : il avait
cru, avec Mme de Staël, qu'on ne pouvait laisser passer
cette grande manifestation nationale sur le Consulat à vie
sans en préciser le sens véritable. Il rendait justice au
génie de Bonaparte, mais en même temps il réclamait
pour la liberté les garanties nécessaires. Le Premier Consul avait « bien mérité de son pays…, commencé la justice »; l'auteur déclarait qu'il avait voté lui-même pour le
Consulat à vie; mais il expliquait que son vote et celui de
tous les bons citoyens n'était pas en faveur d'un pouvoir

despotique, mais d'une magistrature qui s'imposât à elle
même « une limite heureuse ». C'était l'idée même
qu'exprimait Mme de Staël dans la lettre qu'elle écrivait
à Joseph Bonaparte, à la fin de l'année 1801. Tout un
peuple « dépendait du fil fragile d'une vie »; un seul
homme pouvait-il tout prévoir, tout ordonner, tout administrer? Quel génie assez vaste pour suffire à une pareille
tâche? Et, en supposant que cela fût possible, n'était-ce
pas tarir dans la nation la source de toute volonté, de
toute énergie? Réfutant avec éloquence la thèse de ceux
qui prétendaient que la liberté ne pouvait exister en
France, l'auteur montrait que tous les citoyens lui avaient
élevé dans leurs cœurs des autels : savants, artistes,
jeunes gens des écoles, l'armée républicaine, le peuple
des villes et le peuple des campagnes, tous respiraient
l'ardent amour de la liberté. Ils n'accordaient au Premier
Consul leurs suffrages que parce qu'ils voyaient en lui le
génie qui assurait les conquêtes de la Révolution et faisait succéder à l'arbitraire le règne de la justice. Quelle
était la cause de ces incessantes conspirations, sinon
l'horreur du despotisme? Que fallait-il pour rassurer les
esprits : la liberté de la presse, les tribunaux seuls juges
des délits et des crimes, point de répression arbitraire,
une représentation complète de l'opinion publique au Tribunat et au Corps législatif, la « prééminence du pouvoir
civil sur le pouvoir militaire », la surveillance des prêtres,
qui voudraient faire du Concordat un « pacte honteux de
superstition et de despotisme », point d'hérédité pour la
première magistrature de la République. Enfin Jordan
célébrait, en terminant, l'admirable liberté anglaise, chère
aux constituants de 1785, à Mme de Staël et à M. Necker.

Le Premier Consul ne pouvait s'y tromper : c'étaient les
idées de Mme de Staël, de Benjamin Constant, de ce parti

qu'il détestait, qu'il trouvait sans cesse sur sa route.
Il avait brisé l'opposition du Tribunat, dispersé ses
membres; mais l'âme vivait toujours : et cette âme sans
cesse agissante, électrisant de son énergie les indécis et
les faibles, c'était Mme de Staël. Il ne doutait pas qu'elle
n'eût inspiré la brochure de Jordan, de « son cher
Camille ». A cette époque, elle en était enthousiasmée;
elle en faisait des « extraits » pour les journaux allemands; elle écrivait à l'auteur qu'il n'y avait pas à Coppet
un être pensant « qui ne l'ait lu sans en être enchanté ».
Cela avait été « au fond de son âme ». Dans son exaltation, elle voulait envoyer à « Camille » une bague de ses
cheveux, qui avait appartenu au « pauvre M. de Staël ».
Qui se fût attendu à voir le défunt en cette affaire? Fort
heureusement, Mme de Staël se rappelait à temps que
Jordan était fort engoué de la blonde chevelure de Mme de
Krüdener, et renonçait, provisoirement, à l'envoi de ses
cheveux noirs (1).

Cependant, à Paris, on lisait l'ouvrage « subreptice-
ment (2) »; cela paraissait l'indice d'une « époque nouvelle dans l'opinion ». La première édition avait été saisie
avant qu'un seul exemplaire fût vendu. Mais on avait
réimprimé la brochure, qui se distribuait secrètement (3).
On assurait que si Bonaparte était mécontent, c'était surtout parce que l'ouvrage renfermait des vérités « qu'il
n'était pas temps de dire ».

Si c'était là le grief du Premier Consul contre Jordan,
quelle ne fut pas son irritation quand, un mois plus
tard, parut l'ouvrage de Necker intitulé : *Dernières Vues*

---

(1) SAINTE-BEUVE, *Nouveaux Lundis*, t. XII, art. *Camille Jordan*, lettre
de Mme de Staël, 1802, sans doute du mois d'août.
(2) B. Constant à Fauriel, 26 messidor (15 juillet 1802).
(3) *Relations secrètes des agents de Louis XVIII*, chap. IV.

de politique et de finances! On sait que Necker tenait
son livre en réserve depuis la fin de l'année 1801. S'il ne
l'avait pas publié plus tôt, c'était pour permettre à sa
fille de passer en paix l'hiver et le printemps à Paris
Mais, maintenant qu'elle était en sûreté à Coppet, il crut
saisir l'occasion favorable. Peut-être ne s'y fût-il pas
décidé par lui-même; mais Mme de Staël veillait : elle
parla, et son père se laissa persuader. C'était un très
honnête homme que M. Necker, d'idées un peu étroites,
beaucoup trop encensé dans sa propre famille, par sa fille
surtout, qui avait pour lui un culte exalté, presque mala-
dif. Il s'était fait dans sa retraite, comme dit Mme de
Staël, une « magistrature de vérité », et il l'exerçait en
conscience. L'amour-propre et sa fille aidant, il crut
sincèrement qu'il appartenait à l'ancien ministre de
Louis XVI, à l'un des auteurs de la Révolution, d'élever
la voix, d'éclairer la France sur ses destinées. Il n'était
pas éloigné de croire que le Premier Consul se déciderait
enfin à rendre hommage à M. Necker. Sa fille l'encoura-
geait dans cette pensée; elle ne pouvait se consoler de
voir ce père adoré éloigné des affaires publiques, et elle-
même privée de ce qu'elle considérait comme sa part
légitime d'influence. Telles sont les raisons qui décidèrent Mme de Staël et M. Necker à publier les *Dernières
Vues;* jamais erreur ne fut plus complète et n'eut pour
Mme de Staël de plus funestes conséquences.

Donc, dans la première quinzaine d'août 1802 (1), parurent les *Dernières Vues de politique et de finances,* « offertes
à la nation française par M. Necker. » Il y eut un vif

(1) *Relations secrètes des agents royalistes,* 27 août 1802. « M. Necker
vient de publier ses *Dernières Vues.* » Lettre de Necker à Lebrun pour
faire hommage de son livre à Bonaparte, 10 août. (Archives de Coppet.)
— Lettre de Lebrun à Necker du 28 thermidor. (Archives de Coppet.)

mouvement de curiosité dans le public (1). Que disait
donc ce revenant des premières années de la Révolution
au peuple français? Il commençait, comme Jordan, par
l'hommage ordinaire et, pour ainsi dire, le « Discours au
Roy », à Bonaparte. « Je crois, écrivait-il, avec l'Europe,
qu'après tant d'erreurs, après tant de fautes, l'institution
d'une dictature et le choix du dictateur ont préservé la
France de nombreux malheurs, lui ont valu de plus une
paix glorieuse et le calme intérieur dont elle jouit. » Et
il appelait Bonaparte « *l'homme nécessaire* ». Après ce
préambule, qui irrita le Premier Consul par sa maladresse,
Necker critiquait la constitution de l'an VIII en termes
sévères, montrait qu'elle n'était qu'une pierre d'attente
pour la tyrannie. Le Corps législatif, dépouillé de toutes
ses prérogatives, réduit au silence, lui semblait indigne
d'une République libre. Le silence des législateurs, « leur
absolu silence, quoique ordonné par la constitution,
annonce plus que tout autre signe la présence d'un
maître. » « Le Premier Consul est tout, absolument tout. »
Il signalait, comme Mme de Staël dans le livre *De la littérature*, les progrès de l'autorité militaire, peu compa-
tibles « avec les lumières de notre siècle », et qui « nous
rengageait sans cesse sous le despotisme ». Il dénonçait
la transformation, qui était en train de s'accomplir; il
refusait le nom de république à un gouvernement où le
peuple serait tenu à l'écart des affaires. « La bonne foi,
— écrivait-il, — la bonne foi exigerait qu'on cessât de
donner le nom de république à une forme de gouvernement où le peuple ne serait rien, rien du moins que par
fiction (2). » Il ne cachait pas ses sympathies pour une

(1) « Le livre de **M.** Necker fait une *assez grande sensation.* » *Relations
secrètes*, septembre.
(2) Section première.

monarchie héréditaire et tempérée; mais il déclarait que
« Bonaparte lui-même, avec son talent, avec son génie,
avec toute sa puissance », serait incapable de l'établir en
France. Il agitait lourdement la question de savoir si,
dans une telle hypothèse, le Premier Consul appellerait au
trône « une ancienne maison régnante », ou « sa propre
famille (1) »; il niait la possibilité pour Bonaparte de
« fonder une nouvelle dynastie », de rendre « sa couronne
transmissible, son rang héréditaire ». Il lui faudrait, pour
y réussir, créer des pairs, une noblesse nouvelle; mais il
se rencontrerait alors des « oppositions » et des « résistances ». Songerait-il à s'appuyer sur « la force militaire »,
sur les « prétoriens »? « Dieu garde la France, s'écriait
M. Necker, d'une semblable destinée! » Il ne restait donc
plus que l'hypothèse d'un gouvernement républicain.
Voilà ce que M. Necker proposait à Bonaparte. Il consentait bien à ce qu'en commençant le Premier Consul
fût à lui seul le pouvoir exécutif, « aussi longtemps qu'il
le croirait convenable (2); » il désirait qu'après avoir
établi le gouvernement collectif désigné par la constitution, il conservât encore « l'autorité nécessaire »; mais
enfin il comptait sur lui pour être le « gardien de la co ns-
titution », une « constitution d'*un beau genre,* une constitution parfaite pour l'ordre, et bonne aussi pour la
liberté » (3).

Quel effet produisit l'ouvrage de Necker sur l'opinion,
sur le Premier Consul?

Il y eut une minute d'étonnement, d'ébahissement même
à l'apparition de cette brochure. Aussi, la naïveté de
Necker était par trop prodigieuse : il voulait, une fois

(1) Section sixième.
(2) *Ibid.*
(3) Section première.

de plus, « constituer » la France ! Quoi ! Encore une constitution, après l'effrayante consommation qu'on en avait faite, lorsque le pays, fatigué, aspirait au repos ! « Je vous croyais dégoûté des constitutions, lui écrivait ironiquement Lebrun, à qui il avait envoyé son livre ; — la vôtre nous arrive après des événements que nous n'avons pas pu prévoir (1). » — « Il est bizarre, écrivait Rœderer, de vouloir faire une constitution, lorsqu'il devient d'heure en heure plus évident que les constitutions se font elles-mêmes et ne sont pas faites. Autant il est piquant de parler de la chose dont tout le monde ne parle point encore, autant il est fastidieux de parler longuement avec apprêt, avec étalage, de la chose dont on ne veut plus parler. » On ne pouvait mieux dire. L'honnête Necker retardait ; il ne s'était pas aperçu de la marche des événements, des modifications de l'esprit public. Il apparut comme une sorte de revenant d'un autre âge ; on rit beaucoup de sa candeur ; on plaisanta sa République « gouvernée par sept directeurs (2) » ; on tourna en dérision le titre de l'ouvrage. « Le défaut des *Dernières Vues* de M. Necker, c'est qu'on n'y trouve pas de vues (3). » Justement, M. de Calonne venait aussi de publier de *Nouvelles Vues sur les finances*. On s'amusa de la coïncidence ; on prétendit que les deux auteurs avaient donné l'ordre à leurs libraires de leur renvoyer les volumes invendus, mais qu'une erreur de roulage avait fait parvenir à M. de Calonne le ballot destiné à M. Necker, et à M. Necker celui de M. de Calonne (4). D'autres rappelèrent durement à l'ancien ministre de Louis XVI le

_____

(1) Lebrun à Necker, 28 thermidor an X (15 août 1802).
(2) *Relations des agents de Louis XVIII*, chap. v.
(3) *Ibid.*
(4) *Journal de Paris*, 7 fructidor an X.

« souvenir de son administration », les « vues funestes »
qu'il avait suggérées à l'infortuné monarque (1). Le
Mercure de France, dans un article de Fiévée, évidemment inspiré par le Premier Consul, prit à partie
M. Necker avec une extrême violence, dénonça sa
« vanité », son « ignorance des hommes (2) », son incapa-
cité politique, son anglomanie (3), son insensibilité même.
« Heureux homme, qui a pu contribuer puissamment à
tant de malheurs sans en ressentir aucun; heureux
homme, qui n'a jamais versé de larmes que la plume à la
main! » Cet article haineux exprimait à merveille ce que
tant de Français reprochaient à M. Necker. Qu'avait-il
souffert des maux de la Révolution, qu'il avait déchaînée!
Quand la guillotine faisait tomber les têtes, quand l'émigration jetait hors des frontières la noblesse fidèle au roi,
exposée à la misère, à toutes les douleurs de l'exil, il
avait vécu tranquille dans son château, au bord de son
beau lac. Que voulait donc cet étranger, avec son rêve
chimérique de liberté? On lui signifiait brutalement qu'on
en avait assez de ces expériences. « Nous sommes partisans du gouvernement d'un seul, parce que nous n'avons
connu toute l'horreur du despotisme que sous le gouvernement de plusieurs. »

Il est impossible de ne pas reconnaître, dans cette charge
furieuse, l'inspiration du Premier Consul. Pourquoi donc
était-il irrité contre M. Necker?

D'abord Necker proposait à la France le choix entre
plusieurs gouvernements, alors que Bonaparte avait l'in-

---

(1) *Journal des Débats*, 11 fructidor (29 août).

(2) *Mercure de France*, art. signé F., 10 fructidor an X. « Les journa-
listes, dit Mme de Staël, reçurent l'ordre d'attaquer l'ouvrage avec le
plus grand acharnement. » (*Considérations*, t. II, IVe partie, chap. VII.)

(3) Cette anglomanie était plaisamment résumée dans cette formule :
« Prenez l'Angleterre, transportez-la en France, et vous aurez une
monarchie tempérée sous un climat tempéré. »

tention bien arrêtée de n'en souffrir d'autre que le sien propre. « Un homme qui propose trois gouvernements à la France, depuis que je suis à la tête de l'État (1)! » Et : « Que dites-vous de M. Necker? Il ne veut que sept directeurs (2)! » Six ans plus tard, il s'écriait encore avec violence devant Auguste de Staël, le petit-fils de Necker : « A soixante ans (3), vouloir renverser ma constitution! Faire des plans de constitution! »

Mais ce n'était pas là encore le grief le plus sérieux du Premier Consul; il savait bien que les constitutions de Necker tomberaient sous le ridicule. Ce qui était infiniment plus grave, en ce mois d'août 1802, après la conspiration militaire dont Bernadotte avait été le chef, alors que le parti républicain, encore puissant, s'alarmait des progrès de la tyrannie, c'était que Necker dénonçait avec lourdeur les projets du Premier Consul. « Je trouve dans votre ouvrage, lui écrivait sèchement Lebrun, *des anticipations que nous ne connaissons point ici* (4). » On ne les connaissait que trop; mais on les murmurait tout bas, avec mystère, en se gardant dès oreilles indiscrètes. Les plus clairvoyants s'apercevaient qu'on marchait au rétablissement de la monarchie, mais d'une monarchie nouvelle, appuyée sur une noblesse nouvelle, sortie des guerres de la République. Mais Bonaparte agissait avec prudence, évitait de froisser ouvertement l'esprit républicain; il n'était pas temps encore. Comme l'a fort bien dit Mme de Staël, il « ne voulait pas qu'on annonçât son dessein avant qu'il fût accompli ». Or, Necker l'annonçait très haut, avec fracas : il produisait l'effet d'un intrus qui

---

(1) Roederer, *OEuvres*, t. V, p. 104 (25 août 1802).
(2) *Relations des agents de Louis XVIII*, chap. v.
(3) Necker avait alors soixante-dix ans, étant né en 1732.
(4) Lebrun à Necker (archives de Coppet), 23 thermidor an X.

parle bruyamment dans un lieu où tout le monde
s'exprime à voix basse, par respect pour une auguste
présence. C'est bien inutilement qu'il avait essayé de la
flatterie, dans l'espoir de faire passer ses hardiesses; il
n'avait réussi qu'à exaspérer Bonaparte. Il l'avait appelé
« l'homme nécessaire ». « L'homme nécessaire! Et
d'après son ouvrage, la première chose à faire était de
lui couper le cou, à cet homme nécessaire! » Necker était
« un fou, un vieux maniaque, un vieil entêté, qui rabâ-
chait sur le gouvernement des États (1) ». Il était cause
de la Révolution, il avait fait guillotiner Louis XVI. Mais
le Premier Consul tenait à sa tête et n'était pas d'humeur
à l'abandonner aux caprices de l'idéologie.

Enfin, si Necker avait pu croire un instant que Bonaparte s'abuserait sur la véritable inspiratrice de l'ouvrage,
il s'était fait une étrange illusion. Tout le monde avait
deviné, derrière M. Necker, Mme de Staël. « Il ne manquait à cet écrit, disait-on, que sa signature (2). » En
vain Mme de Staël protestait : « Comme si l'on pouvait
conduire la plume d'un homme qui pense de si haut! »
Elle avait eu la première pensée de l'ouvrage, elle avait
excité son père à l'écrire. Le Premier Consul ne s'y trompait pas : c'était elle, disait-il, qui avait fait à Necker
« tous ces faux rapports sur l'État de France ». Elle
s'était figuré naïvement que la personnalité de M. Necker
suffirait à l'abriter de la vengeance du Premier Consul.

---

(1) Tous ces détails sont tirés de la préface des Œuvres du baron
Auguste de Staël, second fils de Mme de Staël, qui contient le récit qu'il
a fait de son entrevue avec Napoléon, à Chambéry en 1818. Voir aussi
BARNI : les Martyrs de la libre pensée. Barni, qui fut professeur d'histoire
à l'Académie de Genève, a connu un texte différent de celui qui est
publié dans la préface des Œuvres du baron de Staël, sans doute le récit
authentique et non expurgé de l'entrevue.

(2) LACRETELLE, Testament philosophique et littéraire, t. II, p. 74 et
suiv.

Elle écrivait à Jordan qu'elle trouverait « fort injuste »
qu'on eût de l'humeur contre elle ; et avec cette irréflexion
qui la caractérise, quand elle se croit loin du péril, elle
ajoutait : « Je la braverai, cette humeur (1) ! » En somme,
explique qui voudra cette contradiction : elle n'était pas
très fâchée que Bonaparte l'eût devinée ; elle jouissait de
son irritation, elle tremblait à l'idée de sa vengeance.
Elle disait à Lacretelle : « Il me craint. *C'est là ma jouissance, mon orgueil, et c'est là ma terreur.* Il faut que je vous
l'avoue, je me précipite au-devant d'une proscription, et
je suis mal préparée à supporter les ennuis mêmes d'un
long exil ; mon courage fléchit et non ma volonté. Je
souffre et ne veux point d'un remède qui m'avilirait. J'ai
les peurs d'une femme, sans qu'elles puissent faire de
moi une hypocrite ou une esclave (2). »

M. Necker avait cru fort habile d'écrire au second
consul Lebrun (3), avec qui il avait des relations d'amitié,
pour le prier de faire hommage de son livre à Bonaparte.
Lebrun fut chargé de rédiger pour M. Necker une lettre
de « beau style (4) ». Le choix de ce correspondant ne
manquait pas de piquant : l'ancien censeur royal, l'ancien
inspecteur des domaines de la couronne, le favori du chan-
celier Maupeou, le député à la Constituante, se faisant,
auprès de l'ancien ministre de Louis XVI, l'interprète des
volontés de Bonaparte. Il sut mêler dans son style « toute
l'arrogance des préjugés anciens » à la « rude âpreté du
nouveau despotisme », rappela à Necker les erreurs de
son ministère, finit par lui conseiller de ne plus se mêler
de politique et de s'en remettre au Premier Consul, « seul

---

(1) Sainte-Beuve, *Nouveaux Lundis*, t. XII, art. *Jordan* ; lettre de Mme de
Staël à Jordan, 6 septembre 1802.
(2) Lacretelle, t. II, p. 77.
(3) Lettre du 10 août 1802. (Archives de Coppet.)
(4) Voir le *Mémorial* et les *Considérations*, t. II, IVᵉ partie, ch. vii.

capable de bien gouverner la France. » Il terminait par
quelques insinuations piquantes à l'égard de Mme de
Staël, mais sans qu'il y eût rien de « prononcé contre son
retour (1) ».

Mais, en réalité, la résolution de Bonaparte était prise.
La lettre suivante, qu'en réponse aux instances de Necker
Lebrun lui écrivait le 16 germinal an XI (5 avril 1803),
ne laisse aucun doute sur le ressentiment qu'il nourrissait contre Mme de Staël et ses intentions à son
égard :

« J'ai reçu, monsieur, votre lettre, et je l'ai portée à sa
véritable adresse... Le Premier Consul est arrivé au gouvernement avec une opinion prononcée pour vous : je lui
ai cru quelquefois l'intention de vous consulter, et jusqu'à
vos *Dernières Vues* il ne parlait de vous qu'avec une estime
dont vous auriez été flatté. Mais ce dernier ouvrage,
lancé tout à coup dans le public, lui a paru *inspiré par des
motifs qui n'ont certainement pas été les vôtres.* Présenter à
un peuple fatigué de changement deux nouvelles constitutions à la fois ! « Si vous aviez, m'a-t-il dit, des vérités
« utiles à révéler, il était dans les convenances que vous
« commençassiez par lui, et vous ne deviez les livrer au
« public, si tant est pourtant que vous le dussiez, que
« quand l'homme que vous appelez « nécessaire » les aurait
« méconnues et repoussées... » *Des propos échappés à Mme de
Staël, les démarches plus qu'indiscrètes de gens qu'on sait être
ses confidents les plus intimes, l'ont convaincu qu'elle avait tra-
vaillé votre opinion et influé sur votre ouvrage;* il pense qu'elle
veut du mouvement, dans quelque sens qu'il s'opère, et

---

(1) *Dix années d'exil,* chap. x. Il y a contradiction sur ce point entre
les *Considérations* et *Dix années...* « Le Consul finissait en déclarant que
moi, fille de M. Necker, je serais exilée de Paris, précisément à cause des
Dernières Vues de politique et de finances publiées par mon père. » Le
récit de *Dix années...* est plus vraisemblable.

quoiqu'il ne craigne rien des rumeurs de société, il ne
veut pas qu'on le croie assez faible ou assez imprudent
pour laisser l'administration en proie aux sarcasmes.
Vous voyez qu'avec une pareille opinion, *toute tentative
est inutile.* Je ne sais si le temps pourra changer les dispositions, mais je ne peux vous offrir aucune espérance.
Condoléances très polies (1). »

Cette lettre hautaine et d'une politesse glacée exprimait
à merveille la pensée de Bonaparte. « Jamais, s'était-il
écrié, la fille de M. Necker ne rentrera à Paris (2). »
C'était, sous une forme plus brutale, ce que disait Lebrun à Necker. En réalité, ce n'était pas Necker que
le Premier Consul rendait responsable : il ne l'accusait
que de naïveté et de maladresse. La véritable coupable,
c'était Mme de Staël, et c'est sur elle que retomba sa
colère. Elle avait voulu agiter l'opinion, et elle avait
compté sur le nom de son père pour faire échec au
Premier Consul.

Hélas! le pauvre M. Necker n'eut même pas le bénéfice
de son attitude. On ne le lut point (3). Il continua
d'affecter une olympienne sérénité, mais resta au fond de
l'âme vaguement inquiet, avec la pensée d'avoir attiré sur
sa maison la foudre (4).

Cependant, de toutes les extrémités de la République
française les adresses de félicitations arrivaient au Premier Consul : 3,568,885 suffrages avaient donné à vie la
magistrature suprême à Bonaparte; il avait le droit de
choisir ses collègues, de présenter son successeur. L'Em-

(1) Lebrun à Necker. (Archives de Coppet. Lettre communiquée par
M. le comte Vandal.)
(2) ROEDERER, *Œuvres*, t. V, p. 104.
(3) Mme de Beaumont écrivait à Joubert que le nouvel ouvrage du
« grand homme de Necker » était estimé, mais *peu lu*. — *Cf.* la conversation de Mme de Staël et de Lacretelle dans l'ouvrage déjà cité.
(4) LACRETELLE, t. II.

pire était fait; la nation, fatiguée, se jetait d'un grand élan dans les bras de son sauveur (1). La voix du solitaire de Coppet se perdit dans les acclamations qui saluaient l'aurore d'un nouveau règne.

(1) Voir dans le *Moniteur* du 5 fructidor les adresses de *dévouement* et *d'amour* que les départements envoient au Premier Consul.

CHAPITRE VIII

Cependant, Mme de Staël cherche à s'étourdir. Avec cette extraordinaire puissance d'illusion qu'elle porte en elle, elle ne veut pas croire au péril. Elle écrit à Camille Jordan : « Mathieu (M. de Montmorency) vous dira qu'on m'a donné des inquiétudes sur mon repos cet hiver... Je suis décidée à n'y pas croire. D'ailleurs, cela fût-il vrai, vous me trouverez quelque habitation près de Paris, et vous viendrez m'y voir (1). » Elle veut « braver l'humeur » de Bonaparte. Puisque « Camille » refuse de faire avec elle un voyage en Italie, elle viendra passer l'hiver à Paris.

Au fond, malgré toutes ces bravades, elle n'est pas rassurée. Le préfet de Genève n'a pas reçu l'ordre de lui refuser ses passeports. Mais le Premier Consul a dit « au milieu de son cercle » qu'elle ferait mieux de ne pas revenir (2). Une telle parole n'est pas équivoque. Évidemment, Bonaparte répugne à frapper Mme de Staël : il sait que la chose fera quelque scandale. Il préférerait qu'elle vécût, sans se faire prier, sur les bords de son lac, dans la retraite. C'était justement la seule condition que Mme de Staël ne voulût pas accepter : renoncer à ses amis, à

(1) SAINTE-BEUVE, *Nouveaux Lundis*, t. XII.
(2) *Dix années d'exil*, chap. x.

Paris, à ce séjour « le plus agréable de tous (1) » ; renoncer
au monde, au théâtre, à la politique ! Déserter le champ
de bataille, abandonner la victoire à son ennemi ! Cela
était au-dessus de ses forces.

Elle cherche à s'étourdir ; le spectre de l'ennui la poursuit : elle redoute la solitude. Il faut qu'elle écrive
vingt lettres par jour, qu'elle corresponde avec la moitié
de l'univers, qu'elle ait cinquante personnes dans son
salon ou à sa table, qu'elle joue la comédie, la tragédie,
qu'elle régente le genre humain. Point aimée comme elle
voudrait l'être, jalousée des autres femmes, raillée par
les hommes, elle veut forcer l'admiration, être reine,
« impératrice de la pensée (2). » Sa mauvaise étoile voulut qu'elle vécût en un temps où le maître du monde prétendait garder pour lui seul la couronne : de là tous ses
malheurs.

Elle est fort triste. Au fond, cette femme est une mélancolique (3). Elle traîne le poids de l'existence humaine ;
elle cherche à « suspendre la douleur (4) » ; elle a au cœur
une « souffrance » éternelle. Elle n'est pas seulement
déçue dans ses ambitions politiques. A cette heure sombre,
tout son passé lui remonte à la mémoire, le souvenir des
hommes qu'elle a le plus aimés, de ceux qu'elle aime
encore : Narbonne, Talleyrand, Mathieu de Montmorency.
Le passé lui « ébranle l'imagination et le cœur (5) » : toujours la fuyante, l'insaisissable chimère.

Un Chateaubriand eût promené au milieu de la nature
son deuil mélancolique et superbe ; il eût convié les forêts
et les lacs à partager la tristesse de son âme. La nature

---

(1) *Dix années d'exil*, chap. x.
(2) SAINTE-BEUVE.
(3) Le mot est de Stendhal ; il est très juste.
(4) Lettre à Jordan, citée par Sainte-Beuve.
(5) Lettre à Villers du 16 novembre 1802. (BLENNERHASSETT, t. II, p. 405.)

est pour lui la harpe mélodieuse qui exprime l'insondable misère de l'homme. Mme de Staël n'a pas en elle cette ressource ; elle ne sait pas se faire de sa propre douleur le plus raffiné des spectacles : elle reste éperdue, pleine d'angoisse. Elle se réfugie, à ce moment, dans la philosophie. C'est par l'exercice de son admirable intelligence qu'elle peut calmer sa souffrance. Elle étudie dans Charles de Villers la philosophie de Kant (1) ; elle s'y plonge avec délices. Elle a senti l'étroitesse de la philosophie empirique du dix-huitième siècle ; elle sent qu'il y a « quelque chose de plus dans notre être moral » que les idées qui nous viennent par les sens (2). Elle l'écrit à Gérando, à Villers. Elle y voit une preuve nouvelle qu'il faut lutter contre l'esprit de calcul, l'égoïsme, contre cette désagrégation des idées morales, qu'elle signale depuis plusieurs années comme un caractère effrayant du temps présent. Sous l'influence de Kant, ses pensées deviennent plus sérieuses et plus hautes ; c'est le philosophe de Kœnigsberg qui lui fournira ses armes les plus efficaces contre l'abaissement des caractères, contre le despotisme. Jusqu'alors, elle s'est contentée de fronder le pouvoir, de décocher l'épigramme. Mais sa doctrine est flottante. Dans cette reclusion forcée de l'hiver de 1802-1803, elle prend pour la première fois conscience de son rôle, elle sé prépare au combat (3).

(1) Cette étude de Villers avait paru en 1801.

(2) A Gérando, 31 octobre 1802.

(3) A noter la grave erreur que commet lady Blennerhassett (t. II, p. 508), quand elle affirme, d'après M. Welschinger (*la Censure sous le premier Empire*), que Mme de Staël vint faire un séjour d'un mois à Mafliers, en septembre 1802, pour surveiller l'impression de *Delphine*. La note de police signalée par M. Welschinger (p. 326) n'est pas de l'an XI, mais de l'an XII, et précède de peu l'exil de Mme de Staël. En septembre 1802, Mme de Staël était à Coppet ; elle pensait à faire avec Jordan un voyage en Italie ; elle ne pensait pas à revenir à Paris pour le moment, après la lettre de Lebrun et les menaces de Bonaparte. Nous avons vérifié la date exacte du rapport de police aux Archives nationales.

Au mois de décembre 1802 (1) parut *Delphine*. Comme
le poète ancien exilé aux rives brumeuses du Tanaïs,
Mme de Staël, elle aussi, envoyait son livre « dans la
Ville ». Là était son cœur, là son âme. Absente par
force, elle vivrait du moins quelques jours, quelques
semaines dans la pensée de ses amis, de tous ceux qui le
liraient. Elle braverait Bonaparte. Sous les beaux ormes
de Coppet, elle entendrait venir à elle des rumeurs
de gloire.

Le livre eut un succès prodigieux. En un instant, il fut
dans toutes les mains (2). En cette fin d'année 1802, on
ne parla que de *Delphine*. Ce roman, qui n'a plus pour
nous que la grâce des choses fanées, fut jadis une œuvre
très vivante, qui passionna singulièrement les esprits.
D'abord, le nom de Mme de Staël exerçait sur la société
du temps une sorte de prestige; sa vie agitée, traversée
par les orages de la passion, les persécutions qu'elle avait
souffertes, ses récents démêlés avec Bonaparte, le demi-
exil où elle vivait à Coppet, tout contribuait à exciter
autour d'elle la curiosité, la sympathie ou la haine (3). Le
parti de l'opposition au Premier Consul se réclamait de
Mme de Staël; on goûtait, en la lisant, en la commentant,
le plaisir bien français de fronder le pouvoir. Les ennemis
du Concordat se réjouissaient de ses attaques contre la
religion catholique. On lui savait gré de la fameuse phrase
de la préface sur la *France silencieuse*.

(1) Et non novembre, comme dit lady Blennerhassett. « Depuis huit
jours, on ne lit, on ne commente que *Delphine*, roman de Mme de Staël
qui vient de paraître. » (REICHARDT, *Un Hiver sous le Consulat*, p. 207, à
la date du 28 décembre.) — Cf. *Mercure de France* du 24 décembre; —
Journal des Débats du 25, etc. — Lettre de Chateaubriand à Mme de Staël,
du 12 décembre (inédite). « Eugène m'apporte votre livre. »(Arch. de Broglie.)

(2) REICHARDT, *Un Hiver sous le Consulat*, passage déjà cité, p. 207 et suiv.

(3) On s'intéresse plus encore à la personne de l'auteur qu'à son livre.
On parle « de sa vie, de ses projets avortés, de ses espérances d'a-
venir ». (*Ibid.*)

Le plus grand nombre cherchait et trouvait tout simplement, dans ce livre, une image fidèle de la société
du temps, des allusions satiriques, des portraits, des
épigrammes. Mme de Staël, avec peu d'imagination
créatrice, avait un remarquable talent d'observation.
Elle excellait dans l'art mondain par excellence des
portraits, qui fut jadis le passe-temps favori de la société française, au temps du *Grand Cyrus* et de la *Clélie*.
Delphine, c'était Mme de Staël elle-même, avec sa conversation brillante, son enthousiasme, son esprit passionné et romanesque, son culte de la raison, son dédain
de l'opinion, son amour de la liberté. Mme de Vernon,
âme sèche et froide, ne croyant à rien, ne s'embarrassant
de rien, n'estimant que le succès, douée d'ailleurs d'un
charme auquel nul ne pouvait résister, c'était l'ancien ami
de Mme de Staël, qui l'avait abandonnée depuis, M. de
Talleyrand; celui-ci se vengeait d'ailleurs du portrait par
l'épigramme. « On dit que Mme de Staël nous a repré-
sentés tous deux dans son roman, elle et moi, *déguisés en
femmes.* » En M. de Lebensei, gentilhomme protestant,
élevé en Angleterre, ennemi de la religion catholique,
partisan du divorce, cachant sous un extérieur froid et
sévère, une imagination très vive et un cœur sensible, on
reconnaissait Benjamin Constant (1). Et voici Mme Récamier en Thérèse d'Ervins, la « beauté la plus séduisante »
de son temps, mariée à un homme qui a vingt-cinq ans
de plus qu'elle. « Une expression à la fois naïve et passionnée donne à toute sa personne je ne sais quelle
volupté d'amour et d'innocence singulièrement aimable. »
Tout Paris se souvenait de l'avoir vue, dans son hôtel de
la chaussée d'Antin ou chez Mme Moreau, danser cette

(1) *Relations secrètes*, p. 215.

danse du « schall », qui attire à Delphine les applaudissements de ses admirateurs. Mais ce duc de Mendoce, si
obséquieux, qui plie les épaules avec tant de prestesse
pour saluer les puissants du jour, qui commence les
phrases que finit le ministre et finit celles que le ministre
commence (1), qu'est-ce, sinon M. de Lucchesini, ambassadeur de S. M. le roi de Prusse et courtisan très
illustre du Premier Consul? Le duc de Serbellane, c'est le
comte Melzi (2), vice-président de la République italienne.
Quant au père de Mme de Cerlèbe (3), personnage considéré dans son pays pour ses éminents services, dont
tout le monde admire les talents et les vertus, c'est
M. Necker en personne; et Chateaubriand, qui ne dédaigne
pas de faire sa cour à Mme de Staël, n'hésitera pas à
déclarer que les pages où elle a peint son père sont « les
plus touchantes » de l'ouvrage (4).

Mme de Staël avait espéré que le succès de *Delphine*
désarmerait Bonaparte : il ne fit qu'accroître sa colère. Le
Premier Consul avait pensé que ce livre n'agirait pas sur
l'opinion, qu'il « ne franchirait pas la ligne de défense des
officieux (5) ». Mme de Staël s'adressait à la « France
silencieuse »; les journaux dévoués à Bonaparte s'amu-
saient fort de cette dédicace; le livre, disaient-ils, arrive-
rait à son adresse (6). Ils n'en avaient d'abord pas parlé,
pour ne donner aucun avantage aux « philosophes ». Mais
enfin il avait fallu rompre le silence; Paris s'agitait, il
n'était bruit que de *Delphine*. Des *écouteurs à gages* du Premier Consul, comme Mme Hamelin, lui rapportaient les

---

(1) *Delphine*, t. I, p. 59.
(2) FAURIEL, *les Derniers Jours du Consulat*, p. 18, note.
(3) DELPHINE, t. III, p. 93.
(4) « Je n'ai guère lu de pages plus touchantes que celles où vous
peignez le père de Mme de Cerlèbe. » 8 janvier 1803. (Archives de Broglie.)
(5) REICHARDT, ouvrage cité.
(6) *Mercure de France*, 4 nivôse an XI.

propos de salon, les épigrammes. Encore une fois,
Mme de Staël « troublait l'opinion ». On la croyait loin de
Paris, sur les bords de son Léman; et voilà qu'elle surgis-
sait, qu'elle passionnait les esprits, qu'elle bouleversait
l'œuvre du Premier Consul !

C'est le premier grief contre *Delphine* : ce livre fait
tourner toutes les têtes. Il faut se représenter très exactement ce qu'était la France de 1802 : glorieuse, mais à
peine convalescente, épuisée par tant de discordes, toute
frémissante de haines mal assoupies. Bonaparte s'était
imposé la tâche de désarmer les passions; mais ce n'é-
tait pas chose facile. Paris offrait alors un mélange
unique et vraiment extraordinaire de jacobins régicides, de nobles échappés à la guillotine, d'émigrés nouvellement rentrés, de chouans émissaires des princes,
de « philosophes » et d' « idéologues », de débris du
babouvisme, de généraux dévoués à Bonaparte ou ennemis acharnés de son pouvoir et prêts à conspirer sa
perte. Il n'y avait pas, à proprement parler, d'opinion
publique, mais un chaos inextricable d'intérêts, de jalou-
sies et de rancunes. Un discours, un livre, un simple mot,
dans ce milieu surexcité, était l'étincelle qui met le feu
aux poudres. Le Premier Consul ne se faisait pas d'illusions : il avait pour lui la France, c'était là sa force; mais
il ne pouvait compter sur Paris (1). La grande ville a toujours eu l'esprit frondeur; elle l'avait eu sous l'ancienne
monarchie, elle l'avait sous la République. N'oublions pas
que le Paris d'alors était une « grande petite ville (2) »,
beaucoup moins la cité de l'univers que de nos jours. La
vie de salons y avait encore une importance considérable;
c'était un reste de l'ancienne société française du dix-hui-

(1) Voir les lettres de Fiévée à Bonaparte.
(2) *Mémorial* de Norvins.

tième siècle. L'esprit de coterie y était tout-puissant; le
faubourg Saint-Germain affectait de tenir les financiers à
distance, ne fréquentait pas chez Mme Récamier (1);
Mme Moreau avait sa cour, opposée à celle des Tuileries
et de Saint-Cloud. Mme de Staël, au contraire, avait ceci
de particulier, qu'elle comptait de nombreux amis dans
toutes les sociétés, et même jusque dans l'entourage et la
famille du Premier Consul; elle était le lien qui unissait
l'ancien monde au nouveau; elle était, à elle seule, l'Opinion, qui, dans le désarroi universel, donnait le ton aux
salons et manifestait une sorte d'esprit public.

La colère de Bonaparte (2) s'exprima par un mot sec et
tranchant, qui annonçait une volonté bien arrêtée : « J'espère, dit-il, que les amis de Mme de Staël l'ont avisée de
ne pas venir à Paris; je serais obligé de la faire reconduire à la frontière par la gendarmerie (3). »

Précisons les griefs de Bonaparte. Cela est facile, en
rapprochant les *Mémoires* de Bourrienne et le *Mémorial de
Sainte-Hélène* des articles qui parurent dans les journaux
de l'époque, en particulier dans le *Mercure*, où Fiévée
écrivait sous l'inspiration du Premier Consul; dans le
Journal des Débats et dans *le Publiciste*. Cette dernière
feuille, que dirigeait Suard, ami de Mme de Staël, résume
bien toutes les critiques que la presse officieuse adressait
à *Delphine*. Quelles étaient ces critiques?

D'abord — cela n'est pas douteux — le Premier Consul

(1) REICHARDT. ouvrage cité.
(2) « Bonaparte a lu ce roman ou s'en est fait donner des extraits, *ce
qui l'a mis dans une colère affreuse.* » (*Relations secrètes des agents de
Louis XVIII*, p. 215.)
(3) REICHARDT, *Un Hiver sous le Consulat*, 28 décembre 1802. — On sait
que le Premier Consul avait fait avertir Mme de Staël par Mathieu de
Montmorency. — Cf. *Relations secrètes*, p. 216. « L'on prétend que
Bonaparte a menacé de faire reconduire Mme de Staël par la gendarmerie,
si elle osait paraître à Paris. »

considère *Delphine* comme une œuvre dangereuse, immorale, disons le mot, antisociale (1). On peut sourire de ce jugement; il faut pourtant essayer de le comprendre. Au moment où Bonaparte avait pris le pouvoir, le relâchement de la morale publique, favorisé par dix ans de Révolution, était extraordinaire. Le premier soin de Bonaparte avait été de ramener plus de dignité, plus de décence dans les mœurs. Au début de son gouvernement, son genre de vie simple, austère même, faisait un contraste frappant avec le tableau qu'offrait jadis le Luxembourg, au temps des fêtes galantes de Barras. Le Premier Consul s'était même prononcé ouvertement contre la manie des modes grecques, qui sévissait alors de si étrange façon dans la toilette féminine. Mme Tallien, s'étant un jour affichée à l'Opéra en costume de Diane chasseresse, il lui avait fait dire que ces temps étaient passés, et qu'elle eût désormais à se vêtir de façon décente. Il avait « horreur des femmes galantes », et avait entrepris d' « épurer la société (2) », fort mêlée, que recevait Joséphine aux Tuileries. Mais cette « épuration » était plus difficile de mener à bien que celle du Tribunat. Le Consul était obligé de surveiller l'entrée du salon de sa femme, de livrer chaque jour une bataille nouvelle à la bonne Joséphine, qui avait ses raisons de se montrer indulgente aux faiblesses d'autrui, et se lamentait à l'idée de ne plus recevoir que des femmes de fonctionnaires, « qui se mettent fort mal (3). » C'est ainsi qu'il avait exigé qu'elle fermât sa porte à Mme Tallien, à Mme Grant, qui était

---

(1) Voir le jugement du *Mémorial* sur le *dévergondage* d'esprit et d'imagination de *Delphine*. Cf. *Journal des Débats*, 5, 14 et 20 nivôse an XI. « Principes très faux, *très antisociaux*, très dangereux; aucun but moral... Très mauvais ouvrage, écrit avec beaucoup d'esprit et de talent. »

(2) L'expression est de Lucien, dans ses *Mémoires*.

(3) Iung, *Lucien Bonaparte et ses Mémoires*.

pourtant devenue, sur son ordre personnel, Mme de
Talleyrand. « Bonaparte veut que tout le monde se marie,
écrivait Mme de Staël, évêques, cardinaux, etc. (1) ! »
Il n'admettait plus aux Tuileries, à Saint-Cloud, de liaisons comme jadis, officiellement reconnues. Il considérait le mariage comme la pierre angulaire de la société ;
tous ses efforts tendaient à le consolider. C'était le moment où l'on discutait alors au Corps législatif les articles
du Code civil concernant le mariage, et Portalis avait
parlé à la tribune de la nécessité de « marquer par des
formes imposantes la certitude du lien contracté ».

Or, *Delphine* venait tout justement agiter les esprits,
troubler l'œuvre du Premier Consul. « Vagabondage
d'imagination, désordre d'esprit, métaphysique de sentiment (2) ; » c'est ainsi qu'il caractérise l'œuvre de
Mme de Staël. Cette apologie exaltée de l'amour (3), ce
mélange « choquant (4) » d'amour et de religiosité, cet
appel à l'insurrection contre les règles sociales, cette
idée que le bonheur de l'individu est en conflit perpétuel
avec l'ordre établi par la société, tout devait déplaire à
Bonaparte dans ce livre. Au fond de cette querelle, en
apparence littéraire, il y a une question de principes, qui
séparera éternellement Mme de Staël et Bonaparte. L'une
est individualiste, élève de Jean-Jacques Rousseau ; elle
érige en axiome que les droits de la société ne peuvent
être supérieurs à ceux de l'individu. L'autre ramène tout
à la société, considère que ses droits priment ceux de
l'individu ; il juge dangereux et traite en ennemi qui-

---

(1) A Mme Récamier, 13 floréal an X (3 mai 1802).
(2) Le *Mémorial*. — BOURRIENNE, *Mémoires*.
(3) « Les femmes n'ont d'existence que par l'amour ; l'histoire de leur
vie commence et finit avec l'amour. » (*Delphine*, lettre VII.) « L'amour,
disait Napoléon, est le divertissement d'une société inoccupée. » (*Mémorial.*)
(4) *Mercure de France*, nivôse an XI.

conque porte une atteinte, même légère, à l'ensemble
des conventions sociales. Voilà le vrai point du débat.
Cette simple remarque jette une vive lumière sur l'histoire des démêlés de Mme de Staël et de Napoléon; elle
éclaire, en particulier, la querelle de *Delphine*. Prisonnière des conventions sociales, l'héroïne de Mme de Staël
entre en révolte contre elles; c'est en vain que l'auteur
inscrit en tête de son livre qu' « un homme doit savoir
braver l'opinion, une femme s'y soumettre ». On oubliait
l'épigraphe, pour n'être plus sensible qu'à cet élan désespéré de l'âme vers le bonheur, pour plaindre, pour admirer,
pour imiter peut-être *Delphine* (1). « Très faux, très antisocial, très dangereux! » C'est ainsi qu'un journal à la
dévotion de Bonaparte caractérisait *Delphine*, et c'était
l'opinion même du Premier Consul (2).

A cette question de la restauration des mœurs était
intimement liée la question du divorce. Nul n'ignorait
que Bonaparte, qui devait trouver plus tard le divorce
excellent pour son usage personnel, le trouvait détestable
au point de vue de la société. Il pensait qu'il favorisait
le développement des passions, le relâchement du lien
conjugal (3). Il avait exclu du salon de Joséphine cinq
ou six femmes divorcées. « Je ne veux pas chez moi
de femme divorcée! » avait-il dit. Quand Hortense lui
annonça l'intention de divorcer avec Louis Bonaparte, il
s'emporta, lui signifia tout net qu'elle devait renoncer à
de pareilles idées. « Un divorce dans ma famille, pour
me faire tympaniser dans toute l'Europe! Si je savais

---

1) « Il y a des circonstances où la passion peut et *doit* s'affranchir des
lois de la société et les remplacer par celles de la conscience. » (*Delphine*, IIIᵉ partie, lettre première.) — « Oui, me disais-je alors, puisque
encore une fois les convenances de la société sont en opposition avec
la véritable volonté de l'âme, *qu'encore une fois elles soient sacrifiées.* »
(2) *Journal des Débats*, 14 et 20 nivôse.
(3) Expression de Fiévée dans la *Correspondance* avec Napoléon.

ceux qui vous inspirent de pareilles idées, je ne les lais-
serais pas en liberté vingt-quatre heures! » Il résistait lui-
même aux sollicitations de ses frères, de sa mère, qui l'excitaient à répudier Joséphine. Les Bonaparte détestaient
les Beauharnais et eussent été charmés de leur jouer ce
mauvais tour. Déjà, grâce aux médisances dont les frères
de Napoléon s'étaient fait l'écho, la rupture avait failli être
consommée au retour d'Égypte. Joséphine avait gardé le
souvenir de cette nuit passée dans les larmes, rue Chantereine, à la porte de Bonaparte inexorable (1). Les époux
s'étaient réconciliés ; mais les Bonaparte continuaient leurs
intrigues. Lucien, devenu ambassadeur en Espagne, s'était
mis en tête, en 1801, de faire épouser à son frère l'infante
Isabelle (2). Joséphine, au courant de toutes ces machi-
nations, vivait dans une horrible anxiété. Fouché, qui
poussait secrètement le Premier Consul à divorcer, semblait, en apparence, l'allié de Joséphine, fournissait des
subsides à son insatiable coquetterie. Mais, en même
temps, il se plaisait à entretenir ses frayeurs, se servait
même, disait-on, à ce dessein de Mme Lenormand, la
célèbre cartomancienne. Joséphine ne vivait plus, s'attachait à Fouché comme à la planche de salut. En novembre 1802 (3), les bruits de divorce recommençaient à
courir de plus belle. On prétendait que Mme Lætitia
n'appelait Joséphine que Mme Beauharnais, que, le
mariage du Premier Consul ne s'étant pas fait devant
l'Église, l'auteur du Concordat n'éprouverait point de
difficulté à s'en affranchir.

Sur ces entrefaites parut *Delphine*, et son plaidoyer en
faveur du divorce. C'était M. de Lebensei — le sosie de

(1) Mme DE RÉMUSAT, *Mémoires*, t. I, p. 147.
(2) IUNG, *Lucien Bonaparte et ses Mémoires.* — Mme DE RÉMUSAT, t. I, p. 133.
(3) *Relations secrètes*, 18 novembre 1802.

Constant (1) — qui s'était chargé de prononcer une apologie en règle de cette institution. « Un M. de Lebensei,
écrivait le *Mercure*, va toujours proposant le divorce,
comme Crispin conseille les pilules, et il ne s'aperçoit
jamais qu'il exalte les passions, qu'il croit calmer. » M. de
Lebensei, d'ailleurs, joignait l'exemple au précepte; il
avait épousé une femme divorcée. « Entre Dieu et
l'amour, s'écriait Mme Lebensei, je ne reconnais d'autre
médiateur que la conscience! » Le charmant tableau du
bonheur que goûtait ce couple modèle était une des
pages les plus gracieuses du livre; on sentait que l'auteur
y avait mis toute son âme. Or, rien ne pouvait être plus
désagréable à Bonaparte que cette peinture enchanteresse
du divorce, contrariant ses intentions de réforme sociale;
elle augmentait, de plus, les terreurs de Joséphine. Du
même coup Mme de Staël avait trouvé le moyen d'accroître l'irritation du Premier Consul et de se faire une
ennemie de sa propre femme (2).

Mais il y avait une autre question plus importante encore que l'action « antisociale » de *Delphine* et l'apologie du
divorce. Le fait le plus considérable de cette année 1802,
celui qui, du propre aveu de Bonaparte, avait rencontré
le plus d'obstacles, c'était le Concordat. Le parti des philosophes et de l'Institut, dont Mme de Staël était le porte-

---

(1) Constant était lui-même divorcé d'avec sa première femme, Wilhel-
mine, baronne de Chramm, dame d'honneur de la duchesse de Brunswick. Il l'avait épousée en 1789 et divorça en 1794. Il s'était fort épris de
Mme Talma, qui divorça en 1801. Tout le monde connaît sa liaison
avec Mme de Staël, qui, si elle n'était pas divorcée d'avec M. de Staël,
n'en valait guère mieux. Enfin, il épouse plus tard Charlotte de Hardenberg, divorcée d'avec son premier mari, M. de Mahrenholz, remariée
à l'émigré Dutertre, qui renonça à sa femme moyennant argent. — On
voit que ce plaidoyer en faveur du divorce était assez bien placé dans
la bouche du Lebensei-Constant. (Voir *Delphine*, IVᵉ partie, lettre XVII.)

(2) Voir dans REICHARDT : *Un Hiver sous le Consulat*, le motif personnel qu'a Mme Bonaparte de détester le livre, les « bruits d'un divorce possible ».

parole, n'avait pas pardonné au Premier Consul cette
reconnaissance officielle du culte catholique; leur mauvaise humeur s'était manifestée par une sourde opposition, des railleries, des épigrammes. Mme de Staël,
surtout, avait été fort déçue; elle avait espéré, nous
l'avons vu, que le protestantisme deviendrait religion
d'État, et elle gardait une vive rancune à Bonaparte, qui
avait trompé ses espérances. Aussi s'était-elle promis de
dire son fait au catholicisme (dans *Delphine*), et, par la
même occasion, au Premier Consul. C'était encore M. de
Lebensei qu'elle avait chargé de cette tâche, et il s'en était
acquitté en conscience (1). La religion protestante avait
toutes les vertus qui manquaient à sa rivale; elle était
« beaucoup plus rapprochée du pur esprit de l'Évangile »;
elle ne faisait point d'athées. Dans les pays protestants,
les mœurs étaient « plus pures, les crimes moins atroces,
les lois plus humaines ». L'erreur du catholicisme était de
regarder « la contrainte et la douleur comme le meilleur
moyen d'améliorer les hommes »; il soumettait la pensée
à « la volonté des prêtres, qui se servaient de la douleur
pour enchainer l'âme », etc., etc. Toute cette longue lettre
de M. de Lebensei, les divers passages du roman où
Mme de Staël vante les cérémonies de la religion protestante (2), qui parlent à l'imagination sans choquer la
raison, les allusions aux « terreurs absurdes », aux
« croyances bizarres » de la religion catholique, la sécheresse de cœur de la dévote Mathilde, qui a l'audace de
vouloir introduire un confesseur au chevet de sa mère
expirante, tandis que la philosophe Delphine lit à la mo-
ribonde les « morceaux les plus remarquables des moralistes anciens et modernes », tout ce tableau fort passionné

(1) *Delphine,* IVᵉ partie, lettre XVII. « M. de Lebensei à Delphine. »
(2) *Ibid,* Vᵉ partie, lettre XVI.

des vertus du protestantisme et des erreurs de la religion
catholique exaspéra le Premier Consul. Cette femme atta-
quait encore son œuvre! Elle excitait les esprits à la résistance! « Quelle partie de *Delphine*, quelle lettre, quel mot,
quelle phrase, écrivait Charles de Villers à Mme de Staël, a
donc pu vous valoir l'anathème de la cour de S. C. (Saint-
Cloud)?... J'ai entendu parler d'opinions religieuses, de
quelques traits en faveur du protestantisme (1). » Bausset
confirme le fait dans ses *Mémoires* (2). « ... Napoléon, auquel on avait fait lire quelques pages de son roman, avait
trouvé fort mauvais qu'elle déclamât contre la religion
catholique, pendant qu'il s'occupait de la rétablir en
France. » Sur ce point, tous les témoignages sont d'accord : il était évident que certaines parties du livre
avaient l'allure d'un pamphlet contre le catholicisme,
d'une apologie en faveur du protestantisme et de la philosophie. Chateaubriand, quoique ami de Mme de Staël, faisait observer ironiquement que si Mme de Staël voulait
bien « accorder quelque chose » aux idées religieuses
dans la préface de son livre, elle semblait l'avoir écrit
pour « combattre ces mêmes idées et pour prouver qu'il
n'y a rien de plus sec que le christianisme et de plus
tendre que la philosophie (3) ».

Immoral, antisocial, anticatholique, tel était, aux yeux
de Bonaparte, le roman de *Delphine*. Mais il avait encore
deux autres torts fort graves, « impardonnables (4) » : il
louait les Anglais, il exaltait la liberté.

Anglomane, Mme de Staël l'avait toujours été; mais

---

(1) Ch. de Villers à Mme de Staël, Lubeck, 4 mai 1803. (Archives de
Broglie.) — Cette lettre a été publiée par ISLER, *Lettres posthumes de
Charles de Villers*.
(2) T. I, p. 53.
(3) *Mercure*, 18 nivôse an XI. Note de l'article sur la *Législation primitive*, de M. DE BONALD, par Chateaubriand.
(4) *Relations secrètes des agents de Louis XVIII*, p. 215.

elle l'était devenue davantage depuis qu'elle avait su la
haine, presque maladive, que Bonaparte nourrissait contre
les Anglais. Aimer, célébrer les Anglais, c'était encore une
manière de faire la guerre à Bonaparte; elle jouissait de
son exaspération, elle riait de ses fureurs. « Les Anglais,
écrivait-elle, cette nation *morale, religieuse* et *libre*... dont
j'admire sous presque tous les rapports les institutions
civiles, religieuses et politiques... » Le Premier Consul
sentait l'allusion : c'était un trait décoché à son adresse;
la riposte ne se fit pas attendre. « Les Français, écrivait
Fiévée dans le *Mercure*, ne lui auront aucune obligation
de la manière dont elle les traite; tout son amour est
aujourd'hui pour les Anglais, ce qui ne doit pas étonner.
Les esprits qui planent au-dessus de ce bas monde n'ont
pas de patrie, et, même à tout autre titre, il est permis à
Mme de Staël de n'en point avoir. Née dans un pays qui
n'est plus, épouse d'un Suédois, devenue Française par
circonstance, n'ayant jamais eu une patrie que par illusion, il est possible qu'elle ne puisse en concevoir d'autre :
c'est une vieille habitude. » Antifrançais, c'était un nouveau grief contre *Delphine*.

Et enfin *Delphine* était, dans une certaine mesure, un
éloquent plaidoyer en faveur de la liberté : la liberté de
l'individu, opprimé par des lois, des conventions et des
préjugés injustes; la liberté politique même, bien que
Mme de Staël prétendît s'être abstenue soigneusement de
toucher à la politique. « J'ai mis du soin, écrivait-elle dans
sa fameuse préface, à retrancher de ces lettres... tout ce qui
pouvait avoir rapport aux événements politiques de ce
temps-ci. Ce ménagement n'avait point pour but, *on le
verra, de cacher des opinions dont je me crois permis d'être
fière.* » On le voyait, en effet. Sous prétexte de parler littérature, elle célébrait « l'amour de la liberté, qui bouillonnait

dans le sang du vieux Corneille » ; Fénelon, qui, dans
son *Télémaque*, « donnait des leçons sévères à Louis XIV ; »
Bossuet, qui « traduisait les grands de la terre devant le
tribunal du Ciel ». Et elle terminait par un appel passionné
à « la *France silencieuse*, mais éclairée, à l'avenir plutôt
qu'au présent..., à l'opinion indépendante, au suffrage
réfléchi des étrangers ». Tout ce qu'il y avait en France
d'opposition au Premier Consul entendit l'appel. Il avait
suffi d'un mot pour réveiller toutes les haines, pour exciter
toutes les espérances.

Cependant, avec une naïveté vraiment incroyable, une
absolue inconscience du péril, Mme de Staël s'imaginait que
Delphine lui rouvrirait le chemin de la France. Elle espérait que le succès du livre ferait céder Bonaparte. En vain,
une de ses amies, Mme Récamier sans doute, lui avait
demandé au préalable communication des épreuves pour
tâter l'opinion des puissances. Elle avait refusé ; et, par
un comble d'imprudence, elle écrivait à ses amis qu'elle
attendrait, pour rentrer, l'effet produit par les traits qu'elle
dirigeait contre la religion catholique et le divorce. Igno-
rait-elle que la police la surveillait, décachetait ses lettres ?
Était-ce un défi jeté au Premier Consul ?

Celui-ci releva le gant sans tarder. Il était furieux du
succès de *Delphine*, furieux contre la police, qui n'avait pas
su arrêter le livre. Les gens les mieux informés prétendaient que le roman n'était qu'un prétexte, et que « la
véritable raison était le dernier ouvrage de Necker (1) ».
Cela est possible ; il soupçonnait Mme de Staël d'avoir
porté à son père de faux renseignements sur l'état de la
France ; il n'attendait qu'une occasion d'exprimer sa
colère. Il témoigna un acharnement véritable. Non seu-

---

(1) *Relations secrètes*, p. 216.

lement il fit savoir à Mme de Staël que si elle rentrait en
France elle serait reconduite à la frontière par la gendarmerie, mais, sur sa demande expresse, l'Électeur de Saxe
interdit la vente du roman de *Delphine* à Leipzig, le grand
marché de livres de l'Europe (1). Le Premier Consul ne
voulait pas que l'Europe attentive pût croire un instant
que les écrivains illustres de la France ne se ralliaient
pas à son gouvernement.

Mais ce fut surtout la presse qu'il chargea de venger l'offense qui lui était faite. Chateaubriand, qui prévoyait ce
déchaînement de fureur, écrivait quelques jours auparavant à l'auteur de *Delphine* :

« ... Vous m'avez ôté le moyen de vous servir efficacement en refusant de faire l'extrait de mon livre (le *Génie
du christianisme*) l'année dernière dans la *Bibliothèque de
Pougens*. Vous sentez qu'après cela je ne puis parler de
votre roman dans le *Mercure*. Je tremble que vous ne
tombiez entre des mains ennemies, qui chercheront à vous
blesser de toutes les manières. Je vais faire tous mes
efforts pour prévenir le malheur, mais si mon zèle est
grand, mon crédit est peu de chose, et je crains bien que
la haine et l'esprit de parti l'emportent sur la chaleur de
l'amitié (2). » .

Les « mains ennemies » que redoutait Chateaubriand
étaient celles de Fiévée, l'auteur des *Lettres sur l'Angleterre*,
l'homme de confiance du Premier Consul, qui était chargé
de le renseigner tous les mois sur l'état de l'opinion. On
a vu déjà un échantillon des attaques très vives qu'il

---

(1) Archives des Affaires étrangères, Saxe. — Cf. Reichardt, 28 décembre 1802. — Les envoyés allemands durent inviter leurs gouvernements à interdire la vente de l'ouvrage. Cette persécution ne fit, d'ailleurs, qu'assurer le succès du livre. Il en avait paru trois traductions
allemandes, et l'interdiction de l'Électeur se limitait à la vente à Leipzig.

(2) Archives de Broglie.

dirigea contre Mme de Staël. Tout l'article est d'une violence inimaginable. Ce fut une charge à fond, non seulement contre le livre, mais contre la personne même de
l'auteur.

« Examinez de près ces femmes, écrivait Fiévée, vous
verrez qu'elles ne sont que violentes dans tous leurs désirs,
exigeantes dans toutes leurs liaisons, et qu'il est beaucoup
plus difficile encore d'être leur ami que leur amant;
écoutez avec attention ces femmes malheureuses, vous
apprendrez qu'elles ont à se plaindre de tout le monde,
vous les entendrez soupirer à chaque instant leur profonde
mélancolie; leur cœur est de toutes parts blessé par l'in-
gratitude; elles appellent à grands cris la paix, la paix
qu'elles ne peuvent plus trouver que dans leur tombeau,
vers lequel les conduit à pas lents la douleur qui les mine.
Regardez-les : elles sont *grandes, grosses, grasses, fortes;
leur figure enluminée de trop de santé* n'offre aucune des
traces que laissent toujours après elles les peines qui
viennent du cœur. C'est qu'en effet elles n'ont jamais
éprouvé d'autre chagrin que celui de l'amour-propre
humilié; en un mot, ces femmes sont tout bonnement des
égoïstes exaltées (1). »

Cette simple citation suffit à indiquer le ton de l'article
Ajoutez-y que Mme de Staël était traitée d'insupportable
« commère », d' « intrigante » et de « sans patrie », et l'on
aura une idée de cette attaque furibonde, qui rappelle celle
du *Journal des Hommes libres* quelques jours après le discours de Constant au Tribunat. Il faut y voir l'inspiration
directe du Premier Consul. Le *Journal des Débats,* la

---

(1) L'article est signé F. C'était la signature ordinaire de Fontanes.
Mais il désavoua l'article, qui, d'ailleurs, n'a pas la mesure ordinaire de
son style. Aucun doute qu'il ne soit de Fiévée. (Rœderer, *Œuvres,* IV.
318, note.)

Gazette de France, attaquèrent aussi *Delphine*. Il n'y eut guère que *la Décade* et *le Publiciste* à prendre sa défense.

Mais Mme de Staël vit se dresser contre elle une nouvelle espèce d'adversaires, qui montra un acharnement spécial, et dont les venimeuses médisances devaient contribuer efficacement à son exil. C'étaient les femmes-auteurs, alors très nombreuses à Paris (1), qui s'acharnèrent sur une rivale trop illustre. Il y eut une véritable levée de boucliers. A la tête de ces belliqueuses amazones se distinguait celle que Chénier nommait plaisamment une « Mère de l'Église », Mme de Genlis en personne. Mais c'étaient, dans l'espèce, beaucoup moins les intérêts de l'Église que les siens propres qu'elle défendait avec tant d'âpreté. On ne parlait que de *Delphine*, on négligeait l'auteur d'*Adèle et Théodore* et des *Mères rivales!* Elle écrivit de bonne encre une nouvelle intitulée *Mélanide ou la Femme philosophe*, où elle représentait Mme de Staël comme une personne fort immorale et partisan déterminé du suicide. Mme de Genlis n'en devait pas rester là, d'ailleurs, et nous verrons bientôt par quelle perfidie elle excita la fureur du Premier Consul et détermina le premier exil de Mme de Staël.

Ainsi, Mme de Staël avait réussi à faire l'accord complet de tous ses ennemis : Bonaparte, Joséphine, les partisans du catholicisme et ceux du pouvoir absolu, les femmes-auteurs de Paris, tous jetaient sur elle l'anathème. C'est le moment qu'elle choisit pour réclamer avec plus d'insistance son retour à Paris.

(1) « Cent et quelques, » dit Reichardt, qui signale cette levée de boucliers. — « On dit qu'il se préparait une foule de romans qui sont tous suspendus par la crainte du vôtre; où le maître parait, les écoliers se retirent. » (Chateaubriand à Mme de Staël, 12 sept. 1802. — Arch. de Broglie.)

CHAPITRE IX

Il eût été fort imprudent de la part de Mme de Staël d'essayer de rentrer à Paris au commencement de l'année 1803 sans avoir obtenu la permission du Premier Consul. Fouché n'était plus alors ministre de la Police, depuis le 15 septembre 1802. Il avait toujours témoigné à Mme de Staël beaucoup de bienveillance. Au moment de l'incident du Tribunat, il lui avait donné les meilleurs conseils; usant de ménagement à l'égard des personnes, répugnant à toute violence inutile, il adoucissait par ses formes insinuantes et polies ce qu'avaient de trop brusque les ordres du Premier Consul. Mais Fouché était parti; ses fonctions avaient été supprimées, le ministère de la Police réuni à celui du Grand Juge

Cependant Necker se désolait de l'exil de sa fille. Il s'accusait, non sans raison, d'avoir excité, par son ouvrage, la colère du Premier Consul contre Mme de Staël, et il cherchait tous les moyens de lui faciliter le retour à Paris. Il conçut un instant la pensée de se rendre en France, de solliciter une audience de Bonaparte (1). Mme de Staël

---

(1) *Dix années d'exil*, chap. x. — Les documents dont nous nous servons pour raconter les efforts tentés par Necker et sa fille sont tirés des archives de Coppet et nous ont été obligeamment communiqués par M. Albert Vandal, avec le consentement de M. d'Haussonville.

accueillit d'abord ce projet avec joie. Le séjour de Coppet
lui devenait odieux; elle voulait à tout prix s'évader de
sa prison, revoir Paris, s'étourdir du bruit de la grande
ville. « Vous ne m'invitez pas beaucoup à revenir, écrivait-elle à Fauriel, mais j'ai un tel dégoût du pays que
j'habite, que je ne puis suivre ce conseil, et j'espère une
fois, quand nous nous reverrons, vous expliquer un peu
cette disposition (1). » (8 avril.) Elle accepte donc l'offre
de son père, ne pouvant se figurer, dit-elle, que « son
âge, l'expression si belle de ses regards, tant de noblesse
d'âme, de finesse d'esprit », ne puissent fléchir Bonaparte. Puis, à la réflexion, elle se ravisa et refusa ce
sacrifice.

Necker résolut alors d'écrire. Il existe dans les archives
de Coppet une série de brouillons de sa main, qui expri-
ment l'angoisse de son âme. Il écrivait au Premier Consul :
« Les obstacles inattendus apportés au retour de ma fille,
et dont vous avez jugé à propos de nous faire avertir par
la médiation de M. de Montmorency, ont jeté la désolation
dans ma famille... » Et ne cessant de s'abuser jusqu'à la
fin, il se proposait de faire souvenir Bonaparte qu'il l'avait
appelé « l'homme nécessaire » ! Un autre jour, il rédigeait
cette note destinée à sa fille : « Il me vient dans l'idée
presque en ce moment que je devrais diviser ma prochaine
correspondance en deux temps, annoncer que je suis
déterminé à porter à son tribunal direct une cause qui
m'est chère, mais que, ne croyant pas pouvoir (*mot effacé
par une tache :* mêler?) des détails individuels au milieu
du grand intérêt public qui l'occupe, je me borne dans ce
moment à constater une vérité qu'il importe à mon âge
de ne pas laisser en arrière; et alors, je traiterai seule-

(1) SAINTE-BEUVE, *Portraits contemporains,* t. IV, p. 497.

ment l'objet de mon ouvrage et de ta prétendue part. Ton uniforme, simple et ferme. »

Il écrivit à Lebrun pour le prier d'intercéder auprès du Premier Consul. La lettre qu'il avait reçue de Lebrun, après la publication des *Dernières Vues*, aurait dû suffire à lui faire perdre ses illusions ; mais Necker était tenace dans ses espérances. Il écrivit de nouveau. Nous connaissons la réponse de Lebrun : il déclarait « toute tentative inutile ». Necker fut atterré.

Mais rien ne décourage Mme de Staël, son opiniâtreté grandit avec les obstacles ; et c'est une infinie stratégie, un assaut livré chaque semaine, chaque jour, aux gens en place, à ses amis, pour obtenir son rappel. Elle annonce *urbi et orbi* son intention bien arrêtée de revenir à Paris au mois de février 1803. Le bruit s'en répand vite. Dès le 9 mars, on annonce « comme très prochaine » (1) son arrivée. Le Premier Consul s'alarme. Il avertit Desmarets, chef de la Sûreté générale, d'envoyer à Melun un officier de police chargé de faire rétrograder l'ennemi, si d'aventure il se présente aux portes de la ville (2). Le général Moncey, premier inspecteur général de la gendarmerie, est invité à prévenir l'officier de gendarmerie de Melun de notifier les ordres du gouvernement à Mme de Staël. Mais le Premier Consul révoque cet ordre ; il ne veut pas de scandale ; il confie cette mission à un officier de paix, qui part aussitôt pour Melun. Il devra surveiller l'arrivée de Mme de Staël, que l'on annonce pour le 26 pluviôse, et accompagner cette dame « à la frontière », soit qu'elle veuille retourner en Suisse, soit qu'elle préfère se rendre

---

(1) *Relations secrètes*.
(2) 21 pluviôse an XI (10 février 1803). *Correspondance de Napoléon*, t. VIII. « Au citoyen Regnier, Grand Juge. » — Cf. Archives nationales, F⁷ 6331, et Welschinger, *la Censure sous le premier Empire*, documents relatifs à Mme de Staël.

dans le pays de son mari. Sans doute prévenue, Mme de
Staël ne bouge pas. La police ne voit que son intendant,
qui déclare que sa maîtresse se trouve fort bien où elle
est, et qu'elle n'a nulle intention de voyager (1).

Ne pouvant enlever la place d'assaut, Mme de Staël se
résigne à mettre le blocus devant le Premier Consul. Elle
l'entoure d'un véritable cordon de solliciteurs, dans ses
intimes, dans sa famille, jusque dans son cabinet. Point
de trêve qu'il ne capitule. Au premier rang de ses amis se
distingue le frère aîné de Bonaparte, Joseph. De tout
temps, il a été, il sera l'intermédiaire entre Mme de Staël
et Napoléon. Doux et sensible, aimant à obliger, il s'em-
ploie de tout son pouvoir en faveur de l'amie à qui jadis
il donnait l'hospitalité à Mortfontaine. Mathieu de Montmorency intrigue de son côté. Benjamin Constant reçoit
de Coppet des lettres éplorées : *elle* est très malheureuse ;
elle ne peut vivre sans lui (2). Que dirait-elle si elle savait
qu'en ce moment même le volage Benjamin songe à se
marier? Il voudrait une jeune fille gaie, sensible, spirituelle, aimant la retraite, élégante, sage, passionnée,
raisonnable et, par-dessus tout cela, « douce, instruite et
jolie ! » La seule chose qui arrête Constant, c'est qu'il
redoute un terrible éclat de Mme de Staël; et si, d'autre
part, Mme de Staël insiste tant pour venir à Paris, c'est
qu'elle connaît son Benjamin et qu'elle n'est nullement
rassurée de le savoir loin d'elle. Mais justement le Premier
Consul ne veut pas qu'elle le voie; et s'il déteste tant
Mme de Staël, c'est un peu à cause de cette « canaille »
de Constant (3).

---

(1) Archives nationales, F⁷ 6331. Lettre du préfet de police au Grand Juge.
(2) *Lettres de Constant à sa famille.* — Constant à Rosalie de Constant,
29 mai 1803.
(3) *Ibid.* « ... Ses ennemis nombreux, ses ennemis, *dont plusieurs ne la
haïssent qu'à cause de moi.* » (A Rosalie, 23 juillet 1803.)

Il s'explique nettement un jour avec un des amis de
Mme de Staël. « Je ne veux pas qu'elle vienne; qu'elle
aille, comme elle en menace, vivre en Angleterre (1). »
L'ami insiste. Il représente au Premier Consul l'attachement de Mme de Staël pour la France, le dévouement
qu'elle a toujours témoigné à sa patrie adoptive. Bonaparte répond que sa maison est un foyer d'opposition et
d'intrigues. « Cependant elle reçoit indistinctement et
réunies des personnes de toutes les opinions, de toutes
les nuances de chaque opinion, de manière à ne laisser
aucun ombrage. » — « Oui, réplique le Premier Consul,
mais si elle reçoit souvent ensemble des gens de tous les
partis, elle les reçoit aussi successivement et séparés. Les
opposants de toutes les classes se succèdent chez elle ; le
matin, à midi, le soir, on va l'un après l'autre exhaler son
mécontentement, exercer sa censure, et tous ceux qui
ont ainsi, les uns pour une cause, les autres pour une
autre, blâmé le gouvernement reportent ensuite chacun
de leur côté l'idée d'une désapprobation, qui paraît générale et prend le caractère d'une opinion universelle. Je
ne veux pas qu'elle vienne (2). »

Trois mois plus tard, l'ami zélé revient à la charge.
Bonaparte refuse encore, mais il faiblit, il attendra
« l'année prochaine ». « Pourquoi viendrait-elle actuellement (3), a remarqué le Premier Consul? Elle est dans
l'usage de partir de Paris surtout à cette époque. Le
désir de venir a plus le caractère de l'obstination que de
la convenance; qu'elle reste où elle est! qu'elle ne s'obstine
pas à faire revenir le gouvernement sur ce qu'elle a

---

(1) Archives de Coppet. Lettre non signée d'un ami de Mme de Staël.
(2) Lettre du 27 ventôse (17 mars). Archives de Coppet. Il est question
dans cette lettre de cet « excellent J. B. » (Joseph Bonaparte) et de
Mathieu (M. de Montmorency).
(3) La lettre est du 7 juin.

voulu. Qu'elle soit tranquille, et l'année prochaine elle reviendra. » « Je crois en effet, ajoute l'ami, que rien alors ne s'opposera à votre arrivée, et qu'avec de la prudence tous les nuages se dissiperont. Votre séjour à dix lieues de la capitale ne rassurerait pas assez, selon lui; peut-être même il alarmerait davantage. Au surplus, c'est moins contre vous que contre votre père et son dernier ouvrage qu'il a éprouvé de l'humeur. »

Ce dernier trait confirme ce que nous savions déjà des griefs du Premier Consul; il n'avait pu digérer le dernier ouvrage de Necker.

« En somme, concluait le mystérieux correspondant, la situation est moins affligeante pour vous et vos amis que vous ne le pensiez. » Il l'invitait à préparer son retour pour l'automne, mais à annoncer sa résolution de ne pas venir en ce moment et de venir dans six mois. « A plus forte raison, en cas de guerre, Londres ne peut devenir la patrie de Mme de Staël, de la fille de M. Necker; Malouet partage mon opinion (1). » Bref, tout le monde conseille à Mme de Staël le calme, la prudence (2); il semble que ses affaires s'arrangent. Mais son humeur turbulente va tout compromettre.

Une rupture entre la France et l'Angleterre était imminente. Depuis la fameuse algarade faite par le Premier Consul à lord Withworth, en présence de tout le corps diplomatique, la guerre semblait inévitable. Bonaparte s'y préparait avec ardeur. Il avait toujours détesté cette « insolente nation », qui avait été l'âme de tous les complots contre son pouvoir, contre sa vie, qui avait fait évanouir son rêve oriental, dont les gazetiers le poursuivaient de leurs pamphlets et de leurs caricatures. Il

(1) Archives de Coppet.
(2) Lettre de Constant à Rosalie, 23 juillet 1803.

avait exigé du gouvernement anglais qu'il fît le procès
de Peltier, l'écrivain royaliste qui, réfugié à Londres, y
publiait le *Courrier d'Europe,* le *Courrier de Londres,* l'*Am-
bigu. variétés atroces et amusantes,* où il traînait sur la claie
le Premier Consul et sa famille. Peltier avait été condamné
aux frais du procès et à des dommages-intérêts. Immédiatement, on avait ouvert en sa faveur une souscription
publique, qui aggravait l'offense faite à Bonaparte. La
haine de celui-ci pour l'Angleterre était partagée par tous
ses compagnons de gloire, par les généraux comme
Lannes, chez qui ce sentiment tournait à la « véritable
manie (1) » ; par les simples soldats, par cette armée si
aguerrie, impatiente de vider une vieille querelle, et dont
bientôt le camp de Boulogne allait offrir l'incomparable
spectacle. Mais, en même temps, Bonaparte voyait aussi,
dans la guerre contre l'Angleterre, un puissant levier de
politique intérieure, une heureuse diversion aux dissen-
sions intestines, un moyen d'endormir les opinions en
exaltant les sentiments (2). Le fait est que l'incroyable
enthousiasme qui s'empara de la nation à l'annonce de
la rupture avec l'Angleterre, l'ardeur fiévreuse avec
laquelle on collabora aux préparatifs de la plus gigantesque
entreprise, semblaient faire succéder pour la première fois
depuis 1792 l'esprit public à l'esprit de parti.

Il entrait donc dans la politique de Bonaparte de montrer à l'Europe la France tout entière ralliée autour de
lui dans le duel qu'il engageait avec l'Angleterre. Mais
tout aussitôt, par une riposte qu'il fallait prévoir, il fut de
bon ton dans l'opposition de railler ses préparatifs. Au
premier rang des critiques se distingua naturellement
Mme de Staël. Nous connaissions déjà ses sympathies

(1) Duchesse d'ABRANTÈS, *Mémoires.*
(2) Cette expression si caractéristique est de Fiévée.

pour l'Angleterre. Elle aimait ce pays par tradition
d'abord, parce que tous les philosophes du dix-huitième
siècle avaient affiché bruyamment leur admiration de la
liberté anglaise, de la constitution anglaise, des mœurs
de l'Angleterre : c'était un mot d'ordre dans le parti
philosophique, un signe de ralliement, et Delphine s'y
montrait fidèle. Elle aimait aussi l'Angleterre, parce que
Necker l'admirait; ce sentiment faisait partie de son
culte filial, de l'adoration qu'elle avait vouée à son père.
Elle aimait l'Angleterre, parce que les Anglais étaient
en majorité protestants, qu'elle-même avait été élevée
dans cette religion et en portait très fortement l'empreinte; et c'était pour elle une façon de prendre sa
revanche du Concordat. Elle aimait l'Angleterre, parce
qu'elle n'était gênée dans ses sympathies par aucun sentiment national exclusif, aimant la France sans être
Française, mariée jadis à un Suédois, Genevoise de naissance, c'est-à-dire placée au carrefour des nations, en
communication avec tous les peuples, et pénétrée de
l'esprit des littératures du Nord, qui lui semblait devoir
renouveler le fonds épuisé des vieilles races latines. Elle
aimait aussi l'Angleterre, parce qu'elle aimait l'aristocratie
anglaise, qui lui présentait les modèles les plus complets
d'une humanité supérieure, par sa vie large et fastueuse,
son goût éclairé des arts, son libéralisme. Elle aimait
enfin l'Angleterre, parce qu'elle détestait Bonaparte.

Elle vivait alors, à Genève, « par goût et par circonstance dans la société des Anglais (1), » quand arriva la
nouvelle de la déclaration de guerre. Ce fut un beau
tapage dans le salon de Mme de Staël. Depuis longtemps
déjà celle-ci dénonçait la conduite perfide du Premier

(1) *Dix années d'exil*, chap. XI.

Consul, qui n'avait signé la paix d'Amiens, disait-elle,
que pour mieux préparer la guerre (1). Elle jeta les hauts
cris en apprenant l'arrestation des Anglais voyageant en
France; c'était une nouvelle « fantaisie du tyran », qui faisait souffrir de « pauvres individus par humeur contre l'invincible nation » à laquelle ils appartenaient (2). Cependant elle dirigeait un feu roulant d'épigrammes sur la
« grande farce de la descente », sur les bateaux plats, sur
les péniches, que l'on construisait dans les forêts, « sur le
bord des grands chemins, » sur les écriteaux qui portaient *Route de Londres*, sur les cris de triomphe, sur
les pavillons des navires, qui avaient pour devise : « Un
bon vent et trois heures (3). » La France retentissait
d'héroïques gasconnades. Mais c'était vraiment mécon-
naître la grandeur d'une telle entreprise que de rabaisser
au rang de misérable jonglerie la prodigieuse activité
d'un Bonaparte, le dévouement d'un Bruix, la formation
de six camps sur toute l'étendue de nos côtes, l'achève-
ment des ports de Wimereux et d'Ambleteuse, la création
improvisée de bassins, de quais, de magasins, d'hôpitaux,
la réunion d'un immense matériel de guerre, les continuels exercices des soldats sur terre et sur mer, les opé-
rations d'embarquement et de débarquement des hommes,
des chevaux, des canons, tout ce prodigieux effort accompli avec joie et bonne humeur par une armée disciplinée,
orgueilleuse de son chef, exaltée par le sentiment national.

Cependant Mme de Staël oublie tout, propos piquants,
épigrammes : elle veut rentrer en France à tout prix

---

(1) Duchesse D'ABRANTÈS, *les Salons de Paris.* « Le salon de Mme de
Staël sous le Directoire. »
(2) *Dix années...*, chap. XI.
(3) Et non *trente heures*, comme on lit dans *Dix années...*

Elle ignorait qu'on la surveillait de près à Genève, que toutes ces imprudences étaient rapportées au Premier Consul. On disait qu'elle avait dîné à l'auberge avec un certain M. Christin et plusieurs Anglais. Au cours du repas on avait fort maltraité Bonaparte. L'hôte avait dressé l'oreille, tout dénoncé à la police. M. Christin avait été arrêté à Genève sous un prétexte quelconque, transféré à Paris, enfermé au Temple (1).

Mais Mme de Staël a pris son parti, elle veut courir la chance. Elle n'a pas reçu l'assurance formelle qu'elle peut venir à Paris sans danger. Cependant Mathieu de Mont-morency écrit à Joseph Bonaparte qu'il va partir pour Paris vers le 20 septembre, et Mme de Staël ajoute en post-scriptum que son retour est proche (2). Que Joseph s'arrange comme il voudra! Elle l'assure qu'elle a perdu le goût des « conversations intempestives », et presque le talent, tant elle est « triste, ennuyée et stupide ». Dans les premiers jours de septembre (3), elle part, elle arrive dans une petite campagne située à dix lieues de Paris, à Mafliers. Elle ne veut que « voir ses amis, quelquefois aller au spectacle et au musée (4) ». On ne saurait ima-giner passe-temps plus innocent. Elle écrit au Premier Consul, à son arrivée, pour lui demander l'autorisation de séjourner dans sa retraite. Il semble que la réponse ait été favorable (5). Bonaparte était fort occupé alors par

---

(1) *Relations secrètes*, p. 428.

(2) Genève, 19 août 1803. Du Casse, *Mémoires du roi Joseph*, t. X, p. 421.

(3) Le rapport de police du 18 vendémiaire an XII (11 octobre) dit que Mme de Staël est depuis environ *un mois* à Mafliers.

(4) *Dix années d'exil*, chap. xi.

(5) *Relations secrètes*, p. 427. « A son entrée à Montmorency, elle écrivit au Premier Consul pour être autorisée à y rester, et la réponse fut favorable. » — « Je vivais en paix à Mafliers, écrit de Saint-Brice Mme de Staël au Premier Consul, avec *l'assurance que vous aviez bien voulu me faire donner que j'y pourrais rester.* »

les préparatifs de la descente, et il ne tenait pas à agiter les
esprits par le scandale d'une arrestation ou d'un exil. Par
malheur pour Mme de Staël, de terribles inimitiés se déchaî-
nèrent et vinrent exciter les soupçons du Premier Consul.

On sait que, parmi les adversaires les plus acharnés de
Delphine, les « cent et quelques femmes-auteurs » de
Paris s'étaient distinguées par une animosité toute particulière. Sur ce point, les témoignages sont unanimes :
le duc de Rovigo dans ses *Mémoires,* Mme de Staël dans
Dix années d'exil, Reichardt, signalent cette animosité.
Rovigo est très affirmatif; il déclare que Mme de Staël fut
non pas exilée, mais éloignée, par suite d'une intrigue
dans laquelle des *rivaux la compromettaient.* Et il ajoute :
« On a dit que c'était l'Empereur qui avait spontanément
ordonné son exil; rien n'est plus faux. J'ai su comment
elle avait été atteinte, et je puis certifier que ce n'est qu'à
force d'obsessions, de rapports fâcheux, qu'il l'arracha à
ses goûts pour le monde (1). » « Je la plaignais, dit-il
encore, d'avoir inspiré de la jalousie à nos beaux
esprits. » Le fait est confirmé par Mme de Staël elle-
même. « ... Une femme comme il y en a tant, cherchant
à se faire valoir aux dépens d'une autre femme plus connue qu'elle, vint dire au Premier Consul que les chemins
étaient couverts de gens qui allaient me faire visite. »
Cette femme, c'était Mme de Genlis.

Rentrée à Paris depuis le Consulat, l'ancienne dame
d'honneur de la duchesse de Chartres, qui avait été
chargée de l'éducation des enfants d'Orléans, et passait
jadis, au dire de La Harpe, « pour la femme de Paris qui
avait peut-être le plus d'esprit, » s'était vue avec dépit
détrônée dans l'opinion par Mme de Staël. Elle avait eu

---

(1) Rovigo, *Mémoires,* t. V.

un des salons les plus fréquentés de l'ancienne société,
avait su attirer chez elles les savants, les artistes, et, du
jour où elle avait été chargée de l'éducation des princes
du sang, elle avait rêvé « la possibilité d'une chose extraordinaire et glorieuse (1) ». La Révolution avait dissipé
ce rêve en fumée; et, quand Mme de Genlis rentra en
France, il se trouva que la place était prise; la femme la
plus illustre de Paris était alors Mme de Staël. Elle ne
lui pardonna pas ce qu'elle considérait comme une usurpation. Si encore Mme de Staël se fût contentée du domaine de la politique, Mme de Genlis lui aurait peut-être
abandonné cette province; mais Delphine prétendait aussi
envahir le roman, la littérature. Or, l'auteur du *Théâtre
d'éducation*, délaissant la pédagogie, se consacrait à la
muse romanesque; les *Souvenirs de Félicie* et surtout *Made-
moiselle de Clermont* (1802) avaient eu quelques succès; on
disait même que le Premier Consul lisait avec intérêt les
productions de Mme de Genlis : celle-ci rappelle avec
orgueil, dans ses *Mémoires* (2), que la nouvelle de *Made-
moiselle de la Vallière* lui fit verser des larmes ! Intrigante et
vaniteuse, telle nous apparaît Mme de Genlis. Elle ne
pouvait souffrir Mme de Staël, qu'elle était fort en état de
desservir auprès de Bonaparte. Fiévée avait jadis reçu
quelques services de Mme de Genlis; il parla au Premier
Consul de la situation précaire où elle se trouvait à sa
rentrée en France. Bonaparte cherchait à rallier autour
de lui les noms qui avaient brillé de quelque éclat avant
la Révolution. Il envoya à Mme de Genlis M. de Rémusat,
préfet du Palais (3), pour lui demander ce qui pourrait

---

(1) Sainte-Beuve, *Causeries du lundi*, t. III.
(2) Tome V.
(3) Mme de Genlis, *Mémoires*, t. V, p. 134. — Mme de Rémusat, *Mémoires*, t. II.

lui être agréable. Plus tard, devenu empereur, il la fit
prier par Lavalette de lui écrire tous les quinze jours sur
« la politique, les finances, la littérature, la morale » et,
en général, « sur tout ce qui lui passerait par la tête. »
Le programme était vaste ; mais Mme de Genlis n'était
pas femme à reculer devant une tâche qui lui assurait
tant d'influence. Comme Fiévée, elle écrivit régulièrement
à l'Empereur ; celui-ci se moquait de sa pruderie morali-
sante (1) et de ses manies pédagogiques, mais il accueil-
lait ses médisances.

Quand avait paru *Delphine,* Mme de Genlis avait jeté
l'alarme, signalé l'immoralité de l'ouvrage : elle s'était
constituée le défenseur de la vertu, menacée par Mme de
Staël. Quand celle-ci osa venir à Mafliers, elle la dépei-
gnit au Premier Consul comme une intrigante, qui com-
promettait la sécurité de son gouvernement ; tous les
chemins, disait-elle, « étaient couverts de gens » qui
allaient lui faire visite (2). Les rapports de police confir-
maient les renseignements de Mme de Genlis ; il « venait
beaucoup de monde à Mafliers (3) ». Benjamin Constant
avait sa maison tout près de celle qu'avait louée Mme de
Staël ; d'autre part, Mme Récamier avait quitté son château de Clichy pour s'installer à Saint-Brice, non loin de
son amie. Il n'en fallait pas davantage pour exciter les
soupçons de Bonaparte. Les nombreuses visites que
recevait Mme de Staël, le voisinage de Constant et de
Mme Récamier, les courses secrètes à Paris, tout cet
ensemble de faits, rapportés par les espions de police,
démesurément exagérés par la malignité féminine, lui fit

---

(1) « Quand Mme de Genlis veut définir la vertu, disait-il à Mme de
Rémusat, elle en parle toujours comme d'une découverte. »
(2) *Dix années d'exil,* chap. XI.
(3) Rapport du 18 vendémiaire (11 octobre 1803).

croire à une sorte de conspiration contre son pouvoir. Il
avait alors de graves préoccupations, et, au cas où il ten-
terait de forcer le passage de la Manche, il ne se souciait
pas de laisser près de Paris un foyer d'intrigues, qui pouvait lui créer les plus sérieux embarras.

Il fait donc écrire au président de la Haute-Cour qu'il
est informé de la présence de Mme de Staël dans les
environs de Paris, qu'il faut lui intimer « sans éclat »
l'ordre de quitter la France « dans les vingt-quatre
heures (1) ». Mme de Staël est prévenue par « un ami (2) »
— Joseph Bonaparte ou Regnault peut-être — qu'un
gendarme viendra lui signifier l'ordre de partir. Affolée,
elle se réfugie chez Mme de La Tour, « personne vraiment bonne et spirituelle, » à qui elle est recommandée
par Regnault de Saint-Jean d'Angély (3). Celui-ci, quoiqu'il occupât dans le gouvernement une place importante,
avait lui-même offert généreusement un asile à Mme de
Staël. Elle resta quelque temps chez Mme de La Tour,
dévorée de chagrin, se consumant dans les larmes. Le
jour, elle se faisait violence pour paraître en société avec
un visage calme; la nuit, elle s'abandonnait à sa douleur.
« Seule, avec une femme dévouée depuis plusieurs années
à mon service, dit-elle, j'écoutais à la fenêtre si nous
n'entendrions point le pas d'un gendarme à cheval. » Ce
sabot de cheval, résonnant dans le grand silence de la
nuit, c'est pour elle comme le symbole d'un exil éternel.

Elle veut gagner du temps. Elle écrit à Lucien, à
Joseph Bonaparte; mais le premier est au plus mal avec
son frère, à cause de son second mariage (4). Elle écrit

(1) MIOT DE MELITO, *Mémoires*, t. II, p. 118.
(2) *Dix années..*, chap. XI.
(3) Mme D'ABRANTÈS, *Salons de Paris*.
(4) *Relations secrètes*, 12 novembre.

à Joseph : « Que je meure en France, mais près de Paris, à dix lieues, et je *le* remercierai, je *le* prierai comme Dieu même (1) ! » Bonaparte est incrédule. « Oui, oui, disait-il (2) ; je la connais : *Passato il pericolo, gabbato il santo !* » Joseph est admirable de dévouement ; il court à Saint-Cloud, voit son terrible cadet, essaye de le fléchir, mais en vain. Il écrit à Mme de Staël ce billet désolé :

« Paris, 15 vendémiaire an XII.

« Madame, j'ai reçu vos lettres ; j'ai été ce matin expressément à Saint-Cloud, j'ai fait tous les efforts que vous aviez droit d'attendre des sentiments que vous me connaissez, mais je ne crois pas avoir réussi ; le Premier Consul a terminé la conversation en me disant qu'il verrait ce soir le Grand Juge. Agréez, madame, le vif regret que j'éprouve de n'avoir pas mieux répondu à la confiance que vous me témoignez et que je mérite par l'amitié que je vous ai vouée (3).

« Joseph BONAPARTE. »

Cependant Mme de Staël a quitté l'asile que lui offrait Mme de La Tour. Son amie Mme Récamier l'invite à se rendre près d'elle, au château de Saint-Brice, et Mme de Staël accepte. Mais Saint-Brice n'est qu'à deux lieues de Paris ; Mme Récamier est elle-même suspecte par sa liaison avec Bernadotte et Moreau ; elle est dans une demi-disgrâce. Le choix de cette retraite est peu propre à faire revenir le Premier Consul sur sa décision. Mais Mme de Staël ne réfléchit pas ; elle est éperdue, elle sent

(1) Duchesse D'ABRANTÈS, *Salons de Paris.*
(2) A Junot, qui l'implorait pour Mme de Staël.
(3) Archives de Broglie.

« la griffe » au cœur (1). Ce qu'elle redoute, c'est la
solitude. Le charmant visage de Mme Récamier, sa voix
si douce, son cœur compatissant, la société distinguée
qu'elle reçoit chez elle, calment un instant ses frayeurs.
Elle oublie Bonaparte, elle se croit oubliée! Et voici que
ses pensées reprennent un autre cours; elle lit le plaidoyer que Mackintosh a prononcé en faveur de Peltier,
s'enthousiasme pour cette haute éloquence, qui dénonce
la bassesse de ces jacobins humiliés « sous la verge du
Corse ». Cette voix lui paraît « descendre du ciel ». Il
n'est plus question alors d'adorer Bonaparte « comme
Dieu même » !

Cependant, Mme de Staël avait écrit de Saint-Brice au
Premier Consul une lettre dont il n'est fait aucune men-
tion dans *Dix années d'exil;* elle lui avait fait remettre
cette lettre par le consul Lebrun (2).

« Je vivais en paix à Mafliers sur l'assurance que vous
aviez bien voulu me faire donner que j'y pouvais rester,
lorsqu'on est venu me dire que des gendarmes devaient
m'y prendre avec mes deux enfants. Citoyen Consul, je
ne puis le croire; vous me donneriez ainsi une cruelle
illustration, j'aurais une ligne dans votre histoire.

« Vous perceriez le cœur de mon respectable père, qui
voudrait, j'en suis sûre, malgré son âge, vous demander
quel crime j'ai commis, quel crime a commis sa famille
pour éprouver un si barbare traitement. Si vous voulez
que je quitte la France, faites-moi donner un passeport
pour l'Allemagne et accordez-moi huit jours à Paris,
pour avoir de l'argent pour mon voyage et faire voir un

---

(1) *Dix années d'exil,* chap. XI.
(2) Ce détail nous est donné par les *Relations secrètes.* — Le texte de la
lettre est dans *Coppet et Weimar,* de Mme Lenormant, qui avait en sa
possession les papiers de Mme Récamier.

médecin à ma fille, âgée de six ans, que la route a fatiguée.

« Dans aucun pays de la terre, une telle demande ne serait refusée.

« Citoyen Consul, il n'est pas de vous le mouvement qui vous porte à persécuter une femme et deux enfants; il est impossible qu'un héros ne soit pas le protecteur de la faiblesse. Je vous en conjure encore une fois, faites-moi la grâce entière, laissez-moi vivre en paix dans la maison de mon père à Saint-Ouen; elle est assez près de Paris pour que mon fils puisse suivre, lorsque le temps en sera venu, les cours de l'École polytechnique, et assez loin pour que je n'y tienne pas de maison.

« Je m'en irai au printemps, quand la saison rendra le voyage favorable pour mes enfants.

« Enfin, citoyen Consul, réfléchissez un moment, avant de causer une grande douleur à une personne sans défense; vous pouvez par un acte de simple justice m'inspirer une reconnaissance plus vraie, plus durable, que beaucoup de faveurs peut-être ne vous vaudront pas (1). »

Ce n'était plus « huit jours » qu'elle demandait; c'était la « grâce entière », l'autorisation de rester près de Paris. Elle était convaincue, d'ailleurs, que Bonaparte voulait « lui faire peur (2) », qu'il n'oserait jamais exiler la fille de M. Necker. Ne recevant pas de réponse, elle revient à Maffliers, toute rassurée.

Le samedi 22 vendémiaire (15 octobre), vers quatre heures du soir, elle est à table avec trois de ses amis, quand un homme à cheval, vêtu de gris, s'arrête à la grille et sonne. Mme de Staël tenait à la main « une grappe de

---

(1) *Coppet et Weimar*, 28-30.
(2) *Dix années d'exil*, chap. XI.

raisin », dit Mme d'Abrantès; elle resta immobile, défail-
lante, les yeux fixés sur l'apparition, et n'eut que la force
de balbutier ces mots : « On vient m'arrêter. » L'homme
était en effet un officier de gendarmerie envoyé par le
général Moncey, suivant l'ordre qu'il avait reçu le
20 vendémiaire du Premier Consul. Mme de Staël s'avança
vers lui; en traversant le jardin, dit-elle, « le parfum des
fleurs et la beauté du soleil me frappèrent. » Elle, si peu
sensible au charme de la nature, aspire avec délices le
parfum de cette terre de France qu'elle va quitter. L'inconnu déclina son nom; il s'appelait Gaudriot, était lieutenant de gendarmerie à Versailles; il montra une lettre,
« signée de Bonaparte, » qui ordonnait d'éloigner Mme de
Staël à quarante lieues de Paris et de la faire partir dans
les vingt-quatre heures. Mme de Staël allégua que ce
délai, suffisant pour des conscrits, ne pouvait convenir à
une femme et à des enfants; elle déclara qu'elle avait
besoin de passer trois jours à Paris pour « arrangements
nécessaires ». L'officier, qui avait mission de procéder
« sans scandale », y consentit. Mais il avait l'ordre de ne
la point quitter, et monta en voiture avec elle. On l'avait
d'ailleurs choisi avec soin comme « le plus littéraire des
gendarmes », et, chemin faisant, il fit compliment à sa
prisonnière de ses écrits. « Vous voyez où cela mène,
monsieur, d'être une femme d'esprit! » répliqua Mme de
Staël.

On s'arrêta quelques instants à Saint-Brice, chez Mme
Récamier. Ce que fut l'entrevue, on l'imagine sans peine.
Le gendarme était resté dans la voiture. Hors de la vue de
son geôlier, Mme de Staël laissa couler ses larmes. C'est
de ce moment que date l'animosité très vive de Mme Récamier contre Bonaparte. « Dès lors, dit-elle, mes vœux
furent contre lui, contre son avènement à l'Empire,

contre l'établissement d'un pouvoir sans limites (1). » Le
général Junot se trouvait à Saint-Brice. C'était un cœur
généreux, une âme sensible, le compagnon d'armes,
l'ami du Premier Consul. Il s'offrit pour aller demander la
grâce de Mme de Staël; il vola à Saint-Cloud. Il parla, dit
la duchesse d'Abrantès, « comme pour sa propre sœur. »
Tout fut inutile. L'insistance de Junot irrita d'autant plus
Bonaparte, qu'il voyait dans ces sollicitations la preuve
manifeste de l'influence qu'exerçait Mme de Staël, de l'intérêt qui s'attachait à sa personne. « Quel intérêt prends-tu
donc à cette femme? » s'écria-t-il en frappant du pied avec
violence. — « L'intérêt, dit Junot, que je porterai toujours
à un être faible, souffrant par le cœur. Et puis, cette femme
serait enthousiaste de vous, mon général, si vous le vou-
liez. » — « Oui, oui, je la connais; mais *passato il pericolo,
gabbato il santo*... Non, non, entre elle et moi, plus de trêve
ni de paix; elle l'a voulu, qu'elle en porte la peine ! »

Regnault, Fontanes, Lucien Bonaparte, parlèrent à leur
tour avec un égal insuccès. A chaque nouvelle tentative,
le Premier Consul se renfermait davantage. Il sentait bien
que s'il cédait Mme de Staël ne lui en saurait aucun gré,
et qu'elle aurait vite fait de transformer cette grâce en
un triomphe personnel, en un échec infligé à Bonaparte.
Mais le plus admirable des amis de Mme de Staël fut
Joseph Bonaparte. Il courut à Saint-Cloud avec sa femme,
Julie, « la plus simple, la meilleure personne du monde, »
dit Mme de Rémusat, un « ange de 'bonté, » dit
Mme d'Abrantès. Il pria, supplia. Tout fut inutile. Désolé,
il écrivait le soir même, 23 vendémiaire (16 octobre), à
minuit, à Mme de Staël, ce billet qui fait honneur à la
délicatesse de ses sentiments :

(1) *Souvenirs de madame Récamier.*

« Madame, j'ai été tout aujourd'hui à Saint-Cloud, sans avoir pu rien obtenir; nous sommes arrivés jusqu'au pont de la Révolution, dans l'intention de vous faire au moins nos adieux, il y a cinq minutes; il a paru inconvenant à ma femme d'arriver si tard, ayant si peu à dire; vous auriez pensé que le succès nous amenait dans un moment aussi peu convenable, et il m'eût été trop pénible d'avoir à vous désabuser; nous rentrons donc chez nous, très peinés de notre (voyage?). Demain je viendrai vous dire adieu (1). »

Cependant, comme on le voit par cette lettre, Mme de Staël s'était réfugiée à Paris, dans sa maison de la rue de Lille, nº 540. Elle attendait, anxieuse, le résultat de ces démarches. Elle cherche à s'étourdir; elle veut se donner l'illusion d'être libre encore, d'éblouir, de charmer ceux qui l'entourent. Ses amis venaient dîner avec elle, affectaient la gaieté pour la distraire de ses sombres pensées; et le plaisir qu'elle goûtait avec eux lui faisait sentir avec plus d'amertume l'horreur d'une séparation prochaine. Un soir, elle se plut à évoquer d'illustres souvenirs, « tout ce qui lui avait donné la pensée que nous étions un grand et beau peuple (2), » vraiment digne de la liberté : elle rappela l'inoubliable spectacle qu'elle avait pu contempler le 5 mai 1789, quand défilèrent sous ses yeux les États généraux, la noblesse fière et splendide, le clergé majestueux, le tiers soucieux et sombre; tous allaient demander à Dieu des lumières pour se guider dans la grande œuvre qu'ils allaient entreprendre. Ces glorieux débuts de la Révolution enthousiasmaient son âme; ils s'associaient au souvenir d'un père vénéré, et elle aimait la France d'avoir aimé son

(1) Archives de Broglie.
(2) Duchesse d'Abrantès.

père, d'avoir cru en lui, de l'avoir salué de ses acclamations pleines d'espérances. Ce beau rêve, cette radieuse
aurore, s'étaient-ils donc effacés, évanouis en fumée? Que
restait-il de tant de talents, de tant de sacrifices? Ce long
effort vers la liberté devait-il aboutir à la tyrannie?

Cependant, comme dans le conte de Barbe-Bleue, dit-
elle, « mon gendarme revenait chaque matin me presser
de partir le lendemain, et chaque fois j'avais la faiblesse
de demander encore un jour (1). » Le lendemain de la
démarche que Joseph avait faite auprès de son frère, sa
femme Julie, toujours bonne et gracieuse, vient elle-
même prier Mme de Staël de passer quelques jours à Mortfontaine. La pauvre exilée accepta avec empressement
C'étaient quelques jours de gagnés encore; on n'oserait
pas venir l'arrêter chez le frère du Premier Consul. Puis,
Mortfontaine était un séjour qui parlait à son âme; elle
en aimait les beaux jardins, les doux ombrages, plus
doux encore en cette fin d'automne. Elle en aimait les
hôtes, ce Joseph si plein de noblesse et de grâce, sa
femme si dévouée; elle se rappelait le printemps de 1801,
ces jours de paix et de bonheur, qu'elle avait passés dans
cette charmante retraite. Mais les impressions qu'elle res-
sentit furent bien différentes : ces amis de Joseph Bonaparte, ces hauts fonctionnaires qui venaient faire leur
cour au frère du Premier Consul, lui rappelèrent cette
« autorité » qui se déclarait son ennemie, et qu'elle n'avait
pu fléchir.

Enfin, il fallut partir. Ce fut le 19 octobre qu'elle
quitta Paris (2). Jusqu'au dernier moment, elle avait
espéré. Elle s'arrête à deux lieues de Paris, fait tout le

----

(1) *Dix années d'exil*, chap. xi.
(2) Archives nationales, AF⁷ 6331. « Le général Moncey au Grand Juge. »
— WELSCHINGER, p. 332.

tour de la ville, n'osant y rentrer. Elle a prié Joseph
d'aller à Saint-Cloud pour savoir de son frère si elle peut
aller en Prusse, si l'ambassadeur de France ne la récla-
mera pas. La vérité est qu'elle espère contre tout espoir.
« Si le Premier Consul allait se raviser ! » Elle s'arrête à
Bondy (1), dans une auberge, et là, toujours à la fenêtre,
le cou tendu vers la route, elle attend le messager. Enfin
la réponse arrive : Joseph l'informe qu'elle peut aller en
Prusse. Il lui dit adieu « d'une manière noble et douce »;
il lui envoie des lettres de recommandation pour La Forest, notre envoyé à Berlin. La dernière illusion s'est
évanouie. De son côté, Mme Récamier agit par l'entremise
de Junot : le Premier Consul permet le séjour de Dijon.
Mais la réponse arrive trop tard; Mme de Staël est déjà
partie. Benjamin Constant l'accompagne. A demi pâmée,
fondant en larmes, elle est montée dans sa voiture; elle
ne se remet qu'à Châlons; l'étonnante conversation de
Benjamin a fait le miracle de la « soulever », de l'arracher
à sa douleur.

Donc Mme de Staël part pour l'Allemagne. Tout l'excite
à entreprendre ce voyage, si gros de conséquences :
d'abord la terreur de l'ennui, de la solitude, du tête-à-
tête avec la pensée lancinante de l'exil : que ferait-elle
dans ce triste Coppet, « pauvre oiseau battu par l'orage? »
Puis, la noble curiosité de son esprit, le désir d'étendre
son intelligence, de revenir chargée des dépouilles opimes.
Il y a déjà un an qu'elle caresse ce projet de voyage outre-
Rhin; elle a deviné d'instinct ce qu'il y a de profond, de
sérieux dans l'âme allemande; l'ouvrage de Villers sur
Kant, sa correspondance avec Villers, Gérando, l'ont affer-

---

(1) « Je vous ai écrit un mot en partant de Bondy. Sans Benjamin,
j'aurais succombé à l'excès de peine que j'avais là. » (Mme de Staël à Gérando, Metz, 26 octobre 1803.) Cf. *Dix ans d'exil*.

mie dans son dessein. Il est loin, le temps où elle écrivait
à Meister : « Je crois savoir déjà tout ce qui se dit en allemand et même cinquante ans de ce qui se dira (1). » Elle
est persuadée maintenant que l'esprit humain voyage sans
cesse d'un pays à l'autre (2), et qu'il est présentement en
Allemagne; elle part à sa recherche. Elle espère bien y
conquérir la gloire, cette « passion des grandes âmes »,
la sienne à coup sûr, qui la console tant bien que mal du
bonheur qu'elle n'a pas pu, qu'elle n'a pas su rencontrer
sur sa route.

Du même coup, elle tient sa vengeance. Elle l'avoue
sans détours. « J'avais le désir, dit-elle, de me relever,
par la bonne réception qu'on me promettait en Allemagne,
de l'outrage que me faisait le Premier Consul, et je voulais opposer l'accueil bienveillant des anciennes dynasties
à l'impertinence de celle qui se préparait à subjuguer la
France (3). » Dès ce moment, elle se pose résolument
aux yeux de l'Europe en adversaire de Bonaparte. La
guerre est déclarée. Mme de Staël a juré d'intéresser
l'univers entier à sa querelle, et elle tiendra parole. Elle
promènera par tous pays sa tristesse d'exilée, elle prê-
chera la croisade contre la tyrannie, avec un sincère
amour de la liberté, mais aussi avec l'ardeur du plus vif
ressentiment et un aveuglement qui l'entraîne parfois à
l'injustice. Si l'on considère l'étendue de ses relations,
sa prodigieuse activité, le nombre incroyable de ses amis,
de ses correspondants, depuis les souverains, comme la
reine Louise de Prusse, la grande-duchesse de Saxe-Weimar et, plus tard, Bernadotte, l'empereur Alexandre, les

---

(1) Lettre de Mme de Staël à Meister, 1797, citée par lady BLENNERHAS-
SETT, t. II, p. 564.
(2) Lettre à Villers, 16 novembre 1802.
(3) *Dix années...*, chap. XII.

diplomates comme Gentz ou le baron de Stein, jusqu'aux
simples gens du monde et aux écrivains, — car elle con-
nut toute l'Europe, — on demeure persuadé qu'elle réalisa contre son ennemi la plus efficace, la plus insaisissable des coalitions.

Il est probable qu'elle ne se rendit pas tout d'abord un
compte exact du rôle qu'elle allait jouer dans cette grande
partie; ce n'est que peu à peu, grâce à la tyrannie de
Napoléon et par la force des choses, qu'elle s'engagea
dans cette voie. Elle personnifia la liberté luttant contre
le despotisme. D'abord obscure et confuse, cette idée se
précise dans son esprit au cours du voyage en Prusse,
pendant le procès de Moreau, surtout après l'assassinat
du duc d'Enghien, devant l'horreur que soulève en Allemagne, à Berlin, à la cour de Prusse, un tel attentat. Elle
trouvera plus tard son expression parfaite dans ce livre
De l'Allemagne, qui est, à le bien prendre, une éloquente
protestation du droit contre la force, l'apologie du peuple
vaincu jeté en défi au vainqueur. Déjà cosmopolite par
nature, Mme de Staël le deviendra davantage par haine
de Napoléon : elle sera le lien qui réunira en un étroit
faisceau tant de volontés diverses. Pendant que diplomates
et hommes de guerre rassembleront congrès et armées,
elle se donnera comme mission de condenser les forces
impondérables qui gouvernent le monde plus sûrement
que les épées : l'enthousiasme, le sentiment national,
l'amour de la liberté.

Telles sont les graves conséquences de cette rupture
entre Mme de Staël et Napoléon. Avec un peu plus
d'adresse et de patience, le Premier Consul aurait-il pu
éviter la guerre ouverte? Stendhal l'affirme; cela est possible; cela n'est pas certain. Entre celui qui voulait être
le tout-puissant Empereur et l'impératrice de la pensée,

l'accord était difficile. Mais ce qui est certain, c'est que,
loin d'affaiblir Mme de Staël, l'exil lui donna une nouvelle force. Cet exil « ébranla en France l'opinion publique (1) » ; on sut mauvais gré au Premier Consul de
renouveler les procédés du Directoire envers une femme
illustre. D'autre part, il eut en Europe des conséquences
immédiates et lointaines, qui préparèrent le soulèvement
des esprits contre Napoléon et contre la France.

(1) Miot de Melito, t. I.

CHAPITRE X

De Châlons, Mme de Staël continue sa route avec Benjamin Constant jusqu'à Metz. Elle voyage avec son fils aîné, Auguste, et sa fille Albertine, âgée de cinq ans; son plus jeune fils, Albert, reste en Suisse. Elle arriva à Metz le 26 octobre au soir. Elle s'y arrêta, attendant des nouvelles de son père. Elle avait l'âme brisée, une « terreur de la vie (1) » qui ne peut se peindre. Elle n'avait pas retrouvé le sommeil; son imagination surexcitée lui créait des fantômes; elle voyait la mort menacer son père, ses enfants, ses amis, elle-même. « Quel mal le Premier Consul m'a fait! écrit-elle à son ami Mathieu de Montmorency. Je crois encore, pour l'honneur du cœur humain, que, s'il en avait eu l'idée tout entière, il aurait reculé devant elle. » Et encore : « J'étais loin de croire que je souffrirais ce que je souffre; *je me serais conduite autrement, si je l'avais prévu.* »

A Metz, elle descend chez le comte Colchen, préfet de la Moselle, qui est « parfait » pour elle et donne des fêtes en son honneur. Ce n'est pas encore le temps où les préfets tomberont en disgrâce pour lui témoigner trop d'égards. Cependant les fonctionnaires n'imitent

(1) Lettre à Mathieu de Montmorency, du 28 octobre. — *Ibid.* à Gérando, 26 octobre 1803.

pas tous la galanterie du préfet; un président du tribunal criminel, beau-frère de Charles de Villers, croit qu'il ne peut voir Mme de Staël « sans courir le risque d'être destitué (1) ». Plus tard, Mme de Staël connaîtra mieux toutes les lâchetés humaines; ce n'est qu'un premier symptôme, dont, naïvement, elle s'étonne.

Elle a pensé ne s'arrêter à Metz que six jours (2). Elle y reste près de deux semaines. C'est qu'elle a rencontré à Metz un homme qu'elle désire vivement connaître, Charles de Villers, cet ancien officier émigré dont elle a lu la *Philosophie de Kant,* parue en 1801, on sait avec quel intérêt. Depuis 1802, Mme de Staël est en correspondance suivie avec Villers; avec Gérando, il l'initie aux mystères de la pensée allemande, il lui ouvre de nouveaux horizons. De part et d'autre, on brûle de se rencontrer, de se mieux connaître; Villers a entrepris le voyage de Paris pour voir Mme de Staël (3); mais, à cause de l'exil, l'entrevue aura lieu à Metz. On se rencontre d'abord à la préfecture, puis le lendemain à la cathédrale. Villers a « toutes les idées du nord de l'Allemagne dans la tête (4) », mais il s'agit de les en faire sortir. La chose ne va pas toujours sans vives discussions; on se brouille, quitte à se réconcilier quelques heures après. Mme de Staël était, comme on l'a dit, « plus disposée à comparer les résultats de ses recherches avec ses opinions personnelles qu'à s'identifier avec l'objet de ses études (5). » Ce qu'elle ne comprenait pas de prime-saut, elle le déclarait de suite

---

(1) Mme de Staël à Mathieu de Montmorency.
(2) Mme de Staël à Gérando, 26 octobre.
(3) « Ce n'est qu'avec une peine infinie que je vous verrai vous éloigner davantage d'une frontière que j'ai franchie avec tant de joie, il y a quelques semaines, dans l'espoir de vous trouver à Paris. » (Villers à Mme de Staël, 11 novembre 1803. — Archives de Broglie.)
(4) Mme de Staël à Gérando.
(5) REICHARDT, *Un Hiver sous le Consulat,* p. 251.

incompréhensible. Son tact très fin l'avertissait des exagérations de Villers, enragé germanophile, qui admirait tout de l'Allemagne : la littérature allemande, la liberté allemande et même le code prussien, « le plus humain et le plus républicain de ceux qui existent (1). » Puis Mme de Staël avait l'amitié fort ombrageuse : elle n'aimait guère les amies de ses amis; et elle était gênée par la présence d'une « grosse Allemande (2) », Mme de Rodde, qui accompagnait Villers, et dont elle déclarait ne pouvoir percer les charmes. De son côté, Benjamin lançait l'épigramme, et ne se plaisait « que dans la guerre civile (3) ». Mais enfin, en se brouillant et en se réconciliant, on arriva au terme du séjour à Metz, et Mme de Staël poursuivit son voyage.

Cependant, elle n'avait pas perdu tout espoir d'être rappelée par le Premier Consul. Villers partageait ses illusions, lui écrivait à Francfort de bien réfléchir sur le parti ultérieur qu'elle devait prendre, lui conseillait de ne pas s'éloigner de la frontière. De son côté, Mme de Staël écrivait à Chateaubriand, qui l'avait informée de la mort de Mme de Beaumont, qu' « au printemps » elle serait revenue « à Paris même... ou auprès de Paris, ou à Genève ». Genève n'était là que comme pis aller; elle se berçait toujours de l'espoir qu'on la tolérerait à Paris. Pour surcroît d'infortune, elle tombe malade à Forbach (4); elle manque d'être détroussée, assassinée sur la route de Mayence; à Francfort, sa fille Albertine est atteinte de la scarlatine. Mme de Staël ne connaît personne dans la ville; elle lit l'allemand, mais ne le parle pas; à peine

---

(1) Villers à Mme de Staël, 1er octobre 1802. (Isler, *Briefe an Ch. de Villers.*)

(2) Mme de Staël à Mathieu de Montmorency, 28 octobre 1803.

(3) Mme de Staël à Villers, cité par Blennerhassett, t. II, p. 573.

(4) Lettre de Villers, 11 novembre 1803, Archives de Broglie.

peut-elle s'entretenir avec le médecin qui soigne l'enfant.
Sans les lettres de son père, sans le dévouement de
Constant, elle succomberait à la douleur. Cette dernière
et cruelle épreuve lui fut peut-être utile, en ce sens que
la sollicitude maternelle l'arracha aux sombres pensées
de l'exil.

Tout l'attristait, jusqu'à cette terre d'Allemagne, avec
ses vastes plaines à perte de vue, ses vieux burgs cou-
ronnant la cime des montagnes, ses maisons bâties en
terre, ce « je ne sais quoi de triste et de silencieux dans
la nature et dans les hommes (1) », qui resserre le cœur,
assombrit l'imagination. A Francfort, elle est descendue
chez le banquier Moritz Bethmann; ces bons Allemands
l'accueillent avec politesse, mais non sans embarras; ils
regardent un peu comme une bête curieuse la « philosophe
française »; ils la voient partir sans regret. « Elle m'a
accablée, comme si j'avais une meule suspendue à mon
cou, » écrivait irrévérencieusement à son fils Mme la
conseillère Gœthe.

Ce fut le 13 décembre 1803, à quatre heures et demie
du soir, que Mme de Staël fit son entrée dans Weimar (2).
Elle se proposait d'y rester quinze jours (3); elle n'en
partit que dans les premiers jours de mars 1804. Elle
resta donc deux mois et demi dans la cour la plus lettrée
de l'Allemagne, dans la société des plus illustres représentants de la pensée allemande, un Gœthe, un Wieland,
un Schiller, auprès d'un grand seigneur d'esprit cultivé,
tout pénétré de ses devoirs envers sa patrie, plein d'admiration aussi, comme Mme de Staël, pour l'Angleterre,

(1) *De l'Allemagne*, t. I.
(2) Lettre de Henriette de Knebel à son frère, Blennerhassett, t. III,
p. 13.
(3) « Je reste ici jusqu'au premier de l'An, » écrivait-elle à Gœthe, le
15 décembre.

marié à « la meilleure et la plus noble des femmes (1) »,
la grande-duchesse Louise, dont l'amitié allait être si
précieuse à l'exilée. Ce fut là que, suivant sa propre
expression, elle « reprit courage (2) ». Elle trouva assez
de diversion à son chagrin « pour ne pas se dévorer elle-
même ». Mais, il ne faut pas s'y tromper, la plaie reste
ouverte « A force de réflexion, écrit-elle à Gérando, je
supporte la vie malgré l'exil; mais *j'ai toujours le cœur
serré*. Je ne sais où est un proverbe dont la simplicité me
touche : Dieu mesure le vent à la brebis tondue. J'espère
que ce qui est trop dur à supporter n'arrive pas (3). »

Ce n'est pas ici le lieu de raconter le séjour de Mme de
Staël à Weimar, ni de rechercher le profit qu'elle en
retira au point de vue purement littéraire. Mais pour
l'objet qui nous intéresse, c'est-à-dire pour l'histoire de
son duel avec le Premier Consul et l'Empereur, il importe
de noter au passage ce que son intelligence, ce que son
caractère gagne en sérieux et en profondeur. Elle va
se tremper pour la lutte, préparer ses armes : elle reviendra transformée d'une énergie nouvelle.

Qu'est-elle venue faire à Weimar? Deux choses, que
Gœthe a fort bien indiquées. Elle veut « apprendre à connaître le Weimar moral, social et littéraire », mais elle
veut aussi « être connue, et cherche en conséquence
aussi bien à faire valoir ses idées qu'elle paraît désireuse
de pénétrer les nôtres ». On ne saurait indiquer plus
clairement le double but qu'elle se propose. D'une part,
elle veut étendre son intelligence, s'assimiler tout ce
qu'elle peut prendre de l'esprit allemand, de la littéra-

---

(1) Mme de Staël au grand-duc de Saxe-Weimar. (*Coppet et Weimar*,
p. 45.)
(2) *Dix années d'exil*.
(3) A Gérando, 26 février 1804. (*Lettres inédites, etc.*)

ture, de la poésie, du théâtre de l'Allemagne, mais aussi
et surtout de sa philosophie. N'entendez pas seulement
par ce mot les livres de ses philosophes, mais la substance, le sens intime et caché des œuvres d'un Schiller ou
d'un Gœthe. Avec Schiller, elle est toute pénétrée de
cette sincérité de la conscience, de cet amour de la liberté,
du respect de la personne morale, qu'elle opposera comme
une barrière infranchissable aux entreprises du despotisme. Avec Gœthe, si elle s'irrite parfois de son olympienne sérénité, de ses sarcasmes contre la liberté, de
son mépris des hommes, elle admire le calme de cette
pensée supérieure, qui plane si haut, dédaigne les mes-
quines agitations humaines. Elle se refait ainsi une existence morale. Elle rejette définitivement tout ce qu'il y
a de frivole, de superficiel et de faux dans la philosophie du dix-huitième siècle; elle prend une plus ferme
assiette.

Gœthe avait été frappé, en conversant avec elle, de
ce qu'elle n'avait *aucune idée de ce qu'on nomme le devoir.*
Cela est vrai quand elle arrive à Weimar; cela n'est
plus aussi vrai quand elle en part et après son voyage
d'Allemagne. Jusqu'à ce moment, elle a cru que le but
de l'existence était la recherche du bonheur; mais alors
elle commence à comprendre que ce but est placé en
dehors de nos aspirations égoïstes et comme au-dessus
d'elles. Elle découvre avec Kant la splendeur de la loi
morale, qu'elle n'avait fait qu'entrevoir l'année précédente, à travers la prose opaque de Villers. Le jour où
Robinson, ce jeune Anglais de passage à Weimar, qui
lui sert de guide et d'introducteur dans la philosophie
allemande, lui cite la phrase célèbre : « Il y a deux choses
qui remplissent mon esprit d'une admiration croissante :
le ciel étoilé au-dessus de ma tête et la loi morale dans

mon cœur, » elle s'élance de son siège, elle s'écrie : « Ah !
comme cela est beau (1) ! » Elle errait dans une nuit
profonde, quand jaillit la lumière.

En même temps, c'est à Weimar que s'ébauche pour
la première fois dans son esprit l'image idéalisée de cette
« pauvre et noble Allemagne », semblable à quelque
vierge de légende, qu'elle peindra dans son livre comme
le symbole vivant de la pensée opprimée par la force.
Cette Allemagne, si poétique, si touchante, c'est à Weimar qu'elle l'a entrevue, c'est à Weimar qu'elle l'a aimée.
« Ah ! Weimar, Weimar ! » s'écrie-t-elle à Berlin, avec un
accent de regret et d'amour (2). Berlin, c'est la médiocre
copie des mœurs françaises, avec plus de raideur et de
gaucherie. Weimar, c'est la « candeur », c'est la « simplicité » des mœurs allemandes, l'accueil gracieux de
Charles-Auguste, la noble bonté de la duchesse Louise,
la douceur des longues causeries, le soir autour d'une
table de thé, chez Gœthe ou Schiller. Et de très bonne
foi elle se persuade que toute l'Allemagne ressemble à
Weimar, que tous ses souverains et ses grands-ducs sont
des princes débonnaires, que tous ses poètes et ses philosophes rêvent à leurs vers ou à leurs systèmes sans
s'inquiéter des affaires d'ici-bas, que tous les Allemands
sont rétifs au métier militaire, incapables d'ambition ou
de patriotisme. Alors même que l'Allemagne sera déjà
en pleine insurrection contre la puissance napoléonienne,
elle ignorera l'ardent foyer d'énergie qui couve au plus
profond de l'âme allemande, et déplorera d'un accent
sincère l'aveugle soumission des Allemands à la force
brutale. Désormais cette rêveuse Allemagne aura sa

---

(1) BLENNERHASSETT, t. III, p. 52.
(2) A la grande-duchesse Louise, Berlin, 13 mars 1804 (*Coppet et
Weimar.*)

place à côté de l'Angleterre dans le cœur de Mme de Staël; comme l'Angleterre, elle l'aimera de toute la puissance de la haine qu'elle porte à Napoléon; et cette Allemagne, c'est Weimar qui en a fixé les traits.

Mais aussi, comme le dit Gœthe, Mme de Staël veut « être connue »; elle veut étendre son influence, conquérir la gloire. De son propre aveu, elle est partie pour l'Allemagne avec le désir de « se relever de l'outrage » que lui faisait le Premier Consul. Elle veut que le bruit de ses triomphes parvienne à ses oreilles. Elle voyage en reine de la pensée, et elle exige que quiconque tient une plume lui présente ses hommages. Gœthe est à Iéna, relevant de maladie, de fort mauvaise humeur, peu soucieux de traverser la montagne parmi les neiges. Mme de Staël le relance dans sa retraite, menace de l'enlever de vive force. « Si vous ne revenez pas avec moi lundi, je vous avertis que je serai un peu blessée (1)! » Gœthe se décide à faire le voyage. Elle impose à tous sa royauté; quelqu'un s'avise de lui dire que peut-être elle ne comprend pas Gœthe; ses yeux étincellent. « Monsieur, je comprends tout ce qui mérite d'être compris; ce que je ne comprends pas n'existe pas. » Schiller s'exprime difficilement en français, il est au supplice; tant pis! Il faut qu'il parle. « J'ai réellement, écrit-il, de rudes heures à passer (2). » Gœthe, Wieland, s'en tirent mieux; mais eux aussi, à la fin, ils se fâchent, ils sont exaspérés de ce sans-gêne, de cette façon de se conduire comme chez les « hyperboréens » (3). C'est que Mme de Staël, qui a tant protesté contre le despotisme, le pratique aussi à sa manière; elle n'admet pas qu'on se dé-

---

(1) Weimar, 18 décembre.
(2) Schiller à Körner, 4 janvier 1804.
(3) Gœthe à Schiller, 23 janvier.

robe. Avec une ténacité toute féminine, elle poursuit ces
bons Allemands, elle les force à s'incliner devant elle,
elle les subjugue par le feu de ses regards, l'accent de sa
parole. Ils sont furieux, mais ils dissimulent en sa présence; ils comprennent bien, au fond, que, si cette
femme cherche la gloire, elle la leur donne aussi; elle va
s'emparer de leurs idées, les semer aux quatre coins de
l'univers; elle est un écho prodigieux qui agrandit la
voix; elle fera franchir à leurs poètes, à leurs philosophes
le Rhin et la Manche, répandra « dans l'Extrême-Occi-
dent (1) » leur vivante influence.

En retour, ils lui donnent la célébrité qu'elle réclame.
Les gazettes annoncent solennellement sa présence (2);
on accourt voir le « phénomène »; on ne parle, on n'écrit
que d'elle. Toute autre femme serait gênée d'une telle
curiosité; Mme de Staël en est ravie; de jour en jour
grandit son influence : comme plus tard Corinne, elle
s'achemine vers le Capitole dans l'enivrement d'une
pompe triomphale.

C'est là sa revanche contre Napoléon Bonaparte.

Dans les premiers jours du mois de mars, elle arrive
à Berlin (3). Elle est reçue en ambassadrice, en reine,
plus qu'en exilée. Le duc et la duchesse de Saxe-Weimar
lui ont préparé l'accueil le plus obligeant (4). Elle a déjà
rencontré à Weimar la princesse Guillaume de Prusse.
Elle est recommandée par Joseph Bonaparte à notre
ministre La Forest. « Votre lettre pour La Forest, lui
écrit-elle, a été véritablement l'appui de mon séjour à

---

(1) GOETHE, Œuvres complètes, t. XXVII; cité par BLENNERHASSETT, t. III,
p. 76.
(2) BLENNERHASSETT, t. III, p. 38; ibid., p. 41.
(3) A Gérando, 26 février. Elle annonce qu'elle part pour Berlin « dans
quatre jours ». (Lettres inédites, etc.)
(4) Mme de Staël à la grande-duchesse, Berlin, 13 mars 1804. (Coppet
et Weimar.)

Berlin ; sans elle, je n'aurais pas risqué ce voyage (1). »
Dès le 10 mars, elle est présentée à la reine-mère, veuve
de Frédéric-Guillaume II ; à la reine Louise, la plus belle
princesse du royaume, alors dans tout l'enivrement de
la jeunesse et des plaisirs. Déjà sur le bord de l'abîme, la
monarchie prussienne s'amuse : on donne un grand bal
costumé en l'honneur de la reine. Celle-ci dit à Mme de
Staël « au milieu de cinq cents personnes » : « J'espère,
madame, que vous nous croyez d'assez bon goût pour
être flattée de votre arrivée à Berlin ; j'étais très impatiente de vous connaître (2). » Mais ce Berlin galant et
dameret, ces ballets, ces mascarades, la pantomime représentant l'entrée d'Alexandre à Babylone, ces « cymbales
et ces trompettes », Kotzebue, hideux en prêtre de Mercure, une couronne de pavots sur la tête ; cette parodie
de Paris et de l'ancienne cour parut d'une insupportable
fadeur à Mme de Staël. « Ah ! Weimar ! Weimar ! »

Quelle est alors la disposition des esprits en Allemagne
à l'égard du Premier Consul ? Quelle influence Mme de
Staël exerce-t-elle sur la cour de Prusse ?

Depuis que la guerre avait recommencé entre la
France et l'Angleterre, l'Allemagne était sourdement
minée par les intrigues des agents anglais ; elle était le
point de départ d'une vaste conspiration savamment
organisée contre le Premier Consul, une officine d'espion-
nages, de fausses nouvelles, de complots dirigés contre
le gouvernement, contre la vie même de Bonaparte. Tous
ces fils aboutissaient à trois centres principaux : la
Bavière, le Wurtemberg et la Hesse ; à trois agents
anglais : Drake, Spencer Smith, Taylor. Drake, en

---

(1) A Joseph, de Berlin, 17 avril. (Du Casse, *Mémoires du roi Joseph*,
t. X.)
(2) A la grande-duchesse, 13 mars.

particulier, dépensait des sommes énormes. Le gouvernement français en avait eu connaissance, lui avait tendu un piège par l'intermédiaire d'un prétendu conspirateur, le capitaine Rozey, de la garnison de Strasbourg; Drake, pris sur le fait, avait dû quitter Munich. Quelques années plus tard, Mme de Staël écrivait à ce propos ces étonnantes et naïves paroles : « Un agent déguisé de Bonaparte... alla trouver à Munich un envoyé, M. Drake, *qu'il eut aussi l'art de tromper. Un citoyen de la Grande-Bretagne devait être étranger à ce tissu de ruses, composé des fils croisés du jacobinisme et de la tyrannie.* »

Ce que Drake faisait à Munich, Spencer Smith, l'émigré d'Entraigues, attaché à la légation russe, le faisaient à Stuttgard; l'abbé Lamarre complotait à Leipzig au profit du prétendant. Dans cette même ville venait de paraitre un libelle intitulé : *Napoléon Bonaparte ou le monde français pendant son Consulat,* rempli des plus noires accusations contre la vie privée et publique du Premier Consul (1). Notre ministre en Saxe faisait tous ses efforts pour empêcher que la foire de Leipzig ne le répandît aux quatre coins de l'Europe. Vers la même date (21 ventôse-12 mars), La Forest signale l'apparition de ce libelle à Berlin (2). Aux libelles s'ajoutent les journaux; le *Courrier de Londres* se distingue par sa violence, ses calomnies; l'Électeur de Saxe, sur les observations de notre représentant de Moustier, l'interdit dans ses États. A Berlin, La Forest se plaint de ce même *Courrier* (3). Il remarque qu'il y a une « coïncidence frappante » entre les bruits

---

(1) Archives des Affaires étrangères, SAXE; dépêche de M. de La Rochefoucauld du 4 germinal (25 mars) an XII. — Mme de Staël avait lu à Weimar ce pamphlet, qui faisait « une sensation extraordinaire ». (Böttiger à Jean de Muller, 8 mars 1804.)

(2) Archives des Affaires étrangères, PRUSSE.

(3) Affaires étrangères, PRUSSE; bulletin des 8-10 avril 1804.

semés à Berlin, les propos qu'on y tient et les articles de
ce journal. Il est évident que cette feuille s'inspire à
Berlin du parti opposé à la France. Quelques membres
du corps diplomatique reçoivent des bulletins de Paris,
qui, dénaturés, sont fondus dans le *Correspondant de Hambourg,* et de là inondent l'Europe. « Tout cela, conclut La
Forest, forme un grand ensemble, auquel l'esprit de parti
communique un esprit d'ordre et d'unité. »

A Berlin, le parti antifrançais est très actif; il intrigue
auprès du roi, use de l'influence de la reine, représente
le danger de la puissance française réunie entre les mains
d'un homme extraordinaire (1), insinue que le moment est
venu « où de légers sacrifices pécuniaires préviendront
des maux inévitables » ; une bonne insurrection à Paris
terminerait l'embarras dans lequel on se trouve. Le roi
lui-même est inquiet des mouvements des troupes françaises dans le Hanovre; il craint d'être attaqué à l'improviste. Il s'alarme des souffrances du commerce; il invite
M. de Lucchesini à réclamer contre l'embargo mis dans
les ports de France sur quelques navires prussiens.

Bref, la situation est tendue; on prévoit une rupture.

Sur ces entrefaites, on apprend à Berlin l'exécution du
duc d'Enghien. L'agitation devient extraordinaire; c'est
une véritable aubaine pour le parti ennemi de la France,
ennemi du Premier Consul. Le parti français est consterné.
« L'orgueil national allemand est blessé par les formes de
l'arrestation du prince (2) » en territoire allemand, au
mépris du droit des gens. La coterie anglaise exulte. On
répand le bruit que la terreur règne en France, que plus
de quinze mille personnes ont été arrêtées. On dit qu'il
faut que la Russie arme sur-le-champ vingt mille hommes

(1) Affaires étrangères, Prusse, 21 ventôse (12 mars) an XII.
(2) *Ibid.*, du 4 au 6 avril, du 11 au 13 avril.

pour défendre l'indépendance de l'empire, que l'empereur fasse avancer trente mille hommes sur le Rhin. On prétend que le Premier Consul a une soif ardente du sang des Bourbons, qu'il a envoyé Duroc et Rapp à Vienne pour obtenir l'extradition du duc de Berry, qui serait caché dans l'hôtel du comte de Cobenzl.

A Berlin, la noblesse, la cour, ressentent l'irritation la plus vive; elles ne pardonnent pas au Premier Consul l'affront fait à une naissance illustre. « La reine et toutes les personnes de la famille royale (1) » sont dans un état d'exaspération extrême. Le prince Louis-Ferdinand, qui joint à la tournure d'un héros l'intrépidité d'un grenadier et les connaissances d'un vieux général, en apprenant la fatale nouvelle, court à cheval dès huit heures du matin chez Mme de Staël. « Il avait singulièrement bonne grâce à cheval, et son émotion ajoutait encore à la noblesse de sa figure (2). » Ses yeux respiraient « la vengeance ou la mort ». Il lui jette brièvement la nouvelle, et quelques instants après lui envoie le *Moniteur*, qui annonce que le *nommé Louis d'Enghien* a été fusillé dans les fossés de Vincennes. « Le nommé Louis de Prusse, écrivait-il, fait demander à Mme de Staël... » L'insultante formule retentissait comme un soufflet sur la joue de cette fière noblesse.

Quant à Mme de Staël, aucun événement ne servait mieux ses desseins de vengeance contre le Premier Consul. La mort du duc d'Enghien la grandit de cent coudées. Une partie de l'intérêt, de la pitié qu'on portait à cette illustre victime rejaillit sur elle. N'était-elle pas, elle aussi, la victime de Bonaparte? On écouta avidement ses propos sur son persécuteur. Elle avait dit à Weimar

(1) Archives des Affaires étrangères, Prusse, La Forest, du 4 au 6 avril.
(2) *Dix années d'exil*, chap. xv.

que c'était une sorte de Charles-Quint, avec cette différence que Charles-Quint devançait son siècle, tandis que
Bonaparte voulait reculer le sien (1); elle avait blâmé le
Concordat, répudié la « bigoterie » dans laquelle on voulait élever la jeunesse. A Berlin, ce fut bien pis. Elle
représenta Bonaparte comme un homme sans vertu,
sans foi, comme un tyran et surtout comme un ennemi
des femmes, « qui se plaisait à les déshonorer par ses
propos, sans faire aucune exception de qualité ni de
rang. » Elle fut « sublime » d'indignation. On s'imagine aisément l'effet de cette éloquence dans une cour
surexcitée, en présence d'une jeune reine qui exerçait
le plus grand ascendant sur le faible esprit de son époux.
Ce fut à partir de ce moment que la reine Louise conçut
contre Bonaparte une animosité qui ne contribua pas
peu à jeter la Prusse dans les tragiques événements qui
la conduisirent à deux doigts de sa perte.

Mme de Staël triomphait. Elle « jouissait en secret »
d'avoir suscité de nouveaux ennemis au Premier Consul.
Elle avait jeté dans la balance le poids de sa rancune et
de sa haine; elle lui témoignait sa puissance. Lui, cependant, n'ignorait pas la trame ourdie contre lui; il affectait,
à tort, de s'en moquer. « Que vous mande Mme de Staël
de la cour de Prusse? disait-il à une de ses amies. Qu'elle
a vu dernièrement le prince Louis? Est-il toujours bien
aimable? On l'est toujours aux yeux de Mme de Staël,
quand on l'admire. La reine est-elle toujours belle et la
merveille de son sexe? Les Prussiens valent sans doute
mieux que les Français? » — « Comme ces Prussiens
nous sont supérieurs! » écrira plus tard Benjamin Constant, l'ami de Mme de Staël, dans son *Journal intime*. Il faut

(1) Lettre d'Henriette de Knebel à son frère, citée par lady BLENNERHASSETT.

avouer que cette admiration systématique de l'étranger,
qu'il soit anglais, allemand ou russe, est parfois bien
ridicule chez Mme de Staël : elle tourne à la manie véritable.

Dans la guerre qu'elle avait entreprise contre Bonaparte, elle fit à Berlin une recrue précieuse en la personne
d'Auguste-Guillaume Schlegel. Il lui avait été recom-
mandé par Gœthe; elle le vit, il lui plut, et elle le prit
comme précepteur de ses fils. On sait la part qui revient
à Schlegel dans le développement intellectuel de Mme de
Staël; il compléta l'œuvre à peine ébauchée par Villers;
il la fit pénétrer plus profondément dans le labyrinthe de
la pensée allemande; il fut le lien vivant qui la réunit à
l'Allemagne, à ses poètes, à ses polémistes, à ses philosophes, à ses orateurs. Il redressa ses erreurs, compléta
ses notions trop sommaires, éclaira cette curiosité enthousiaste, à qui manquaient les connaissances précises. Mais
ce qu'on sait moins, c'est la part qu'il prit dans la lutte
entreprise par Mme de Staël contre son ennemi; nous
aurons plus tard l'occasion d'éclaircir ce rôle. L'influence
de Schlegel fut non seulement antinapoléonienne, mais
antifrançaise, cela n'est pas niable. Il n'aimait pas la
France, il ne comprenait pas toujours sa littérature.
Esprit singulièrement en éveil, mais essentiellement allemand, il professait que l'esprit allemand était capable de
se suffire à lui-même, sans emprunter à l'étranger ses
modèles. On sait assez que cette idée est l'idée maîtresse
du livre *De l'Allemagne*.

Non content de s'attaquer à la littérature française,
Schlegel se donnera pour mission de combattre en Allemagne l'influence française, sous quelque forme qu'elle se
manifeste. Il prêche la croisade contre l'Empire, contre
la France, avec une ardeur incroyable, à Vienne en par-

ticulier, en 1809, dans une leçon fameuse (1), dont la
violence effraye ses auditeurs. Il accompagne Mme de
Staël en 1812 dans son grand voyage à travers l'Europe,
sorte de factotum fidèle, prêtant la main aux intrigues
qu'elle noue avec l'Autriche, la Russie, la Suède; écrivant
sous sa dictée sa brochure *Sur le système continental* (2),
destinée à jeter la Suède dans les bras de la coalition;
renseignant les agents de l'Autriche sur les dispositions
de Bernadotte, placé par Mme de Staël en qualité de
secrétaire auprès de ce même Bernadotte, qu'il stimule et
surveille. Tel est Guillaume Schlegel, le « sieur Schlegel »,
comme disent désormais les rapports de la police impériale, où il se trouvera inscrit en bonne et due forme à
côté de Mme de Staël; et il faut avouer que jamais zèle
empressé et tenace ne servit plus fidèlement les projets
de celle qui avait juré à l'ennemi une haine éternelle.

Donc, Mme de Staël a été merveilleusement servie par
les événements. Quand elle quitte l'Allemagne, rappelée
par la mort de son père, elle est en meilleure posture qu'à
son départ de France : elle est une célébrité, non plus
seulement française, mais déjà universelle. Désormais,
Bonaparte ne peut plus s'attaquer à elle sans que toute
l'Europe le sache et compatisse à son infortune. Elle a
préparé le terrain, étudié ce champ de bataille de l'Allemagne, qui sera le tombeau de la puissance napoléonienne, semé contre le Premier Consul la défiance et la
haine. Elle peut attendre l'avenir.

(1) La quinzième leçon de son *Cours de littérature dramatique.* (Voir
plus loin, chap. xv.)
(2) *Sur le système continental et sur ses rapports avec la Suède*, Hambourg, 1813.

CHAPITRE XI

Le 10 avril 1804, Necker mourait, à l'âge de soixante-douze ans. Le 18, au matin, Mme de Staël, qui était alors à Berlin, apprend que son père est « dangereusement malade ». Elle part pour Weimar, en larmes; ce fut là qu'elle sut la triste vérité. Il lui sembla que la terre se dérobait sous ses pieds. Benjamin Constant était accouru à sa rencontre. La douleur prenait chez cette puissante nature des formes effrayantes; Mme de Staël avait de terribles convulsions, des insomnies absolues; puis elle tomba dans une prostration presque complète. A Zurich, elle rencontra sa cousine, Mme Necker de Saussure, qui lui amenait son second fils. Péniblement, avec Schlegel, elle se traîna vers Coppet. En arrivant, elle vit, tout émue, sur la montagne « des nuages qui ressemblaient à une grande figure d'homme, qui disparaissait vers le soir (1) ».

Qui connaît l'espèce de culte que Mme de Staël avait pour son père s'imaginera aisément le trouble profond de tout son être. Ce culte était une idolâtrie véritable; elle n'avait jamais ressenti pour sa mère, un peu froide et compassée, pareille tendresse. M. Necker lui tenait lieu à la fois de père, de mère et d'époux. Parfois

(1) *Dix années d'exil*, chap. xvi.

même cette adoration s'exprimait sous une forme singulière; Mme de Staël ne va-t-elle pas jusqu'à regretter
le plus sérieusement du monde de n'avoir pas connu
M. Necker au temps de sa jeunesse? « Nos destinées, dit-
elle, auraient pu s'unir pour toujours (1). »

Au point de vue de ses relations avec Bonaparte,
Mme de Staël faisait une perte irréparable. S'il est vrai
que Necker n'avait aucun crédit auprès du maître de
la France, il était du moins pour sa fille un conseiller
utile, un guide prudent, qui refrénait parfois son ardeur
belliqueuse. On a vu, par quelques extraits de ses lettres,
qu'il ne cessait de la mettre en garde contre son exagération ordinaire. L'erreur de Mme de Staël avait été de
s'imaginer que jamais Bonaparte n'oserait toucher à la fille
de Necker. Son père lui apparaissait environné d'une
auréole de gloire, et elle croyait naïvement que l'univers
entier partageait son admiration. Bonaparte lui fit bien
voir son erreur. Ce pauvre Necker, tant encensé dans sa
propre famille (2), avait été entraîné lui-même par la fougue de sa fille; il s'était persuadé que ses *Dernières Vues de
politique et de finances* pèseraient de quelque poids dans
la balance, que la France écouterait sa voix, qu'il persua-
derait le Premier Consul. Il ne réussit qu'à l'exaspérer au
dernier point contre lui-même et contre sa fille. C'était un
bon homme, mais un grand maladroit, que M. Necker. Il
demeura inconsolable; il attribuait, non sans raison, l'exil

---

(1) *Du caractère de monsieur Necker et de sa vie privée.* Cet ouvrage,
qu'elle écrivit à Coppet dans l'automne de 1804, est, au dire de ceux qui
ont le mieux connu Mme de Staël, — Benjamin Constant, Mme Necker,
de Saussure, — celui qui donne d'elle, de sa manière d'être, de ses sentiments intimes, l'idée la plus exacte.

(2) Voir le curieux livre intitulé : *Nouveaux Mélanges extraits des manuscrits de madame Necker,* publié par Necker lui-même. « Si les hommes ont
été d'abord des anges, écrit Mme Necker, je crois que M. Necker fut
chargé dans son premier état de débrouiller le chaos, avant que le Créa-
teur daignât y descendre pour faire ses mondes. »

de sa fille à l'effet produit par ses *Dernières Vues*. Durant
sa dernière maladie, cette pensée n'avait cessé de le tourmenter. D'une main tremblante de fièvre, il écrivit à
Bonaparte que sa fille n'était pour rien dans la publication de l'ouvrage, qu'elle l'avait, au contraire, dis-
suadé de l'imprimer (1). Mme de Staël se persuada que
le Premier Consul entendrait « la voix d'un mourant ».
Étrange illusion ! « Elle a bien dû regretter son père, dit
Bonaparte. Pauvre divinité ! Il n'y a jamais eu d'homme
plus médiocre, avec son flonflon, son importance et sa
queue de chiffres. »

Ce fut toute l'oraison funèbre de Necker.

Du moins, la mort de son père a cette heureuse influence sur Mme de Staël, qu'elle accentue le côté sérieux
de son esprit. Elle ne va pas, comme Chateaubriand
après la mort de sa mère, jusqu'au christianisme ; mais
la philosophie sensualiste du dix-huitième siècle ne lui
suffit plus. Elle s'attache fermement à la croyance en une
vie future, comme au seul espoir qui lui reste de revoir
ce père tant chéri. Elle s'écrie avec un accent qui touche
l'âme : « Oh ! mon Dieu, pardonnez aux faibles créatures,
si leur cœur, qui a tant aimé, ne se peint dans le ciel que
le sourire de leur père, qui les recevra dans vos parvis ;...
les esprits forts... ne savent pas le mal qu'ils font ; ils ne
voient la religion que comme un instrument de puissance
dans la main des hommes ; mais quand c'est un dernier,
tout à fait dernier espoir au fond du cœur, qu'ils le
laissent, qu'ils passent à côté sans y toucher (2). » Ainsi
se manifeste en Mme de Staël la première phase d'une
évolution qui ira s'accentuant avec les années ; elle entre
seule et sans appui dans la seconde moitié de l'existence ;

---

(1) *Dix années d'exil*, chap. xvi.
(2) *Du caractère de monsieur Necker et de sa vie privée*.

elle aborde d'un esprit plus recueilli les éternels pro-
blèmes: sa pensée prend une teinte religieuse, mystique
même. Qui sait ce qu'elle a puisé de force dans une telle
disposition, pour la lutte qu'elle avait à soutenir? Dans
les moments où elle se sent défaillir, elle se réfugie dans
le souvenir de l'être chéri, qui soutient sa faiblesse. « J'ai
aimé qui je n'aime plus; j'ai estimé qui je n'estime plus;
le flot de la vie a tout emporté, excepté cette grande
ombre, qui est sur le sommet de la montagne et qui me
montre du doigt la vie à venir (1). »

Cependant Mme de Staël n'avait pas perdu tout espoir
d'obtenir son rappel. La veille du jour où elle apprit la
mort de Necker, elle écrivait de Berlin à Joseph de
redoubler d'instances. « Quand pourrez-vous me mander
qu'il m'est permis de revenir près de Mortfontaine? C'est
là Paris pour moi; je n'en désire point d'autres... Croyez-
vous qu'à l'automne prochain on me laisserait à quinze
lieues de Paris? Il me semble que le Premier Consul doit
être convaincu à présent qu'il n'a rien à craindre de l'opinion républicaine, et que ceux qui pourraient parler ou
écrire dans le sens philosophique servent ses véritables
intérêts (2). » De son côté, Joseph Bonaparte l'assurait,
avec un dévouement admirable, qu'il ne cessait de solliciter son frère pour elle. Il était alors au camp d'Outreau,
près Boulogne, où il commandait le 4ᵉ régiment de ligne;
et au milieu des préparatifs de la descente en Angleterre,
il trouvait le temps d'écrire à l'amie exilée : « J'exige de
vous le courage de la résignation et la confiance dans mon
amitié : si je ne réussis pas, personne ne réussirait (3). »

Mme de Staël a formé le projet de voyager en Italie.

(1) *Du caractère de monsieur Necker.*
(2) A Joseph Bonaparte, 17 avril, de Berlin. (DU CASSE, t. X.)
(3) Archives de Broglie. (Du camp d'Outreau, 13 thermidor-1ᵉʳ août
1804.)

Mais elle ne peut se décider à franchir les Alpes; elle veut
être sûre auparavant qu'il n'y a plus d'espoir. Joseph lui
écrit qu'elle peut partir, lui envoie des lettres de recommandation pour son oncle Fesch à Rome. Mme de Staël
se montra touchée de cette attention, mais peu pressée
d'en jouir. « Le bruit s'est répandu, écrit-elle, que le
jour du couronnement l'empereur rappellerait tous les
exilés; il donnerait ainsi à ce jour une solennité supérieure à toutes les pompes. Je reste donc jusqu'au 15 novembre, à cause de cette faible croyance (1). » Le couronnement se passe : point de grâce. Elle part, le cœur
brisé. Comme elle donnerait l'Italie, Rome, le Colisée
et Saint-Pierre pour « le ruisseau de la rue du Bac » !

Ce n'était pas par fantaisie de despote que Napoléon
se refusait à laisser rentrer Mme de Staël. L'opinion publique à Paris était assez excitée pour qu'il craignît la
présence d'une femme dont il redoutait par-dessus tout
l'esprit d'intrigue. L'exécution du duc d'Enghien avait
frappé de stupeur la grande majorité du public; on avait
craint un moment un retour aux procédés de la Terreur;
seuls, les jacobins, les régicides s'en étaient réjouis
comme d'un gage de sécurité personnelle que leur donnait ainsi le Premier Consul. Le procès du général Moreau
avait été très impopulaire; on avait dû déployer aux
alentours du Palais de Justice un formidable appareil
militaire; les anciens compagnons d'armes du vainqueur
de Hohenlinden se révoltaient au spectacle de leur chef
traîné en justice; les gendarmes chargés de le surveiller
lui témoignaient les plus grands égards. Le public, qui
se pressait dans la salle, était favorable aux accusés,
manifestait ses sympathies à leur entrée. Mme Récamier

(1) A Joseph Bonaparte, 18 septembre 1804, de Coppet. (Du Casse,
t. X.)

était venue elle-même au tribunal témoigner par sa
présence de l'intérêt qu'elle portait à Moreau, et le Premier Consul en avait été fort mécontent. Bref, Bonaparte
avait contre lui à peu près l'opinion publique tout
entière (1); le moment eût été mal choisi de rappeler à
Paris Mme de Staël.

La proclamation de l'Empire n'avait pas calmé, comme
on le pense, le sourd mécontentement dans les partis
d'opposition. On reprochait au nouvel empereur de s'en-
tourer de formes monarchiques. On criblait d'épigrammes
ce qu'on nommait une parodie, une mascarade de l'ancienne royauté. Émigrés et jacobins ne tarissaient pas de
verve à propos de ces charges de cour, de ces dignités,
dont s'affublait l'entourage et la famille du Premier Consul : grand chambellan, grand veneur, grand écuyer,
grand maître des cérémonies, grand maréchal du palais;
le cardinal Fesch était nommé grand aumônier; Joseph
Bonaparte, grand électeur; Louis, connétable. La maison
de l'impératrice était organisée avec un faste extraordinaire : une La Rochefoucauld allait être dame d'honneur
de Joséphine!

Il est certain que Mme de Staël ne tarissait pas de plaisanteries sur ces « bourgeois et bourgeoises d'Ajaccio »,
sur ces princesses « citoyennes de la veille, qui ne pouvaient
s'empêcher de rire en s'entendant appeler Votre Majesté (2) ». Elle avait de l'esprit, et du plus mordant; elle
ne pouvait se retenir de parler; chose plus grave, comme
on le verra tout à l'heure, elle écrivait à ses amis; ses
lettres, ses mots circulaient dans Paris, s'ajoutaient aux
quolibets, aux calembours qui pleuvaient dru sur les
Tuileries et sur l'Empereur. On se contait l'anecdote de ce

(1) Voir la *Correspondance* de Fiévée (juin, décembre 1804).
(2) *Dix années...*, chap. XVIII.

bon préfet de Toulouse, fraîchement débarqué par le coche à Paris et demandant, tout ahuri, qui était Madame Mère.

L'Empereur se fût peu soucié de ces railleries, sachant bien que lorsque Paris s'amuse, il oublie les affaires sérieuses. Mais ce qu'il ne pardonnait pas à Mme de Staël, c'étaient les efforts qu'elle faisait pour empêcher l'ancienne noblesse de se rallier à son trône. On sait que les hésitations de l'aristocratie n'avaient pas été de longue durée. Mme de La Rochefoucauld, première dame d'honneur de Joséphine, s'était chargée de convertir le faubourg Saint-Germain. Aux anciennes dames d'honneur : Mmes de Rémusat, de Talhouët, de Luçay, de Lauriston, venaient se joindre les noms les plus illustres de l'ancienne France : Mme de Chevreuse, contrainte, il est vrai, par sa famille; Mmes de Mortemart, de Montmorency, de Bouillé, de Turenne, de Colbert, Octave de Ségur, etc. Un Rohan était premier aumônier de l'impératrice; MM. de Courtomer, d'Aubusson de La Feuillade, ses chambellans; celui-ci avait demandé un grade de colonel : on lui avait offert une clef de chambellan. Le comte de Ségur, fils aîné du glorieux maréchal, était grand maître des cérémonies. Napoléon, d'ailleurs, méprisait tous ces nobles qui se précipitaient à son service. « Je leur ai proposé des grades dans mon armée, disait-il; ils n'en ont pas voulu; je leur ai offert des places dans l'administration, ils les ont refusées; mais je leur ai ouvert mes antichambres, et ils s'y sont précipités. » Les républicains voyaient avec joie cet empressement qui discréditait l'aristocratie. Témoin ce général qui s'écriait, quand un gentilhomme s'était fait chambellan : « Encore un pot de chambre sur la tête de ces nobles (1)! »

_____

(1) CHATEAUBRIAND, *Mémoires d'outre-tombe*, éd. Biré, t. I, p. 183. Il s'agit du général de Pommereul.

Du fond de son exil, Mme de Staël frémissait d'indignation : il fallait ranimer ces lâches courages, les faire rougir de leur faiblesse. Justement, parmi les personnages de l'ancienne monarchie qui semblaient incliner vers le nouveau régime, se trouvait un homme qu'elle avait passionnément aimé et qui personnifiait quelques-unes des qualités les plus charmantes de l'esprit français. M. de Narbonne était rentré de l'émigration en 1800; il était reconnaissant au Premier Consul de lui avoir rouvert les portes de sa patrie. Il avait coutume de dire « qu'à l'étranger il y avait beaucoup à apprendre, mais rien à faire, parce qu'il ne fallait jamais servir que son pays (1) ». Mme de Staël était plus cosmopolite, M. de Narbonne plus français. Mme de Staël détestait Bonaparte; M. de Narbonne lui savait gré des immenses services qu'il avait rendus à la France. Mme de Staël conseillait une opposition irréconciliable; M. de Narbonne souffrait surtout de l'inaction; il se résignait difficilement à ne pas servir son pays. Jadis il avait fait une démarche auprès du Premier Consul pour obtenir qu'on le nommât à quelque fonction militaire ou civile. La lettre était demeurée sans réponse. Mais le bruit courait maintenant que Narbonne accepterait de jouer un rôle à la cour impériale. Mme de Staël, qui souffrait difficilement que ses anciens amis mêmes échappassent à sa tutelle, résolut d'intervenir.

Elle écrivit à Narbonne une longue lettre (2), où elle lui reprochait avec la plus grande vivacité son attitude envers Bonaparte. Elle s'égayait sur le compte des membres de l'aristocratie qui avaient accepté des charges à la cour;

---

(1) VILLEMAIN, *Souvenirs contemporains*, t. I, p. 90.
(2) Le fait est attesté par le *Voyage à Mayence*, dans les *Mémoires* de CONSTANT, valet de chambre de l'Empereur.

elle ajoutait qu'elle espérait bien n'avoir jamais le chagrin de lire son nom à côté des leurs. Des Montmorency,
des Rohan, des La Rochefoucauld servaient de domes-
tiques et de femmes de chambre à des bourgeois et bourgeoises d'Ajaccio! Il fallait repousser de pareils honneurs!
Il s'agissait de faire parvenir la lettre à son adresse sans
éveiller les soupçons de la police. Mme de Staël crut faire
merveille en la confiant à un certain M. de S***, qui
se rendait à Paris. Ce personnage n'était autre qu'un
espion aux gages de Fouché, comme il y en avait tant à
Coppet et aux alentours. Notre homme n'eut rien de plus
pressé que de courir au ministère de la Police. Fouché
lut la lettre, la copia et, la refermant avec soin, dit à
l'espion : « Remplissez votre commission ; ayez la réponse
de M. de Narbonne, et vous me l'apporterez. » L'Empereur, en prenant connaissance de la lettre de Mme de
Staël, entra dans une violente fureur ; il parla de faire
arrêter Mme de Staël, de la faire enfermer. Fouché l'en
dissuada ; il n'aimait pas les violences inutiles, surtout à
l'égard des femmes. Il représenta à l'Empereur que
Mme de Staël, si on la laissait libre, pouvait être utile à
faire surprendre ceux qui conspiraient. Cet argument
toucha l'Empereur. Mais Mme de Staël était perdue sans
retour dans son esprit. Cependant, à Coppet, celle-ci
attendait sa grâce et s'étonnait vivement de ne la point
recevoir !

Lasse enfin d'attendre, elle se résout à partir pour
l'Italie. Elle est dans un désarroi moral extraordinaire.
Tout lui manque à la fois : la France, son père, Benjamin, la jeunesse, l'amour (1). Elle avait avec Constant
« des scènes effrayantes », qui allaient jusqu'aux convul-

(1) Voir le *Journal intime* de CONSTANT à cette date.

sions. Elle ne voulait pas l'épouser parce qu'elle tenait à
son nom; elle ne voulait pas non plus qu'il se mariât.
Benjamin, excédé, méditait de prendre la fuite. Il l'accompagna pourtant jusqu'à Lyon; là, ils se séparèrent. Benjamin, tout allègre, prit le chemin de Paris, Mme de Staël
la route des Alpes. Elle allait en Italie pour y chercher
des distractions à sa douleur, pour y chercher aussi
des impressions nouvelles et poursuivre sa chimère : la
gloire.

CHAPITRE XII

Le voyage en Italie de 1805 représente, dans l'histoire des rapports de Mme de Staël et de Napoléon, une période d'accalmie, une sorte de trève consentie par les parties belligérantes. Mme de Staël n'était pas entièrement rassurée en s'acheminant vers la Péninsule. Elle avait prié ses amis, Benjamin Constant et Mathieu de Montmorency, de sonder les dispositions de l'Empereur, de s'assurer si elle pouvait sans aucun risque circuler dans toute l'Italie. La réponse fut favorable ; il semble même que Napoléon mit une certaine coquetterie à protéger Mme de Staël. Il déclara « personnellement (1) » qu'il voulait qu'elle fût traitée avec égard par ses agents en Italie ; il poussa même la galanterie jusqu'à dire à Milan, au moment des fêtes du couronnement, que si elle avait été arrêtée par la reine de Naples, « il l'aurait réclamée et aurait fait marcher 20,000 hommes à son secours (2). » Il ne la craint qu'à Paris ; et peut-être, malgré tout, il n'a pas perdu l'espoir de la séduire, de faire la paix avec elle.

Mme de Staël trouve donc le meilleur accueil auprès des personnages officiels : à Parme, le général français

(1) Mme de Staël à Monti, 3 avril.
(2) Mme de Staël à Joseph Bonaparte, Milan, 14 juin 1805. — Cf. Benj. CONSTANT, *Mémoire sur les Cent-Jours.*

Moreau de Saint-Rémy lui rend visite, l'accompagne à
l'Opéra. Elle joue en conscience son rôle de femme célèbre, elle « voyage et représente en femme de lettres (1) »,
se fait rendre des honneurs. Elle semble même avoir
oublié ses griefs envers Napoléon. Ses lettres à Monti
surprennent par leur modération. Est-ce parce que Monti
est poète officiel et se prépare à chanter Napoléon,
comme il a chanté la République et comme il chantera
les Autrichiens? Est-ce qu'elle subit l'influence du milieu
et qu'il lui serait difficile de faire partager ses haines à
l'Italie, qui salue Napoléon comme un libérateur? Est-ce
enfin parce qu'elle poursuit plus activement que jamais
la restitution du dépôt de Necker? Toutes ces raisons
ont pu exercer sur son esprit une sérieuse influence.

En particulier, la restitution des millions de Necker (2)
préoccupe sérieusement Mme de Staël. Elle est un intendant modèle, administre avec beaucoup d'ordre sa fortune; elle se préoccupe de l'avenir de ses enfants, considère comme un devoir à leur égard (3) de se faire
rembourser par le Trésor. Aussi met-elle en campagne
tous ses amis et les amis de ses amis, avec cette ténacité
qui est un des traits de son caractère. Elle espère que
Joseph acceptera la couronne d'Italie, qu'elle pourra le
voir à Milan (4). Mais Joseph, qui, sous une feinte modération, cache une ambition extrême, préfère garder ses
droits éventuels à la succession de son frère en France.

---

(1) *Mémoires* d'Agostino CHIGI. « Il y a du saltimbanque dans cette
conduite! » écrivait Benjamin Constant dans son *Journal intime*. Et
Constant n'a pas tout à fait tort.
(2) Deux ou trois millions; le chiffre varie d'après les lettres de Mme de
Staël, suivant probablement qu'elle considère simplement la somme
prêtée par Necker à Louis XVI, ou cette somme augmentée des intérêts
accumulés.
(3) Lettre à Monti du 10 avril.
(4) A Monti, de Bologne, 24 janvier.

Napoléon vient alors lui-même à Milan poser sur sa tête la couronne de fer des rois lombards, et Eugène est proclamé vice-roi d'Italie.

Mme de Staël est tout émue de cette arrivée de Napoléon. Elle s'informe combien de temps il doit rester à Milan (1). Elle est partagée entre le désir de se trouver dans cette ville pour voir l'Empereur et son horreur des « mameloucks et des couronnements (2) ». Benjamin et Mathieu de Montmorency sont d'avis qu'elle doit profiter des bonnes dispositions qu'on témoigne en sa faveur (3), se rencontrer avec Napoléon et lui tirer tout ou partie des trois millions. Elle consent à se trouver à Milan pendant le séjour de l'Empereur, mais après les « mameloucks » et les fêtes. Elle lui fera demander « par écrit ou par Joseph (4) » un règlement définitif pour sa créance. Elle vient donc à Milan au mois de juin. On se montre aimable pour elle ; Joséphine fait son éloge à la princesse Lambertini ; Talleyrand écrit à Paris qu'elle doit être contente de son voyage, et que tout s'arrangera au mieux de ses intérêts. Elle-même a un rendez-vous à Turin avec le ministre des finances ; elle le manque, il est vrai, mais enfin tout s'annonce bien pour elle. De son côté, elle ménage la susceptibilité du maître. Elle va voir Lucien à Pesaro ; mais elle recommande à Monti de n'en rien dire, parce que Lucien est alors fort mal avec son frère (5).

En réalité, Napoléon, avant de s'exécuter, veut avoir des gages. Sans doute, il trouve l'amitié de Mme de Staël un peu chère à ce prix ; mais s'il était sûr de l'obtenir, il n'hésiterait pas. Il donnera à sa famille, aux maréchaux,

(1) Lettres à Monti, 5 et 7 février.
(2) A Monti, 3 avril.
(3) Ibid., 3 avril.
(4) Ibid., 10 avril.
(5) A Monti, 13 juin, 3 juillet.

aux grands dignitaires de l'Empire, des sommes plus
considérables. Mais il ne veut pas être dupe. Sans doute,
la créance de Necker est valide; elle n'est pas cependant
incontestable; elle offre matière à chicane, Necker ayant
été inscrit sur la liste des émigrés et ses biens confisqués.
Un mot de l'Empereur suffirait à lever les scrupules des
légistes; mais ce mot, il ne veut pas le dire, parce qu'il se
méfie. Il sait qu'un créancier est plus aimable quand il
n'est pas payé, mais qu'il a l'espoir de l'être, que lorsqu'il
est payé et n'attend plus rien de son débiteur. Il fait briller
aux yeux de Mme de Staël ce payement probléma-
tique comme récompense de sa bonne conduite à son
égard.

Nous n'avons pas à rechercher ici l'influence exercée
par l'Italie sur le génie de Mme de Staël. Mais au point de
vue politique et social, il est certain que l'impression res-
sentie lui fut franchement désagréable. Elle ne trouve là
rien qui l'encourage dans sa lutte contre le despotisme,
tout au contraire. La « superstition » des habitants la
désole; elle est navrée que les hommes se fassent bénir
par un prêtre pour guérir de la rage, et mènent leurs bêtes
malades à saint Antoine. Trop de prêtres, trop de mendiants. « Un peuple se relève-t-il jamais de tout cela!...
Quel misérable ordre social (1)! » Ce mot la peint tout
entière. Un artiste serait ravi de ces superstitions, de ces
frocs, de ces haillons; mais elle est étrangère — Gœthe
l'a dit, et avec lui Schiller et Humboldt — à toute idée
d'art. Voilà la vérité. La petite Albertine disait : « Maman
n'a aimé que deux choses en Italie, la mer et Monti. »
Ajoutons, si vous voulez, le Vésuve; et encore, écrit-elle

---

(1) Lettres à Monti. — Ces lettres sont fort curieuses, parce qu'elles
montrent bien l'état d'esprit de Mme de Staël à ce moment. Plus tard, dans
Corinne, elle revint en partie sur ses impressions.

en riant à Monti : « Le Vésuve et vous, cela pourrait bien
compter un peu pour un ! »

En somme, malgré les belles descriptions de *Corinne* et
les leçons de Schlegel, elle donnerait le dôme de Saint-
Pierre et le Colisée pour une bonne « constitution ». Or,
c'est ce qui manque le plus aux Italiens ; ils ne connaissent
pas la liberté, ils n'ont pas « le sentiment de la dignité (1) ».
Depuis les invasions, ils ont toujours été conquis, toujours esclaves. Elle montrera fort bien dans *Corinne* qu'ils
peuvent se relever de la servitude. Mais, pour l'instant,
ils s'en accommodent assez bien ; ils prodiguent l'encens à
leur nouveau maître, et Monti, le plus grand génie de
l'Italie, suivant Mme de Staël, accepte la charge de poète
officiel. Donc, point de vie, mais « un sommeil rêveur
sous un beau ciel (2) » ; cela ne peut suffire à Mme de
Staël. A Rome même, « son esprit et son âme ne peuvent
communiquer (3) » avec personne. Les princes sont
ennuyeux ; les cardinaux ont « quelques idées », mais cela
ne va pas loin. En revanche, elle voit partout l'image de
la mort : aux Catacombes, à la voie Appienne, à la pyramide de Cestius, dans les souterrains de Saint-Pierre, tout
parle de la ruine des espérances humaines. Comment
vivre dans une telle atmosphère ? Elle va jusqu'à blas-
phémer les statues, les tableaux, Raphaël, Michel-Ange,
les Loges du Vatican et la Sixtine. Une belle pensée, un
beau sentiment « la touchera mille fois plus que ces beaux
pieds, que ces belles mains ». Elle n'est point artiste.

L'Italie l'a ennuyée. Plus tard, elle reviendra de ses premières impressions, elle écrira *Corinne*. Mais plus encore
que ses descriptions, ce qui nous intéresse, ce sont les

(1) *Corinne*, liv. XI, chap. II.
(2) *Ibid.*, liv. VI, chap. III.
(3) Lettre à Bonstetten, 15 février 1805.

pages où elle plaint les malheurs du peuple italien et fait
briller à ses yeux l'espérance du relèvement et d'un glorieux avenir.

A la fin de juin 1805, Mme de Staël revient à Coppet.
Depuis la mort de son père, elle déteste encore plus cette
belle résidence au bord du lac bleu, en face des cimes
majestueuses des Alpes. De nouveau, la mélancolie
s'empare d'elle; et pourtant on est « singulièrement bien »
pour elle (1). Suard lui demande des lettres sur l'Italie
pour *le Publiciste;* Benjamin Constant, Hochet, Barante,
accourent à Coppet; Chateaubriand y viendra lui-même
dans quelques semaines. Elle voudrait aller à Paris pour
soutenir sa créance; mais l'Empereur ne lui permet pas
encore « d'aller traiter cette affaire (2) ».

Il le permettait si peu que quelques jours après (3) il
écrivait à Fouché, du camp de Boulogne :

« Mme de Staël prétend que je lui ai permis de venir à
Paris, et elle veut y rester. Qu'elle se rende à Coppet;
vous sentez que je ne suis pas assez imbécile pour la
vouloir à Paris plutôt qu'à vingt lieues. Elle ne se mêle
que des affaires de France à Genève, qui est le pays du
monde... (4). Faites connaître à ses amis qu'elle s'arrêtera
à quarante lieues. Tous les éléments de discorde, il faut
les éloigner de Paris. Il n'est pas possible que, quand je
serai à deux mille lieues, à l'extrémité de l'Europe, je
laisse aux mauvais citoyens le champ libre d'agiter ma
capitale. »

Une telle préoccupation, au moment où il dictait à Daru
le plan de l'immortelle campagne de 1805, montrait jusqu'à

(1) A Monti, 9 juillet.
(2) A la grande-duchesse de Saxe-Weimar, 24 août 1805. (*Coppet et
Weimar.*)
(3) Le 29 août. *Lettres inédites,* publiées par Lecestre.
(4) Lacune dans le texte publié par M. Lecestre.

quel point il redoutait la présence à Paris de Mme de Staël.

Deux jours après, le 31 août, Fouché, pour se conformer aux ordres de l'Empereur, invitait le préfet de Genève, M. de Barante, à ne point accorder de passeport à Mme de Staël pour rentrer en France, et à la *faire arrêter*, si elle mettait son dessein à exécution (1). Tout ce qu'on lui permit, ce fut de conserver un logement à Genève ; cette ville étant située en territoire français, M. de Barante dut demander pour Mme de Staël cette autorisation, qui lui fut accordée.

Ne pouvant se rendre à Paris en personne, Mme de Staël se décide à y envoyer son fils aîné, Auguste. Il doit suivre des cours, se préparer à l'École polytechnique. Elle espère que Napoléon lui saura gré de donner à son fils une éducation française. En même temps, Auguste de Staël a mission d'intercéder pour sa mère ; elle voudrait s'approcher jusqu'à vingt lieues de Paris, pour être plus près de son fils. Le fait est que son exil la gêne singulièrement pour l'éducation de ses enfants. Elle désirerait vivement les faire élever en France ; ce n'est que contrainte et forcée qu'elle confiera plus tard son fils Albert à l'Autriche, pour qu'il entre dans une école de cadets, puis à la Suède. Auguste de Staël, nature affectueuse et dévouée, se désole ; il avait espéré que ses bonnes notes, à l'examen d'entrée de l'École polytechnique, fléchiraient l'Empereur ; mais il apprend qu'il n'y a plus d'espoir.

---

(1) WELSCHINGER, *la Censure sous le premier Empire*. Voir, à la fin du livre, les *Documents relatifs à madame de Staël* tirés des Archives nationales. Il y a des erreurs d'impression manifestes. Ainsi, il est certain que la lettre autorisant Mme de Staël à conserver un logement à Genève est *postérieure* et non *antérieure* à celle qui ordonne au préfet du Léman de ne point accorder de passeport à Mme de Staël, puisqu'elle fait allusion à cette dernière. Celle-ci est du 31 août 1803 et l'autre du 23 septembre 1803 également (et non 1804). Il faut lire aussi 22 *fructidor* (et non 22 février), etc.

« J'ai été prêt à pleurer, écrit-il à sa mère, et à tomber là
sans pouvoir rien répondre (1). » Toute autre femme se
résignerait. Mais Mme de Staël redouble d'instances.
Elle suppose qu'Austerlitz adoucira l'humeur du tyran.
Monti fait partie de la délégation envoyée par le vice-roi
d'Italie pour saluer l'Empereur à l'occasion de son
triomphe. Elle le supplie d'intercéder pour elle auprès
de Talleyrand (2). Talleyrand, l'ami ingrat, oublieux du
passé ! Cela « lui siérait bien ! » dit-elle. Que peut craindre
Napoléon ? Une femme ne peut-elle vivre en paix « sous
son pouvoir immense » ?

   Mais tout est vain. A Paris, on ne pense plus à l'exilée.
L'opposition est réduite à l'impuissance : qui donc entend les quolibets des douairières du noble Faubourg ?
Tout le reste montre un empressement exagéré, inouï,
allant jusqu'au « paroxysme (3) ». En posant sur sa tête
la couronne impériale, en spéculant sur la vanité, l'a-
mour des hochets et des titres, Napoléon s'est montré
fin politique. Bien peu résistent, comme Mme Récamier (4). La noblesse « se précipite dans ses antichambres ». Les cartons de Duroc sont remplis de
pétitions : tout le monde sollicite une place. Cette cour
tant raillée par Mme de Staël accomplit le rêve du
maître : la fusion de l'ancienne et de la nouvelle société !

   Ce qui frappe le plus les esprits perspicaces, c'est qu'il
n'y a plus « d'intérêt pour les idées (5) » ; on ne cherche

---

   (1) Préface des *OEuvres* du baron Aug. DE STAËL, écrite par sa sœur, la
duchesse de Broglie.
   (2) A Monti, 16 janvier 1806.
   (3) *Mémoires* de la duchesse D'ABRANTÈS.
   (4) Fouché lui avait été envoyé comme ambassadeur, l'avait invitée à
accepter une charge de dame d'honneur de Joséphine, avait fait miroiter
à ses yeux l'espoir de prendre quelque influence sur l'esprit, sur le cœur
de l'Empereur. La belle Juliette avait décliné ces offres.
   (5) Lettre de Benj. Constant à Mme de Nassau.

plus que le profit du moment. C'est un « essoufflement
continuel de tous ceux qui courent après la fortune, une
indifférence parfaite de ceux qui n'ont pas besoin de
courir après, une fierté dans ceux qui n'obtiennent rien,
assez semblables aux victimes dont on dore les cornes
avant de les sacrifier, un léger sourire de ceux qui ont
obtenu, comme pour prouver qu'ils sont au-dessus de
leur succès : voilà Paris ». Ce Paris-là, dont Benjamin
Constant traçait le portrait d'une plume si spirituelle, ne
convenait guère à Mme de Staël : elle s'y fût trouvée
toute dépaysée. On ne s'attachait plus, comme jadis, aux
principes : le fait triomphait de l'idée; le succès excusait
tout. C'était la réaction fatale, après cette grande débau-
che d'idéologie qu'avait été la Révolution. On souriait de
ceux qui élevaient encore la voix en faveur de la philosophie; la liberté n'intéressait plus personne; et le Suisse
Constant pouvait écrire dans son *Journal intime :* « L'amour
de cette nation pour l'arbitraire est quelque chose de
curieux! » Quant à Mme de Staël, elle allait plus loin
encore. « Ce n'est pas seulement la liberté, écrivait-elle,
mais le libre arbitre qui me paraît banni de la terre (1). »

Elle se résigne donc à passer à Coppet ou à Genève
la fin de l'année 1805 et les premiers mois de 1806. Son
existence eût été fort supportable, sans le démon intérieur
qui l'empêchait de goûter les plaisirs de la vie. Le département du Léman était alors administré par un fort
galant homme, délicat et lettré, qui témoignait à Mme de
Staël les plus grands égards. On a donné du préfet de
l'Empire cette jolie définition : « Un homme qui n'avait
rien de mieux à faire qu'à rendre des services, puisqu'il
ne rencontrait de résistance nulle part (2). » M. de Ba-

(1) A la grande-duchesse de Saxe-Weimar, 24 août 1805.
(2) Cette définition est de Fiévée, qui avait été préfet lui-même.

rante répondait admirablement à cette définition. Il avait
connu Necker et pris un vif plaisir à la conversation de
ce vieillard, qui avait été acteur et témoin de si grands
événements (1). Il n'en fallait pas davantage pour lui
concilier les sympathies de sa fille. L'aménité de ses manières, la noblesse de son caractère, son esprit obligeant,
avaient fait le reste. Il avait été séduit par l'éloquence de
Mme de Staël, par l'originalité de ses idées. Il était étonné
parfois et surpris de la mobilité de ses opinions, de l'exagération de son langage, de son goût très vif pour les littératures étrangères, qui allait parfois jusqu'au dédain
des lettres françaises. Mais il était subjugué par l'élan de
cette parole impétueuse, et peu à peu lui et son fils
Prosper étaient devenus les hôtes de Coppet. Il faut
avouer que sa situation était assez particulière, car il avait
pour mission de surveiller celle dont il acceptait l'hospitalité. Il ne pouvait ignorer qu'il était lui-même surveillé par
la police impériale ; mais il ne chercha jamais à s'acquérir
des titres à la faveur en persécutant une femme ; il assurait qu'elle était « très réservée, très circonspecte », qu'elle
ne manifestait « aucun sentiment, aucun vœu contraire à
l'intérêt de son pays et à la gloire de nos armes (2) ». Il
était évident que Mme de Staël cherchait à circonvenir le
préfet et qu'en dehors de sa présence elle s'exprimait
plus librement sur « la gloire de nos armes ».

Il y avait nombreuse société à Coppet. On jouait
beaucoup la comédie, soit à Coppet, soit à Genève :
Alzire, *Mahomet*. Benjamin lui-même, malgré sa myo-
pie, avait pris le rôle de Zopire, pour avoir « le plaisir
de dire des injures à Mahomet (3) ». Chateaubriand,

(1) DE BARANTE, *Souvenirs*.
(2) Archives nationales, F⁷ 6331, 20 avril 1806, cité par WELSCHINGER.
(3) *Journal intime*.

qui voyageait avec sa femme, vint de Lyon à Genève et
alla rendre ses hommages à Mme de Staël. Il la trouva
« seule au fond de son château, qui renfermait une cour
attristée ». Il la blessa en lui parlant de sa fortune et de
sa solitude « comme un moyen précieux d'indépendance
et de bonheur ». Il eût été ravi de ce qui faisait le malheur de Mme de Staël. Il se débattait alors au milieu de
difficultés financières, de l'insuffisance de ses ressources,
et il lui semblait qu'on ne pouvait être malheureux dans
un beau château, au bord d'un beau lac. Il prêcha à l'exilée l'amour de la retraite, « de la vie réglée et paisible, »
ce qui était tout justement en horreur à Mme de Staël.
« Il faut se retirer en soi et y vivre, lui écrit-il de Lyon,
le 20 septembre 1805. Heureux qui a, comme l'abeille,
une ruche et un peu de miel pour passer l'hiver! Moi, je
suis un pauvre moucheron, qui n'ai pas même un petit
trou dans un arbre pour m'y retirer (1). »

René était plus sensible à ses propres souffrances qu'à
celles d'autrui. Il ne vit guère dans le malheur de Mme de
Staël qu'une occasion de s'apitoyer sur sa propre infortune.
« Qu'était-ce à mes yeux que cette infélicité de vivre
dans ses terres avec les conforts de la vie? Qu'était-ce
que le malheur d'avoir de la gloire, des loisirs, de la paix,
dans une riche retraite à la vue des Alpes, en comparaison de ces milliers de victimes sans pain, sans nom, sans
secours, bannies dans tous les coins de l'Europe, tandis
que leurs parents avaient péri sur l'échafaud? Il est fâcheux d'être atteint d'un mal dont la foule n'a pas l'intelligence (2). »

(1) Archives de Broglie.
(2) *Mémoires d'outre-tombe*, t. II, p. 480 éd. Biré. — Chateaubriand
s'est accusé plus tard d'avoir méconnu cette souffrance. « Ne dispu-
tons à personne ses souffrances, dit-il; il en est des douleurs comme
des patries; chacun a la sienne. »

« Vous devez être contente, il ne vous manque rien, » disait-on à Mme de Staël. « Stupide jugement, répondait Corinne, porté sur l'extérieur de la vie, quand tout le foyer du bonheur et de la souffrance est dans le sanctuaire le plus intime et le plus secret de nous-mêmes. »

Coppet et Genève ne peuvent remplir le vide de son cœur. Elle veut partir : advienne que pourra. Genève n'offre pas de ressources suffisantes pour l'éducation de ses enfants; puis elle veut essayer de « recouvrer quelque chose » de ses deux millions (1); enfin, elle va bientôt publier *Corinne* : il faut préparer les esprits. Elle part; toutes ses troupes fidèles sont sous les armes : Benjamin Constant, Joseph Bonaparte, Mathieu de Montmorency, Murat, Junot, Mme Récamier, vont accabler les gens en place et l'Empereur lui-même de sollicitations pour qu'on la laisse en paix; elle va rôder autour de Paris, avec l'espoir inlassable de reconquérir ce paradis qu'elle a perdu.

Elle part le 19 avril 1806, avec Schlegel et ses deux enfants (2). Elle ne doit pas approcher de Paris plus près que quarante lieues; l'ordre est formel. Elle se rend d'abord à Auxerre (3), pour s'installer au château de Vincelles, qui appartient au banquier suisse Bidermann. Elle sera ainsi à quarante-trois lieues de Paris, en posture d'attendre les événements. Hélas! au bout de quelques jours, elle s'ennuie dans cette campagne (4); Schlegel aussi. « Benjamin Constant se tire mieux d'affaire avec les bêtes... Il n'y a pas un chat à voir, pas

(1) A Monti, Coppet, 11 avril.
(2) Archives nationales, F⁷ 6331. Le préfet du Léman au conseiller d'État chargé de la police générale dans le 3ᵉ arrondissement de l'Empire. (WELSCHINGER, ouvrage déjà cité.)
(3) *Ibid.* Lettre du préfet de l'Yonne, du 28 avril.
(4) Note de police du 17 mai 1806, citée par WELSCHINGER.

une ressource pour un maitre; c'est une véritable
Scythie (1). » Sa fièvre d'agitation la reprend : elle fait
chercher une maison à Auxerre. Mais Auxerre n'est pas
plus gai que Vincelles. Elle écrit d'Auxerre à Mme Récamier : « Il n'y a pas une ressource pour l'éducation
des enfants, pas un musicien, *rien au monde que la rivière
et la plaine;* et mon imagination est trop mélancolique
pour y résister. Tirez-moi de là, si vous pouvez. Murat
n'est-il plus à Paris? Ne pourriez-vous pas l'intéresser
pour moi? » Le ban et l'arrière-ban des fidèles accourent
à ses cris : voici Mathieu de Montmorency, l'ami des mauvais jours, l'« ineffable », et son frère Adrien, Lemercier,
Lemontey, Camille Jordan, Mme Récamier...

Cependant à Vincelles se déroulait une tragédie intime.
Mme de Staël était horriblement jalouse. Elle surveillait
de près Constant, qui voulait rompre sa chaîne. L'infortuné Benjamin avait commis le crime impardonnable de
ne pas accourir assez vite; il était passé par Dôle pour
voir son père malade, et il y était resté quelques jours.
Aussitôt, il reçoit des lettres « flamboyantes » de son
amie : ordre de venir, et tout de suite! Il arrive, et écrit
dans son *Journal intime :* « Le feu est à toutes les poudres,
les nouvelles de Paris sont mauvaises, le maître est inexorable. Aussi, j'en subis les conséquences. Le soir, *scène
épouvantable, horrible, insensée; expressions atroces.* Elle est
folle, ou je suis fou! Comment cela finira-t-il? » L'Empereur s'amuse beaucoup de cette tragi-comédie; il adore
les commérages, et lit les lettres de Mme de Staël à
Constant (2). D'ailleurs, le cabinet noir décachette toutes

(1) 8 mai 1806. Lettre de Mme de Staël à Gérando.
(2) Le *Mémorial* parle des lettres qu'elle écrivait *à son mari,* et où elle
disait qu'elle allait se poignarder s'il n'arrivait pas au plus vite. Il est
bien évident qu'il ne s'agissait pas de M. de Staël, mais probablement de
Benjamin Constant.

les lettres de Mme de Staël et de ses amis; Mathieu se contente de souhaiter avec mélancolie qu'il soit « plus preste dans ses fonctions (1) ».

Benjamin Constant, pour obtenir le pardon de son amie, court à Paris, multiplie les démarches. « Il voit Fouché, Joseph Bonaparte, Lacretelle, en un mot tous ceux qui peuvent approcher du maître (2). » On est impitoyable. Mme de Staël demande un sauf-conduit pour venir à Paris. Elle écrit à Gérando d'intercéder pour elle auprès de M. de Champagny, ministre de l'Intérieur, auprès de Talleyrand. « Il lui siérait de me faire rappeler (19 juin). » Elle attend la fête du 15 août; après ce jour, dit-elle, ses amis n'entendront plus parler d'elle. Le quinze se passe : point de rappel, point de sauf-conduit : le silence.

Elle est énervée au dernier point. Elle prend de l'opium (3), et « l'opium lui abîme les nerfs ». Alors, pour dompter cette nervosité, elle court les grands chemins en chaise de poste. Elle va à Blois, passe quelque jours au château de Chaumont, puis revient. N'y pouvant plus tenir, « misérable d'âme et de santé (4), » elle veut se se rendre aux eaux de Spa; elle demande un passeport au préfet de l'Yonne. Aussitôt, sur l'ordre du ministre, le préfet de l'Ourthe reçoit l'ordre d'organiser une surveillance discrète, comme il sied « au sexe et au mérite de cette dame (5) ». Elle renonce au voyage. Elle demeure indécise, torturée.

Le 14 septembre, elle quitte Auxerre pour se rendre à

---

(1) Lettres de Mathieu de Montmorency à Mme Récamier. (*Madame Récamier, les amis de sa jeunesse.*)

(2) *Journal intime.*

(3) Mme de Staël à Frédérique Brun, 15 juillet 1806.

(4) A Camille Jordan, 20 juin 1806. (Sainte-Beuve, *Nouveaux Lundis*, t. XII.)

(5) Archives nationales, F⁷ 6331, (Welschinger, ouvrage cité.)

Rouen. Voilà six mois qu'elle est en France, six mois qu'elle remue ciel et terre pour obtenir sa grâce : elle n'a rien obtenu. Mais ce serait mal la connaître, de croire qu'elle renonce à la lutte, qu'elle abandonne le siège : elle se déplace simplement, et passe du midi au nord avec ses troupes : Benjamin Constant, Elzéar de Sabran, Guillaume et Frédéric Schlegel. Son arrivée fait sensation dans la paisible cité normande (1). D'ailleurs, elle demeure tranquille, et le préfet Savoye-Rollin (2) assure que sa conduite ne donne lieu à aucune observation défavorable. Elle en est récompensée. Le 23 janvier 1807, elle est autorisée à résider à douze lieues de Paris, au château d'Acosta, près Aubergenville, qui appartient à un de ses amis, M. de Castellane. Fouché s'est laissé fléchir (3). Il ne peut d'ailleurs mieux faire ; le maître est instruit par sa police particulière, et il donne à son ministre les ordres les plus formels.

Car ce serait une erreur de croire que Mme de Staël est victime de simples tracasseries policières. La persécution vient de plus haut. Fouché serait assez disposé à l'indulgence ; il ne craint pas Mme de Staël, car elle lui rend service. Il décachette ses lettres et celles de ses amis, il sait tout ce qu'on dit, tout ce qu'on fait dans le cénacle. Dans son salon, il installe ses espions : c'est une agence de renseignements qui coûte peu et fonctionne à merveille. Mais Napoléon surveille Fouché ; il sait à quoi s'en

---

(1) D'après une lettre d'elle à Bonstetten. (BLENNERHASSETT, t. II, p. 227.)

(2) Et non *Savoye-Nolley*, comme on lit dans WELSCHINGER. Il fut destitué quelques années plus tard, en partie à cause de la sympathie qu'il avait témoignée à Mme de Staël.

(3) « Fouché était ministre de la Police. Il avait pour système... de faire le moins de mal possible, la nécessité du but admise... Il lui permit donc de venir s'établir à douze lieues de Paris, dans une terre appartenant à M. de Castellane. Ce fut là qu'elle termina *Corinne* et qu'elle en surveilla l'impression. » (Avertissement de la seconde partie de *Dix années d'exil*, par Aug. DE STAËL.)

tenir sur la fidélité de son ministre de la Police, et que
Fouché a un pied dans tous les camps, toujours prêt à
trahir. Il se méfie de ses complaisances à l'égard de
Mme de Staël.

Le 31 décembre, il lui a donné l'ordre formel de ne pas
la laisser approcher. « Ne laissez pas approcher de Paris
cette coquine de Mme de Staël, écrit-il de Pultusk, le 31 décembre 1806 ; je sais qu'elle n'en est pas éloignée (1). »
Fouché discute ; le 15 mars 1807, l'Empereur réitère son
ordre, avec plus de sévérité :

« Je reçois votre lettre du 2 mars. Vous devez veiller à
l'exécution de mes ordres, et ne pas souffrir que Mme de
Staël approche à *quarante lieues de Paris*. Cette méchante
intrigante devrait enfin prendre le parti le plus sage (2). »
Pour plus de sûreté, il recommande à l'archichancelier
Cambacérès de faire exécuter cet ordre (3).

Mme de Staël, qui ne se doute de rien, a acheté la
terre de Cernay, près Franconville, à dix lieues de Paris,
et annoncé l'intention d'y installer son quartier général.
Elle veut faire le « dernier pas (4) », elle croit toucher au
succès. Le 7 mars, elle va se rendre à Cernay ; mais le
préfet de Seine-et-Oise l'en empêche ; elle retourne à Aubergenville (5). Réal, chargé du premier arrondissement
de la police de l'Empire, invite le préfet à signifier à
Mme de Staël qu'elle n'est autorisée à résider à Aubergenville que jusqu'au 1er avril. Passé ce délai, elle devra se
retirer à quarante lieues ; sinon, elle sera expulsée de

----

(1) Napoléon à Fouché. (*Lettres inédites*, publiées par LECESTRE.)
(2) Osterode (et non *Ostende*, comme l'écrit LECESTRE), 15 mars 1807.
(3) 26 mars 1807, cité par THIERS, *Consulat et Empire*, t. VII, p. 429.
(4) Benjamin Constant à Rosalie de Constant, 29 mars 1807. (MÊNOS.
Lettres de Constant à sa famille.) « Je ne suis point sûr que le dernier pas
se fasse avec autant de facilité. »
(5) Voir les pièces citées par WELSCHINGER, extraites de F⁷ 6331, Archives
nationales.

France. Mme de Staël s'insurge, suivant son habitude ; elle proteste qu'elle ne partira point avant le 25 avril, parce que sa fille est malade, et qu'elle n'a point d'argent pour se mettre en voyage.

Si la police la harcèle, c'est que le maître lui-même excite son zèle. Tous les jours, du fond de la Prusse, malgré sa situation critique, les préoccupations d'une campagne nouvelle, il trouve le temps de penser à Mme de Staël. Le 18 avril, il écrit à Fouché, de Finkenstein :

« Je vois avec plaisir que je n'entends plus parler de Mme de Staël. Quand je m'en occupe, *c'est que j'ai des faits devant moi.* Cette femme est un vrai corbeau ; elle croyait la tempête déjà arrivée, et se repaissait d'intrigues et de folies. Qu'elle s'en aille dans son Léman. Ces Genevois ne nous ont-ils donc pas fait assez de mal (1) ? »

Le lendemain 19 avril, diatribe furieuse contre Mme de Staël, à cause d'une lettre d'elle tombée entre les mains de l'Empereur.

« Parmi les mille et une choses qui me tombent dans les mains de Mme de Staël, vous verrez par cette lettre quelle bonne Française nous avons là. Si c'était le prince Louis, notre ennemi forcené et auteur de la perte de sa monarchie, elle eût tout fait pour le voir. Mon intention est qu'elle ne sorte jamais de Genève. Qu'elle aille, si elle veut, avec les amis du prince Louis. Aujourd'hui courtisant les grands, le lendemain patriote, démocrate, on ne saurait en vérité contenir son indignation en voyant toutes les formes que prend cette..., et vilaine par-dessus. Je ne vous dis pas les projets déjà faits par cette ridicule

(1) *Correspondance de Napoléon Ier.*

coterie, en cas qu'on eût le bonheur que je fusse tué, un ministre de la Police devant savoir cela. Tout ce qui me revient de cette misérable femme mérite que je la laisse dans son Coppet, avec ses Genevois et sa maison Necker (1). »

Le 20 avril, nouvelle lettre, à Regnault de Saint-Jean d'Angély ; celui-ci a pris peur et s'est excusé des relations qu'il avait avec Mme de Staël. « Du reste, j'écris au ministre de la Police d'en finir avec cette folle de Mme de Staël, et de ne pas souffrir qu'elle sorte de Genève, à moins qu'elle ne veuille aller à l'étranger faire des libelles. Tous les jours, *j'acquiers de nouvelles preuves* qu'on ne peut être plus mauvaise que cette femme, ennemie du gouvernement et même de cette France dont elle ne peut se passer (2). »

En vain Fouché intercède pour elle. Il s'attire, le 3 mai cette réponse : « ... J'espère... que vous n'aurez plus la faiblesse de remettre sans cesse en scène Mme de Staël. Puisque j'entends qu'elle ne doive plus sortir du Léman, *c'est une affaire finie.* Je la laisse d'ailleurs maîtresse d'aller à l'étranger, et elle est fort maîtresse d'y faire autant de libelles qu'il lui plaira (3). »

Fouché essaie de tromper l'Empereur, en lui assurant que Mme de Staël est partie de Paris. Réponse de Napoléon, le 7 mai :

« Je vois dans votre bulletin du 27 avril que Mme de Staël était partie le 21 pour Genève. Je suis fâché que vous soyez si mal informé. Mme de Staël était les 24, 25, 26, 27 et 28 et est probablement encore à Paris. Elle a fait beaucoup de dîners avec des gens de lettres.

---

(1) *Lettres inédites de Napoléon* (LECESTRE.)
(2) *Correspondance de Napoléon Ier.*
(3) *Ibid.,* Napoléon à Fouché de Finkenstein, 3 mai 1807.

Si l'on n'avait pas rempli d'illusions la tête de Mme de
Staël, tout ce tripotage n'aurait pas eu lieu, et elle se
serait tranquillisée. En ne lui ôtant pas l'espoir de revenir
jamais à Paris et recommencer son clabaudage, c'est
accroître les malheurs de cette femme et l'exposer à des
scènes désagréables; *car je la ferai mettre à l'ordre de la
gendarmerie.* »

C'est un blâme bien net à l'adresse de Fouché. D'ailleurs l'Empereur est exactement informé. Mme de Staël
est venue à Paris; elle y a vu ses amis; elle s'est pro-
menée, au clair de la lune, dans la ville endormie, par ces
belles nuits de printemps si douces, suivie par les policiers, dans l'ombre.

Le 11 mai, l'Empereur écrit à Fouché; il s'agit toujours
de Mme de Staël :

« Cette folle de Mme de Staël m'a écrit une lettre de
six pages, qui est un baragouin où j'ai trouvé beaucoup
de prétentions et peu de bon sens. Elle me dit qu'elle a
acheté une terre dans la vallée de Montmorency. Elle
part de là pour en conclure qu'elle peut demeurer à Paris.
Je vous répète que c'est tourmenter injustement cette
femme que de lui laisser cet espoir. *Si je vous donnais le
détail de tout ce qu'elle a fait à sa campagne, depuis deux mois
qu'elle y demeurait, vous en seriez étonné; car, quoique à
500 lieues de la France, je sais mieux ce qui s'y passe que le
ministre de la Police.* »

Fouché veut épiloguer. Le 26 mai, l'Empereur lui écrit :
« Je reçois votre lettre du 17 mai. Soyez bien certain que
la personne qui a dîné à Paris avec Mme de Staël chez des
hommes de lettres y a certainement dîné... » Toujours
Mme de Staël : et voilà un mois pourtant qu'elle a quitté
Paris.

Ainsi, dans l'espace de cinq mois, dix lettres de Napo-

léon, une en décembre, — le 31, — deux en mars, trois en
avril, quatre en mai, toutes concernant Mme de Staël. A
cinq cents lieues de sa capitale, aux prises avec d'in-
croyables difficultés, occupé à ravitailler ses troupes qui
manquent de tout, n'ayant triomphé des Russes à Eylau
qu'au prix des plus sanglants efforts, à la veille de livrer
une seconde bataille qui doit décider du sort de la campagne, Napoléon trouve encore le temps de s'occuper
d'une femme de lettres, de stimuler le zèle de sa police.
Car il ressort bien nettement de toutes ces lettres que si
l'Empereur redoute Mme de Staël, il se méfie de Fouché.
Quel est le motif de cette crainte, de cette méfiance?

Il n'en faut pas douter, la situation, après Eylau, est des
plus critiques. On répand des bruits sinistres : que la
garde impériale a été détruite (1), que cinq cent mille
Russes s'avancent pour écraser l'armée française. Les
fonds publics sont en baisse; l'industrie souffre. Napoléon
ordonne à ses sœurs, à Lebrun, à Cambacérès, de donner
des fêtes. La conscription soulève des clameurs : Fouché
ne se montre pas rassuré, transmet à l'Empereur des rapports alarmants. Napoléon affecte la confiance. « J'aurais
une bien pitoyable idée des Français, lui écrit-il, si je
croyais à votre lettre... Jamais la position de la France n'a
été plus grande, ni plus belle. Qu'est-ce que deux mille
hommes tués pour une grande bataille (2)? » Il feint de se
moquer des « têtes à tableau » et des « bavards de café »,
mais il est sérieusement inquiet. Les jeunes auditeurs au
Conseil d'État qui sont au quartier général alarment Paris
en écrivant des « bêtises ». Il faut les faire partir. Il faut surveiller Augereau, dont le corps a été presque entièrement
détruit à Eylau, que l'Empereur a renvoyé en France et

(1) 74ᵉ bulletin de la Grande Armée.
(2) *Correspondance de Napoléon.*

qui exhale sa mauvaise humeur, car on s'agite dans son entourage, on « désire des défaites (1) ».

Les philosophes, les « idéologues » entrent en scène. Toutes les fois que l'Empereur est absent de Paris, on signale une recrudescence de l'esprit de la Révolution (2). A la tête de ce parti est Mme de Staël. Si l'Empereur s'occupe d'elle, c'est, comme il l'écrit, qu'il a « des faits devant lui ». Il est merveilleusement renseigné par sa police particulière, qui surveille et contrôle celle de Fouché. Mme de Staël s'agite, cause, écrit, voit ses anciens amis du Tribunat, de l'Institut. On croit le moment venu : on attend « une grande nouvelle (3) ». Cette grande nouvelle, c'est la perte d'une bataille, c'est le coup de canon qui tuera l'Empereur, le boulet providentiel qui délivrera de « l'homme ». Il y a à Paris toute une conspiration qui s'organise dans l'ombre, comme à la veille de Marengo, et Fouché ménage les conspirateurs.

C'est que ce gouvernement, qui, de loin, apparaît si fort, étonne par sa faiblesse. Il est toujours à la merci d'un revers. Il lui faut le succès à tout prix pour se maintenir. Les modérés, le parti de Mme de Staël et de l'Institut, le détestent ; ceux des jacobins qui ne se sont pas ralliés ne lui pardonnent pas d'avoir étranglé la République ; les autres, bien rentés, pourvus de riches sénatoreries, chamarrés de rubans et de croix, n'aspirent qu'à le trahir ; les royalistes servent dans ses antichambres, faute de roi, par habitude ; les grands chefs militaires le jalousent ; le peuple souffre de la conscription et réclame la paix. Que

(1) *Correspondance de Napoléon.* A Fouché, 3 mai 1807.
(2) Fiévée (ouv. cit., août 1807).
(3) « Nous avons été longtemps dans l'attente d'*une grande nouvelle.* Il paraît certain actuellement qu'il n'y en aura point, » écrit Constant avec regret à sa tante, Mme de Nassau, le 18 janvier 1807.

lui reste-t-il donc? L'armée, le soldat, l'humble chair à
canon, qu'il traîne de champ de bataille en champ de
bataille. et qui, meurtrie, sanglante, l'adore. Mais cet
homme, d'intelligence si haute, ce grand conquérant sent
bien que les canons, les fusils, les baïonnettes ne mènent
pas le monde; il sait toute la puissance de la pensée, de
l'opinion : il s'en inquiète, il la redoute.

C'est pourquoi, à l'heure même où il est aux prises
avec l'Europe, où il joue la partie suprême, il a l'œil sur
Paris. Il ne veut pas que ses adversaires « fassent peloton (1) », et l'assaillent par derrière. Il les divise, il les
frappe de coups répétés. Il faut faire des exemples,
« chasser de Paris (2) » tous ceux qui intriguent, les
« mettre en surveillance dans leurs terres »; il faut que
les malveillants de toute espèce s'aperçoivent qu'on a
« l'œil sur eux ». Le général Malet, après Eylau, s'est
ménagé « des communications (3) » avec de hauts personnages civils et militaires; on dit qu'il a en réserve un
gouvernement tout prêt, il n'attend que l'occasion favorable; des sénateurs sont compromis dans l'affaire. L'Empereur s'indigne: il parle d'*éliminer*, d'*épurer le Sénat*. C'est
qu'il sait que son pouvoir ne tient qu'à un fil : en 1812,
il s'en faudra de bien peu que Malet ne réussisse. En
attendant, on l'arrête, on l'emprisonne, avec ordre de
ne pas ébruiter l'affaire. Comment s'étonner que. dans
ce Paris toujours en effervescence, Napoléon ne veuille
pas d'un agent d'intrigues aussi dangereux que Mme de
Staël?

Deux ans auparavant. le soir de la bataille d'Austerlitz,
Napoléon se faisait lire par Talleyrand les rapports de

(1) L'expression est de Taine.
(2) Napoléon à Fouché, 19 avril 1807. (*Correspondance de Napoléon.*)
(3) DESMAREST, *Quinze ans de haute police*, chap. XVII.

police. Il apprend que le noble Faubourg intrigue. « Ah! ils se croient plus forts que moi, messieurs du faubourg Saint-Germain! Nous verrons! Nous verrons! » Et « ce nous verrons, ajoute son interlocuteur, venait quand? Après quelques heures d'une victoire décisive remportée sur les Russes et sur les Autrichiens »!

Toujours l'opinion le préoccupe, à plus forte raison après Eylau qu'après Austerlitz, et plus que le faubourg Saint-Germain, Mme de Staël.

CHAPITRE XIII

Dans les derniers jours d'avril 1807 (1) avait paru
Corinne. Mme de Staël ne s'éloignait de Paris que lente-
ment, contrainte par la police impériale, prêtant l'oreille
aux lointaines rumeurs de gloire, espérant vaguement
que le succès du livre, que l'opinion publique, forceraient
l'Empereur à s'incliner, à signer un ordre de rappel.
« Vous avez *Corinne* à présent, écrivait-elle à Mme Récamier. Dites-moi ce que vous en pensez, dites-moi ce que
vous en entendez dire littérairement, et si du côté du
gouvernement il ne vous revient rien de mauvais; car
c'est de là que j'attends l'adoucissement de ma triste
situation; il me semble qu'une occupation si innocente
doit désarmer, si quelque chose désarme (2). »

Mme de Staël se trompait : on ne « désarmait » pas,
on était même fort mécontent de *Corinne*. Mme de Staël
affirmait qu'elle avait écrit un simple roman, sans faire
de politique : « Bah! disait Napoléon; de la politique!
N'en fait-on pas en parlant de morale, de littérature, de
tout au monde (3)! » Napoléon avait raison. Il n'existe

(1) *Mercure de France*, samedi 2 mai. « On a mis en vente *cette semaine*
un nouveau roman de Mme de Staël; il est intitulé *Corinne ou l'Italie.* »
Ce fut le libraire Nicolle qui édita le livre.
(2) De Lyon, 5 mai. Mme de Staël à Mme Récamier. (*Coppet et Weimar.*)
(3) Napoléon à Auguste de Staël, qui, en 1808, lui demandait le rappel
de sa mère.

pas de cloisons étanches qui séparent la politique de la
morale et de la littérature; il y a toujours infiltration,
pénétration réciproque. Que Mme de Staël le voulût ou
non, *Corinne* touchait par plus d'un côté à la politique, et
il est difficile d'admettre qu'en l'écrivant l'auteur n'ait
pas eu conscience de la portée de son œuvre.

Quels étaient les griefs du pouvoir contre *Corinne?*

En premier lieu, Mme de Staël n'avait rien voulu ajouter
à son livre pour faire sa cour (1), et cela malgré les instances du ministre de la Police, qui l'avait informée que,
« si elle voulait insérer dans *Corinne* un éloge, une
flatterie, tous les obstacles seraient aplanis et tous ses
désirs seraient satisfaits. » Mais elle ne veut pas flatter,
d'abord par un sentiment de dignité bien naturel; car elle
ne cesse de réclamer ses deux millions; et « si je louais,
dit-elle, j'aurais l'air de mendier ce qui m'est dû (2) »;
— ensuite parce qu'elle a un rôle à soutenir; elle aime
Paris, mais elle aime mieux encore sa gloire : que dirait
la postérité, si Mme de Staël s'abaissait devant l'empereur Napoléon? Donc, il n'y a pas une ligne qui célèbre
le génie ou les victoires de son ennemi, et ce silence, on ne
le lui pardonne pas. S'imagine-t-on un écrivain du siècle
de Louis XIV qui ne parlerait pas de la gloire de Louis?
Mais non seulement Mme de Staël ne veut pas louer
Napoléon, mais elle veut qu'il lui sache gré de son
silence. Elle écrit à Gérando en quittant Paris, du relais
de poste de Charenton : « Je vous demande d'engager
votre ministre (M. de Champagny, dont Gérando est le
secrétaire) à bien écrire de *Corinne* à l'Empereur, quand
il l'aura reçue. Ce que j'appelle bien écrire, ce n'est pas

---

(1) Sismondi à Mme d'Albany, 25 juin 1807. (*Lettres inédites*, publiées
par Saint-René Taillandier.)
(2) A Monti, 13 février 1807.

louer le talent, mais bien la modération; il y en a, je
crois, à ne pas mettre une ligne de préface dans un tel
moment (1). » Il y avait de la naïveté à croire que cette
hautaine modération lui vaudrait quelque reconnaissance.

Mais le grief officiel, si l'on peut dire, formulé contre
Corinne, ce fut le caractère antifrançais du livre. « Je ne
puis pardonner à Mme de Staël, disait Napoléon, d'avoir
ravalé les Français dans son roman (2). » C'est exactement ce que le duc de Rovigo écrira plus tard de *l'Allemagne*. « Ce livre n'est pas français. » Puisque Mme de
Staël se réclame de la France, on lui prouve qu'elle n'est
pas Française et qu'elle n'aime pas les Français. « Étrangère, Genevoise... Quelle bonne Française nous avons
là ! » Ce sont des expressions qui reviennent sans cesse
sous la plume de Napoléon dans ses lettres à Fouché. Il
faut avouer qu'il a beau jeu avec Mme de Staël. Elle parle
un peu trop de la frivolité des Français, de leur manque
de sérieux : dans *la Littérature*, dans *Corinne*, dans *l'Allemagne*, dans les *Considérations*. C'est son thème favori. On
a dit spirituellement : « Elle y revient comme à une rancune (3). » Rancune personnelle, et rancune de famille :
elle n'a pas pardonné aux Français d'avoir méconnu
M. Necker.

Dans *Corinne*, c'est le comte d'Erfeuil qui est chargé
d'incarner la légèreté des Français (4). Cet émigré accompagne l'Anglais Oswald, le héros du roman, en Italie. Il
a une « sérénité parfaite », malgré la perte de sa fortune;
il est aimable, léger, indiscret, spirituel, frivole; il est
persuadé de la supériorité de la France, de Paris, de la

(1) *Lettres inédites, etc.*, publiées par le baron DE GÉRANDO.
(2) *Mémorial de Sainte-Hélène.*
(3) M. FAGUET.
(4) *Corinne*, liv. Iᵉʳ, chap. III.

langue française, des mœurs françaises, des goûts français. Il ne sait pas un mot d'allemand car, « c'est une
langue trop longue à apprendre »; il n'apprend pas l'italien,
car « cela n'entre pas dans le plan de ses études ». Sa
conversation ne vient « ni du dehors, ni du dedans; elle
passe entre la réflexion et l'imagination »; il ne sait que
le « commérage de la bonne compagnie ». Il ne prête
aucune attention à l'Italie; il compare le dôme de Saint-
Pierre aux Invalides, et s'étonne beaucoup qu'on admire
les ruines couvertes de ronces. En littérature, il tient
pour le siècle de Louis XIV; il se fait le défenseur du
bon goût contre la « barbarie tudesque »; il juge les
Grecs « inconséquents » et Shakspeare « monstrueux ».
Dans la conversation, il a des idées arrêtées sur toutes
choses, le respect de l'opinion et des convenances. « Ce
que la société n'approuve pas, il ne faut jamais le faire. »
Homme d'honneur, certes, et capable de délicatesse,
muni d'un petit code de maximes littéraires, politiques et
morales qui lui sert en toutes circonstances, M. d'Erfeuil
traverse le monde « commodément, agréablement, élé-
gamment (1) ».

Non seulement Mme de Staël ridiculisait les Français,
mais, crime impardonnable aux yeux de Napoléon, elle
était anglophile. Au frivole d'Erfeuil elle oppose le sérieux
Oswald. Oswald, « lord Nelvil, pair d'Écosse, » a une
« figure noble et belle, beaucoup d'esprit, un grand nom »;

(1) Benjamin Constant : extraits de *Corinne* dans *le Publiciste* (article
signé D. D.). — Mme de Staël avait dû connaître plus d'un d'Erfeuil pendant l'émigration. Ce personnage nous rappelle par sa légèreté cet ami
que M. de Norvins rencontra un jour en Suisse, sur la route de Lausanne.
Il revenait de l'armée de Condé, affublé d'un costume de hussard de la
mort, coiffé d'un shako gigantesque orné de deux tibias en sautoir. Après
d'agréables plaisanteries sur l'infidélité de sa femme, qui, disait-il, avait
sanctifié le divorce en épousant un grand vicaire, il déclara à Norvins
qu'il en avait assez de l'exil, mais non pas du mariage, et qu'au risque
de se faire couper la tête, il rentrait en Normandie pour prendre femme.

il est complaisant et dévoué pour ses amis, sensible et
passionné; son extérieur a beaucoup de « douceur et
d'harmonie »; il est fort et adroit et dirige un vaisseau
comme le meilleur pilote. S'il s'avance dans Hyde-Park à
la tête du régiment qu'il commande, il a « dans son uniforme la plus belle et la plus imposante figure »; il manie
son cheval « avec grâce et dextérité ». Les soldats jettent
sur leur chef des regards pleins de confiance et de dévouement, pendant que la musique militaire joue des airs
« fiers et doux », qui conseillent le sacrifice de la vie. Les
spectateurs de cette scène — Anglais naturellement —
portent eux-mêmes sur leur visage l'empreinte de toutes
les vertus, les hommes de « vertus mâles », et les femmes
de « vertus timides. » Corinne ne peut résister au *God save
the king*, et s'écrie : « Oh! respectable pays, qui deviez être
ma patrie, pourquoi vous ai-je quitté! Qu'importait plus
ou moins de gloire personnelle au milieu de tant de vertus,
et quelle gloire valait celle, ô Nelvil, d'être ta digne
épouse! »

Partout l'éloge des Anglais s'étale dans ce livre. Les
Anglais sont les « hommes du monde qui ont le plus
de discrétion, de ménagement dans tout ce qui tient aux
affections véritables ». Ils sont braves, chevaleresques,
généreux, sincères. Ils ont des femmes chastes et des
enfants « beaux comme le jour ». Ils aiment leur patrie;
toujours « leurs vœux, leurs sentiments sont tournés vers
elle ». Ils aiment aussi la mer, qui leur est une « seconde
patrie ». Rien n'égale l'ardent enthousiasme avec lequel
Mme de Staël raconte la visite que Corinne et lord Nelvil
font à un vaisseau anglais ancré dans le port de Naples.
Les matelots qui conduisent la chaloupe où s'embarque
Corinne, leur « bonnet de velours noir et le léopard en
argent brodé sur ce bonnet », la discipline de l'équipage,

la subordination, le sérieux, la régularité, qui règnent à
bord, « image d'un ordre social libre et sévère; » le service divin qu'on célèbre sur le vaisseau, plus imposant
à cause de « la noble simplicité du culte des réformés »,
— Corinne admire tout, jusqu'au « sabre du capitaine,
qu'on voyait traîner à côté de lui pendant qu'il était à
genoux »; et quand le chapelain termine par cette pièce :
« Que Dieu nous fasse la grâce de défendre au dehors
notre heureuse constitution ... » son enthousiasme déborde,
elle a peine à retenir ses larmes.

Franchement, cela fait sourire. Mais trois mois après
Eylau, un mois après Friedland, en pleine lutte de l'empereur Napoléon contre la puissance et les intrigues de
l'Angleterre, cet enthousiasme avait une signification
politique. C'est en vain que Mme de Staël voudrait le
nier. Elle disait à Napoléon : « Le peuple que vous com-
battez est le plus brave, le plus généreux, le plus ver-
tueux de la terre. Il est le civilisé, vous êtes le barbare;
il défend sa patrie, l'humanité; vous ne défendez que
votre exécrable orgueil et votre ambition. »

Antifrançaise, anglophile, telle est *Corinne*. Et Corinne,
c'est Mme de Staël tout entière. Voilà pourquoi Napoléon ne peut pas souffrir ce livre. A Sainte-Hélène, il avoue
ne l'avoir lu jadis « qu'avec le pouce »; il essaie de le
relire; mais il ne peut achever sa lecture, il jette le livre.
Mme de Staël s'est si bien peinte dans son héroïne, qu'elle
la lui fait prendre en grippe. « Je la vois, je l'entends, je
la sens, je veux la fuir, et je jette le livre (1). » Au
physique, la ressemblance est frappante; Corinne, c'est
Mme de Staël idéalisée, avec « ses bras d'une éclatante
beauté, sa taille grande, mais un peu forte, *à la manière*

(1) *Mémorial de Sainte-Hélène.*

des statues grecques », son regard « inspiré ». Au moral,
Corinne a de la sensibilité, de la gaieté, de la profondeur,
de la grâce, de l'abandon et même de la modestie! Ce
dernier trait est bien un peu risqué pour Mme de Staël.
Mais comment ne pas la reconnaître à cette conversation,
qui offre un heureux mélange d'imagination, de simplicité, de justesse, d'exaltation, de force et de douceur; à
cet amour de la gloire qui tourmente l'âme de Corinne.
« En cherchant la gloire, dit-elle à Oswald, j'ai toujours
espéré qu'elle me ferait aimer! » Voilà bien le rêve de
Mme de Staël, la chimère qui a dévoré sa vie. Ajoutez les
autres traits, « cette grande puissance d'aimer, » cette
« disposition à l'ennui », ce « besoin de distraction que
la passion la plus profonde ne fait pas disparaître entièrement » : vous ne pouvez douter que ce ne soit le portrait idéalisé de Mme de Staël.

Cela ennuie Napoléon, parce qu'il n'aime pas Mme de
Staël, et parce qu'il n'aime pas aussi qu'elle prenne l'univers pour confident de ses pensées et de ses douleurs.
Corinne, on l'a dit, c'est la confidence d'une âme supérieure (1), mais d'une âme qui souffre de la souffrance la
plus intime. Mme de Staël a quarante et un ans; elle est
à cette époque de la vie redoutée des femmes, « où elles se
défient avec tant de douleur de leurs moyens de plaire. »
Elle n'a plus pour la consoler, pour la soutenir, la tendresse d'un père, qu'elle a aimé avec exaltation, qu'elle
n'a cessé de pleurer. Déjà elle voit disparaître à l'horizon
de la route la jeunesse et l'amour : la jeunesse que rien
ne remplace, pas même la gloire; l'amour qui a été le
tyran de son existence, qui a ravagé sa vie. Les Nar
bonne, les Talleyrand ont passé; et maintenant c'est

---

(1) Villemain, *Études sur le dix-huitième siècle.*

Benjamin qui est lassé, excédé de l'*homme-femme*, — il appelle ainsi Mme de Staël, — qui secoue sa chaîne, n'a plus d'amour et n'est plus retenu que par les liens fragiles de la sympathie d'esprit, de la pitié, de la reconnaissance. Elle le sent bien, et au lieu de se résigner, elle tombe en convulsions, elle écrit des lettres horribles, elle fait des scènes effrayantes. « Ah! la puissance d'aimer est trop grande, elle l'est trop dans les âmes ardentes! Quelles sont heureuses celles qui consacrent à Dieu seul ce profond sentiment d'amour dont les habitants de la terre ne sont pas dignes! » Quel cri de souffrance, quel aveu d'une plaie secrète, cachée au plus profond de son âme, tarissant peu à peu les sources de la vie! *Corinne*, c'est dans la seconde partie du roman l'éternelle histoire de la femme qu'on n'aime plus et qui veut aimer encore, qui voit fuir avec une indicible terreur cet « enchantement du cœur, ces délices de l'âme », dont elle s'est enivrée. A grands pas arrive l'horrible vieillesse, amenant avec elle la solitude et l'ennui.

Mais s'il déplaît à Napoléon qu'un peu de sympathie aille à cette femme malheureuse, son ennemie, ce qui lui déplaît bien plus encore, c'est l'esprit de son livre; c'est cette idée partout présente que l'exaltation des caractères, que la liberté, que l'enthousiasme, sont les principes nécessaires de la vie des nations; que l'abaissement de ces mêmes caractères, que la morale égoïste et individualiste, sont des germes de mort pour elles.

L'appel à la liberté, l'enthousiasme, vous les trouvez partout dans *Corinne*, et en particulier dans ces pages toutes frémissantes où l'auteur stimule l'énergie de la nation italienne, lui prédit son relèvement futur, son unité, sa grandeur :

Servi siam, sì, ma servi ognor frementi.

Ce vers d'Alfieri, que Corinne cite à Oswald, chante sans cesse dans sa mémoire. Que cette pauvre Italie, tant de fois conquise, tant de fois esclave, divisée, déchirée par ses haines intestines ou par la guerre étrangère, prenne enfin conscience d'elle-même! Le grand malheur des Italiens, c'est qu'ils n'ont pas de patrie; mais donnez-leur ce but, « vous les verrez en six mois tout apprendre et tout concevoir (1). »

C'étaient vraiment là des accents nouveaux dans un temps où les plus grands, les plus illustres voyageurs ne voyaient en l'Italie que la molle Italie, les rivages du golfe de Naples, qu'embaume le parfum des orangers et des citronniers, et non plus, comme jadis le poëte, la terre « féconde en héros », *magna parens virum*. C'est celle-ci pourtant que Mme de Staël appelle de tous ses vœux. Cette idée que ce sont les gouvernements qui forment les nations, les institutions qui modifient profondément l'état moral des hommes; cette autre idée qu'il n'y a ni ambition ni vraie gloire dans un pays où les citoyens ne sont pas excités et soutenus par les grands intérêts politiques, qu'il n'y a pas non plus de grande littérature là où les écrivains ne peuvent influer en aucune manière sur le bonheur des peuples; cette conclusion enfin, vingt fois éparse dans l'ouvrage, que sans liberté, sans patrie, sans institutions, il n'y a rien qui exalte les cœurs, qui élève les intelligences, mais que les caractères s'avilissent et que la décadence est proche : voilà la théorie chère à Mme de Staël, qu'elle soutient dans *Corinne*, comme elle l'a fait dans le livre *De la littérature*, comme elle le fera dans celui *De l'Allemagne*, parce que, d'abord, c'est son idée de prédilection, et qu'ensuite elle sait ainsi déplaire à Napoléon.

(1) Voir la lettre de Corinne à Oswald, livre VI, chap. III.

L'abaissement des caractères dans l'état social, tel est, suivant Mme de Staël, le crime capital de Napoléon. Elle ne cesse de lui reprocher de tarir la source de l'enthousiasme en tuant la liberté, de tourner en dérision les sentiments les plus nobles et les plus désintéressés, de ne croire qu'à la force, qu'au calcul, qu'à l'intérêt personnel. Il faut bien qu'il y ait dans tous ces griefs une part de vérité, puisque d'autres témoins de cette époque, qui de loin nous paraît si glorieuse, ont été frappés du phénomène que signale Mme de Staël. « Rien ne peut peindre, dit un grand poète (1), à ceux qui ne l'ont pas sentie l'orgueilleuse stérilité de cette époque. C'était le sourire satanique d'un génie infernal, quand il est parvenu à dégrader une génération tout entière, *à déraciner tout un enthousiasme national*, à tuer une vertu dans le monde; ces hommes avaient le même sentiment de triomphante impuissance dans le cœur et sur les lèvres, quand ils nous disaient : « Amour, philosophie, religion, enthousiasme, liberté, poésie, néant que tout cela! Calcul et force, chiffre et sabre, tout est là. » Oui, il y avait une sorte de conspiration universelle, de ligue contre les sentiments nobles de l'âme, contre ce que Mme de Staël désigne d'un mot : l'enthousiasme. C'est pourquoi elle protestait avec tout l'élan de son esprit et de son cœur.

Si l'on doutait un instant que ce fût là sa pensée intime et, dans son idée, la portée sociale de *Corinne*, il faudrait relire la superbe page, toute vibrante d'une éloquence sarcastique, que son ami Constant écrivait dans *le Publiciste* (2) en réponse aux critiques qu'alarmait l'enthousiasme de Corinne.

(1) LAMARTINE, *Des destinées de la poésie.*
(2) Voir *le Publiciste* des 12, 14, 16 mai 1807. Les articles sur *Corinne* signés D. D. sont de Constant, et non, comme le croit lady Blennerhas-

« Vraiment, — s'écriait-il, — je ne me doutais pas que ces dangers nous entourassent : je regarde autour de moi, et, je l'avoue, je ne m'aperçois pas qu'en fait d'enthousiasme le feu soit à la maison. Où sont-ils donc, ces gens entraînés par l'enthousiasme et qu'il est si pressant d'en préserver? Voyons-nous beaucoup d'hommes, ou même beaucoup de femmes, sacrifier leurs intérêts à leurs sentiments, négliger par exaltation le soin de leur fortune, de leur considération ou de leur repos? S'immole-t-on beaucoup par amour, par amitié, par pitié, par justice, par fierté? Est-il urgent de mettre un terme à ces sacrifices? A voir tant d'écrivains courir au secours de l'égoïsme, ne dirait-on pas qu'il est menacé? Rassurons-nous; il n'y a rien à craindre. Nous sommes à l'abri de l'enthousiasme. Les jeunes gens mêmes y sont inaccessibles; admirables par leur amour pour l'étude, leur soif de connaissances, leur impartialité, leur raison, cette raison semble les sortir de l'enfance, pour les porter de plein saut dans l'âge mûr. »

Il était d'ailleurs parfaitement injuste de rendre Napoléon seul responsable de cette disposition des caractères. Il avait trouvé, en prenant la direction des affaires, la nation en proie à un scepticisme profond, résultat de dix années de troubles et de révolutions : point d'esprit public, beaucoup d'incurie et d'apathie pour les intérêts de l'État, une grande avidité de faire fortune, d'arriver à la richesse ou au pouvoir. Comme tous les grands conducteurs d'hommes, comme tous ceux qui ont traversé de semblables époques, il croyait peu au désintéressement, à la vertu, à l'abnégation; il savait par expérience ce que ces

---

sett, de Mlle de Meulan. (BLENNERHASSETT, t. III, p. 197.) D'ailleurs, cet article de Constant se retrouve dans ses *Mélanges de littérature et de politique*. Il n'y a donc pas de doute sur ce point.

grands mots dissimulent souvent de cupidité et de bassesse. Il faut ajouter, pour donner raison sur un point à
Mme de Staël, qu'il exploitait supérieurement les vices
de ceux qui le servaient, et semblait prendre comme un
âpre plaisir à mépriser en eux la race humaine. Il n'aimait
pas les gens qui se piquaient de vertu ; il les considérait
comme de médiocres serviteurs, « comme des niais ou
comme des marchands qui surfont, c'est-à-dire qui veulent se vendre trop cher (1). » Le mot d'ordre était de
parvenir ; peu importaient les moyens. Le maître ne s'en-
tourait-il pas d'hommes célèbres par leurs apostasies,
leurs crimes, leurs vices, qu'il savait prêts à le trahir,
quand changerait le vent de la fortune : un Fouché, un
Talleyrand? Ne fermait-il pas les yeux sur la vénalité de
ce dernier, sur les pilleries d'un Soult ou d'un Masséna?
Ne disait-il pas lui-même qu'il n'y avait autre chose à
faire en ce monde que d'acquérir toujours plus d'argent
et plus de pouvoir? Et ce mot, tombé d'une telle bouche,
n'exprimait-il pas merveilleusement la philosophie d'une
époque qui se ruait à la conquête des jouissances, à la
suite de l'homme qu'elle reconnaissait pour maître et
pour guide?

Cette philosophie avait un représentant dans *Corinne*.
C'était M. de Maltigues ; et il semble bien qu'en traçant
cette figure Mme de Staël avait pensé à M. de Talleyrand.
N'avait-elle pas écrit de son ancien ami : « Il est mort à
tous les sentiments involontaires ; il a fait de l'existence
un calcul, où n'entrent ni l'honneur, ni la gloire, ni
l'amour (2). » C'était exactement M. de Maltigues, ce
gentilhomme au maintien froid et sérieux qui ne reconnaissait d'autre morale que celle du succès. Il émettait

---

(1) *Dix années d'exil*, chap. I.
(2) Lettre à Monti, du 22 juin 1803.

dans le roman une série d'aphorismes que n'eût pas désavoués M. de Talleyrand. « Il n'y a de bon dans ce
monde que la fortune ou le pouvoir, ou tous les deux. —
Les amitiés sont des moyens qu'il faut prendre ou quitter,
selon les circonstances. (Mme de Staël trouvait qu'à son
égard M. de Talleyrand avait abusé de cette maxime.) —
Il n'y a de différence en ce monde qu'entre les oiseaux
pris au filet et ceux qui y ont échappé. — La vertu est
un langage pour le vulgaire, que les augures ne peuvent
se parler entre eux sans rire. — Toute cette poésie que
l'on appelle la conscience, le dévouement, l'*enthousiasme*,
a été inventée pour consoler ceux qui n'ont pas su réussir dans le monde ; c'est comme le *De profundis* que l'on
chante pour les morts. » Bref, M. de Maltigues était le
plus admirable produit d'un temps où l'on avait, comme
dit Constant, « créé contre tous les genres d'enthousiasme le mot puissant de *niaiserie* » (1).

C'est ainsi que, sous couleur de parler de Saint-Pierre
ou du Colisée, des amours de Corinne et d'Oswald,
Mme de Staël prétendait dire aux Français de dures
vérités. Mais derrière un d'Erfeuil, derrière un Maltigues,
c'était bien Bonaparte qu'elle voulait atteindre ; la légèreté
de l'un, le cynisme de l'autre, avaient permis à cet homme
de prendre en main le pouvoir et de propager, par son
exemple tout-puissant, ces détestables théories.

Anglophile, antifrançaise, idéologue, ces trois griefs,
Napoléon les avait de tout temps nourris contre Mme de
Staël. De cette opinion, *Corinne* était peu propre à le
faire revenir.

(1) Les Maltigues abondaient dans la société d'alors. « C'était, a-t-on dit,
l'heure où, lasse de s'être exaltée et sacrifiée pour le triomphe d'intérêts
publics, la nature humaine reprenait partout son équilibre dans l'égoïsme. »
M. de Montrond était le type parfait de ce genre d'égoïsme. (Voir Et. LAMY,
Aimée de Coigny et ses Mémoires inédits, R. D. M., 1er avril 1902.)

CHAPITRE XIV

Mme de Staël est rentrée à Coppet, « traînant l'aile et tirant le pied », déçue, point découragée pourtant. *Corinne* l'a fait entrer de plain-pied dans la gloire : c'est de quoi la consoler de ses ennuis. Elle s'occupe de réunir autour d'elle une nombreuse cour : Mme Récamier, qui vient pour la première fois à Coppet; Elzéar de Sabran, Benjamin Constant, toujours à la chaîne et toujours épris de toutes les jeunes filles qu'il rencontre; Guillaume Schlegel, dont le parallèle entre la *Phèdre* de Racine et l'*Hippolyte* d'Euripide fait scandale à Paris; Simonde de Sismondi, une encyclopédie vivante; Lemontey, le censeur impérial; les deux Barante, père et fils, l'un préfet de Genève, qui expiera bientôt sa courtoisie envers l'exilée; l'autre, auditeur au Conseil d'État, qui arrive des provinces polonaises et prussiennes nouvellement conquises, et dont Mme de Staël adopte le jeune talent. Derrière ces personnages de premier plan, tout Genève et tout Lausanne se pressent. Point d'étranger de marque passant dans le voisinage qui ne se croie tenu de faire visite à Coppet, de payer tribut à la châtelaine. A certains jours, Coppet est trop étroit pour contenir ses hôtes; on s'empile, on s'étouffe dans l'admirable bibliothèque d'un décor sobre et sévère, où l'on joue la tra-

gédie et la comédie : *Mahomet, Mérope, Andromaque, Phèdre,
les Plaideurs*, sans compter les essais dramatiques de la
maitresse de la maison, *Geneviève de Brabant*, par exemple,
ou ceux de ses hôtes, *les Deux Fats ou le Grand Monde*, de
M. de Sabran.

Mais Mme de Staël n'est point si occupée à jouer la
comédie qu'elle ne prête l'oreille aux bruits du dehors.
Un jeune homme encore inconnu, M. Guizot, se rendant
à Nîmes pour voir sa mère, sollicite l'honneur de lui être
présenté (1). Elle est alors à Ouchy. Elle accueille la
requête, place le jeune Guizot à table à côté d'elle, l'interroge avidement sur ce qu'on fait, sur ce qu'on dit à
Paris. Chateaubriand vient de faire paraître — le 4 juillet 1807 — dans le *Mercure* le fameux article sur le
voyage de M. de Laborde. Mais M. de Laborde n'est que
le prétexte; le vrai sujet, c'est le maître lui-même, le tout-
puissant Empereur, qui semble, à Tilsit, à l'apogée de sa
gloire. « C'est en vain que Néron prospère; Tacite est
déjà né dans l'Empire; il croît inconnu auprès des cendres
de Germanicus, et déjà l'intègre Providence a livré à un
enfant obscur la gloire du maître du monde... » Dans le
grand silence de l'Europe, cette parole éloquente, un peu
emphatique, fait courir un soudain frémissement. Que
sera-ce à Coppet, à Ouchy, où la haine de Napoléon est
passée à l'état de culte et d'hommage rendu à l'exilée?
Le jeune Guizot déclame le morceau avec toute l'ardeur
de son âge, un tel accent de conviction, que Mme de
Staël, qui le fixe de ses yeux ardents, s'écrie : « Restez
avec nous, monsieur Guizot, et prenez un rôle dans
Andromaque ! »

Laissons de côté le comique de la repartie. Quel puis-

(1) GUIZOT, *Mémoires.*

sant stimulant pour Mme de Staël que cette audacieuse
invective! Quels transports elle éprouve à voir frapper
au visage l'homme détesté! Sans doute, il y avait quelque
différence entre l'opposition de Mme de Staël et celle de
Chateaubriand. L'une parlait au nom de la liberté et des
principes de la Révolution; Chateaubriand, au nom de la
vieille France monarchique, des traditions de fidélité et
d'honneur. Il rappelait que, pieux pèlerin, il avait porté
à Trieste les « respects d'un pauvre gentilhomme » sur
la tombe de deux princesses (1) ». Il flétrissait les âmes
pusillanimes, adoratrices du succès et de la force. Il
s'écriait : « Il y a des autels comme celui de l'honneur
qui, bien qu'abandonnés, réclament encore des sacrifices :
le dieu n'est pas anéanti, parce que le temple est désert.
Partout où il reste une chance à la fortune, il n'y a point
d'héroïsme à la tenter. Les actions magnanimes sont
celles dont le résultat prévu est le malheur et la mort.
Après tout, qu'importent les revers, si notre nom prononcé dans la postérité va faire battre un cœur généreux
deux mille ans après notre vie? Nous ne doutons pas que
du temps de Sertorius les âmes pusillanimes qui prennent
leur bassesse pour de la raison ne trouvassent ridicules
qu'un citoyen obscur osât lutter seul contre la puissance
de Sylla. »

Que ce fût enthousiasme pour la liberté ou loyalisme
monarchique, c'était bien au nom d'un principe moral
que Mme de Staël et Chateaubriand prétendaient résister
à Napoléon. Mais il y avait dans leur opposition une
grande différence, et l'on peut affirmer que des deux,
celui que Napoléon redoutait le plus, ce n'était pas Chateaubriand, c'était Mme de Staël. S'il voulait « faire

(1) Mesdames Victoire et Adélaïde de France.

sabrer Chateaubriand sur les marches des Tuileries », s'il
le menaçait, lui et sa « clique », du traitement que David
avait fait subir à la race d'Achab (1), au fond il ne le
craignait guère. « C'est un cerveau brûlé, » disait-il. Il
le savait essentiellement vaniteux, jaloux de la gloire
usurpée par un petit gentilhomme corse, capable d'écrire
un jour une page éloquente, mais nullement intrigant
et, en somme, à cette époque, peu dangereux. Comme
le lui faisait observer Fontanes, Chateaubriand « ne
conspirait pas, ne pouvait rien contre lui (2) ». C'était
l'exacte vérité. L'ermite de la Vallée aux Loups, à part
quelques intimes, comme Joubert ou Fontanes, ne voyait
personne, avait peu d'influence. Il était alors, malgré le
Génie du christianisme, un assez petit personnage, bien
inférieur pour la fortune, les relations, le rayonnement
de gloire, à la fille de M. Necker, à l'auteur de *Corinne*.
Il n'intriguait pas ; Mme de Staël intriguait ; elle conviait
dans ses salons l'Europe entière, elle soulevait les âmes,
non seulement par ses écrits, mais par sa parole éloquente. On venait, comme dit Napoléon, se faire « armer
chevalier » chez elle. Elle était pour lui un adversaire
autrement redoutable que M. de Chateaubriand.

En cet automne de l'année 1807 se nouait précisément
à Coppet une intrigue fort curieuse, dont Mme de Staël
tenait tous les fils. Au mois de septembre, le prince Auguste de Prusse, frère du prince Louis tué à Saalfeld,
fait lui-même prisonnier à Prentzlow (3), après avoir
demeuré quelque temps à Nancy et à Soissons (4), avait
obtenu de Napoléon la permission de se rendre en Italie.

(1) Napoléon à Lavalette, 14 août 1807. (*Lettres inédites*, LECESTRE.)
(2) VILLEMAIN, *Monsieur de Chateaubriand*, p. 161.
(3) Voir les *Mémoires* de REISET, qui fit prisonnier le prince, engagé
dans un marais.
(4) *Journal de l'Empire*, 15 décembre 1807.

En passant par Genève, il était allé naturellement à Coppet rendre visite à Mme de Staël. Quelle bonne fortune pour la châtelaine que de recevoir à sa table un prince allemand, prussien même, frère d'un héros mort pour sa patrie, et les armes à la main, en combattant contre l' « oppresseur » ! Quelle revanche de l'accueil brutal fait par le vainqueur à la grande-duchesse de Saxe-Weimar, à la reine Louise !

Le prince Auguste fut, à Coppet, une sorte de héros. Il avait vingt-quatre ans, une tournure noble et fière ; il était brave, chevaleresque, patriote, et détestait Napoléon. Il fit tourner toutes les têtes. Benjamin Constant le trouva « distingué ». « Comme les Allemands valent mieux que nous ! » écrit-il dans son *Journal intime*. Il est vrai qu'en 1816, il a tracé du prince cet amusant croquis : « Il est ce qu'il a toujours été, quand l'amour ne le rendait pas pareil aux autres, commun, gauche, fier et bavard, les *coudes en dehors et le nez en l'air* (1). » C'est qu'en 1816, M. Constant est éperdument épris des charmes de Mme Récamier et qu'il a le prince pour rival.

Cette passion du prince Auguste avait commencé dès 1807, sous l'œil bienveillant de Mme de Staël. Celle-ci eût été ravie de faire épouser le prince à sa belle amie, dont la situation était quelque peu ébranlée depuis la faillite de la banque Récamier. Le prince était riche, protestant et grand ennemi de Bonaparte ; c'était plus qu'il n'en fallait pour échauffer l'imagination de Mme de Staël. La belle Juliette fut un instant ébranlée ; elle échangea même avec le prince une promesse de mariage ; on disait que celui-ci l'avait scellée « de son sang (2) » !

(1) Lettre à Mme Récamier, 17 août 1816.
(2) Voir, là-dessus, les *Souvenirs de madame Récamier*, et MÉNEVAL, *Mémoires*, t. II, p. 13.

Mais il y avait un obstacle : M. Récamier vivait encore.
Il est vrai qu'il n'avait jamais été qu'un père pour celle
qui portait son nom; mais encore était-il convenable de
le consulter sur un sujet si délicat. Mme Récamier lui
écrivit. L'ancien banquier, tombé dans une situation
assez gênée, fit sans doute entendre à celle qui avait été
la compagne de ses prospérités, qu'elle devait partager
sa mauvaise fortune. Mme Récamier comprit, et, au
grand ennui de Mme de Staël, renonça à son mariage.
Elle se contenta, par manière de consolation, de faire
cadeau au prince du délicieux portrait où Gérard l'a
représentée sortant du bain.

Mais l'Empereur, grâce au cabinet noir, avait suivi
toute l'intrigue. Il avait lu la correspondance d'Auguste de
Prusse et de Mme Récamier, tenu entre ses mains ces
lettres qui « contenaient les preuves non équivoques
dans tout l'Empire des charmes de Mme Récamier et du
haut prix auquel le prince les élevait (1). » Les deux
amoureux employaient un langage conventionnel. Le
prince, parlant du roi de Prusse, l'appelait « mon parent,
mon cousin »; la reine était « la femme de mon cousin »,
le gouvernement prussien « notre maison de commerce »,
M. de Hardenberg, « le premier commis (2). » Napoléon
s'amusait de toutes ces finesses, qui ne le trompaient
guère, mais en même temps, il était fort irrité contre
Mme de Staël, qui ourdissait cette intrigue et donnait au
prisonnier « de mauvais principes ».

Deux pièces curieuses témoignent de cette irritation.
L'Empereur écrit de Venise, le 6 décembre 1807, au
maréchal Victor, gouverneur de Berlin :

« Je reçois la lettre par laquelle vous me faites con-

(1) *Mémorial de Sainte-Hélène.*
(2) *Souvenirs de madame Récamier* (lettre d'avril 1808).

naître que le prince Auguste de Prusse se conduit mal à
Berlin. Cela ne m'étonne pas, parce qu'il n'a point d'esprit.
*Il a passé son temps à faire la cour à Mme de Staël à Coppet et
n'a pu prendre là que de mauvais principes.* Il ne faut point
le manquer. Faites-lui dire qu'aux premiers propos qu'il
tiendra, vous le ferez arrêter et enfermer dans un château,
et que *vous lui enverrez Mme de Staël pour le consoler.* Il n'y
a rien de plat comme tous ces princes de Prusse (1). »

Le 15 décembre de la même année, le *Journal de l'Empire* publie la note suivante, évidemment rédigée par
l'Empereur, car on y retrouve textuellement certaines
expressions de la lettre à Victor :

« Le prince Auguste de Prusse, qui, après avoir été
fait prisonnier à Prentzlow, a demeuré longtemps à Nancy
et à Soissons, et dernièrement à Coppet, où *il faisait la
cour à Mme de Staël, paraît avoir puisé dans cette dernière
résidence de forts mauvais principes.* Les propos qu'il tient
depuis son retour sont inconcevables. Ce jeune prince
est aussi fanfaron que beaucoup d'autres officiers de sa
nation; il n'a pas été plus corrigé qu'eux par les événements. Il accuse le prince de Hohenlohe, le duc de Brunswick, le général Blücher, l'armée prussienne, le roi;
tout le monde a mal fait, lui seul excepté. Cependant tout
ce qu'il y a de plus clair dans sa carrière militaire, c'est
qu'il a été fait prisonnier dans un marais. Il y a peu
d'esprit, peu de générosité à déclamer contre de vieux
généraux, victimes des circonstances impérieuses de la
guerre. On ne peut sans doute pas faire un tort au prince
Auguste d'avoir été prisonnier; ce sort est souvent celui
du plus brave; mais lorsqu'on survit à un tel malheur
sans avoir reçu aucune blessure, on est bien plus en

---

(1) LECESTRE, ouv. cit., t. I.

situation de se justifier que d'accuser. Ce jeune prince
aurait encore besoin des conseils de son respectable père
et de sa digne mère. Ils lui seraient plus profitables que
*les leçons des mauvais esprits qu'il a vus à Coppet, et que les
mauvais propos qu'il a entendus.* »

Ce n'était pas seulement le prince Auguste de Prusse,
c'étaient les propres maréchaux de Napoléon, et entre
tous le plus fidèle, Berthier, que semblait séduire Mme de
Staël. Le prince de Neuchâtel ne s'était-il pas avisé de
lire *Corinne* à Tilsit « pour se délasser des fatigues de son
ministère », et il avait été sous le charme. Il avait dit qu'il
en « aimait l'auteur, malgré la disgrâce où elle était
tombée ». Les familiers du prince lisaient *Corinne*, pour
lui faire leur cour; l'un d'eux lui avait même insinué un
jour qu'une conquête telle que Mme de Staël était digne
de lui, qu'il fallait « unir la célébrité et la gloire ». L'Empereur « froncerait le sourcil », mais il finirait par donner
son consentement. Le prince était resté rêveur; il n'avait
cessé de parler de *Corinne* et de son auteur durant les
trois semaines passées à Tilsit. *On* ne s'en était point
fâché, *on* l'avait seulement un peu raillé (1).

Berthier avait-il songé vraiment à épouser Mme de
Staël? L'aventure eût été singulière : on ne voit guère
l'ennemie de Napoléon devenue maréchale d'Empire.
D'ailleurs, Berthier avait une liaison fort ancienne et fort
connue avec Mme Visconti, et il est plus probable que
s'il aimait les scènes et les paysages de *Corinne*, c'est
qu'ils lui rappelaient une passion si chère. Ce ne fut que

(1) Toute cette histoire nous est connue par la lettre très curieuse d'un
correspondant anonyme de Mme de Staël, du 3 août 1807. Elle avait
envoyé cet ami à Genève avec mission de faire parler un des secrétaires
de Berthier, se rendant en Italie. L'ami invitait Mme de Staël à voir
Berthier à son prochain voyage à Neuchâtel, et l'assurait qu'elle n'était
pas et ne serait pas compromise. (Archives de Broglie.)

sur les instances de l'Empereur qu'il épousa l'année suivante une nièce du roi de Bavière, et M. Visconti étant
mort sur ces entrefaites, Berthier resta inconsolable de
n'avoir pas patienté pour épouser sa veuve. Quant à
Mme de Staël, il est peu probable qu'elle pensât sérieusement à épouser Berthier; elle tenait trop à son nom et à
sa gloire; mais elle espérait user de son influence sur
l'esprit du prince qui, par sa résidence de Neuchâtel,
était son voisin, pour obtenir grâce à lui son rappel.

Voilà sans doute à quoi se réduit cette intrigue, qu'il
était cependant intéressant de signaler, parce qu'elle
montre l'incroyable puissance de séduction de Mme de
Staël, et l'art avec lequel elle savait profiter des moindres
dispositions qui lui semblaient favorables.

CHAPITRE XV

N'étant pas autorisée à revenir à Paris, incapable d'autre part de passer l'hiver à Coppet, Mme de Staël reprend le grand projet interrompu par la mort de Necker : elle va continuer à visiter l'Allemagne, en particulier l'Allemagne du Sud, qu'elle ne connaît pas encore. Si précieux que soit Schlegel, il ne peut suffire à lui donner tous les renseignements dont elle a besoin pour l'ouvrage qu'elle médite; surtout pour ce qui est des mœurs, de la société, de la vie étudiée et prise sur le fait, il ne peut suppléer à l'impression personnelle. D'ailleurs, il accompagnera Mme de Staël. Elle emmène aussi son plus jeune fils, Albert, et sa fille; elle se propose de placer Albert dans une pension « où il puisse bien apprendre l'allemand ». Elle se garde bien de dire au préfet, M. de Barante, et à M. de Champagny, ministre des Affaires Étrangères, que cette pension, c'est une école de cadets autrichiens; car il est probable que cette déclaration changerait les sentiments de l'Empereur à son égard. Celui-ci est fort bienveillant envers elle; il lui fait annoncer par M. de Champagny que son intention est que les envoyés de la France dans les pays étrangers lui accordent « toute protection (1) ». La lettre de Champagny est du 2 novem-

(1) Lettre de Mme de Staël au préfet du Léman, 3 décembre 1807. (Archives nationales, F7 6331.)

bre 1807; la lettre de l'Empereur au maréchal Victor, concernant le prince Auguste et Mme de Staël, est du 6 décembre. En un mois, ses dispositions ont changé; elles changeront bien davantage encore.

Il nous faut passer rapidement sur la première partie du voyage de Mme de Staël. Elle arrive un peu avant Noël à Munich, y séjourne environ une semaine, le temps de trouver la ville comme « pétrifiée », écrit-elle à Mme Récamier, puis elle fait route sur Vienne, suivie de l'œil par la police française. Des notes sommaires insérées dans le *Journal de l'Empire* marquent les étapes de son voyage. Elle est attendue le 18 décembre à Augsbourg, avec Mme Récamier (ceci est une erreur; Mme Récamier ne l'accompagne pas). « Il faut espérer qu'on nous donnera régulièrement des nouvelles du voyage de ces dames et que la gazette de Vienne nous donnera des détails *intéressants* (souligné) sur leur séjour dans cette capitale. » Cette note a été insérée dans le journal par ordre de l'Empereur (1).

Le 14 janvier 1808, le même journal signale l'arrivée de la « fameuse Mme de Staël » à Vienne : « Elle se propose d'y passer quelque temps. » Le 3 février, nouvelle note : « Mme de Staël a été présentée à la cour et admise à tous les cercles d'apparat. Son Altesse Royale le duc Albert de Saxe-Teschen l'a invitée au superbe bal qu'il a donné à l'occasion du mariage de Sa Majesté. Cette dame vient de placer son fils à l'Académie impériale du génie de cette ville. »

Pourquoi cette abondance de notes? Que se passe-t-il donc à Vienne? Les rapports de notre ambassadeur Andréossy peuvent nous donner sur ce point d'utiles renseignements.

(1) Voir *Journal de l'Empire* du 28 décembre 1807.

La vérité est que les esprits à Vienne sont en pleine
insurrection contre l'influence française, et qu'il n'est
pas indifférent de connaître les faits et gestes d'un ennemi
aussi acharné de l'empereur Napoléon qu'est Mme de
Staël. La société viennoise est animée des sentiments
les plus hostiles contre la France (1); elle se répand en
propos d'une extrême violence. L'orgueil allemand saigne
des défaites infligées à la Prusse, de l'humiliation de
l'Allemagne, vaincue, épuisée par les contributions de
toutes sortes. L'Angleterre exploite habilement ces dispositions; des conciliabules se tiennent chez M. Adair, le
ministre anglais; c'est de là que partent les agents de
M. de Stadion, qui vont dans les diverses coteries « bour-
donner de mauvaises nouvelles, des propos indiscrets,
des sarcasmes, des plaisanteries », échauffer la tête des
femmes. « De ce concours de moyens subalternes em-
ployés avec art et perfidie, il résulte *cette haine inextinguible et cet éloignement pour la France,* dont il faut prendre
les couleurs, si l'on veut être non seulement distingué,
mais même introduit et souffert dans les premières
sociétés. » Les généraux Winzingerode, Pozzo di Borgo,
de Bellegarde, de Vincent se distinguent parmi les plus
acharnés. On affecte de dédaigner notre ambassadeur.
A un dîner chez M. de Stadion, tous les honneurs sont
faits au prince Kourakine, ambassadeur de Russie;
Andréossy s'est vu obligé de faire des remontrances à
M. de Stadion (2). L'ambassadeur d'Angleterre donne
des bals et des soirées, où sont invitées « les personnes
et les familles signalées pour leurs sentiments contre la
France (3) ». Les choses en viennent au point que notre

(1) Arch. Aff. étr., AUTRICHE, rapport d'Andréossy du 6 janvier 1808.
(2) *Ibid.*, Andréossy à M. de Champagny, 16 janvier.
(3) *Ibid.*, 20 janvier.

ambassadeur reçoit l'ordre de quitter Vienne, en laissant
à sa place un simple chargé d'affaires : « La conduite du
gouvernement, les sentiments qu'elle trahit, les desseins
qu'elle peut faire supposer, mais surtout *l'esprit, les pro-*
pos, les vœux d'une société livrée au délire le plus aveugle,
ont fait de cette ville un séjour d'où l'ambassadeur de
France doit s'éloigner (1). »

Telle est la situation à Vienne au moment de l'arrivée
de Mme de Staël. Ce qui ressort clairement des dépêches
d'Andréossy et des instructions qui lui sont adressées,
ce sont les dispositions hostiles de la société plus encore
que du gouvernement autrichien; c'est l'influence considérable de cette société, des salons aristocratiques, de la
cour, des femmes : « Petites vues, petites intrigues, petits
moyens, bruits absurdes, caquetage de femmes; telle est
la direction de la politique de la cour de Vienne (2). »

Rien, il faut le reconnaître, ne pouvait mieux servir
les desseins de Mme de Staël. Ce n'était pas seulement
l'auteur de *Corinne* à qui l'on allait faire fête, c'était
aussi, c'était surtout l'irréconciliable ennemie de l'empereur Napoléon, l'admiratrice passionnée de l'Angleterre
et de l'Allemagne, l'écrivain illustre qui élevait un monument à la gloire de cette Allemagne opprimée, — tel un
défi jeté à la face de l'oppresseur. C'était bien là cette
« haine inextinguible » dont parle Andréossy, dont il
fallait prendre les couleurs pour être introduit et souffert
dans les premières sociétés. Aussi son arrivée provoque
un véritable enthousiasme. Jamais il n'y eut à Vienne
« réception plus belle (3) ». On la « comble de fa-

_____

(1) Arch. Aff. étr., ordre à Andréossy de quitter Vienne, 25 janvier 1808.
(2) *Ibid.*, 10 juin.
(3) LA GARDE-CHAMBONAS, *Souvenirs du congrès de Vienne.* (Extrait d'une
conversation de l'auteur avec le prince de Ligne. On disait encore, en

veurs (1) » ; la cour la « reçoit à merveille (2) » ; elle est de
tous les bals, de toutes les fêtes. La vie mondaine à Vienne
est, cet hiver, très brillante à cause des noces de l'empereur François II avec sa cousine germaine l'archiduchesse
Marie-Louise d'Autriche-Este. Mme de Staël est reçue
chez la princesse Bagration, chez le duc Albert, le prince
Kourakine, « les deux maisons de Vienne où l'on peut le
mieux connaître la société (3). » Ce prince Kourakine,
c'est l'ambassadeur de Russie, et les Russes sont, cette
année, très à la mode, par haine des Français. Mme de
Staël cause « beaucoup avec l'archiduc Jean et un peu
avec l'archiduc Charles (4) ». Elle aime beaucoup les
archiducs. « Toute cette famille ne vit pas dans la mol-
lesse, écrit-elle, et donnerait sûrement sa vie dans les
grandes circonstances. » Elle est dupe, d'ailleurs, de
l'apparente tranquillité qui règne à Vienne (5) ; elle ne
soupçonne pas les intrigues qui se trament ; elle s'étonne,
elle s'indigne presque. Il semble que Vienne ne songe
qu'au plaisir. Elle retrouve là son ancienne connaissance
du Consulat : M. de Cobenzl, toujours passionné de comédie ; le vieux prince de Ligne, « qui a les manières de
M. de Narbonne et un cœur ; » le prince Tuffiakin, neveu
de la princesse Dolgorouki, le prince Sapiéha, tous deux
amoureux de Mme Récamier. Vêtue d'une robe de satin
« couleur d'or », constellée de diamants, un oiseau de
paradis fiché dans les cheveux, elle passe dans les salons,

1814 : « Lorsque Mme de Staël était à Vienne, » tant elle avait fait sensation dans cette ville.)
   (1) Lettre de Mme de Staël à Mme Récamier, Vienne, décembre 1807.
(Coppet et Weimar.)
   (2) Mme de Staël à la grande-duchesse Louise, 19 janvier 1808.
   (3) Ibid.
   (4) Ibid.
   (5) « Il règne en ce pays une tranquillité singulière après tant d'événements. » (Ibid.)

attirant tous les regards, suivie de l'inévitable Schlegel. Andréossy lui-même est « très bien » pour elle ; car il a reçu les instructions de M. de Champagny, et on ne lui a point ordonné encore de rompre avec Corinne.

Il ne faut pas s'y méprendre : tous ces Russes et Autrichiens, princes et archiducs, dont Mme de Staël fait ses délices, détestent la France. Devant Mme de Staël ils se taisent, car ils connaissent ses sentiments : ils se rattrapent sur le tyran corse, qu'ils chargent de tous les péchés d'Israël. Mais, au fond, c'est bien la France qu'ils détestent : ils détestent son esprit républicain, son amour de l'égalité ; ils détestent sa gloire, la suprématie qu'elle exerce sur le monde. Envie, jalousie, crainte, orgueil blessé, morgue aristocratique, tous ces sentiments s'amalgament, se combinent en un sentiment unique : le furieux désir de prendre une revanche, d'être les maîtres à leur tour. Mme de Staël a beau distinguer entre Napoléon et la France ; pour des étrangers, la distinction est trop subtile : ils la suppriment.

Cette francophobie dont est atteinte la société viennoise, se donne libre carrière au cours de Schlegel. C'est à la fin du carnaval de 1808. Ce cours a « un immense succès (1) » ; Schlegel est le conférencier à la mode : il a toujours un « cercle brillant d'environ trois cents auditeurs ou auditrices (2) », l'élite de la société. La raison de ce grand succès, ce n'est pas seulement le réel talent, l'ingéniosité des vues de Schlegel ; c'est surtout la guerre passionnée, souvent injuste, qu'il a déclarée à l'influence française, à la littérature française, à l'art français. Le

(1) Mme de Staël à la grande-duchesse Louise, Vienne, 8 avril 1808. (*Coppet et Weimar.*)

(2) « ... Vor einem glänzenden Kreise von beinahe 300 Zuhörern und Zuhörerinnen » Préface de l'édition de 1809 de *Ueber dramatische Kunst und Litteratur*.

détracteur de la *Phèdre* de Racine protestait à sa manière
contre l'asservissement de l'Allemagne, contre le joug tra-
ditionnel de la France. Il parlait du siècle de Louis XIV,
et l'auditoire pensait à Napoléon. S'il rappelait les « souvenirs de la vieille gloire allemande, sacrés pour tout
patriote (1) », tous les cœurs battaient d'enthousiasme
et d'espérance. En apparence, il s'agissait de littérature
et de théâtre; mais au fond, pour le conférencier comme
pour les auditeurs, c'était du réveil de l'Allemagne, de
l'unité de l'Allemagne qu'il s'agissait. Cette conscience
d'elle-même, cette union des esprits et des cœurs, il la
préparait, il l'accomplissait sur le terrain de l'art et de la
littérature, mais avec l'idée bien arrêtée qu'elle se ferait
un jour sur le terrain de la politique et qu'elle aiderait au
triomphe de la patrie allemande. C'est pour cela qu'il évo-
quait les « magnifiques tableaux » de l'histoire de l'Allemagne, les guerres avec les Romains, la fondation de
l'Empire, le siècle brillant et chevaleresque des empereurs
de la maison de Souabe, les illustres souvenirs des Habs-
bourg, tous les princes, tous les héros qui avaient fait la
grandeur de l'Allemagne (2).

   « Ce fut pour moi, écrit-il dans la préface de la première édition (3), une minute sublime et vraiment inoubliable, lorsque, dans ma dernière leçon, au moment où
je venais de rappeler les souvenirs de la vieille gloire
allemande, sacrés à tout patriote, où tous les cœurs battaient à l'unisson avec plus de solennité que de coutume,
je dus prendre congé de mes auditeurs, profondément
ému à la pensée que ces liens formés par un commun

----

   (1) Préface de la première édition des *Leçons sur l'art dramatique,*
Genève, février 1809.
   (2) Voir la dernière leçon de Schlegel, traduction française de 1814 de
Mme Necker de Saussure, t. III, p. 324.
   (3) *Ueber dramatische Kunst und Litteratur*, Heidelberg, 1809.

amour de tout ce qui peut former l'esprit et l'ennoblir,
allaient se dénouer dans un instant, et que je ne verrais
plus jamais ainsi tous ces auditeurs rassemblés autour de
moi. On sentait une émotion générale, excitée par tant de
choses que je ne pouvais dire, mais en présence desquelles
les cœurs se comprenaient. C'est dans le domaine de l'intelligence inaccessible à la force brutale, sur le terrain de
la pensée et de la poésie, que les Allemands, séparés de
tant de manières, prennent conscience de leur unité; et
de la conscience de cette unité, dont les écrivains et les
orateurs doivent se faire les interprètes, peut, au milieu
de tant de vues confuses, s'élever le noble et sublime
pressentiment des grandes et immortelles destinées de
notre peuple... »

Il n'est pas douteux que ces sentiments étaient partagés
par Mme de Staël, puisqu'ils apparaissent à chaque ligne
du livre *De l'Allemagne*, qu'ils en sont comme le fondement
et la substance. Il est difficile de dire dans quelle mesure
ils appartiennent en propre à Schlegel ou à Mme de Staël,
qui des deux les a inspirés à l'autre. En réalité, il y avait
entre eux communion parfaite et action réciproque.
Schlegel aidait Mme de Staël à pénétrer les mystères de la
pensée allemande, de l'art allemand, et Mme de Staël, avec
son ardeur et sa fougue coutumière, avec sa haine aussi
de Napoléon, excitait Schlegel à hâter le réveil de ce
peuple par les grands souvenirs de son histoire. Ces deux
esprits se complétaient et s'unissaient, l'érudit sagace et
souvent éloquent, la femme passionnée, vrai foyer d'enthousiasme, qui jetait des éclairs et des flammes. On ne
s'y trompait pas en France; et, quand avait paru quelques
mois auparavant, la fameuse *Comparaison entre la Phèdre
de Racine et celle d'Euripide*, le *Journal de l'Empire* avait
signalé les rapports existant entre « M. Schlegel et une

dame française très célèbre », et, s'il avait consacré trois
longs articles (1) à réfuter l'ouvrage du « sieur Schlegel »,
il ne dissimulait pas que c'était à cause des rapports existant entre lui et Mme de Staël, et qu'il entendait bien
répondre à la fois à l'un et à l'autre. Entre ce personnage
qui dénigrait Racine et Louis XIV, qui représentait la
nation française comme « toute composée de personnages
à la Watteau », et l'auteur de *Corinne*, qui avait ridiculisé
le comte d'Erfeuil et la légèreté française, il y avait communauté d'idées et sympathie de sentiments, et le rédac-
teur du *Journal de l'Empire*, et, sans aucun doute, derrière
lui Napoléon, n'avaient pas perdu une si belle occasion
d'exposer aux yeux de tous la propagande acharnée
contre la France et l'influence française, à laquelle se
livrait Mme de Staël.

Décidément, le séjour en Allemagne, s'il est très profi-
table pour le développement de l'intelligence de Mme de
Staël, ne vaut rien pour son repos : il achève de la brouil-
ler avec Napoléon. Jusque-là celui-ci ne l'a regardée « que
comme une folle », mais « aujourd'hui elle commence à
entrer dans une coterie contraire à la tranquillité publique (2) ». Le grand grief de l'Empereur, c'est la correspondance qu'elle entretient avec Gentz, — Gentz, l'agent
de M. de Stadion et de la politique anglaise, l'ancien conseiller privé de Prusse, passé en 1802 au service de l'Autriche, recevant des subsides à la fois de l'Autriche et de
l'Angleterre, l'ennemi le plus déterminé sur le continent
de la Révolution française et de Napoléon. Son idée favo-
rite, c'est la délivrance de l'Europe par l'Allemagne : « Ce
n'est ni la Russie ni l'Angleterre, écrit-il dès 1805, qui
pouvaient accomplir ce grand œuvre de délivrance euro-

---

(1) Le 10 février, le 24 février, le 4 mars 1808.
(2) Napoléon à Fouché, Bayonne, 28 juin 1808. (LECESTRE.)

péenne... C'est l'Allemagne, cause principale de la ruine de l'Europe, qui doit relever ces ruines, qui doit opérer l'affranchissement général (1). » Pour arriver à ce but, Gentz ne néglige rien : infatigable, il rédige proclamations, manifestes, pamphlets, articles de journaux; il s'est livré corps et âme à son unique pensée : l'abaissement de la France révolutionnaire, la chute de Napoléon.

A Teplitz il rencontre Mme de Staël, et tout de suite il est « enthousiasmé », il fonde avec elle « une grande amitié (2) ». Il s'établit entre ces deux personnages un échange de lettres. Ils sont unis de cœur, d'intelligence. Gentz a compris quel extraordinaire appui il peut trouver dans Mme de Staël, quel agent de diffusion merveilleux pour la grande pensée à laquelle il a voué sa vie. Celle qui dira : « Les individus doivent se résigner à la destinée, mais jamais les nations (3), » cette femme va hâter de ses écrits, de son éloquence, l'œuvre des politiques et des diplomates.

Mais l'Empereur veille. Il écrit à Champagny, le 28 juin 1808 :

« Mme de Staël entretient une correspondance active avec Gentz. Ces relations ne peuvent être que nuisibles. Je désire par conséquent que vous fassiez savoir à mes ministres et agents en Allemagne, et particulièrement à celui de Weimar, qu'ils aient à s'abstenir de voir cette dame. Il faut, en outre, la surveiller, quand elle vient dans des villes où résident des ambassadeurs (4). »

---

(1) Fragments d'une *Histoire de l'équilibre politique de l'Europe*. (Leipzig, 1805; 2ᵉ édit., 1806.)

(2) Voir la correspondance de Gentz et d'Ad. Müller, citée par lady BLENNERHASSETT, t. III, p. 270.

(3) Préface de *l'Allemagne*.

(4) Lettre publiée par la *Nouvelle Presse libre* de Vienne, juillet 1881. (WELSCHINGER, ouv. cit., p. 174.)

En conséquence, M. de Champagny écrit de Bayonne à notre ambassadeur Andréossy :

« Bayonne, 1er juillet 1808.

« Monsieur l'ambassadeur, on est informé que Mme de Staël, pendant son séjour en Allemagne, a entretenu une correspondance suivie avec M. Gentz. Cette liaison suffit pour écarter d'elle tous les ministres de Sa Majesté, et vous sentirez, monsieur, que vous devez vous abstenir de la voir pendant le séjour qu'elle pourra faire dans la ville que vous habitez (1). »

Il faut compléter ces deux documents par un troisième, une lettre écrite par l'Empereur à Fouché le même jour qu'il écrivait à M. de Champagny :

« Bayonne, 28 juin 1808.

« Mme de Staël a une correspondance suivie avec le nommé Gentz, et s'est laissé engager avec la clique et les tripoteurs de Londres. Je désire qu'elle soit surveillée à Coppet, et que vous fassiez donner des ordres en conséquence au préfet de Genève et au commandant de la gendarmerie. Cette liaison avec cet individu ne peut être qu'au détriment de la France. Vous ferez connaître que jusqu'à cette heure on ne l'avait regardée que comme une folle, mais qu'aujourd'hui elle commence à entrer dans une coterie contraire à la tranquillité publique. J'ai ordonné également au ministre des Relations Extérieures de faire connaître cela à tous mes agents dans les cours étrangères, et de la faire surveiller dans tous les lieux où elle passera (2). »

(1) Arch. Aff. étr., AUTRICHE.
(2) Napoléon à Fouché. (LECESTRE.)

La rupture est consommée. Jusque-là Napoléon s'est
contenté d'interdire le séjour de Paris à Mme de Staël:
mais il la laisse libre d'aller où bon lui semble. A trois
reprises même, pendant le premier voyage en Allemagne,
pendant le voyage d'Italie, enfin au début du voyage en
Autriche, tous nos envoyés reçoivent l'ordre d'accueillir
Mme de Staël avec égard, de lui assurer la protection de
la France; l'Empereur a dit en personne, pendant le
voyage d'Italie, que si la reine de Naples avait fait arrêter
Mme de Staël, il aurait envoyé vingt mille hommes pour
la délivrer. A partir du mois de juin 1808, tout change;
les premiers ordres révoqués, la défense à nos ambassadeurs de voir Mme de Staël, l'établissement d'une surveillance exercée autour d'elle à Coppet et à l'étranger,
telles sont les conséquences du voyage de 1808.

Il est bien vrai que Mme de Staël entre de plus en plus
dans une « coterie », et qu'elle est accueillie, saluée,
fêtée avec enthousiasme par tout ce qui déteste en Europe
la France et Napoléon. C'est en vain qu'elle veut dis-
joindre ces deux termes du problème : elle distingue, il
est vrai; mais elle est seule à le faire. Elle s'apercevra
plus tard qu'il n'est pas très aisé de séparer Napoléon
de la France. Il est bien vrai qu'elle semble prendre
plaisir à se compromettre, à braver la colère du maître,
et, prétention curieuse, elle trouvera étrange que Napoléon ne continue pas de lui assurer la protection de ses
ambassadeurs (1). Il est vrai enfin que déjà l'Allemagne
est en pleine effervescence politique, que d'un bout à
l'autre du pays, du Rhin à la Vistule, de la Baltique au
Danube, on frémit, on s'agite contre la domination fran-

---

(1) Voir sa lettre à M. de Champagny, pour se plaindre qu'on défende à
Andréossy de la voir. (Publiée par Eug. RITTER, dans ses *Notes sur
madame de Staël.*)

çaise. Mme de Staël ne s'en aperçoit pas d'ailleurs, et
gourmande sans cesse la paresse de ces bons Allemands,
leur docilité à porter le joug. Mais par ses lettres, ses
conversations, ses harangues enflammées, elle les révèle
à eux-mêmes. Elle exerce sur eux une action incroyable,
et non pas seulement sur les princes et les archiducs, sur
les écrivains et sur les diplomates, mais, chose étrange,
sur les gens du peuple même. Elle raconte à ce sujet
une anecdote significative. Lorsqu'elle entra en Saxe, en
revenant de Vienne, le commis de la barrière arrêta sa
voiture et lui dit que « depuis plusieurs années, tout ce
qu'il souhaitait, c'était de la voir et qu'il mourrait content, puisqu'il avait eu ce plaisir (1) ». C'était l'amie
de l'Allemagne qu'on saluait en elle; c'était aussi l'ennemie de Napoléon.

Le réveil de l'Allemagne, parce que de l'Allemagne
elle attend la chute de Napoléon, voilà quelle est désormais la pensée en laquelle Mme de Staël consacre toutes
les forces de son âme. Sans cesse, elle criera le *Surge,
Lazare*, à ce mort couché dans la nuit du tombeau.
Quelle allégresse, quand elle sentira enfin remuer ce
grand corps, s'éveillant de son sommeil léthargique!

(1) Mme de Staël à Mme Récamier, 1ᵉʳ juin 1808.(*Coppet et Weimar.*)

CHAPITRE XVI

Dans les premiers jours de juillet 1808 (1), Mme de Staël est de retour à Coppet. Elle a fait, en quittant Vienne, son pèlerinage à Weimar. Mais, hélas! ce n'est plus l'heureuse petite ville où jadis elle avait passé des jours si paisibles : Weimar pillé, le grand-duc condamné à entrer dans la Confédération du Rhin, frappé d'une contribution de guerre de 2,200,000 francs, la grande-duchesse, si héroïque après Iéna, malade, brisée d'âme et de corps, la duchesse Amélie morte, Schiller mort, quel sujet de méditations! La mort et la guerre ont passé par l'heureuse cité, elles en ont changé la face.

Mme de Staël est triste. Cette mélancolie est le fond de sa nature; mais à cette disposition naturelle viennent s'ajouter des causes extérieures. Elle retrouve Benjamin Constant marié : il a épousé Charlotte de Hardenberg, veuve d'un premier mari, divorcée avec le second, qui n'est ni intelligente, ni jolie, ni vertueuse; comme un écolier, il a profité de l'absence du maître pour rompre sa chaîne. Elle est toute désorientée : retournera-t-elle passer l'hiver à Vienne? Elle y a laissé son fils cadet Albert,

---

(1) « Je serai à Coppet dans huit jours, » écrit-elle de Francfort, le 25 juin, à Mme Récamier.

qui est à l'École militaire; mais si la guerre éclate, il lui
faut attendre. « Mais Vienne même subsistera-t-il (1)? »
Puis, à dire vrai, Vienne l'ennuie (2) : ces Allemands du
Sud se ressemble tous, il ne savent parler que de choses
frivoles; la conversation n'est qu'un « agréable gazouil-
lement »; il n'y a là rien à découvrir. Enfin, elle est
triste, parce qu'elle sent un despotisme de plus en plus
lourd peser sur l'Europe; le guet-apens de Bayonne
(avril-mai 1808), la captivité des princes espagnols à Va-
lençay, les envois de troupes continuels en Espagne, lui
serrent le cœur : « Je suis bien occupée de l'Espagne.
Quelle pitié l'on sent pour tout ce qui périt là (3)! »

Elle a perdu tout espoir de revoir Paris. Auguste de
Staël, en l'absence de sa mère, a fait une tentative désespérée auprès de l'Empereur. Malgré sa jeunesse (il n'a
que dix-sept ans), il est allé à Chambéry attendre l'Empereur, qui revient d'Italie. Napoléon est parti de Milan le
24 décembre 1807; le 30 dans la matinée, il passe à
Chambéry. Là, tout en déjeunant à l'auberge, il reçoit le
jeune Staël. Il cause avec lui près de trois quarts d'heure,
car il ne lui déplaît pas qu'un fils vienne défendre sa
mère. Mais il s'explique formellement sur Mme de Staël,
sur les raisons qu'il a de lui interdire le séjour de Paris.
Il ne la considère pas comme une « méchante femme »,
mais comme une femme qui « n'est habituée à aucune
espèce de subordination », et il veut, avant tout, qu'on
lui obéisse. Mme de Staël ne pourrait pas s'empêcher
d'intriguer, de « faire des plaisanteries » : « Elle n'y
attache pas d'importance; mais moi, j'en mets beaucoup,

(1) Mme de Staël à Mme Récamier, 25 juin 1808, Francfort. (*Coppet et Weimar.*)
(2) « Je vous avoue que je m'ennuie, » écrit-elle à Mme Récamier, de Vienne, janvier 1808. (*Ibid.*)
(3) A Mme Récamier, 17 juillet 1808.

je prends tout au sérieux... Votre mère n'aurait pas été
six mois à Paris, que je serais forcé de la faire mettre à
Bicêtre ou au Temple; j'en serais fâché, parce que cela
ferait du bruit; *cela me nuirait un peu dans l'opinion.* » Aveu
curieux à retenir, parce qu'il montre l'importance extrême
que l'Empereur attache à l'opinion; s'il exile Mme de Staël,
c'est qu'il la craint; mais il ne veut être ni odieux ni ridicule. Et, dans le cours de la conversation, il s'épanche, il
s'abandonne; il exhale sa rancune contre Necker, « un
fou, un vieux maniaque,... un vieil entêté, qui est mort
en rabâchant sur le gouvernement des États. » Il n'a pas
oublié les *Dernières Vues,* et il menace : « Tenez-vous droit
en politique, car je ne pardonnerai pas la moindre chose
à tout ce qui tiendra à M. Necker. » Il a une peur réelle de
Mme de Staël, et d'ailleurs parfaitement justifiée : il l'a
vue à l'œuvre, elle lui gâterait Paris. « Paris, voyez-vous,
c'est là que j'habite, et je n'y veux que des gens qui
m'aiment. Si je la laissais venir à Paris, elle ferait des
sottises, elle me perdrait tous les gens qui m'entourent,
elle me perdrait Garat; n'est-ce pas déjà elle qui m'a perdu
le Tribunat? Ceci dit, qu'elle aille partout où elle voudra, à Rome, à Naples, à Vienne, à Berlin, à Milan, à
Lyon, à Londres même, « faire des libelles. » Il n'y a
que votre mère qui soit malheureuse lorsqu'on lui laisse
toute l'Europe (1)! »

C'était, en effet, jusqu'alors, à quoi se bornait cette
grande persécution : l'interdiction du séjour de Paris; et
il était bien singulier que Mme de Staël voulût, comme
dit Napoléon, « se mettre à portée de sa tyrannie, » le
braver dans sa capitale. Mais à partir de 1808, la situa-

---

(1) Voir Auguste DE STAËL, *Œuvres,* t. I, préface, p. xxix, où se trouve
le récit de l'entrevue fait par Auguste de Staël lui-même. Voir aussi
BARNI, *les Martyrs de la libre pensée,* qui a eu entre les mains un récit
plus complet de l'entrevue.

tion change. C'est à ce moment que la vraie persécution commence, nous savons pour quelles causes; il n'est plus vrai que Mme de Staël soit libre d'aller et venir comme bon lui semble. De jour en jour, la surveillance se resserre autour d'elle. Elle devient plus étroite encore après 1810, après l'essai de publication de *l'Allemagne;* Mme de Staël est prisonnière dans Coppet jusqu'au jour où elle s'évade et s'enfuit à travers l'Europe.

Dès le mois de juillet 1808, par suite des ordres donnés à M. de Champagny et à Fouché, la liberté de Mme de Staël est déjà fort restreinte. Elle est étroitement surveillée à Coppet, et, comme il est interdit à nos ambassadeurs de lui faire bon accueil à l'étranger, il lui est, de fait, impossible de voyager : « Dans quel pays puis-je aller, écrit-elle à M. de Champagny, si je n'y ai pas l'appui de l'ambassadeur de France (1)? » Quelque temps après, on augmente la distance en deçà de laquelle il lui est défendu d'approcher de Paris. Ce n'est plus, comme jadis, trente, ni même quarante lieues, mais, par décision du ministre de la Police en date du 24 novembre 1808, il lui est défendu d'approcher de Paris à moins de cinquante lieues (2).

Les agissements de Mme de Staël en Allemagne, sa correspondance avec Gentz ne suffisent pas à expliquer cette rigueur. Il faut en chercher la raison dans la situation de l'Empire à cette époque.

C'est qu'en l'année 1808 se produit en Europe un mouvement d'opinion très significatif contre la puissance napoléonienne. L'Empereur sent que sa fortune chan-

---

(1) Coppet, 24 octobre 1808. (Cité par Eug. RITTER, d'après la collection d'autographes de M. Bovet, dans ses *Notes sur madame de Staël.*)

(2) Archives nationales, F⁷ 6331. Cité par WELSCHINGER, *la Censure sous le premier Empire*, p. 343.

celle, et il veut effrayer ses ennemis. Les événements
d'Espagne ont soulevé une réprobation presque unanime.
Suivant le mot de Fiévée, l'opinion est « malade d'inquiétude (1) ». Toute l'Europe s'indigne des événements de
Bayonne; on plaint les Espagnols; en France même on
admire leur courage. La capitulation de Dupont à Baylen
(23 juillet), celle de Junot à Cintra (30 août), portent au
prestige de l'Empereur un coup fatal. Joseph a dit à son
frère : « Votre gloire échouera en Espagne. » L'absence
de nouvelles précises, le silence des journaux augmentent
les alarmes. Napoléon n'est plus l'invincible; toute l'Europe le sait, le charme est rompu. En Allemagne, en Autriche, l'émotion est extraordinaire. En France, on juge la
guerre avec l'Autriche inévitable; on prévoit de nouvelles
levées d'hommes; la conscription est un cauchemar qui
pèse sur la nation et dont elle ne peut se délivrer. Rien
ne rend l'Empire plus impopulaire; chaque jour l'opinion
se sépare de lui davantage. « Pour peindre l'état moral de la France, dit Fiévée, on pourrait dire qu'il n'y a
plus de dupes maintenant que ceux qui font encore des
calculs sur la crédulité publique (2). »

C'est bien pis encore en 1809, pendant la campagne
contre l'Autriche. La résistance imprévue que l'Empereur
rencontre sur le champ de bataille d'Essling fait courir
dans toute l'Allemagne un long frémissement d'espérance.
Des bandes, celles de Schill, de Brunswick-OEls, se forment et tiennent la campagne. Même la machine militaire,
dont Napoléon fait un excessif usage, craque et se dis-
loque ; les généraux, les maréchaux comparent les troupes
qu'ils commandent à celles qu'ils ont connues jadis, et ne

_____

(1) Bulletin d'août 1808, bulletin de septembre de la même année, dans
la *Correspondance* de Fiévée.
(2) Fiévée, bulletin de septembre 1808.

cachent pas leur vives appréhensions (1). L'Empereur
lui-même est impatient de conclure la paix ; il a été frappé
de l'attentat de Schönbrunn, de la froide résolution de
l'assassin Staps, de son fanatisme. Pour comble de désarroi arrive l'affaire de Walcheren, le débarquement des
Anglais, la prise de Flessingue, la mobilisation des gardes
nationales par Fouché. Napoléon sent qu'on le trahit, que
la France lui échappe. Les hôtels, les salons, les cafés (2)
murmurent une sorte d'opinion publique ; il se fait un
agiotage effréné sur les fonds publics ; la rente baisse de
82 francs à 79. Il règne une surexcitation extrême, qu'en
vain les communiqués officieux essaient de calmer ;
l'opinion rit des journaux, qu'elle trouve « par trop
bêtes » depuis qu'ils sont dans la main du gouvernement :
« Ce qu'on imprime ne sert qu'à indiquer ce qu'il ne faut
pas croire. »

On comprend que dans ce Paris énervé, surexcité,
déjà presque en révolte, l'Empereur ne tienne pas à introduire Mme de Staël.

Cependant une période nouvelle commence dans la vie
de Mme de Staël. Confinée dans son château de Coppet,
étroitement surveillée, elle sent grandir son rôle. Dans
cette Europe impatiente de secouer ses chaînes, elle apparaît comme une protestation vivante contre la tyrannie ;
elle est ce que sera plus tard pour les républicains de
France le grand exilé de Jersey et de Guernesey. Mais ce
n'est pas seulement la France républicaine, c'est l'Europe
tout entière qui a les yeux fixés sur Mme de Staël. Tout
ce qui souffre du despotisme, individus et nations, se
tourne vers Coppet ; là se tiennent vraiment, comme on
l'a dit, les « grandes assises » de la pensée européenne.

(1) DE BROGLIE, *Souvenirs.*
(2) FIÉVÉE, août 1809.

Déjà l'interdit est jeté sur Coppet. Quiconque va voir
Mme de Staël est suspect. On veut faire la solitude
autour d'elle. Mme de Staël voudrait bien avoir près
d'elle Mme Récamier, mais elle n'ose : « Je suis toujours
combattue, lui écrit-elle, entre le désir de vous voir et
la crainte de vous nuire (1). » L'Empereur ne pardonne
pas à Mme Récamier la sympathie qu'elle témoigne à
Mme de Staël. C'est que Mme Récamier sert d'intermédiaire à Mme de Staël, reçoit de Coppet des instructions et des lettres, qu'elle transmet fidèlement aux
amis de l'exilée. Aussi l'Empereur a-t-il dit dans le salon
de l'impératrice Joséphine « qu'il regarderait comme un
ennemi personnel tout étranger qui fréquenterait le salon
de Mme Récamier (2) ». Il a fait savoir au prince de Bavière
qu'il n'approuvait pas la sympathie qu'il témoignait à
Mme de Staël et à Mme Récamier (3). Le grand-duc héréditaire de Mecklembourg-Strélitz, quand il veut voir
Mme Récamier, se glisse chez elle le soir, incognito, la
nuit tombée. Metternich n'ose la voir qu'au bal masqué,
ou le matin chez elle. L'Empereur est bien renseigné par
sa police ; il apprend que trois ministres se sont ren-
contrés un jour chez Mme Récamier ; il gronde : « Depuis
quand le conseil se tient-il chez cette dame? » C'est que
Mme Récamier, c'est encore un peu Mme de Staël.

Une telle désapprobation, en un tel temps, a des effets
rapides : le vide se fait à Coppet. Sans doute, quelques
fidèles amis bravent encore la tempête ; mais tout « ce qui
tient au gouvernement ou aspire à un emploi commence
à s'éloigner de la maison de Mme de Staël et à détourner

---

(1) *Coppet et Weimar.*
(2) *Souvenirs de madame Récamier.* (Lettre du grand-duc de Mecklem-
bourg à Mme Récamier, 1843.)
(3) *Coppet et Weimar* Mme de Staël à Mme Récamier, 24 août 1808.

les timides d'y venir (1) ». De tous les supplices, c'est
le plus pénible pour Mme de Staël. Elle est frappée au
cœur, dans son amour de la société, dans son besoin de
sympathie, dans ce goût très vif pour le mouvement,
l'agitation, la vie bruyante. Gérando, un vieil ami, passe
à Genève, se rendant en Italie; il ne vient pas à Coppet!
Mme d'Albany imite l'exemple de Gérando. Corinne
s'alarme, elle proteste, elle fait écrire par Sismondi
à Mme d'Albany : « Gérando voudrait faire croire qu'elle
est pestiférée; il vous a trompée, madame, et je vous
assure que rien ne compromet moins que de venir à Coppet (2). » Les hôtes de Coppet prennent peur. Le timide
baron de Vogt, qui ne sera pas des derniers à s'esquiver
aux jours de péril, donne à Mme de Staël des conseils de
prudence; il voudrait que le livre qu'elle écrit — *De l'Allemagne* — eût un air « d'innocence qui désarmât la critique
et désappointât la malveillance ». Elle n'a pas besoin « de
faire preuve de républicanisme et d'imagination, mais de
sagesse et de mesure ».

Franchement, la situation commence à n'être plus
tenable pour Mme de Staël. Il faut qu'elle se résigne à la
persécution, ou qu'elle se taise, et elle ne veut pas se
taire. Il ne reste plus qu'à fuir. Elle pense sérieusement à
passer en Amérique. Ce n'est pas, on l'imagine, sans un
crève-cœur véritable qu'elle quittera la France et l'Europe; mais il lui faut « une patrie pour ses fils (3) », et il
n'en est point en Europe pour qui n'a pas l'appui de l'Empereur. Elle se proposa de faire partir pour les États-Unis

---

(1) *Dix années d'exil.* — Avertissement d'Aug. de Staël, entre la première et la seconde partie.
(2) *Lettres de Sismondi à madame d'Albany*, publiées par Saint-René Taillandier.
(3) Lettre de Mme de Staël à Talleyrand, du 28 février 1809, qui se
trouve au British Museum. (BLENNERHASSETT, t. III, p. 360.)

son fils aîné Auguste au mois de mai 1809 (1). Elle
compte elle-même l'y rejoindre, et passer de là en Angleterre; si, par hasard, le vaisseau faisait escale en Angleterre,
elle s'arrêterait dans ce dernier pays. Tous ces projets
flottent encore dans son esprit. Il semble bien pourtant
que le voyage aux États-Unis est décidé en principe;
Ainsi, en janvier 1810, elle demande et obtient pour son
fils aîné un passeport valable de Genève aux États-Unis
par Morlaix, sans qu'il puisse s'arrêter à Paris. Le
gouvernement impérial serait ravi d'être débarrassé de
Mme de Staël; mais il se montre assez sceptique et croit
peu au voyage en Amérique. Quant aux amis de Mme de
Staël, ils sont effrayés de ce projet et redoutent pour elle
des désillusions : les États-Unis sont tellement aux anti-
podes de tout ce qu'elle vénère, de tout ce qu'elle aime!
Un journal américain a eu vent de la prochaine arrivée de
Corinne, et il l'annonce à ses lecteurs en ces termes:
« C'est une femme *fort riche*, et qui vit d'une manière
fort noble dans son château. Elle a aussi écrit plusieurs
livres qui, étant beaucoup lus en Europe, lui rapportent
assez d'argent (2). » Les barbares! s'écrierait Mme de Staël.

Cependant, elle ne quittera pas l'Europe avant d'avoir
publié son grand ouvrage sur l'Allemagne, sur lequel elle
fonde tant d'espérances. Elle en lit des fragments à ses
hôtes, elle en parle dans toutes ses lettres, à M. Bérenger,
de Lyon (3), à Mme Récamier, à la grande-duchesse
Louise : « J'espère, écrit-elle à cette dernière, que vous
serez contente de mon ouvrage sur l'Allemagne (4). »
Elle veut écrire une œuvre sérieuse, approfondir la lit-

---

(1) Mme de Staël à la grande-duchesse Louise, 20 février 1809. (*Coppet et Weimar.*)

(2) Sismondi à Mme d'Albany, 18 octobre 1809.

(3) REGNAULT-VARIN, *Esprit de madame la baronne de Staël-Holstein.*

(4) 20 février 1809. (*Coppet et Weimar.*)

térature, la philosophie, les mœurs de l'Allemagne. Pour
cela, le cadre du roman ne lui suffit plus; son livre sera
distribué par chapitres et par lettres (1). Telle est la
forme primitive de l'ouvrage. Il ne manquera pas de cette
« couleur poétique », si nécessaire pour peindre un pays,
le seul de l'Europe continentale où fleurit encore l'enthousiasme. Mme de Staël, qui a quelques raisons pour
craindre la police impériale, pense un instant à publier
son livre à l'étranger; mais elle se ravise (2). Il ne faut
pas que l'auteur de *Delphine* et de *Corinne* se fasse publier
en Allemagne ou en Autriche. Elle se réclame sans cesse
de la France; c'est à la France qu'elle doit sa gloire;
c'est à Paris que doit paraître ce livre. Puis, ne serait-ce
pas en quelque sorte abandonner à son ennemi le champ
de bataille? Mme de Staël paraîtrait craindre Napoléon.
Et enfin, elle espère désarmer l'Empereur, lui prouver la
pureté de ses intentions, le caractère innoffensif de son
livre, en le prenant loyalement pour juge.

Elle ira en France, pour surveiller elle-même la publication de l'œuvre. Auparavant, elle pousse une pointe
hardie, au grand émoi de la police, toujours inquiète
quand elle se déplace. Le 7 novembre 1808, elle fait viser
son passeport pour Besançon. Le préfet du Doubs
demande des instructions. Il reçoit l'ordre de s'informer
de l'arrivée à Besançon de Mme de Staël, « de sa conduite
pendant son séjour, et de son départ, ainsi que de la des-
tination ultérieure qu'elle pourrait suivre (3). » On rappelle qu'il lui est strictement défendu de s'approcher de

---

(1) « *Corinne* écrit des lettres délicieuses à l'occasion de *l'Allemagne*,
qui seront sans doute son meilleur ouvrage. » — Le baron de Vogt à
Mme Récamier, 23 septembre 1809, et non 1810, comme la lettre est
datée par erreur. (*Madame Récamier, les amis de sa jeunesse.*)
(2) *Coppet et Weimar.*
(3) Arch. nat., F⁷ 6331. (WELSCHINGER, ouvrage cité.)

Paris à moins de cinquante lieues. Mme de Staël se
ravise, et ne fait pas usage de son passeport pour
Besançon. Mais le 8 juin de l'année suivante, elle fait
son entrée triomphale dans Lyon avec son fils Auguste,
« quelques aides de camp et toute sa maison (1). » On
dirait une reine qui voyage. Elle vient assister aux représentations de Talma, de passage en cette ville. Mme Récamier s'est empressée de la rejoindre. Mme de Staël désirerait emmener Talma à Coppet, pour lui faire donner
quelques représentations sur son théâtre; mais la police
conseille à Talma de s'en abstenir.

Enfin, vers le milieu d'avril 1810 (2), Mme de Staël se
décide à partir de Coppet. Elle est munie de son passeport pour les États-Unis; mais elle est bien résolue
à en faire usage le plus tard possible, peut-être même
jamais, si on veut la tolérer en France. Elle va surveiller
l'impression de son ouvrage; elle a obtenu de s'installer
à quarante lieues de Paris. Les temps sont plus favorables. Le mariage de l'Empereur est proche; on dit que
Napoléon est disposé à la clémence, et qu'en l'honneur
de ce grand événement il prononcera plusieurs grâces.
Mme de Staël espère fermement être au nombre des
heureux (3) : elle ne néglige rien pour atteindre ce but.
Elle ne se dissimule pas qu'elle joue une grosse partie et
que son sort en dépend. Elle a « le cœur bien serré ».
Elle passe par Lyon « pour embrasser Camille (4) et
causer » avec lui. De là, elle se dirige sur Blois, se
rendant au château de Chaumont-sur-Loire, une splen-

(1) Arch. nat., F⁷ 6331. Rapport de Maillocheau, commissaire général
de police à Lyon.
(2) Et non en mars, comme le dit lady Blennerhassett.
(3) Lettre du préfet de Loir-et-Cher au ministre de la Police, 24 avril
1810. Archives nationales, F⁷ 6331.
(4) Camille Jordan.

dide résidence historique, qu'ont habitée le cardinal
d'Amboise, Diane de Poitiers, Catherine de Médicis; elle
compte y rester un ou deux mois (1), jusqu'à ce que le
propriétaire, M. Le Ray, revienne d'Amérique.

Alors, elle partira à son tour, à moins que la fortune
ne lui soit favorable.

(1) Le préfet de Loir-et-Cher au ministre de la Police, 24 avril 1810.
Archives nationales, F7 6331.

CHAPITRE XVII

Voilà Mme de Staël installée au château de Chaumont, avec une nuée de courtisans, amis sûrs et dévoués, beaux esprits, nobles personnages : Mathieu de Montmorency, son chevalier fidèle, le comte Elzéar de Sabran, MM. de Barante père et fils, le comte de Balk, le prince Tuffiakin, le poète Chamisso, le pédant Schlegel, Benjamin Constant, quoique marié, Mme Récamier, une Anglaise, Mlle Randall, institutrice de sa fille, et un « maître de guitare ».

Cela ne suffit pas encore; elle prie Mme Récamier d'inviter tous ceux de leurs amis « qui ne craignent pas la solitude et l'exil », le censeur impérial Lemontey, Talma, Adrien de Montmorency. Elle est impérieuse pour ceux qu'elle aime; elle écrit, elle fait écrire par Mme Récamier à Camille Jordan pour qu'il vienne à Chaumont. Elle a une fièvre d'agitation extraordinaire; elle parle, elle écrit, elle corrige ses épreuves, elle gourmande les paresseux ou les tièdes, ceux qui, comme Jordan, s'endorment dans les délices du mariage et « négligent la gloire (1) ». Elle est très jalouse en amitié; ainsi que Coppet, Chaumont voit éclater de brusques orages. Il y a dans le parc une certaine allée qu'on a

(1) Mme de Staël à C. Jordan, 7 mai. (SAINTE-BEUVE, *Nouveaux Lundis*, t. XII.)

baptisée « l'allée des explications (1) ». Mme de Staël
absorbe tout ce qui l'entoure; le préfet de Blois lui-
même, l'infortuné M. de Corbigny, « homme d'un esprit
aimable et éclairé (2), » fait sa cour à Mme de Staël, l'invite à déjeuner avec Schlegel, Benjamin Constant et
M. de Sabran (3). Mais le préfet est surveillé par la
police, et il payera cher ses imprudences. De temps en
temps, Mme de Staël fait irruption dans Blois, avec son
cortège. Elle veut aller voir l'opéra de *Cendrillon*, alors
dans sa nouveauté. Les habitants se mettent aux portes,
pour voir passer la femme célèbre. La police s'en plaint,
et le ministre écrit au préfet que Mme de Staël est « envi-
ronnée d'une cour ». — « Certes, répond-elle, ce n'est
pas du moins la puissance qui me la donne (4). »

En somme, il faut le reconnaître, cette conduite est
fort imprudente. Comme à Maffliers en 1803, comme à
Acosta en 1807, elle attire la foudre sur sa tête. Au lieu
de vivre tranquille dans la retraite, en corrigeant ses
épreuves, elle joue à l'impératrice, elle compromet le préfet, elle nargue le pouvoir : manifestement, cela l'amuse.

Elle s'abuse étrangement, si elle croit l'Empereur disposé à la clémence envers elle. Il stimule le zèle de la
police envers tous ceux qui troublent l'opinion. Il sait
que Fouché, qui ménage tous les partis et n'aime pas les
violences inutiles, tolère volontiers à Paris ou aux environs ceux qui gênent le gouvernement. Napoléon lui
écrit le 4 avril 1810 : « J'ai pris pour principe d'éloigner
de Paris les personnes dont la présence y est absolument
incompatible avec la tranquillité publique, *avec la ferme*

---

(1) BLENNERHASSETT, t. III, p. 352, d'après *Chamisso et son temps*, de
Karl FULDA.
(2) *Dix années d'exil.*
(3) Arch. nat., A F^{IV} 1509.
(4) *Dix années d'exil.*

résolution de ne point les y laisser revenir (1). » Voilà qui est
net, et Mme de Staël aurait tort de se faire des illusions.
Exceptionnellement, à l'occasion de son mariage avec
Marie-Louise, l'Empereur permet le retour à Paris de
l'abbé de Montesquiou, « du sieur Rohan-Chabot (Léon)
et de son épouse, du sieur Tourzel et de son épouse (2). »
De Mme de Staël, il n'est point question. C'est en vain
qu'elle a fait écrire par Corbigny, qu'elle a écrit elle-
même à Méneval, le secrétaire de l'Empereur, « vingt
lettres, » toutes plus éloquentes les unes que les autres (3).
L'Empereur est inflexible.

Le 3 juin, il arrive une aventure fort désagréable pour
Mme de Staël : Fouché, compromis dans de louches intrigues avec l'Angleterre, est remplacé au ministère de la
police par Savary. C'est une vraie calamité pour les proscrits : « Je crois, dit le duc de Rovigo lui-même, que la
nouvelle d'une peste... n'aurait pas plus effrayé que ma
nomination au ministère de la Police (4). » Avec Fouché,
on peut s'entendre; il n'aime point la rigueur, procède
par insinuation et persuasion, ferme les yeux quand
l'attention du maître est portée autre part. Mais que faire
avec Savary, l'homme dont les mains sont teintes du
sang d'Enghien, l'âme damnée de l'Empereur, qui a dit
de lui ce mot effrayant : « Si j'ordonnais à Savary de se
défaire de sa femme et de ses enfants, je suis sûr qu'il ne
balancerait pas (5). » Quand l'Empereur commande, il
est sûr que Savary obéira. Il trouve que la police a pris
avec Fouché des habitudes de laisser-aller et de négli-

---

(1) LECESTRE, t. II.
(2) Il s'agit du prince et de la princesse de Léon, exilés à la Roche-
Guyon, et du marquis et de la marquise de Tourzel.
(3) MÉNEVAL, *Mémoires*, t. II, p. 15.
(4) ROVIGO, *Mémoires*, t. IV.
(5) Mme DE RÉMUSAT, *Mémoires*, t. II, p. 245.

gence; il écrit à Savary, le 20 juillet : « Je vois dans le
nombre des personnes éloignées de Paris plusieurs dont
on s'est permis d'adoucir la situation. Révoquez ces
ordres : il n'appartient pas à la police de rien changer
aux ordres que j'ai pris. » Savary se le tient pour dit;
désormais, la machine policière va fonctionner avec une
vigueur inusitée : tant pis pour qui sera pris dans l'engrenage. La première victime sera Mme de Staël

Cependant, le propriétaire du château de Chaumont,
M. Le Ray, est revenu subitement d'Amérique. En vain
il presse Mme de Staël de rester à Chaumont; elle n'accepte pas son offre courtoise, et se rend au château
de Fossé, qu'un de ses amis, M. de Salaberry, met à
sa disposition. Là, inconsciente du danger qui la menace,
elle corrige les dernières épreuves de *l'Allemagne;* elle
touche au but rêvé depuis six années. Elle éprouve cette
joie infinie, ce calme délicieux qui inonde l'âme de
l'écrivain quand il a rempli sa tâche, et qu'enfin apparaît à la lumière l'œuvre méditée avec tant d'amour. Elle
est alors presque heureuse. Elle éprouve le charme péné-
trant de ces derniers beaux jours d'été, qui ont, dans
cette partie de la France, une douceur infinie. Que peut-
elle souhaiter de plus au monde? Elle sent sa propre
gloire; elle est entourée d'êtres bons et dévoués. Quel
malheur pourrait troubler cette paisible retraite? De temps
en temps, le soir, on improvise des concerts; le maître
italien touche de la guitare, Mme Récamier chante, la
charmante Albertine de Staël l'accompagne sur la harpe.
Quel tableau d'intérieur, fait à souhait pour le pinceau
d'un Metzu ou d'un Miéris! « Dieu veuille que cet été se
renouvelle! » écrivait Mme de Staël (1).

_____

(1) Elle écrivait ces mots à Mme Récamier, un soir que les hôtes de

La saison s'avance; on est déjà au 15 septembre, et
Mme de Staël a renoncé définitivement à s'embarquer
cette année pour l'Amérique. Elle souhaite passer l'hiver
en France, dans quelque ville de province qui ne soit
pas trop éloignée de Paris, Vendôme, par exemple (1).
Elle est sans inquiétude; son éditeur Nicolle lui écrit que
l'opinion des censeurs est favorable à l'ouvrage. Les deux
premiers volumes sont revêtus du *visa* des censeurs;
Nicolle en a été averti officieusement. Mme Récamier
part pour Paris (2) avec mission de presser l'approbation
de la censure pour le tome troisième. Elle mettra à profit
les relations qu'elle a avec Esménard, censeur des théâtres et de la librairie, et chef de la troisième division de
la Police générale.

Le 23 septembre, Mme de Staël corrige les dernières
épreuves de *l'Allemagne* et fait une liste des cent personnes à qui elle veut envoyer l'ouvrage. Puis, pleine
de confiance, elle part, le 25 (3), avec quelques amis, pour
une terre de Mathieu de Montmorency, la Godinière, qui
est située à quelques lieues de Blois (4). Elle doit s'installer dans cette campagne, en quittant le château de
Fossé. Son âme est « dans la disposition la plus douce et
la plus calme ». La solitude de la maison d'habitation,
qui s'élève au milieu des bois, la beauté majestueuse de

Fossé, assis autour de la lampe, jouaient à la « petite poste », leur divertissement préféré.

(1) *Dix années d'exil.*
(2) *Souvenirs de madame Récamier.*
(3) Corbigny au duc de Rovigo. Archives nationales, F⁷ carton 6331,
dossier 6991. Telle est la cote complète du dossier relatif à Mme de Staël;
pour abréger, nous n'indiquerons plus que la première, F⁷ 6331.
(4) Benjamin Constant à Mme Récamier, 8 septembre 1810 : « Je ne suis
pas sans quelque inquiétude pour son déménagement et son séjour à la
Godinière. Je sens que son attachement pour Mathieu de Montmorency
lui fait une loi de ne pas refuser son amicale proposition. » Cette terre
est aussi désignée sous le nom de La Forest (nom sans doute de la
maison d'habitation) dans les *Souvenirs de madame Récamier.*

la forêt, la société de l'homme qu'elle aime et qu'elle respecte le plus au monde, depuis qu'elle a perdu son père, tout concourt à entretenir en elle cette paix du cœur qu'elle a si rarement goûtée.

Le lendemain, 26 septembre, elle repart avec Mathieu, et s'égare dans les vastes plaines du Vendômois. Vers minuit, les voyageurs rencontrent un jeune cavalier qui s'avance à leur rencontre et leur offre de passer la nuit au château de Conan, qui appartient à ses parents. Mme de Staël accepte avec reconnaissance. Ce château, propriété de M. Chevalier, depuis préfet du Var, réunissait « le luxe de l'Asie à l'élégance de la France ». Les maîtres de la maison, qui avaient séjourné dans l'Inde, avaient rapporté de ce pays mille curiosités, qui intéressent vivement l'esprit toujours en éveil de Mme de Staël. Le romanesque de l'aventure, l'originalité de ce séjour l'enchantent. Elle a oublié la police et la censure.

Cependant, le jour même (1) où Mme de Staël est partie pour la Godinière, M. de Corbigny a reçu du duc de Rovigo, ministre de la Police, l'ordre d'inviter Mme de Staël à se mettre en route dans les quarante-huit heures, soit pour Genève ou Coppet, soit pour un port, où elle devra s'embarquer pour l'Amérique. « Vous m'informerez sans le moindre délai, ajoutait le ministre, de la direction que Mme de Staël aura choisie (2). » M. de Corbigny reçoit également l'ordre de se faire remettre le manuscrit et les épreuves de *l'Allemagne*. Il ne peut que répondre que Mme de Staël est absente et qu'il lui signifiera les intentions du ministre dès qu'elle sera de retour.

Le 25 septembre, le jour même où M. de Corbigny

---

(1) Lettre de M. de Corbigny au duc de Rovigo, du 25 septembre. Archives nationales, F⁷ 6331.
(2) Rovigo à Corbigny, 24 septembre, F⁷ 6331.

reçoit la lettre du duc de Rovigo, celui-ci, de sa propre
autorité, sans consulter Portalis, qui est directeur de la
Librairie, et sans attendre que l'examen des censeurs soit
terminé, fait mettre les scellés sur les planches et les
feuilles de l'ouvrage de Mme de Staël. Il ne reste à l'imprimeur Mame d'autres ressources que d'aller porter ses
doléances au directeur de la Librairie. Un conflit s'élève
entre celui-ci et le ministre de la Police. Portalis, piqué
du procédé, fait observer au duc de Rovigo qu'il a violé
les dispositions du décret impérial du 5 février 1810 (1);
aux termes de ce décret, le ministre de la Police peut
faire surseoir à l'impression et requérir l'examen de l'ouvrage; mais il doit attendre l'issue de l'examen pour
ordonner la saisie. Le duc de Rovigo répond cavalièrement à Portalis que « des *circonstances particulières* »
l'ont mis dans la nécessité d'agir ainsi. Il faut bien que
Portalis se contente de cette raison. Les droits que la
police n'a pas, elle se les arroge.

En l'espèce, le libraire Nicolle, en faisant imprimer le
livre, avant d'attendre le résultat de l'examen des censeurs, a agi à ses risques et périls (2). Il s'est fort exposé,
car il ne peut ignorer : 1° que le *visa* est nécessaire pour
l'impression; 2° que le ministre de la Police ou le directeur de la Librairie ont le droit de faire surseoir à l'impression ou d'arrêter la vente d'ouvrages soumis à l'examen; 3° que le directeur de la Librairie peut ne pas tenir
compte de l'avis de la censure et supprimer l'ouvrage,
même prêt à paraître; 4° que le ministre de la Police, « en
cas de circonstances particulières, » peut faire saisir
l'ouvrage et mettre les scellés sur les planches, sans dai-

(1) Portalis à Rovigo. Archives nationales, F⁷ 6331.
(2) « Les feuilles qui sont imprimées et qui n'auraient pas dû l'être
avant votre décision, » écrit Rovigo à Portalis.

gner consulter le directeur de la Librairie. Donc, en dernière analyse, c'est le ministre de la Police qui décide du sort des livres. On n'échappe aux censeurs et au directeur de la Librairie, que pour tomber entre ses mains. En un mot, c'est l'arbitraire (1).

A Fossé, quand on sut la nouvelle, le trouble fut extrême. Mme de Staël était absente. Que faire? Le 26 septembre, Auguste de Staël, dévoré d'inquiétude, ne voyant pas arriver sa mère, qui s'est égarée dans la campagne, monte à cheval et, à tout hasard, bat les vastes plaines du Vendômois. Circonstance étrange, comme elle, il se perd, et comme elle il arrive vers le milieu de la nuit au château de Conan. Là, il réveille M. de Montmorency, le met en deux mots au courant de la situation, le prie d'apprendre à sa mère le malheur qui la frappe. Puis il repart sans débrider pour mettre ses papiers en sûreté, car il peut prendre fantaisie à la police de perquisitionner au château. Le préfet a reçu l'ordre de saisir le manuscrit et les épreuves de *l'Allemagne*. Heureusement M. de Corbigny agit en galant homme. Il attend le retour de Mme de Staël. Auguste de Staël arrive à temps, et sauve le manuscrit quelques heures avant qu'on vienne le réclamer (2).

Quand Mathieu de Montmorency, avec tous les ménagements de l'amitié la plus délicate, apprit à Mme de Staël la ruine de ses espérances, elle fondit en larmes.

(1) Voir le décret impérial du 5 février 1810, qui régit la librairie à cette époque.

(2) Il existe dans les archives de Coppet, à notre connaissance, au moins deux manuscrits de *l'Allemagne*. Mais nous n'avons trouvé, ni à Coppet, ni au château de Broglie, où est la bibliothèque de Mme de Staël, aucun exemplaire de l'édition de 1810. Cependant il doit exister au moins un exemplaire d'épreuves. Nous avons comparé le texte des manuscrits de Coppet avec le texte imprimé de *l'Allemagne*, dans la pensée qu'il pouvait y avoir des différences, peut-être quelque attaque plus vive contre le régime impérial. Cette hypothèse n'est pas justifiée.

Elle n'avait pas prévu une telle disgrâce; elle perdait le
fruit de six années de travail, l'espérance d'une gloire
légitime; elle était chassée de France sur l'heure, alors
même qu'elle s'imaginait passer l'hiver à Vendôme. Sans
doute, elle avait agi avec peu de prudence; sans doute.
l'existence bruyante qu'elle avait menée au château de
Chaumont avait indisposé l'Empereur. Mais qui ne serait
ému d'une douleur sincère? Qui pourrait être insensible
au malheur de ce rare talent, de ce cœur généreux, qui
avait mis le plus pur de lui-même dans l'œuvre brutalement écrasée? « J'ai, écrit-elle, un nuage de douleur
autour de moi (1) ! »

En approchant de Fossé, elle vit les gendarmes qui
rôdaient autour du château; elle donna son écritoire à
son jeune fils Albert, qui sauta par-dessus le mur de la
propriété. Ce même jour, — 27 septembre, — M. de Corbigny se présentait pour notifier à Mme de Staël les ordres
du ministre. Il le fit avec cette urbanité qui lui était ordinaire et qui devait amener une prompte disgrâce. Mme de
Staël promit de lui remettre les manuscrits et épreuves de
l'Allemagne qu'elle avait entre les mains, « dès qu'elle les
aurait rassemblés (2). » Elle ordonna même en sa présence
à son secrétaire d'écrire à Paris pour qu'on lui envoyât
son manuscrit. Mais, en réalité, elle leurra le préfet, qui
se laissa duper avec beaucoup de bonne grâce. Ce fut le
29 septembre seulement qu'elle lui remit « toutes » les
épreuves de l'Allemagne (3); mais comme le préfet le faisait remarquer au ministre, elle « ne s'était pas piquée

---

(1) A Mme Récamier. (Coppet et Weimar.)
(2) Lettre du préfet de Loir-et-Cher. « A son Excellence le ministre de
la Police générale de l'Empire. » 27 octobre 1810. (Archives nationales
F⁷ 6331, dossier 6991. — Welschinger ne donne qu'un court extrait de
cette lettre, beaucoup plus longue.)
(3) 29 octobre 1810, le préfet de Loir-et-Cher au ministre de la Police.
F⁷ 6331.

de dire la vérité (1) » : car on avait vu à Fossé un volume
broché de l'ouvrage. Le 3 octobre, elle remit enfin à M. de
Corbigny, « pour gagner du temps (2), » une mauvaise
copie de *l'Allemagne*, dont il se contenta (3). Le vrai
manuscrit était en sûreté.

Ce fut en vain que M. de Corbigny insista pour qu'elle
partît dans les quarante-huit heures. Comme en 1803,
comme en 1807, elle allégua toutes sortes de raisons pour
reculer son départ : elle n'avait pas les fonds suffisants
pour le voyage ; elle avait besoin de régler ses comptes
avec son notaire ; elle envoyait son fils à Paris, etc. A moins
d'employer des mesures de rigueur, qui répugnaient à sa
délicatesse, il était impossible au préfet de Loir-et-Cher
de triompher de cette force d'inertie. Il se retira donc, en
disant à Mme de Staël qu'il allait informer le ministre de
la Police du délai qu'elle demandait (4).

Cet infortuné préfet ne devait pas tarder à apprendre à
ses dépens que l'administration impériale exigeait de ses
fonctionnaires moins de galanterie et un soin plus exact
dans l'exécution de ses ordres. On était irrité en haut lieu
que, durant le séjour de Mme de Staël à Chaumont et à
Fossé, le préfet de Loir-et-Cher n'eût organisé aucune
surveillance envoyé aucun rapport à la police. Le 25 septembre, jour où les scellés étaient apposés sur les formes
de *l'Allemagne*, le comte Réal, chargé du premier arron-

(1) 22 octobre 1810.
(2) *Dix années d'exil.*
(3) Le préfet de Loir-et-Cher au ministre de la Police, 4 octobre 1810.
Arch. nat., F⁷ 6331.
(4) *Ibid.* 27 septembre. Archives nationales, F⁷ 6331 : « Cette représentation qu'elle a toujours opposé aux vives instances que je lui faisais
de partir dans quarante-huit heures, aurait peut-être amené, si j'eusse
insisté davantage, la nécessité d'employer des moyens de rigueur, pour
lesquels je n'avais point d'ordres précis de Votre Excellence. Je me suis
donc retiré en disant à Mme de Staël que j'allais vous informer de sa
demande. »

dissement de la police de l'Empire, demandait d'urgence
au préfet de désigner les personnes que recevait à Fossé
Mme de Staël. « Je dois d'autant mieux croire que votre
attention, écrivait-il, s'est portée sur ce point, qu'assurément vous n'avez pas ignoré que Mme de Staël a dû attirer
plus d'une fois celle de la police (1). » Corbigny, fort
ému, répondit à Réal (2) qu'il avait vu plusieurs fois
Mme de Staël, que toujours en sa présence la conversation avait pris un tour littéraire, et que le « maire, le curé
et les autres habitants de son département » reçus à Fossé
ne lui avaient fait aucun rapport défavorable. La naïveté
parut un peu forte. Le 27 septembre (3), le ministre de
la Police expédiait à ce préfet débonnaire un blâme conçu
dans les termes d'une extrême sévérité : « Vous ne pou-
viez ignorer, lui écrivait-il, que cette dame (Mme de
Staël) avait fixé l'attention de la police. Je n'ai aucun rapport de vous ni sur elle, ni sur les personnes qui la visi-
taient... Je vous invite, monsieur, à *vous mieux pénétrer
des devoirs que votre place vous impose envers mon ministère.* »

Corbigny n'était pas au bout de ses peines. Le duc de
Rovigo rédigea sur sa conduite un rapport qui fut présenté à l'Empereur, à Fontainebleau, le 2 octobre (4), et
l'Empereur écrivit en marge cette note foudroyante :
« Le ministre lui témoignera mon mécontentement et
que j'avais droit à plus de zèle pour mon service. » Peu
de temps après, M. de Corbigny tomba malade et mourut.

Cependant, que faisait Mme de Staël? Elle n'avait pas
renoncé à toute espérance. Elle se proposait un double

---

(1) Archives nationales, F⁷ 6331.
(2) *Ibid.* 27 septembre, Corbigny au comte Réal (et non pas, comme dit
Welschinger, p. 178, au *préfet de police*, qui n'a rien à voir avec Mme de
Staël.)
(3) *Ibid.* 27 septembre.
(4) « Rapport à Sa Majesté l'Empereur et Roi sur la conduite du
préfet Corbigny. » 2 octobre 1810. F⁷ 6331; WELSCHINGER, p. 357.

but : faire paraître son ouvrage (car il n'avait pas encore
été mis au pilon), obtenir un sursis à son départ. Elle pensait que la publication de *l'Allemagne* était simplement
retardée, que l'on exigeait quelques corrections, qu'il
serait facile d'arranger les choses. Ce qu'elle paraissait
craindre par-dessus tout, c'était que l'ouvrage ne fût
tronqué, défiguré, sans qu'elle fût consultée ; elle était
bien décidée, en pareil cas, à le désavouer (1). Il semble
bien, en effet, que la première intention de la police n'ait
pas été de supprimer purement et simplement le livre. La
preuve en est que, le 28 septembre, l'Empereur écrivait
au duc de Rovigo : « Je vous ai renvoyé l'ouvrage de
Mme de Staël. A-t-elle le droit de s'appeler baronne ?
Prenait-elle ce titre dans les ouvrages qu'elle a publiés
jusqu'à cette heure ? Faites supprimer le passage relatif
au duc de Brunswick, et les trois quarts des passages
où elle exalte l'Angleterre. Cette malheureuse exaltation
nous a déjà fait assez de mal (2). » Supprimer des passages, et non pas détruire l'œuvre tout entière, voilà
quelles étaient, à la date du 28 septembre, les intentions
de l'Empereur. Il ne pouvait donc s'agir, dans l'esprit de
Mme de Staël, que d'un retard ; l'essentiel était que
l'œuvre ne fût pas mutilée.

En second lieu, avec une ténacité vraiment extraordinaire, elle se berçait de l'illusion qu'elle pourrait séjourner
quelque temps encore en France. Ce n'était plus un
sursis de quelques jours qu'elle implorait, mais la grâce
entière, tout au moins la faveur de séjourner dans une
campagne à quelques lieues de Paris. Pensant que l'Em-

---

(1) Archives nationales, F⁷ 6331. Corbigny à Rovigo, 4 octobre 1810.
(2) Lecestre, t. II, p. 74. Napoléon au duc de Rovigo. Selon Mme de
Staël, une réunion de tous les censeurs avait eu lieu après la saisie de
l'ouvrage, et ils avaient été d'avis que rien ne devait en empêcher la
publication. (Mme de Staël à Camille Jordan, 1ᵉʳ novembre 1810.)

pereur serait plus accessible à la pitié que ses ministres,
elle sollicitait la faveur d'une entrevue en laquelle elle
plaçait toutes ses espérances.

Mme Récamier s'était chargée, pour sa part, de gagner
Esménard à la cause de Mme de Staël, et de lui faire
« toutes ses gentillesses (1) ». On pensait qu'il ne serait pas
insensible aux grâces de la belle Juliette. Malheureusement ce personnage, censeur des théâtres et de la Librairie
et chef de la troisième division de la Police, fort besogneux
et de mœurs assez décriées, était tout dévoué au duc de
Rovigo, qui, en entrant au ministère, l'avait fort aidé à
« débarrasser son esprit de tout ce qui le tourmentait (2) ». Esménard répondit à Mme Récamier qu'il se
rendrait avec empressement à son invitation, « quoiqu'il
n'eût pas appris la sensibilité en Allemagne. » Ce début
était peu encourageant. Quelle fut au juste l'attitude
d'Esménard? Il semble, à entendre les amis de Mme de
Staël, qu'il n'eût pas été insensible à des arguments de
certaine nature, et que le grand tort de l'éditeur de *l'Allemagne* fut de n'y pas mettre le prix (3). Les *Mémoires* du
duc de Rovigo ne s'opposent pas à ce qu'on admette une
telle insinuation. Il est sûr, tout au moins, qu'Esménard
joua un rôle dans l'affaire et qu'il mit son protecteur au
courant de toutes les démarches tentées pour sauver *l'Allemagne.* Dépendait-il d'Esménard d'opérer ce sauvetage?
Cela est peu probable, et tout son zèle n'aurait pu vaincre
de plus hautes influences.

Pendant que Mme Récamier essayait sur Esménard la
séduction de ses coquetteries, Auguste de Staël s'était

(1) *Souvenirs et correspondance de madame Récamier*, lettre de Mathieu
de Montmorency, Fossé, 2 octobre 1810.
(2) Rovigo, *Mémoires*, t. V.
(3) Sismondi à Mme d'Albany, 16 août 1811. (Voir SAINTE-BEUVE, *Nouveaux Lundis*, t. XII, p. 312.)

rendu à Paris. Il venait solliciter du duc de Rovigo le sursis que sa mère demandait, et la permission de séjourner dans une ville à quarante lieues de Paris, en attendant qu'on décidât du sort de son livre (1). Le duc de Rovigo reçut le jeune homme; il lui déclara tout net que « l'État avait besoin des talents » de sa mère, qu'il lui fallait se prononcer pour ou contre, « comme au temps de la Ligue ». Il ajouta que Mme de Staël avait tort de louer les Prussiens, « qu'on ferait plutôt du vin muscat avec du verjus que des hommes avec des Prussiens, etc. (2). » Le duc de Rovigo ne devait pas s'en tenir à ces propos soldatesques : il allait écrire à Mme de Staël la lettre célèbre, qu'elle a clouée au pilori dans la préface de *l'Allemagne*. En attendant, il déclarait à Auguste de Staël que sa mère pourrait retarder son départ « de sept à huit jours (3) », mais qu'il ne pouvait lui accorder davantage. Désespéré, Auguste part pour Fontainebleau avec son frère Albert (4) afin de voir l'Empereur. Là, on leur déclare que s'ils persistent à rester dans la ville, ils seront arrêtés. Ils reviennent, en larmes.

Cependant Mme de Staël tient à son entrevue avec l'Empereur. C'est une idée fixe. Elle espère lui arracher ce qu'elle a tant à cœur : l'autorisation de séjourner à quelques lieues de Paris. Quant à *l'Allemagne*, elle n'occupe dans ces pensées que la seconde place : elle ne doute pas, à ce moment, que le livre ne paraisse. Mais quitter la

---

(1) Les censeurs n'avaient pas terminé leur examen, quand la saisie eut lieu. Cet examen fut terminé le 26. Le directeur général de la Librairie, en présence de la saisie de l'ouvrage, avait suspendu sa décision. On avait dit à Mme de Staël que son ouvrage était soumis à l'examen d'un nouveau censeur.

(2) Mme de Staël à Camille Jordan, 1ᵉʳ novembre 1810. (SAINTE-BEUVE, *Nouveaux Lundis*, t. XII.)

(3) Lettre du duc de Rovigo à Mme de Staël. (Préface de *l'Allemagne*.)

(4) *Dix années d'exil*.

France! Mais retourner dans ce triste Coppet ou partir
pour l'Amérique! Voilà ce qu'il faut éviter à tout prix.
Cette audience tant désirée, dont elle attend la fin de ses
maux, elle la fait solliciter par la reine Hortense (1). Elle
met « le plus grand prix » à ce rendez-vous; elle supplie
Mme Récamier d'user de toute son influence pour l'obtenir. En même temps, par le même courrier, Mathieu de
Montmorency, qui lui sert d'intermédiaire, envoie à
Mme Récamier certaine lettre sur laquelle Mme de Staël
fonde de grandes espérances. « Je crois, écrit Mathieu,
que tout le monde devra être content de la lettre qu'on vous
envoie. »

Quelle est cette lettre mystérieuse? C'est, à n'en pas
douter, l'admirable lettre, si éloquente, si émue, que
Mme de Staël adresse à l'empereur Napoléon, qu'elle
confie à Mme Récamier, qui la fera parvenir par la reine
Hortense à son destinataire (2). Jamais Mme de Staël

---

(1) Mathieu de Montmorency à Mme Récamier, 2 octobre 1810.

(2) Voir *Coppet et Weimar*, p. 165-166. Il n'est pas douteux pour nous
que cette lettre ait été écrite à ce moment, et non auparavant, comme
le croit lady Blennerhassett. C'est à ce moment que Mme de Staël sollicite une entrevue avec Napoléon. Tout prouve qu'elle a été informée
par Corbigny de l'ordre qu'on lui signifie de partir au plus vite, alors
qu'elle se berçait de l'illusion de passer l'hiver en France : « *Prête à*
m'embarquer, je supplie Votre Majesté de m'accorder la faveur de lui
parler avant mon départ. » D'ailleurs, cette lettre se trouve dans les
papiers de Mme Récamier, qui, sans doute, en avait pris copie; cela
concorde parfaitement avec la lettre de Mathieu de Montmorency, priant
Mme Récamier de servir d'intermédiaire. Quant à l'explication de la
première phrase : « Sire, je prends la liberté de présenter à Votre
Majesté mon ouvrage sur l'Allemagne. Si elle daigne le lire, etc., » il
ne faut pas oublier que le livre était imprimé et que Mme de Staël, sans
doute, avait à sa disposition plusieurs exemplaires. Les censeurs et la
police en avaient également, ainsi que l'Empereur, comme cela résulte
de la lettre qu'il écrit à Rovigo. L'imprimeur Mame avoue avoir envoyé
à Mme de Staël trois épreuves complètes de l'ouvrage, et Mame n'a pas
tout dit. Il est certain qu'elle n'avait pas remis tout ce qu'elle avait
entre les mains à M. de Corbigny. — Enfin, si l'on s'étonne que Mme de
Staël ne parle pas à Napoléon de l'interdiction de son ouvrage, il ne faut
pas oublier qu'elle ne supposait pas un instant alors qu'on pût anéantir
son œuvre; il s'agissait, dans sa pensée, d'un simple retard ou de quelques
suppressions.

n'avait parlé à l'Empereur avec plus de dignité, un accent
de douleur plus sincère.

« ... On a dit à Votre Majesté que je regrettais Paris à
cause du Musée et de Talma. C'est une agréable plaisanterie sur l'exil, c'est-à-dire sur le malheur que Cicéron et
Bolingbroke ont déclaré le plus insupportable de tous.
Mais quand j'aimerais les chefs-d'œuvre des arts que la
France doit aux conquêtes de Votre Majesté ; quand j'aimerais ces belles tragédies, image de l'héroïsme, serait-
ce à vous, Sire, à m'en blâmer? Le bonheur de chaque
individu ne se compose-t-il pas de la nature de ses facultés?
Et, si le ciel m'a donné des talents, n'ai-je pas l'imagination, qui rend les jouissances des arts et de l'esprit nécessaires? Tant de gens demandent à Votre Majesté des
avantages réels de toute espèce, pourquoi rougirais-je de
lui demander l'amitié, la poésie, la musique, les tableaux,
toute cette existence idéale dont je puis jouir sans
m'écarter de la soumission que je dois au monarque de
la France? »

Napoléon aurait été touché de cette lettre, s'il avait pu
croire à la sincère « soumission » de Mme de Staël. Mais
il savait à quoi s'en tenir à ce sujet : « *Passato il pericolo,
gabbato il santo!* » Sa décision était bien prise. Tout
récemment il disait à Metternich, fort bien en cour, alors,
qui intercédait pour Mme de Staël : « Je ne veux pas de
Mme de Staël à Paris, et j'ai pour cela de bonnes raisons...
Si Mme de Staël voulait ou savait être royaliste ou républicaine, je n'aurais rien contre elle ; mais elle est une
machine à mouvement, qui remue les salons. Ce n'est qu'en
France qu'une pareille femme est à craindre, et je n'en
veux pas (1). » Donc, il refusa l'audience. D'ailleurs,

_____

(1) METTERNICH, *Mémoires*, t. I, p. 289.

l'eût-il accordée, que cela n'aurait en rien changé le sort de Mme de Staël.

Quelle part revient à l'Empereur dans la suppression de *l'Allemagne*? Il a voulu faire croire plus tard que c'était la Censure qui l'avait engagé à interdire ce livre ; il faisait écrire en 1815 par Joseph Bonaparte à Mme de Staël : « Il n'y a pas jusqu'au dernier ouvrage de Mme de Staël que les censeurs ne m'aient fait prohiber ; je l'ai lu à l'île d'Elbe ; il n'y a pas une pensée qui dût le faire défendre (1). » Rien n'est plus faux. Les censeurs conseillaient si peu l'interdiction de *l'Allemagne* que, dans la conclusion de leur rapport, ils signalaient l'inutilité et le danger de cette mesure, l'ouvrage de Mme de Staël devant infailliblement paraître à l'étranger et bénéficier de la persécution dont il aurait été victime (2). C'est donc bien l'Empereur, et l'Empereur seul, qui doit porter la responsabilité de cet acte. Il avait feuilleté le livre de *l'Allemagne*, comme cela résulte de la lettre écrite à Savary le 28 septembre, que nous avons citée : « Je vous ai *renvoyé* l'ouvrage de Mme de Staël... » il l'avait lu avec une vive irritation ; et même il avait « jeté au feu », dit-on, un tome de cet ouvrage (3). Il avait commencé par exiger qu'on supprimât un certain nombre de passages, celui relatif au duc de Brunswick, ceux qui exaltaient l'Angleterre. Puis, à la réflexion, il trouve plus commode et plus expéditif de mettre purement et simplement le livre

---

(1) Joseph Bonaparte à Mme de Staël, 5 avril 1815. (Archives de Broglie.)

(2) Rapport des censeurs sur *l'Allemagne*. Archives nationales. F^{18} 149 (et non, comme indique Welschinger, F^{18} 148). Bulletins hebdomadaires de la Librairie.

(3) « J'ai vu Sa Majesté jeter au feu un tome de l'ouvrage de Mme la baronne de Staël sur l'Allemagne. » (CONSTANT, *Mémoires*.) Il s'agit peut-être d'un tome des exemplaires dont lui fit hommage Mme de Staël. On pourrait ainsi concilier la lettre à Savary avec le témoignage de Constant.

au pilon. En cela, d'ailleurs, il est parfaitement logique :
car ce qui est dangereux, à son point de vue, ce n'est
pas tel et tel passage, c'est l'esprit du livre. Et maintenant, qu'on ne lui parle plus « ni de cet ouvrage, ni de
cette misérable femme (1) » ! Si l'on rapproche cette lettre
au duc de Rovigo du refus d'audience à Mme de Staël et
à ses enfants, des ordres postérieurs donnés par l'Empereur pour que le préfet du Léman s'abstienne désormais de voir Mme de Staël, on demeure convaincu que
Napoléon a dirigé lui-même la persécution contre *l'Allemagne* et son auteur, et que, loin de modérer sa police, il
en a, au contraire, stimulé le zèle.

Cependant, le 3 octobre 1810, le duc de Rovigo avait
écrit à Mme de Staël sa célèbre lettre (2). Il lui signifiait que
son exil était la « conséquence naturelle » de la conduite
qu'elle tenait depuis plusieurs années, que son ouvrage
« n'était point français », qu'il ne lui était pas possible de
le laisser paraître. Il raillait avec peu de convenance cette
noble infortune. « Il m'a paru que l'air de ce pays ne vous
convenait pas, » et il l'invitait à partir dans les huit jours
pour l'Amérique.

On conçoit le désespoir de Mme de Staël : elle était
bannie de France et l'on supprimait son œuvre. Elle ne
profita même pas du délai que lui accordait le ministère
de la Police. Le 6 octobre, elle partit de Fossé (3). Elle
renonçait à se rendre aux États-Unis. Le duc de Rovigo,
qui devinait son intention de passer en Angleterre, lui
avait désigné les ports de Lorient, La Rochelle, Bordeaux,
Rochefort, comme les seuls où elle pût s'embarquer.
D'ailleurs, la saison était trop avancée ; elle n'aurait pu

(1) Au duc de Rovigo, 17 octobre 1810 (Lecestre, ouv. cit., t. II.)
(2) *De l'Allemagne*, Préface.
(3) Archives nationales, AF^{IV} 1510. Bulletin de police du 9 octobre
1810.

17

trouver de bateau avant le commencement de l'hiver (1).
Elle a fait viser son passeport pour Coppet, et reçu du
préfet la recommandation de ne pas « s'arrêter, ni se
détourner de sa route ». Néanmoins, elle voyage à petites
journées : « Je traîne sur la route, écrit-elle, parce que
quitter la France me fait mal, et parce que la Suisse me
semble une prison (2). » Il lui était interdit de s'approcher
de Paris à moins de quarante lieues; le duc de Rovigo
avait déclaré qu'à trente-huit lieues elle était « de bonne
prise » (3)! Elle passe par Orléans, la ville aux rues tristes
et solitaires, contemple le monument de Jeanne d'Arc,
pense à la France captive des Anglais, qui était alors
« bien plus libre, bien plus France qu'à présent ». Partout, sur sa route, elle rencontre des victimes de la
tyrannie : à Dijon, des prisonniers espagnols, drapés avec
fierté dans leurs grands manteaux troués; à Auxonne, des
Anglais; à Besançon, encore des Espagnols et des exilés
français, Mlle de Saint-Simon, qui n'a pas voulu quitter
son vieux père enfermé dans la citadelle. Elle voit partout
des citadelles, des maisons d'arrêt, des prisons; et, quand
elle quitte la terre de France, c'est encore une prison
d'État, le sombre fort de Joux, qui frappe pour la dernière fois ses regards.

En son absence, la police s'acharnait sur l'Allemagne.
Le 4 octobre, M. de Corbigny avait envoyé au ministre
de la Police le manuscrit que lui avait remis Mme de
Staël. Le 11, un inspecteur de police, se rend chez l'imprimeur Mame, et fait rompre en sa présence toutes les
formes (4). On prend les mesures nécessaires pour dé

---

(1) Archives nationales, *id.* Bulletin du 11 octobre.
(2) *Coppet et Weimar.*
(3) *Dix années d'exil.*
(4) Archives nationales, AF¹ᵛ 1510. (WELSCHINGER.)

truire toutes les feuilles, toutes les épreuves. La police
se livre à une chasse effrénée; l'imprimeur, l'éditeur sont
obligés de déclarer à qui ils ont remis des exemplaires.
Laborie doit rendre le sien, Portalis également, un chef
de bureau de la direction générale de la Librairie également. L'éditeur Nicolle avoue qu'il a envoyé à Mme de
Staël trois épreuves complètes. Grand émoi. On écrit au
préfet de Loir-et-Cher, au préfet du Léman : Il faut rendre
les épreuves. Manuscrits, épreuves, bonnes feuilles,
exemplaires, la police s'embrouille et n'y voit plus très
clair. Il manque encore un exemplaire; on le réclame à
Mme de Staël, qui répond qu'il n'est plus en Suisse et
qu'elle ne peut ni ne veut le donner. Elle s'engage,
d'ailleurs, à ne pas publier l'ouvrage sur le continent. Ce
n'est pas s'engager beaucoup, car aucun gouvernement
ne consentirait à laisser publier un livre désavoué par
l'Empereur.

Ce qui ressort clairement de tout cela, c'est qu'on a
une peur affreuse que le livre ne paraisse.

La mise au pilon de *l'Allemagne* faisait une autre victime
que Mme de Staël : c'était son éditeur, le libraire Nicolle.
La police évaluait elle-même à environ 30,000 francs les
frais d'édition de l'ouvrage; la mise au pilon de *l'Allemagne* avait produit un carton estimé à vingt louis! Nicolle
suspendit ses payements; son déficit s'élevait à près d'un
million (1). Sans doute la suppression du livre de Mme de
Staël n'était pas la seule cause de sa ruine, mais elle
l'avait précipitée. Les affaires de la librairie étaient si peu
prospères en ce temps-là, la publication des ouvrages
rencontrait de tels obstacles, que de semblables décon-
fitures n'étaient pas rares.

(1) Archives nationales, F¹⁸ 149 (et non 148, comme l'indique Welschinger, ouvrage déjà cité.)

Nicolle avait acheté 13,000 francs le manuscrit de *l'Alle-magne*. Dans sa détresse, il s'adressa à Chateaubriand pour obtenir de Mme de Staël le remboursement de cette somme. L'auteur du *Génie* prit en main la cause de l'édi-teur et écrivit de son grand style à Mme de Staël :

« Paris, le 18 octobre 1810.

« Savez-vous, illustre dame, qu'il y a un certain oiseau noir qui se montre sur la mer au temps des orages? Tandis que les oies, les canards, etc., volent à terre pour se mettre à l'abri, l'oiseau noir suit le vaisseau battu du vent. Je ne sais si j'ai quelque ressemblance avec cet oiseau, mais me voici à mon poste. En qualité d'oiseau, je ne parle pas. Je me tais donc, et laisse crier les pru-dens oisons qui ont gagné le port. Au travers de ce galimatias, vous comprendrez que j'ai pris part à vos chagrins, comme je le devais; voilà la chose importante.

« Je veux vous dire un mot de votre libraire Nicolle. C'est un excellent homme qui m'a rendu mille services. Comme je vis au jour le jour, toujours en peine de mon existence du lendemain, Nicolle négocie mes billets de librairie, etc. Il se trouve dans un cruel embarras par le malheur qui vous a frappée. Il demande si vous ne seriez pas assez bonne pour lui faire rendre les 13,000 francs qu'il a donnés à votre Eugène (1) pour le manuscrit? Cela sera bien loin de le dédommager des frais de papier et d'impression, mais il sent que vous ne lui devez rien et que tout doit venir de votre générosité. Et qui doute de la vôtre? Pour en être convaincu, il ne faut que compter les ingrats que vous avez faits.

« Je vous écris du fond de ma retraite. J'ai une petite

(1) L'intendant de Mme de Staël.

chaumière à trois lieues de Paris (1); mais j'ai grand peur
d'être obligé de la vendre. Car une chaumière c'est encore
trop pour moi. Si j'avais comme vous un bon château au
bord du lac de Genève, je n'en sortirais jamais. Jamais le
public n'aurait une seule ligne de moi. Je mettrais autant
d'ardeur à me faire oublier, que j'en ai follement mis à
me faire connaître. Et vous, chère madame, vous êtes
peut-être malheureuse de ce qui ferait mon bonheur?
Voilà le cœur humain.

« Croyez, je vous en supplie, que personne ne vous est
plus affectueusement dévoué que votre serviteur

« FRANCIS. »

Mme de Staël se laissa toucher, et rendit les 13,000 francs
à Nicolle.

En résumé, dans cette affaire de la saisie et de la mise
au pilon de l'*Allemagne*, quelles sont les responsabilités?

Il est certain que le libraire Nicolle, en faisant imprimer
l'ouvrage contrairement au décret du 5 février 1810 qui
prescrivait de soumettre les livres à la censure *avant
l'impression*, avait commis une imprudence. Il pouvait
alléguer, pour son excuse, que ce décret était de date
récente et que la plupart des éditeurs agissaient de la
sorte à leurs « risques, périls et fortune (2) ». Quant à la
saisie ordonnée par le duc de Rovigo, elle était parfaitement illégale, ainsi que le lui faisait observer Portalis,
directeur de la Librairie. Il pouvait requérir celui-ci de
faire examiner l'ouvrage; il ne pouvait le faire saisir
avant l'issue de l'examen. On sait que le ministre de la
Police avait allégué cavalièrement des « circonstances
particulières » pour couvrir l'illégalité du procédé. Il est

(1) La Vallée aux Loups.
(2) Lettre de Portalis à Rovigo, 25 septembre 1810.

probable qu'en pareille conjoncture, le duc d'Otrante
aurait agi avec plus de formes et avec cette sorte de politesse onctueuse dont il enveloppait ses victimes. Savary
fut maladroit et brutal; il blessa Mme de Staël bien inutilement en lui écrivant la trop célèbre lettre.

Mais la vraie responsabilité de la suppression de *l'Allemagne* et de la mise au pilon remonte plus haut. Le véritable auteur n'est pas Portalis, qui eût, au contraire,
autorisé l'ouvrage; ce n'est même pas le duc de Rovigo;
c'est Napoléon. C'est lui qui, dès le début, a pris en main
l'affaire, qui a lu le livre, qui en a ordonné la destruction.
Savary n'a été que l'instrument trop fidèle d'une volonté
implacable, qui n'était pas la sienne. L'ouvrage a été supprimé, par ordre de Napoléon, parce qu'il était « antifrançais (1) », dangereux pour l'Empereur et pour sa
politique.

Jusqu'à quel point ces griefs étaient-ils fondés? C'est ce
qu'il nous reste maintenant à examiner.

(1) Voir la lettre du duc de Rovigo. Voir aussi *Coppet et Weimar*,
Mme de Staël à la grande-duchesse Louise, 20 octobre 1810 : « Le crime
est surtout dans l'omission, et dans l'*esprit général du livre, qu'on trouvait
antifrançais.* »

CHAPITRE XVIII

« Je m'étais interdit dans ce livre... toute réflexion sur l'état politique de l'Allemagne; je me supposais à cinquante années du temps présent. »

Ainsi parle Mme de Staël dans la préface qu'elle a mise en 1813 en tête de son livre. Il faut avouer que, si elle est sincère, elle se trompe étrangement. Aucune œuvre n'a été plus directement inspirée par « le temps présent », aucune n'a une portée politique plus grande, aucune n'était plus capable d'inspirer à la nation allemande la haine de la France impériale, le désir de secouer ses chaînes et de fonder une patrie.

Cette explosion du patriotisme allemand, qui se manifesta de façon si éclatante en l'année 1813, n'avait pas été soudaine : elle couvait depuis longtemps déjà en Allemagne, pendant les années où Mme de Staël écrivait son livre. Elle n'avait pas connu cette Allemagne nouvelle; elle en était restée à ses impressions d'avant Iéna, à Weimar, à la cour de Charles-Auguste. Elle avait peint une Allemagne idyllique et rêveuse, peuplée de poètes et de philosophes, « un nébuleux pays d'esprits, où des hommes sans corps et tout vertu se promènent sur des champs de neige, ne s'entretenant que de morale et de métaphysique (1). » Cette Allemagne n'avait peut-être

(1) Henri HEINE.

jamais existé que dans l'imagination de Mme de Staël,
elle n'était pas, à coup sûr, l'Allemagne de 1808 et de 1809.

Dès le lendemain d'Iéna, un esprit nouveau avait
apparu dans la nation : le cosmopolitisme avait fait place
à l'ardent amour de la patrie allemande.

Fichte, qui, en 1804, se disait encore « citoyen du
monde » et qui déclarait que la mission nationale de
l'Allemagne était de « cultiver la philosophie », avait vu
son rêve s'envoler en fumée. Le voile était tombé de ses
yeux ; il avait appris qu'avant d'être citoyen de l'univers,
l'homme est fils du sol où il est né, qu'un lien réel et
sacré l'unit à ceux qui vivent sur le même coin de terre,
respirent le même air, parlent la même langue ; que les
devoirs envers l'humanité n'excluent point les devoirs
envers la patrie ; que le plus sûr moyen, enfin, pour
chaque peuple de servir la cause de l'esprit humain, est
d'accomplir sa destinée là où le sort l'a placé. Dès 1806,
il proclamait dans les leçons qu'il professait à Berlin que
c'était « l'humanité qu'on servait, en aimant et en servant
sa patrie ». L'orgueilleux philosophe, descendu de la
sphère des idées abstraites, était devenu un pur Allemand,
combattant pour l'indépendance de l'Allemagne, une sorte
d'apôtre qui avait entrepris avec une ardeur infatigable
de faire l'éducation morale de ses compatriotes, et
d'extirper jusqu'aux dernières racines ce cosmopolitisme
funeste, cause première des malheurs de l'Allemagne (1).
Il révélait les Allemands à eux-mêmes, leur disait que

---

(1) Voir ses fameux *Discours à la nation allemande*, prononcés dans
une salle de l'Académie de Berlin pendant l'hiver de 1807-1808. « Que
peuvent, disait un poète romain, Typhœus ou Minas le puissant, ou
Porphyrios à la menaçante allure, ou Rhœtus, ou Encelade, le hardi
lanceur de troncs d'arbres arrachés du sol, que peuvent-ils, lorsque
Pallas agite seulement son bouclier?... Ce bouclier sera notre sauvegarde,
si nous savons comprendre sa puissance et nous mettre sous son égide. »
(5e Discours.)

l'Allemagne était la nation par excellence pour concevoir
le patriotisme, développait dans la jeunesse cette énergie
latente qui couvait au plus profond de l'âme allemande
et que ne soupçonnait guère Mme de Staël.

Le principe directeur de cette éducation qui devait
transformer l'Allemagne, Fichte l'empruntait à Kant;
c'était au nom du désintéressement moral qu'il prêchait à
la jeunesse allemande le renoncement à l'égoïsme, le dévouement à la patrie. Il ralliait, comme on l'a dit (1), autour
d'une foi commune l'Allemagne hésitante. Qui aurait reconnu en cet apôtre passionné le philosophe guindé et nébuleux que Mme de Staël avait vu jadis à Berlin, qu'elle
avait si fort scandalisé en le priant d'expliquer en un quart
d'heure son système? En l'entendant, disait-elle alors, « on
perdait la conscience de ce monde, » on avait besoin de « rappeler en soi comme les ombres d'Homère, les souvenirs de
la vie (2) ». Quelle métamorphose s'était accomplie !

Pasteurs, poètes, publicistes joignaient leurs efforts à
ceux de Fichte, préparaient l'œuvre des politiques et des
diplomates. En 1808, l'année même où Mme de Staël par-
courait l'Allemagne du Sud, Schleiermacher soulevait de
ses prédications enflammées son auditoire berlinois; la
religion, elle aussi, comme la philosophie, élevait la voix
pour défendre la patrie. Des poètes, comme Arndt,
avaient senti leur patriotisme s'éveiller au spectacle des
malheurs de l'Allemagne : « Ce fut, dit Arndt, lorsque
l'Autriche et la Prusse eurent succombé dans les combats
que mon cœur se prit à les aimer, elles et l'Allemagne,
d'un amour véritable, et à haïr les Welches de toute la
passion concentrée d'une haine profonde. C'est lorsque
l'Allemagne en vint par ses divisions à n'être plus qu'un

(1) Lévy-Bruhl, L'Allemagne depuis Leibnitz.
(2) De l'Allemagne, t. I, p. 267.

néant, que mon cœur embrassa son unité. » Dès 1806,
il s'écriait : « Pas de grands hommes sans grand peuple,
pas de grand peuple sans patriotisme (1). » Devenu le
confident et le secrétaire du baron de Stein, il le suivit par
l'Europe, prêchant la croisade contre la France, rédigeant
son *Catéchisme du soldat allemand*, en attendant qu'il ani-
mât de ses chants patriotiques la jeunesse allemande.

Les publicistes, comme Gentz, l'ami, le correspondant
de Mme de Staël; les diplomates, comme le baron de Stein
ou M. de Stadion; les ministres réformateurs de l'armée
ou de l'université prussienne, comme Scharnhorst et
Guillaume de Humboldt, n'avaient qu'un même but,
qu'une même pensée : l'affranchissement de l'Allemagne.
Gentz, cet ennemi forcené de Napoléon, écrivait, dès
1806, que la question de savoir si c'était un crime de
tuer un homme tel que Bonaparte, tenait exclusivement
à celle de la légalité de son pouvoir. « Celui qui le croit
un souverain légitime fait bien de prononcer par l'affirmative; *mais celui qui ne voit en lui qu'un usurpateur doit en
juger autrement.* » C'était l'absolution du meurtre; des
déclarations de Gentz à l'attentat de Schönbrunn, la distance était courte. Le conseiller aulique Gentz, quoique
prussien, était devenu le confident et l'ami de Metternich.
Ce « misérable scribe », comme disait Napoléon, ourdissait sa trame avec une ardeur infatigable; il était en
relations avec tous les adversaires de Bonaparte, le comte
de Lille, pour qui il rédigeait des proclamations; les
hommes d'État anglais, dont il était sur le continent le
représentant attitré; Mme de Staël, qui avait avec lui
une « correspondance suivie ».

Un autre ennemi de Napoléon, le baron de Stein,

(1) *L'Esprit du temps*, 1806.

l'ancien ministre prussien réfugié en Autriche, dont
Gentz était l'intermédiaire, envoyait à Vienne le projet
d'une ligue allemande contre Napoléon : « Rappeler à
chaque Allemand ses devoirs envers la patrie commune,
le sommer de les remplir, commencer la lutte contre
l'ennemi du genre humain et de l'Allemagne, » tel était
le rêve dont il berçait son exil. Il allait bientôt diriger les
conseils de l'empereur Alexandre, tandis qu'en Allemagne
son agent, le policier Grüner, répandait des écrits incen-
diaires, formait des bandes insurrectionnelles, centrali-
sait l'action des sociétés secrètes.

A Berlin, les ministres faisaient de bonne besogne.
Scharnhorst avait réorganisé l'armée prussienne, trans-
formé la tactique, créé l'École de guerre, proposé le
service obligatoire. En 1810, il n'était plus ministre, mais
il agissait dans l'ombre; son influence était d'autant plus
grande qu'elle était moins visible. Cependant Guillaume
de Humboldt, dont l'indifférence politique avait égalé
presque celle de Gœthe, avait jugé, lui aussi, que le moment était venu de « prendre un parti ». Il instituait l'Université de Berlin, destinée à grouper toutes les forces
intellectuelles de l'Allemagne autour de la Prusse; il
réformait les gymnases suivant la méthode de Pestalozzi;
il voulait régénérer l'âme allemande, la soumettre à l'en-
traînement rationnel des volontés, des caractères. Il
écrivait ces paroles qui eussent enthousiasmé Mme de
Staël : « Rien dans le monde ne domine les idées. Eussé-
je entre les mains un pouvoir aussi étendu que celui qui
pèse en ce moment sur l'Europe, je le considérerais
encore comme subordonné à une puissance plus haute. »
Davout ne se trompait pas quand, dès 1811, il se plaignait de la littérature allemande et signalait les doctrines
des professeurs de Berlin comme « dangereuses à l'ordre

social et contraires à l'esprit du gouvernement français ».

Qu'on joigne à cela l'action grandissante des sociétés secrètes (1), l'ébranlement causé à l'Allemagne, une première fois par la capitulation de Baylen en 1808, une seconde fois en 1809, par la bataille d'Essling, l'équipée du major Schill, la chevauchée du duc de Brunswick-OEls, qui traverse impunément avec ses partisans le territoire allemand, se jette dans le duché d'Oldenbourg et prend la mer pour rejoindre les Anglais; qu'on se rappelle l'état des esprits à Berlin et à Vienne, la haine formidable contre la France dont Mme de Staël avait pu être témoin dans son dernier voyage, et l'on reconnaîtra que le livre *De l'Allemagne* arrivait juste à son heure, pour mettre l'étincelle aux poudres et provoquer l'explosion du sentiment national.

Un Allemand, Gœthe, écrivait en 1814, à propos de *l'Allemagne*, ces paroles mémorables : « La police française, assez intelligente pour comprendre qu'une œuvre comme celle-ci devait augmenter la confiance des Allemands en eux-mêmes, l'a fait prudemment mettre au pilon... Dans le moment actuel, le livre produit un effet étonnant. *S'il avait existé plus tôt, on lui aurait imputé une influence sur les grands événements qui viennent d'avoir lieu* (2). »

On ne saurait trop méditer les paroles de Gœthe : elles sont l'expression de la vérité toute pure. Non seulement Mme de Staël avait écrit, elle aussi, son *De moribus Germanorum* et prétendu opposer la candeur, la bonne foi, les vertus allemandes à l'abaissement des

---

(1) Voir *Mémoires* de BEUGNOT, qui, en 1810, expédie du grand-duché de Berg à l'empereur deux *Mémoires*, dont les éléments lui ont été fournis par Jean de Muller.

(2) Gœthe à Mme de Grotthus, 17 février 1814. (BLENNERHASSETT, t. III, p. 523.)

mœurs françaises; mais elle avait fait plus encore. Si
Tacite admirait les mœurs des Germains, aucune crainte
du moins que son petit livre ne pénétrât dans la sombre
forêt Hercynienne pour révéler aux barbares leur force
et la faiblesse de l'Empire. Au contraire, l'ouvrage de
Mme de Staël n'était d'un bout à l'autre qu'un éloquent
appel à la révolte et à l'indépendance. Toutes ces fré-
quentes digressions, qui sont un des charmes du livre,
toutes ces études sur les mœurs et la littérature des Allemands, ces tirades enflammées sur le sentiment moral et
sur l'enthousiasme, tout se ramène à ce but unique : il
faut que l'Allemagne prenne conscience d'elle-même, il
faut fonder la patrie allemande. L'indépendance de la
pensée devait précéder, assurer l'indépendance du territoire, l'unité de l'Allemagne. Il fallait que les Allemands
renonçassent à l'imitation des étrangers, en particulier
des Français, dont ils avaient été trop longtemps tribu-
taires : « L'imitation des étrangers est un défaut de
patriotisme. » Ils avaient des poètes, des philosophes
égaux, supérieurs même à ceux de France; ils avaient
souvent plus de profondeur, plus d'imagination, plus de
sensibilité que les Français. La plus haute doctrine
morale des temps modernes, c'était un Allemand, c'était
Kant qui l'avait révélée, et l'on sait quelle influence cette
doctrine avait exercée sur l'âme allemande. N'étaient-ils
pas les disciples de cette morale, ceux qui enseignaient à
la jeune Allemagne qu'il n'y a de peuple esclave que
celui qui consent à sa servitude, que l'âme est une forteresse inviolable, inaccessible aux armes des tyrans? Le
philosophe de Königsberg, qui ne s'était jamais mêlé
aux passions des hommes, avait cependant « forgé des
armes » pour ceux qui seraient appelés à les combattre.

Ce Moyen Age même, si cher au cœur de Mme de

Staël, c'était l'âme de la vieille Allemagne, chevaleresque, conquérante, amoureuse de ses peintres naïfs et
pleins de foi, des sculpteurs et des architectes de ses cathé-
drales, qui avaient exprimé de leur pinceau ou de leur
ciseau, parfois avec gaucherie, souvent avec puissance,
l'idéal des ancêtres; — de ses « chanteurs d'amour », de
ces *Minnesingers,* dont les poèmes reflétaient la sentimen-
talité amoureuse de la race. Mais c'était aussi l'âge glorieux de l'Allemagne, le rêve d'hégémonie des vieux
Empereurs, le souvenir des luttes héroïques du Saint-
Empire. La grandeur passée de l'Allemagne éveillait dans
le cœur de tout Allemand l'espérance de la grandeur
future.

On a dit que Mme de Staël avait voulu, en écrivant son
livre, révéler l'Allemagne aux Français. Il serait tout
aussi juste de dire qu'elle avait voulu la révéler aux
Allemands.

Elle avait voulu leur montrer d'une part ce qui faisait
la force de l'Allemagne, mais aussi, d'autre part, sa faiblesse. Cela est plus frappant encore quand on passe de
la littérature aux mœurs : là apparaît clairement son idée
de derrière la tête. A travers les éloges percent les critiques, parfois injustes, passionnées, qu'elle adresse aux
Français de son temps, à Napoléon. Les Allemands sont
polis, simples, bons, fidèles; ils « ne manquent presque
jamais à leur parole »; ils recherchent la rêverie et le
mystère; ils aiment les vieilles légendes, la musique et
les chants; ils honorent la justice et respectent les femmes.
Ils ignorent la tromperie et la ruse, et cet « art de la
domination » que savent seuls pratiquer les peuples latins.
Ils sont incapables « de cette souplesse hardie qui fait
plier toutes les vérités pour tous les intérêts, et sacrifier
tous les engagements à tous les calculs ». Ils sont désin-

téressés, se contentent du domaine de l'imagination et
dédaignent les réalités : « Ce réel, si dédaigné par eux,
trouve pourtant des acquéreurs, qui portent ensuite le
trouble et la gêne dans l'empire même de l'imagination. »
Ici, l'allusion était si claire que la Censure avait prudemment supprimé cette phrase.

En même temps que Mme de Staël vantait les vertus des
Allemands, comme elle avait jadis exalté les Anglais dans
Corinne, elle signalait la faiblesse de leur caractère :
« Aucune nation, disait-elle, n'est plus capable de sentir
et de penser que la nation allemande; mais *quand le moment de prendre un parti est arrivé,* l'étendue même des
conceptions nuit à la décision des caractères. » Ce passage frappa si vivement le baron de Stein, quand, en 1812,
Mme de Staël lui lut des fragments de son livre, qu'il lui
demanda la permission de le copier, de l'envoyer à sa
femme. Oui, c'était cela qui manquait à l'Allemagne;
elle savait comprendre et sentir, elle ne savait pas oser.
Il fallait exalter en elle le sentiment moral et tremper les
caractères.

Mais la clef du livre, ce sont les trois derniers chapitres,
où Mme de Staël avait résumé sa pensée intime et mis
tout son cœur (1). Jamais plus éloquente protestation
n'avait été faite, au nom de la dignité, du devoir, de
l'*enthousiasme,* contre l'esprit de l'Empire. Ici, il semblait
que l'Allemagne ne fût plus que le prétexte, que le but
véritable était de flétrir le scepticisme, l'égoïsme, le calcul, qui asservissaient les âmes. Sans doute, elle noircit
à dessein les couleurs du tableau; sans doute, la France

---

(1) *De l'enthousiasme; — De l'influence de l'enthousiasme sur les lumières; — Influence de l'enthousiasme sur le bonheur.* — Mme de Staël
dit en particulier du chap. xi (*De l'influence de l'enthousiasme sur les
lumières*) : « Ce chapitre est à quelques égards le résumé de tout mon
ouvrage. »

de 1810 n'avait pas perdu tout ressort, tout « enthousiasme » ; sans doute encore, Napoléon n'était pas seul
responsable de l'évolution qui s'était manifestée dans
les esprits. Nous savons déjà que, lorsqu'il arriva au
pouvoir, dix années de révolutions incessantes avaient
épuisé l'énergie morale de la nation ; aux rêves généreux,
à l'idéalisme confiant et naïf de la première heure avaient
succédé la lassitude, le scepticisme, la recherche du
positif, le dédain des chimères. Le calcul et la force
dominaient le monde : poésie, idéologie, « amour du
beau, élévation de l'âme, jouissance du dévouement, » ce
qui exalte l'homme et le ravit au delà de sa propre
nature, était rabaissé, tourné en ridicule. C'était, nous
l'avons vu, ce que Mme de Staël pardonnait le moins
à Napoléon, que cette ironie déconcertante, cette raillerie
amère, ce dénigrement des plus nobles sentiments, dont
elle-même avait tant souffert. Elle était sincère, quand
elle s'écriait dans cette apostrophe éloquente qui avait
effrayé la Censure :

« O France ! terre de gloire et d'amour ! Si l'enthousiasme un jour s'éteignait sur votre sol, si le calcul dis-
posait de tout, et que le raisonnement seul inspirât même
le mépris des périls, à quoi vous serviraient votre beau
ciel, vos esprits si brillants, votre nature si féconde ? Une
intelligence active, une impétuosité savante vous ren-
draient les maîtres du monde ; mais vous n'y laisseriez
que la trace des torrents de sable, terribles comme les
flots, arides comme le désert ! »

Mais, soyons-en sûrs, ce n'était pas encore cette tirade
fameuse qui avait fait supprimer le livre. L'Empereur
avait très bien vu que, si Mme de Staël prêchait l'enthousiasme, si elle félicitait les Allemands d'avoir conservé
intacte cette vertu de l'âme, c'est qu'elle espérait, c'est

qu'elle attendait d'elle la délivrance. En vain, elle prétendait qu'on ne pouvait redouter « les excès de l'enthousiasme », parce qu'il porte à la tendance contemplative et qu'il « nuit à la tendance d'agir ». Elle ajoutait, avec raison d'ailleurs, que l'enthousiasme n'est rien sans le caractère. Elle reconnaissait elle-même plus loin qu'il n'y avait point de grandes pensées, point de grandes actions sans enthousiasme. Elle disait que l'enthousiasme donne aux nations la force nécessaire pour conserver, pour sauvegarder leur indépendance : « Les hommes marchent tous au secours de leur pays quand les circonstances l'exigent; mais s'ils sont inspirés par l'enthousiasme de leur patrie, de quel beau mouvement ne se sentent-ils pas saisis! Le sol qui les a vus naître, la terre de leurs aïeux, la *mer qui baigne les rivages* (1), de longs souvenirs, une longue espérance, tout se soulève autour d'eux comme un appel au combat. »

Cet exemple donné par l'Angleterre, — l'allusion est transparente, avouée par Mme de Staël, — voilà ce qu'elle proposait à l'Allemagne; elle pressait les Allemands d'imiter la « fierté des Anglais », le « noble orgueil des Espagnols », c'est-à-dire des deux peuples qui tenaient en échec la puissance de l'Empire, plus encore par la puissance du sentiment moral que par la force de leurs armes. Quand elle vantait « l'ardent héroïsme du malheureux prince Louis », tué à Saalfeld; quand elle reprochait à ses compatriotes de n'avoir ni esprit militaire, ni amour de la patrie; quand elle les exhortait au « mépris du danger, de la souffrance et de la mort »; quand elle leur disait que l'imitation des étrangers était « un défaut du

---

(1) Souligné dans le texte. « Il est aisé, dit Mme de Staël, d'apercevoir que je tâchais, par cette phrase et par celles qui suivent, de désigner l'Angleterre. »

patriotisme », que le patriotisme des nations devait être
« égoïste », qu'il n'y avait « de véritable force que le
caractère national », ses intentions n'étaient-elles pas
claires, et ne voit-on pas tout ce qu'elle prétendait
exprimer par ce mot *enthousiasme?* C'était le principe
moral qui devait triompher de la force matérielle et
relever les vaincus de leurs défaites.

Si l'on en doutait encore, il suffirait de relire les pages,
toutes frémissantes d'allégresse, que Mme de Staël écrivait en 1813, quelques jours avant Leipzig, pour servir
de préface à ce livre *De l'Allemagne.* Elle n'avait plus,
alors, de raison de dissimuler sa véritable pensée, et,
s'abandonnant à ses espérances, elle déclarait que l'Allemagne était « le cœur de l'Europe », que « la grande asso-
ciation continentale ne saurait retrouver son indépendance
que par celle de ce pays », que les individus devaient
« se résigner à la destinée, mais jamais les nations ».
Elle appliquait aux Espagnols le vers de Southey : « Et
ceux qui souffrent bravement sauvent l'espèce humaine. »
Elle glorifiait l'Angleterre, qu'on avait vue, disait-elle,
« comme un chevalier armé pour la défense de l'ordre
social, préserver l'Europe pendant dix années de l'anarchie, et pendant dix autres du despotisme. »

Est-il permis d'hésiter après tant de preuves, et ne
peut-on dire, avec Heine, que « la haine de l'Empereur
était l'âme de ce livre »? Il faut ajouter que cette haine
était efficace et que ce livre valait une armée. C'est un
Allemand, c'est un ennemi de Napoléon, le comte de
Stadion, qui, en cette même année 1810, écrivait ceci :
« Les écrits agissent plus sur les Allemands que sur les
autres peuples, à cause de leur goût pour la lecture, et à
ceux du grand nombre de gens sur qui les établissements
d'instruction ont une influence plus ou moins directe. »

Mais ni l'état de l'Allemagne en 1810, ni les exhortations passionnées que Mme de Staël adresse aux Allemands, ne suffisent à expliquer l'antipathie profonde et la rancune de Napoléon. Il faut se rappeler le perpétuel reproche qu'il adresse à Mme de Staël : elle n'est pas « Française ». Il faut le rapprocher du mot de Savary : « Votre livre n'est pas français ». Par là, n'entendons pas simplement que Mme de Staël gêne la politique de Napoléon, mais que, réellement, dans sa pensée, ce livre n'est pas dans la tradition, dans l'esprit de la race.

Française, Mme de Staël ne l'était pas de naissance, puisqu'elle était née d'un père genevois et d'une mère vaudoise. Elle ne l'était pas davantage par son mariage, ayant épousé un Suédois, le baron de Staël-Holstein. De patrie, elle n'en avait pas à proprement parler, ou plutôt elle en avait un très grand nombre, ce qui est encore une manière de n'en avoir aucune : la patrie de ses parents (*notre* Suisse), la patrie de son mari (la Suède), sa « patrie de choix » (l'Angleterre), la patrie de sa pensée (l'Allemagne), la patrie de sa naissance et de ses amitiés (la France), et enfin la patrie « de son âme », qui est la société des grands hommes distingués de tous les pays (1).

Au fond, elle était cosmopolite à un degré extraordinaire. Elle l'était par sa parenté intellectuelle avec les philosophes du dix-huitième siècle, en un sens « le moins français (2) », comme on l'a dit, de tous les siècles littéraires. On se rappelle le ton léger et souvent dédaigneux avec lequel Voltaire parle de ses compatriotes, ses adulations envers le Grand Frédéric, celles de Diderot envers la Grande Catherine. Elle était cosmopolite par son genre de vie, les déplacements continuels que lui

(1) Amiel, *Étude sur madame de Staël. (Galerie suisse,* 1876.)
(2) Faguet, *Études sur le dix-huitième siècle.*

permettait sa grande fortune, ses voyages, ses relations
avec toute l'Europe; Coppet était une aristocratique
hôtellerie, où séjournaient les étrangers de marque qui
passaient à Genève, attirés par la beauté du lac ou le
désir de contempler une femme célèbre. Elle était cosmopolite, enfin, par son origine genevoise, par la situation même de Coppet, à quelques lieues de Genève, qui
est le carrefour des nations. Au milieu de l'Europe,
à égale distance des pays du Nord et ceux du Midi, la
Suisse est le point où se rencontrent les grands courants
européens, et dans la Suisse, Genève, ville de méditation
et de pensée, lieu de rendez-vous des touristes qui vi-
sitent les Alpes ou le lac, non loin de la grande route qui
mène de France et d'Allemagne en Italie, occupe une
place privilégiée. Elle a le bénéfice et aussi les inconvé-
nients de sa situation; elle est la ville « des neutralisa-
tions ethnographiques (1) ». Elle est un centre merveilleux
de diffusion pour la pensée européenne, une sorte d'en-
trepôt où s'emmagasinent et s'échangent les idées du
Nord et celles du Midi. Elle a été aussi de tous temps, et
pour la même raison, une officine d'intrigues, un refuge
de mécontents, d'exilés ou de conspirateurs. L'Angleterre
y avait entretenu sous la Directoire de zélés agents qui
inondaient la France d'espions et l'Europe de libelles.
Maintenant, c'était Mme de Staël qui tenait à Coppet et à
Genève ses « assises », formait, dirigeait l'opinion européenne et menait, par la parole et par la plume, la guerre
contre l'Empereur.

Ce caractère genevois et cosmopolite, Napoléon le
retrouvait jusque dans son livre. Il ne pouvait comprendre, lui, engagé avec le reste de l'Europe dans une

(1) AMIEL, *Étude sur madame de Staël.*

lutte colossale, cette curiosité d'esprit, cette sympathie
ouvertement manifestée à ses ennemis; il était choqué
— avait-il tout à fait tort? — de ces sympathiques éloges
adressés aux Allemands et aux Anglais, de ce dénigrement systématique des mœurs françaises, de ces efforts
pour arracher les étrangers à l'imitation de la France. Il
jugeait ce livre en politique plus qu'en philosophe ; il
savait que l'influence française s'exerce par les lettres
plus encore que par les armes, et il ne pouvait pardonner
à Mme de Staël les tendances de son livre. Il était exagéré, sans doute, de dire que ce livre n'était pas français,
parce que la pitié, la sympathie témoignée aux peuples
vaincus sont des sentiments très français, parce que le
patriotisme français embrasse « tout le pays de la civilisation (1) ». Mais enfin, il y a manière d'exprimer ces
sentiments, et il semble bien qu'un écrivain de vieille
race et de tradition française se fût exprimé autrement
que Mme de Staël. A plus d'un trait, on sentait l'étrangère, la cosmopolite, et, comme disait Napoléon, la
Genevoise.

Avouons-le même, en sa qualité de Genevoise et bien
qu'elle déteste Genève, par son origine aussi, puisque
M. Necker descendait de souche allemande, elle avait
tout un côté de l'esprit profondément germanique. Elle
est plus à son aise avec la sensibilité allemande (Gemüth)
qu'avec l'ironie française. Elle a, comme l'a si bien noté
Henri Heine, en dépit de sa vivacité physique, « une certaine gaucherie ou raideur », qui est un peu dépaysée en
France; elle est protestante enfin, très protestante d'esprit et d'éducation, avec les qualités et aussi les défauts
de l'esprit protestant, et elle ressent pour les pays de

(1) Henri HEINE. Il lui oppose le patriotisme étroit de l'Allemand, dont
le cœur se rétrécit « comme le cuir par la gelée ».

majorité protestante, l'Allemagne, l'Angleterre, une sympathie qu'elle n'éprouvera jamais au pareil degré pour
des pays catholiques.

Toutes ces raisons combinées font que l'esprit du livre
De l'Allemagne déplaît et ne peut pas ne pas déplaire à
Napoléon.

Il n'est pas jusqu'aux doctrines littéraires même qui
ne lui déplaisent. Celui que Heine appelle le « Grand
Classique », est un génie tout latin, qui a une conception
latine de la littérature. Il aime la raison, l'ordre, la
mesure, la méthode; il n'aime pas ce qui est du domaine
de la sensibilité pure, ce qu'il appelle le « désordre d'esprit » et d'imagination. Toute cette littérature nouvelle,
qui a pour principe l'expression de la personnalité de
l'auteur, l'individualisme, ne lui dit rien qui vaille.
L'individualisme surtout, il le juge déplaisant, dangereux
même. La littérature a sa place marquée dans l'ordre
social; elle est comme une fonction d'État, comme un
département spécial de la politique, comme une des
colonnes qui soutiennent l'édifice. C'est, en somme, la
pensée d'un Auguste faisant écrire à Virgile ses Géorgiques, son Énéide, pour remettre l'agriculture en honneur, pour exciter le patriotisme des Romains. C'est
aussi l'idéal d'un Richelieu, d'un Louis XIV : une pléiade
de grands génies rangés autour du trône, concourant à
le défendre et célébrant sa gloire.

Voilà ce que Napoléon voudrait réaliser. Mais on n'enrégimente pas les poètes comme les soldats. Il a beau
prodiguer les prix à l'Institut, il ne prend dans ses filets
que le menu fretin; la « grande littérature », comme il le
dit lui-même, les « maréchaux », comme dira Balzac, un
Chateaubriand, une Mme de Staël, lui échappent. Que ne
donnerait-il pas pour avoir un poète qui exprime sa

pensée, qui exalte le devoir, le sacrifice, le dévouement
à l'État, à la patrie, en un mot un Corneille? Celui-là
l'eût compris, l'eût aidé à faire la France telle qu'il la
rêvait, grande, héroïque, disciplinée. Mais avec tout son
génie, avec toute sa puissance, il ne peut susciter un Corneille. C'est qu'il s'attarde dans une conception vieillie.
Le temps n'est plus où les poètes marchaient sous la
bannière des rois; la condition de l'écrivain est devenue
indépendante; l'esprit s'est affranchi et se dresse en face
du pouvoir comme une autre puissance, rivale, supérieure même, qui le surveille et le menace, au lieu de le
soutenir.

Il faut nous résumer et conclure.

Un livre qui, dans la pensée de l'auteur, est surtout
une œuvre de combat, politique autant que littéraire, une
attaque à peine dissimulée contre l'Empire, contre l'esprit
de l'Empire, contre la France de l'Empire; un livre
généreux, tout frissonnant de pitié pour les opprimés,
tout vibrant de haine contre l'oppresseur, animé du
sentiment moral le plus pur et le plus élevé; un livre
nouveau à beaucoup d'égards, abondant en observations
de détail fines et exactes sur le caractère allemand, sur
la littérature allemande; un livre de parti pris aussi et
d'enthousiasme naïf, qui fait sourire, rempli d'erreurs
graves et d'étranges illusions sur l'état de l'Allemagne à
cette époque, sur la véritable nature des Allemands, sur
leur patriotisme, sur leur rancune, sur leur haine, sur
toutes ces forces redoutables que l'auteur ne paraît pas
soupçonner et dont l'explosion est prochaine; un livre
enfin, dont toutes les tendances morales, sociales, politiques, littéraires même doivent choquer, irriter Napoléon : tel est le livre *De l'Allemagne* de Mme de Staël. Il
reste comme le monument le plus audacieux qui ait été

dressé en ce temps contre la puissance d'un homme, contre l'esprit de cet homme.

Mais, s'il faut admirer, sans partager ses erreurs, le courage de Mme de Staël, on ne peut de bonne foi s'étonner que cet homme ainsi attaqué ait senti la vigueur du coup et la nécessité de se défendre.

CHAPITRE XIX

Dans les derniers jours d'octobre 1810, Mme de Staël était revenue à Coppet. Elle avait évité de passer à Lyon, malgré son désir de voir Jordan, son « cher Camille », pour ne pas le compromettre. Elle était dans un état d'abattement extrême, désolée de n'avoir pu publier son livre, désolée aussi d'être condamnée sans appel à Coppet, à la « solitude ». Cette « solitude », d'ailleurs, sachons-le bien, est relative; à toute autre que Mme de Staël, cette Thébaïde eût paru trop bruyante.

Cependant, il est juste d'ajouter qu'à cette époque, sous l'influence de l'évolution religieuse de Mme de Staël, l'aspect de Coppet se modifie. Le grand courant de mysticisme qui traverse l'Europe dans les premières années du dix-neuvième siècle était arrivé jusqu'à Coppet dès 1809, avec Mme de Krudener et Zacharias Werner. Mme de Krüdener, cette étrange et séduisante personne, toute nourrie des écrits de Mme Guyon, exaltée par ses entretiens avec Oberlin, le pasteur de Waldersbach, s'était installée à Sécheron, près de Genève. Elle avait vu Mme de Staël et avait entrepris de la convertir. Celle-ci avait bien essayé de se débattre au milieu de ce brouillard, dont on cherchait à l'envelopper; mais elle avait subi le charme de son interlocutrice, et Mme de Krüdener était partie en disant : « Il faut abandonner Mme de Staël à Dieu ; elle ne pourra se dérober à lui. »

Zacharias Werner avait complété l'œuvre de Mme de Krüdener (1). Plusieurs fois marié et toujours divorcé, ayant mené une vie d'aventures et de débauches, tour à tour franc-maçon, Rose-Croix, mystique, en attendant qu'il se convertît au christianisme et se métamorphosât en rédemptoriste et prédicateur chrétien, ce curieux original avait séduit Mme de Staël. Elle l'avait installé dans une jolie chambre ayant vue sur le lac. On avait beaucoup causé, beaucoup lu de compagnie, en particulier *l'Histoire de la religion* de Stolberg. Werner avait paraphrasé cette parole de Stolberg : « Nous aimons, donc nous serons. » Il se considérait comme chargé de répandre par le monde « la religion du très saint amour ». Il disait un jour au baron de Vogt, un des familiers de Coppet : « Vous savez ce qu'on l'on aime dans sa maîtresse? » Et comme le baron hésitait : « C'est Dieu! » répondait Werner d'un air inspiré (2). Un tel personnage était bien fait pour séduire Mme de Staël. Il lui prédit que Dieu la ramènerait à lui par de terribles épreuves. Puis, un beau jour, las de Coppet, il partit pour Rome, en recommandant à Benjamin Constant le sort de la religion en France.

Il n'était pas jusqu'à Schlegel lui-même qui ne fût touché de la grâce. Il avait échappé à « l'influence desséchante du siècle », senti ses yeux se rouvrir « aux lumières divines » (3). Il ne considérait plus comme réel que l'in-

---

(1) Il y a dans les archives de Broglie beaucoup de lettres de Zacharias Werner.
(2) Sismondi à Mme d'Albany.
(3) Lettre à Mathieu de Montmorency, citée dans *Coppet et Weimar*. Elle est datée de Berne, où Schlegel s'était réfugié quand il dut quitter Coppet.

visible; il voulait mettre sa pensée « au service de la foi » et méditait, lui aussi, comme Constant, d'écrire un ouvrage sur la religion. Son auteur préféré était le théosophe Saint-Martin, à cause « des besoins, disait-il, qu'il avait de joindre la contemplation à la prière ». Quant à Mme de Staël, elle se plongeait dans l'*Imitation de Jésus-Christ* et dans les écrits de Mme Guyon. Bref, Coppet avait changé d'aspect (1). A la fin de 1810, on eût dit un congrès des religions : le catholicisme y était représenté par M. de Montmorency, le quiétisme par M. de Langallerie, l'illuminisme par M. de Divonne, le rationalisme par le baron de Vogt, l'orthodoxie calviniste par le pasteur Moulinié. Benjamin Constant faisait la synthèse (2).

Ce qu'il faut retenir de cette évolution de Mme de Staël, de l'empire que prennent sur elle les idées religieuses, au point de vue qui nous intéresse, c'est d'abord le calme relatif qui s'établit dans son âme : « La main de Dieu me soutient; je ne suis plus dans ces moments de désespoir qui anéantissaient mon âme (3). » C'est aussi une conception plus haute et plus juste de la vie; elle entrevoit que le but de l'existence n'est peut-être pas, comme elle l'avait cru jadis, dans la recherche chimérique du bonheur, mais dans le dévouement et le sacrifice. « Se désintéresser de soi sans cesser de s'intéresser aux autres, » voilà sa devise (4). C'est enfin la force nouvelle qu'elle puise dans ses idées religieuses : « Dieu m'a fait la grâce de penser, écrit-elle à Jordan, que je donnais un noble exemple à mon siècle (5). »

(1) Bonstetten, *Lettres à Friderique Brun.*
(2) Voir J. Cart, *Madame de Staël, son temps, sa vie et ses œuvres.*
(3) *Coppet et Weimar.* Mme de Staël à Mme Récamier, 1er janvier 1811.
(4) Mme de Staël à Meister, 25 mai 1810.
(5) A Camille Jordan, 3 octobre 1811. (Sainte-Beuve, *Nouveaux Lundis,* t. XII.)

À partir de la suppression de l'*Allemagne,* une ère nouvelle de persécution commence pour elle. On ne se contente plus de lui imposer la résidence de Coppet : on la
tient prisonnière; par la menace, par l'exil, on fait le
vide autour d'elle. Napoléon sait le côté vulnérable de
sa nature, son amour de la société et du monde, et il la
frappe sans pitié. Les plus timides n'attendent pas sa
colère : M. de B... (peut-être M. de Balk, ce grand seigneur
russe qui a suivi Mme de Staël à Fossé) s'esquive, pré-
textant un « mal de poitrine ». Mme de Staël s'afflige :
« Ce mécompte d'affection m'a été très sensible, » écrit-
elle (1). Le baron de Vogt, le philanthrope danois, éprouve
le besoin de changer d'air ; il écrit piteusement à Mme Récamier que « des amis » se sont alarmés pour lui, qu'on
l'a conjuré de ne pas nuire à « la personne », et il s'en va.
Mme de Staël essaie de faire bonne contenance, mais ces
désertions la frappent au cœur.

En décembre 1810, l'aimable M. de Barante, qui avait
témoigné tant d'égards à Mme de Staël, avait été destitué.
Mme de Staël crut, et l'on crut à Genève, que c'était à
cause d'elle (2). On reprochait à M. de Barante de n'avoir
pas mis les scellés sur les papiers de Mme de Staël ; on
parlait aussi d'une lettre de compliments qu'il aurait
écrite à Mme de Staël après la suppression de l'*Allemagne.*
Cette disgrâce devait avoir pour Mme de Staël les plus
tristes conséquences.

Au mois de mars 1811, un nouveau préfet vint remplacer M. de Barante. « C'était un de ces hommes supérieurement adaptés au régime actuel, c'est-à-dire ayant

---

(1) À Mme Récamier, 1er janvier 1811. (*Coppet et Weimar.*)
(2) *Dix années d'exil.* — Voir aussi le *Montlosier* de Bardoux, la correspondance de Montlosier, et Benjamin Constant, *Lettres à sa famille.*
(Lettre de Rosalie de Constant.)

une assez grande connaissance des faits et une parfaite
absence de principes en matière de gouvernement; appe-
lant abstraction toute règle fixe, et plaçant sa conscience
dans le dévouement au pouvoir. » Ce préfet était M. Capelle, le futur ministre du roi Charles X. Jadis républicain
enthousiaste, député par le district de Milhaud à la fête
de la Fédération, puis lieutenant de grenadiers dans le
deuxième bataillon des Pyrénées-Orientales, destitué
pour cause de fédéralisme, enfin commandant la garde
nationale de la ville de Milhaud jusqu'au 18 brumaire,
Capelle n'avait pas été un des derniers à se rallier au
Premier Consul. Il était accouru à Paris, soi-disant pour
s'occuper des affaires de ses concitoyens, en réalité pour
faire les siennes. Souple, insinuant, nageant admirablement entre deux eaux, il s'était mis dans les bonnes
grâces du ministre Chaptal, qui lui avait donné un emploi
dans ses bureaux. Chaptal le fit ensuite nommer secrétaire général du département des Alpes-Maritimes, puis
de celui de la Stura. En février 1808, à l'âge de trente-
trois ans, Capelle obtenait la préfecture de la Méditer-
ranée, dont Livourne était le siège. Il se trouvait être
voisin de la grande-duchesse de Toscane, princesse de
Lucques et de Piombino, Élisa Bacciochi, sœur de l'Empereur. Le préfet était jeune, aimable, d'agréable tournure; il sut plaire, dit-on, à la grande-duchesse. On en
causa si fort que Napoléon s'émut et fut sur le point de
le destituer. Il se contenta de le nommer à la préfecture
du Léman.

Capelle avait à reconquérir les bonnes grâces du
maître, et tout de suite il afficha bruyamment son zèle.
La ville de Genève était assez difficile à administrer, à
cause de l'esprit des habitants, satirique et frondeur. On
faisait des gorges chaudes sur le préfet; on prétendait

qu'il avait été acteur dans une troupe ambulante, on lui
avait donné le surnom de Floridor. Il y avait à Genève
un certain nombre de cercles; l'un se nommait cercle de
l'Égalité. Cela parut au préfet rappeler de fâcheux souvenirs. Il demanda, puis exigea que le cercle changeât de
nom. Le cercle de l'Égalité prit alors le nom de *cercle des
Mêmes*.

Tel était le personnage qui allait avoir à surveiller
Mme de Staël. Il commença par essayer de la convertir à
l'admiration du régime impérial ; une telle conquête, s'il
réussissait, ne pouvait manquer de lui faire honneur. Il
lui dit, la première fois qu'il la vit, « qu'un talent comme
le sien était fait pour célébrer l'Empereur, que c'était un
sujet digne du genre d'enthousiasme qu'elle avait montré
dans *Corinne* (1). » Mme de Staël lui répondit ce qu'elle
avait toujours répondu en pareil cas : que dans les circonstances où elle se trouvait, toute louange serait
déplacée et ridicule. Capelle se rejeta alors sur la naissance du roi de Rome; il était impossible qu'elle ne
chantât pas à sa manière un sujet qui avait mis à l'envers
toutes les cervelles poétiques de l'Empire. Mme de Genlis,
la rivale et l'ennemie de Mme de Staël, avait écrit pour
le nouveau-né une berceuse, dont elle avait composé les
vers et la musique : les notes de cette berceuse figuraient
de petites roses, que l'auteur des *Contes moraux* avait
enluminées de sa propre main (2). Capelle n'en demandait pas tant à Mme de Staël; « une simple feuille de
quatre pages » eût suffi. Corinne, excédée, répondit
qu'elle se contentait de souhaiter à l'enfant une bonne
nourrice (3).

(1) *Dix années d'exil.*
(2) MÉNEVAL, *Mémoires*, t. II, p. 446.
(3) Mme de Staël à Mme Récamier. « Le nouveau préfet est venu dix
fois me demander d'écrire pour la naissance du roi de Rome, etc. J'ai

Entre le préfet et elle, c'est la petite guerre. En mai 1811, Mme de Staël se rend aux bains d'Aix en Savoie. Ces bains sont ordonnés à son fils cadet. Puis elle espère y rencontrer quelques personnes de connaissance, Mme de Boigne, Mmes de Bellegarde, qui lui font mille politesses et lui disent « cent belles choses » d'elle et de Mme Récamier (1). Mais elle n'est pas à Aix depuis dix jours qu'un ordre du préfet de Genève lui enjoint de revenir. Elle répond à cet ordre « un peu extrordinaire », qu'elle laissera son fils continuer ses douches et reviendra dès que sa voiture sera prête (2). La vérité est qu'elle avait berné Capelle, en disant qu'elle allait de Genève à Coppet, tandis qu'elle partait pour Aix. Le duc de Rovigo, mieux informé, — il y avait à Genève un commissaire spécial de police, — s'était étonné que le préfet eût gardé le silence sur le voyage en France. Capelle, ainsi réprimandé, avait écrit au plus vite à Mme de Staël pour l'inviter à revenir, et à son collègue du Mont-Blanc pour le prier de lui refuser passeports et chevaux de poste, au cas où elle aurait voulu pousser plus loin son voyage. Il informait en même temps le ministre qu'il aurait soin dorénavant de tenir secrètement un homme à Coppet, « pour savoir ce qui s'y passe (3). »

Il ressort bien nettement de l'examen des documents, d'abord que c'était le ministre de la Police lui-même qui excitait le zèle du préfet Capelle, et que celui-ci n'était pas seul responsable des persécutions exercées contre

toujours répondu que ce serait me rendre ridicule aux yeux de l'Empereur que d'aller au-devant de lui, quand il me rejette avec tant de persistance, et je ne sortirai pas de là. » (*Coppet et Weimar.*)

(1) *Coppet et Weimar.*

(2) Archives nationales, F⁷ 6331, dossier 6991. Mme de Staël à Capelle, 24 mai 1811.

(3) *Dix années d'exil.* — Capelle au duc de Rovigo, 22 mai 1811. (Archives nationales, F⁷ 6331.) — Mme de Staël à Capelle, Aix, 24 mai 1811. (*Ibid.*)

Mme de Staël; en second lieu, que les craintes de l'exilée
n'étaient pas chimériques. On n'avait pas ordonné « *pour
cette fois* son arrestation » (1); mais une autre fois, on ferait
mieux; et elle savait que « cet esclandre bravé (2) »,
l'Empereur ne laisserait plus parler d'elle.

La réprimande du duc de Rovigo avait produit son
effet (3). A peine Mme de Staël était-elle rentrée à Coppet,
que le préfet lui interdisait d'aller sous aucun prétexte
dans les pays réunis à la France; il lui conseillait même
de ne pas voyager en Suisse et de ne jamais s'éloigner à
plus de deux lieues de Coppet. Bref, elle était prisonnière.
Ce n'était pas tout. Schlegel, l'ami, le collaborateur de
Mme de Staël, le précepteur de ses enfants, fut invité
« d'une manière pressante » à quitter Coppet. Le préfet
du Léman n'avait aucun droit de donner en Suisse un
pareil ordre. C'est ce que fit observer Mme de Staël : à
quoi l'on répondit que si elle voulait que cet ordre passât
par l'ambassadeur de France, elle en était bien libre. On
ne pardonnait pas à Schlegel sa propagande antifrançaise,
sa brochure sur la *Phèdre* de Racine et l'*Hippolyte* d'Euripide, ses conférences de Vienne; on ne lui pardonnait
pas surtout la part qu'il avait prise au livre *De l'Allemagne*.
Enfin, on voulait faire un exemple. Capelle écrivait au
duc de Rovigo : « Je ne saurais trop remercier Votre
Excellence de m'avoir autorisé à cet acte de rigueur;
l'éloignement de cet homme aura le meilleur effet, autant
à Genève que dans la maison de Mme de Staël (4). »

Quelques mois auparavant, un autre ami de Mme de

(1) Capelle à Rovigo, lettre déjà citée.
(2) *Dix années d'exil.*
(3) « Je la fais attentivement surveiller à Coppet comme à Genève... Si
quelque personnage important allait la visiter, j'en rendrais compte à
Votre Excellence. » (Capelle à Rovigo, 25 juin. Archives nationales,
F⁷ 6331.)
(4) Capelle à Rovigo, 22 mai. Lettre déjà citée.

Staël, un de ceux qui l'avaient initiée à la pensée allemande, Charles de Villers, avait subi un sort semblable (1).
En février 1811, le maréchal Davout avait envoyé un
colonel de gendarmerie à Lubeck, où résidait Villers, pour
l'arrêter, comme coupable de trahison et d'attentat contre
les intérêts de l'Empereur et l'honneur du nom français.
Le prétexte de cette arrestation était certaine *Lettre à la
comtesse Fanny de Beauharnais*, écrite à la fin de l'année
1806, — cinq ans auparavant, — où Villers dénonçait les
excès de l'armée française à la prise de Lubeck. La vraie
raison était, comme pour Schlegel, les sympathies hautement affichées de l'auteur pour la nation allemande, sa
propagande antinapoléonienne, peut-être aussi ses relations bien connues avec Mme de Staël. Villers vit ses
papiers confisqués, et lui-même fut banni des pays compris dans le gouvernement du maréchal, comme calom-
niateur de l'armée française.

Ce n'était que le prélude des persécutions contre Mme de
Staël et ses amis. L'Empereur paraissait bien décidé à en
finir avec ce foyer d'agitation qu'était Coppet. Bientôt
ce fut un grief d'aller simplement visiter l'exilée.

Dès le milieu de 1811, Mme de Staël, pour des raisons
que nous étudierons plus tard, avait résolu de s'enfuir
de Coppet. Elle avait informé de sa résolution ses amis
les plus chers, Mathieu de Montmorency, Mme Récamier.
Elle était partagée entre la joie qu'elle eût éprouvée à
les revoir et la crainte que ce voyage ne leur devînt
funeste. « Hélas, chère Juliette, écrivait-elle à son amie,
vous reverrai-je encore? Je n'en sais rien; je ne sais pas
même si je dois le vouloir (2). » Elle se sentait « un
être redoutable »; elle eût voulu « se dépouiller d'elle-

(1) Bégin, *Biographie de la Moselle*, t. IV.
(2) 1er janvier 1811. (*Coppet et Weimar.*)

même (1) ». Bravant la colère impériale, M. de Montmorency vint voir Mme de Staël. Celle-ci ne l'avait que
faiblement détourné de son projet; elle savait pourtant
que l'Empereur désapprouvait cette visite; mais, suivant
sa coutume, elle s'était étourdie : Mathieu n'était-il pas
le tuteur de ses enfants, un ami de vingt années? Il partit.
Elle alla à sa rencontre à Orbe (2); tous deux revinrent
par Fribourg pour visiter le couvent de trappistes, établi
dans le voisinage, puis firent un détour par Vevey et par
Bex. A trois lieues de Bex, les voyageurs se rendirent en
excursion à une cascade célèbre, située dans le Valais,
alors réuni à la France (3). Quand ils revinrent à Coppet,
Capelle commença par blâmer Mme de Staël d'avoir
osé voyager en Suisse à plus de deux lieues de Coppet,
et surtout d'être allée en France voir la cascade. J'aurais
pu dire, écrit Mme de Staël :

> Je tondis de ce pré la largeur de ma langue !

Cependant, il semblait que l'incident ne dût pas avoir
de suites, et Mme de Staël s'abandonnait à la joie de
revoir son ami le plus cher, quand brusquement arriva
à Coppet l'ordre par lequel M. de Montmorency était
interné dans une ville du centre de la France. C'était la
réponse de l'Empereur au courrier qui lui apprenait
l'arrivée à Coppet de M. de Montmorency. Un mot dans
la lettre du ministre indiquait que Mme de Staël était la
cause de cet exil. Le désespoir de celle-ci fut immense.
« Je poussai, dit-elle, des cris de douleur... » Mathieu,
toujours calme et religieux, l'invitait en vain à imiter sa

---

(1) Autre lettre, datée de Genève, 1811. (*Coppet et Weimar.*)
(2) « A la Val Fai ito, » dit Capelle à Rovigo. (Rapport de janvier 1812,
Archives nationales, F⁷ 6331.)
(3) Sans doute la cascade connue sous le nom de casca e de **Pisse-
vache.**

résignation. Un autre coup, plus cruel encore, allait achever de déchirer son âme.

Mme Récamier, elle aussi, avait voulu revoir son amie avant qu'elle quittât le séjour de Coppet. Dès le printemps de l'année 1811, elle avait annoncé tout haut son intention d'aller en été aux bains d'Aix, où elle pensait rencontrer Mme de Staël. En vain, ses amis avaient essayé de la dissuader de ce voyage (1). En vain, Esménard, qui connaissait les intentions du duc de Rovigo, l'avait avertie du danger « où l'entraînait son extrême bonté ». Malgré les supplications de son entourage, Mme Récamier partit pour Coppet le 23 août 1811. Mme de Staël frémit en recevant la lettre qui lui annonçait l'arrivée de sa « chère Juliette ». Pleine d'angoisse à l'idée du danger qui la menace, elle envoie un courrier au-devant d'elle, la conjure de s'arrêter en chemin (2). M. de Montmorency la rencontre dans un village voisin, veut la détourner de son projet : peine perdue. « Ce fut avec des convulsions de larmes, dit Mme de Staël, que je la vis entrer dans ce château où son arrivée était toujours une fête. »

Mme Récamier, d'ailleurs, ne passe que vingt-quatre heures à Coppet. Un de ses neveux qui habite à Genève joint ses efforts à ceux de Mathieu et de Mme de Staël. Mme Récamier cède ; elle part de Coppet; Mme de Staël l'accompagne jusqu'à Ferney. Vers dix heures du soir, elle arrive à Genève (3). De Genève, elle se rend à Riche-

---

(1) *Souvenirs et Correspondance de Mme Récamier*, p. 171.
(2) Voir *Dix années d'exil*, et la lettre de Capelle au duc de Rovigo, du 2 septembre 1811, publiée par Ch. NAUROY, *Le Curieux*, 15 décembre 1883. D'après le récit de *Dix années*, Mme de Staël aurait attendu Mme Récamier à Coppet; d'après la lettre de Capelle, elle serait allée au-devant d'elle.
(3) Tous ces détails sont puisés dans *Coppet et Weimar*, la lettre de Capelle au duc de Rovigo déjà citée, *Dix années d'exil*, et les *Souvenirs de madame Récamier*.

cour, dans la Haute-Saône, chez sa cousine la baronne de
Dalmassy, et de là reprend le chemin de Paris. Elle va,
suivant les instructions de Mme de Staël, plaider auprès
du duc d'Abrantès la cause de M. de Montmorency. Elle
est rassurée sur son propre sort, car elle n'a fait à Coppet
qu'une apparition fugitive. Elle arrive à Dijon; là, elle
trouve M. Récamier, qui l'a précédée de quelques heures.
Le 3 septembre, le baron Pasquier, préfet de police, l'a
fait venir en son cabinet et l'a informé que sa femme
devait se retirer à quarante lieues de Paris (1). L'ordre
du ministre est bref ; « Mme Récamier, née Juliette Ber-
nard, se retirera à quarante lieues de Paris. » Point de
considérants. « De pareils ordres, dit le préfet, n'en portent jamais. » Il n'était pas douteux que la visite à
Mme de Staël ne fût la cause déterminante de cet acte
de rigueur. « Nous l'avions bien prévu! » s'écrièrent en
chœur les amis de Mme Récamier.

L'exilée vint passer deux jours à Paris dans le plus
strict incognito; puis elle se retira à Châlons-sur-Marne.
Mathieu de Montmorency s'était installé dans le voisinage, au château de Montmirail. Tandis que Mme de Staël
rongeait son frein avec impatience, la belle Juliette étonnait ses amis par sa parfaite résignation; elle ne sortait
de son appartement de la rue du Cloître que pour aller,
le dimanche, toucher de l'orgue à l'église de sa paroisse.

Il faut renoncer à décrire la douleur de Mme de Staël :
« Je ne puis vous parler, écrit-elle à Mme Récamier;
je me jette à vos pieds; je vous supplie de ne pas me
haïr (2). » Et encore : « Il me prend des moments de

---

(1) *Madame Récamier, les amis de sa jeunesse*, p. 73 et suiv.
(2) *Coppet et Weimar*. Elle écrivit à Camille Jordan : « Je me meurs à
la lettre du malheur de mes amis » (SAINTE-BEUVE, *Nouveaux Lundis*,
t. XII.)

mélancolie si profonde que je suis prête à me laisser
mourir. » Elle essaie de faire bonne contenance; mais
elle est frappée au cœur; elle souffre moralement et physiquement; elle a des insomnies terribles. Elle écrit à
Meister ces mots qui peignent avec une vigueur saisis-
sante sa détresse : « Le grand événement de ma vie,
c'est le soleil; quand il fait beau, j'espère que le bon Dieu
ne m'a pas encore abandonnée (1). »

Cependant, que faisait Capelle? Il écrivait en particulier, non plus au ministre, mais à « M. le duc de
Rovigo », pour lui donner des détails « piquants » sur les
événements de Coppet, qui excitaient sa verve. Il faisait
sa cour à l'Empereur, très friand de ce genre d'anecdotes ;
la mésaventure de M. de Montmorency, du « dévot
Mathieu », et de Mme Récamier étaient narrés avec
verve et d'un ton fort comique. Quant à la douleur de
Mme de Staël, Capelle en tirait cette conclusion : « Le
deuil est, dit-on, à Coppet. *Tant mieux! C'est une leçon de
plus* (2). »

On imagine difficilement à quel point en est arrivée la
persécution contre Mme de Staël. Il y a à Coppet un
agent secret en permanence, qui rend compte des moindres
actes de Mme de Staël (3); on se préoccupe de savoir
quelles personnes elle reçoit, quelles sont ses relations,
s'il y a quelque rapport entre elle et « la Maçonnerie » ;

(1) Cité par BLENNERHASSETT, 5 octobre 1811. — Adrien de Montmorency
reçoit d'elle une « lettre désespérée ». (*Madame Récamier, les amis de sa
jeunesse.*) Mathieu en reçoit une qui a de grosses taches « qui ressemblent
tant à des larmes ». (*Souvenirs de madame Récamier.*)
(2) Voir lettre de Capelle à Rovigo du 2 septembre 1811 (déjà citée).
(3) Lettre de Capelle au duc de Rovigo, janvier 1812. (Archives nationales, F7 6331.) Nous tenons nous-même du défunt duc de Broglie, petit-
fils de Mme de Staël, qu'elle avait dans sa maison un homme à qui la
famille accordait la plus entière confiance, et que ce fut beaucoup plus
tard, sous la Restauration, qu'on sut que cet homme était un espion de
police.

on fait le désert, on organise la terreur autour d'elle.
Quiconque l'approche est frappé. Sismondi est menacé.
Le duc de Rovigo, par une lettre du 10 janvier 1812 au
commissaire spécial de police à Genève, le baron de
Melun, demande qu'on lui envoie un rapport sur le cours
de littérature ancienne qu'il professe à Genève. Le commissaire de police est obligé de reconnaître que, « bien
que Mme de Staël soit sa société intime, » Sismondi ne
donne lieu à aucune observation défavorable (1). Passe
pour Sismondi! On voudrait murer Mme de Staël dans
son château. Défense de lui écrire; Adrien de Montmorency est mandé chez le duc de Rovigo et tancé verte-
ment pour « son intérêt, ses plaintes sur les exilés, ses
rapports intimes avec eux ». Toutes ses lettres sont
décachetées par la police. Les amis de Mme de Staël
n'osent plus écrire son nom; Adrien de Montmorency
informe Mme Récamier qu'il a reçu une « lettre désespérée de la *mère d'Albertine* (2) ». Vaines précautions : la
police entend ce langage. Une lettre d'Elzéar de Sabran
à Mme de Staël est interceptée, son auteur enfermé à
Vincennes sans jugement (3). Capelle s'entend à merveille
à terrifier les gens qui font mine de se rendre à Coppet.
Il répand le bruit qu'on va mettre un corps de garde au bas
de l'avenue du château; lui-même fait sentinelle, écarte
les visiteurs. Tout ce qui tient de près ou de loin au gouvernement se croit en état de diplomatie avec Mme de
Staël : préfets, sous-préfets, « cousins des uns et cousins
des autres, » et même jusqu'aux simples douaniers (4)! »

---

(1) Le baron de Melun au duc de Rovigo, 5 mars 1812. .(Archives
nationales, F⁷ 6331.)
(2) *Madame Récamier, les amis de sa jeunesse.* Lettre d'Adrien de Montmorency, 28 mars 1812.
(3) BARDOUX, *Madame de Custine.*
(4) *Dix années d'exil.*

La situation devient intolérable; Mme de Staël veut
partir. Elle serait partie déjà sans des circonstances particulières qui la retiennent. Nous touchons·à un point
délicat de son existence.

A la fin de l'année 1810 (1) se trouvait à Genève un
jeune officier de hussards, nommé Jean Rocca, descendant d'une ancienne famille patricienne émigrée du Pié-
mont et établie en Suisse. Jean Rocca — John, comme
on l'appelait à Genève, — séduit, comme tous les jeunes
gens de son époque, par la gloire militaire, avait passé
les examens de l'École polytechnique et était entré dans
l'armée française. Il faisait partie, en qualité de lieutenant,
du 2e régiment de hussards, quand, en 1808, il fut envoyé
avec son régiment de Prusse en Espagne. Il a raconté
lui-même avec une rare distinction dans ses *Mémoires* (2)
la campagne qu'il fit dans la péninsule. Tombé un jour
dans une embuscade, il reçut de terribles blessures qui
mirent longtemps sa vie en danger. Grâce aux soins
dévoués d'une famille espagnole dont il était l'hôte, il
finit par entrer en convalescence, mais resta infirme
d'une jambe.

Revenu à Genève dans sa famille, il vit Mme de Staël.
Il avait la plus charmante figure, des traits fins et déli-
cats (3), un air noble et doux, la taille svelte, si mince
qu'on ne pouvait concevoir « comment ses blessures
avaient trouvé à se placer (4) ». Joignez à cela la pâleur
de son teint, le prestige de ses blessures, beaucoup
d'audace, une pointe d'excentricité, le renom d'aventures

(1) Lettre du baron de Vogt à Mme Récamier, 22 décembre 1810.
(*Madame Récamier, les amis de sa jeunesse.*)
(2) Publiés en 1814, ils ont été réédités par M. Revilliod (1887).
(3) Voir le portrait de Rocca en officier de hussards, en tête de l'édition Revilliod.
(4) Le baron de Vogt à Mme Récamier, Genève, 22 décembre 1810.

amoureuses : John Rocca était, il faut l'avouer, le plus
parfait héros qui pût enflammer une imagination romanesque. « Ah! qu'un regard fier et mâle est beau, lorsqu'en même temps il est modeste et pur! » Mme de Staël
le vit et l'aima. Il avait vingt-trois ans, elle en avait
quarante-quatre. Corinne voyait avec terreur venir l'âge
redoutable où la femme semble n'avoir plus à compter
sur l'amour. Elle n'avait jamais été aimée comme elle
eût souhaité de l'être : qu'était-ce que la sécheresse élégante d'un Narbonne, l'égoïsme d'un Talleyrand, l'inquiétude perpétuelle d'un Benjamin Constant? Elle se disait
avec tristesse qu'elle était un être à part, que l'on considérait avec étonnement, avec effroi même, que l'on
n'aimerait jamais. Elle fut surprise, touchée, ravie d'être
soudainement aimée pour elle-même. Car Rocca l'aima
éperdûment, de la façon la plus romanesque. Un jour,
au galop de son cheval, avec sa jambe blessée, il gravit
l'escalier en pierre de la colline de Genève et redescendit
par la rue de la Cité pour passer sous les fenêtres de
Mme de Staël. « Je l'aimerai tant, disait-il, qu'elle finira
par m'épouser! » Et elle l'épousa, non publiquement
(elle voulait éviter le ridicule, elle tenait à son nom, qui
faisait partie de sa gloire), mais secrètement, une première fois en 1811 à Coppet, une seconde fois en Suède.
« Elle ne pouvait pas se croire assez mariée (1). »

Ce furent autant que les persécutions contre ses amis,
cette liaison, — on ignorait le mariage, — connue de la
police impériale, et ses conséquences, qui décidèrent
Mme de Staël à s'enfuir de Coppet.

D'abord, la présence de Rocca, sa situation privilégiée
à Coppet, avaient jeté le trouble dans la petite cour de

_____

(1) Bonstetten à Frédérique Brun, 13 août 1817.

Mme de Staël. Parmi ses amis, les uns la prêchaient au nom de la morale, les autres étaient tout simplement jaloux. Il soufflait sur Coppet un vent de tempête. Rocca et Benjamin Constant — ce dernier tiraillé entre sa femme Charlotte et Mme de Staël — avaient failli se battre en duel (1). Heureusement Benjamin était parti pour l'Allemagne (15 mai 1811), et Coppet était redevenu plus calme. Mais Chamisso, mais Sismondi exhalèrent leur désappointement : « J'ai vu! » s'écrie Chamisso. Sismondi « se tait et souffre (2) ». Tous deux font des vers sur leur douleur. Camille Jordan moralise; Mme de Staël s'insurge : « Je pense, répond-elle à Jordan, qu'en fait de dignité morale, les circonstances me placent aussi haut qu'il est possible, et je m'étonne que vous, qui êtes si indulgent pour l'inconcevable conduite de Gérando (3), vous tourniez toutes vos foudres contre une malheureuse femme qui, résistant à tout, défendant ses fils et son talent au péril de son bonheur, de sa sécurité, de sa vie, est un moment touchée de ce qu'un jeune homme d'une nature chevaleresque sacrifie tout au plaisir de la voir (4). »

La situation de Mme de Staël est devenue fort délicate. Ce ne sont plus seulement ses amis qui essayent de la détacher de Rocca. A Genève, on plaisante, on fait des épigrammes, des chansons sur elle. Le préfet s'amuse fort de cette intrigue : « Le jeune officier Rocca ne la quitte point, » écrit-il au duc de Rovigo (5). Mme de Staël

(1) *Journal intime* de CONSTANT, février, mai 1811. Il semble qu'au dernier moment le duel n'ait pas eu lieu.

(2) Karl FULDA, *Chamisso et son temps.* (Cité par BLENNERHASSETT.)

(3) Gérando avait depuis longtemps rompu avec Mme de Staël; quand il passa à Genève en 1809, il n'alla pas lui faire visite. Mme de Staël redoutait la persécution pour ses amis qui lui témoignaient leur sympathie; mais elle redoutait plus encore leur abandon.

(4) 3 octobre 1811. (*Nouveaux Lundis*, t. XII.)

(5) 25 juin 1811. Archives nationales, F⁷ 6331.

pense sérieusement à s'embarquer pour les États-Unis;
mais en même temps, ce qui montre ses incertitudes, le
désarroi de son esprit, elle écrit à son amie la grande-
duchesse Louise pour qu'elle lui obtienne du tsar un
passeport pour Riga (1). Puis elle revient à son idée de
fuite en Amérique. En octobre 1811, elle apprend que la
frégate américaine *la Constitution* a mouillé sur la rade
de Cherbourg. Elle demande un passeport pour cette
ville. Un de ses fils se rend à Paris, voit le capitaine du
navire (2). Elle-même écrit à Mme Récamier : « Je souhaite extrêmement à présent que vous veniez à Lyon : si
j'ai mon passage sur la frégate, je puis me déchirer
encore une fois le cœur en vous embrassant. » Mais on
lui refuse son passeport; on croit qu'elle n'a d'autre but
que de venir à Paris (3). Elle demande à se rendre à
Rome; on lui refuse encore. Décidément, elle est prisonnière à Coppet; et autour d'elle tous lui conseillent la
fuite; l'un assure « qu'elle se déshonore »; l'autre lui
prédit le sort de Marie Stuart. Elle tremble pour elle, pour
Rocca, qui est toujours officier et qu'on peut arrêter,
envoyer loin d'elle. Elle tremble surtout que l'Empereur,
qui sait tout, ne l'outrage publiquement par un de ces
articles perfides qu'il fait insérer à propos dans les gazettes et qui « assassinent moralement » leur victime (4).

Le scandale éclate. Le 17 avril 1812 (5), Mme de Staël

(1) 23 juillet 1811. (*Coppet et Weimar*).
(2) Archives nationales, F⁷ 6331. Rapport de police, octobre 1811.
(3) *Ibid.* « Le consul général des États-Unis croit que l'objet des démarches de Mme de Staël est de venir à Paris, et qu'elle ne se soucie pas de
venir aux États-Unis. »
(4) *Dix années d'exil.*
(5) Non le 7, comme le dit lady Blennerhassett. Le rapport du baron de
Melun au duc de Rovigo indique la date du 17. M. Revilliod prétend que
l'événement eut lieu à Longirod. Ce fut à Coppet, comme l'indique le
rapport de police. L'enfant fut mis en nourrice à Longirod. Il reçut les
prénoms de Louis-Alphonse. Il épousa plus tard Mlle de Rambuteau et
mourut sans postérité.

met au monde un enfant mâle, qui est confié aux soins
du célèbre médecin Jurine, à Longirod, dans le Jura.
L'événement n'a pu être tenu si secret qu'il n'ait transpiré
au dehors. La police, qui a ses espions à Coppet, en est
vite informée. Le baron de Melun, commissaire spécial
de police à Genève, informe le duc de Rovigo de la nouvelle. Il accompagne son rapport humoristique de deux
chansons qu'on a faites pour célébrer la guérison de
Mme de Staël : *la Femme célèbre* et *la Cure merveilleuse* (1) :

> ... D'une cure aussi propice
> Ah! bénissons les résultats heureux !
> Il est près de Rolle en nourrice.

Le préfet envoie, lui aussi, des chansons et des épigrammes (2) : il faut que l'Empereur s'amuse.

La malheureuse femme est « perdue dans l'opinion de
ses compatriotes (3) » ; elle a beau reparaître à Genève
quelques jours après, elle ne trompe personne. Elle est,
cette fois, résolue à prendre la fuite. Le duc de Rovigo a
raison quand il affirme (4) que « certaines histoires,
dont on s'égayait trop à Genève, » furent une des causes
de son départ. D'ailleurs, elle a bien joué la partie, sauvé
merveilleusement les apparences : pour l'Europe entière,
elle est la victime de l'empereur Napoléon. Elle l'était
aussi, dans une certaine mesure, de ses propres fautes.

Le 23 mai 1812, à deux heures de l'après-midi, elle
monte dans sa voiture de l'air le plus naturel. Elle tient
un éventail à la main; sa fille Albertine, son fils aîné
Auguste et Rocca l'accompagnent (5). Le plus jeune de

---

(1) 21 avril 1812. Le baron de Melun au duc de Rovigo: « Monseigneur,
ne doutant pas de l'intérêt que Votre Excellence prend à la santé de
Mme la baronne de Staël..., etc. » (Archives nationales, F⁷.)
(2) Le préfet au duc de Rovigo, 30 avril 1812. (*Ibid.*)
(3) *Ibid.*
(4) *Mémoires*, t. VI, p. 144.
(5) Lady Blennerhassett commet quelques erreurs ici. Elle dit que ce

ses enfants, Albert, est resté à Coppet. Il s'agit en apparence d'une simple promenade : point de préparatifs, point de bagages. En descendant la belle avenue ombragée d'ormes qui mène du château au village, elle se sent défaillir. Reverra-t-elle ces lieux pleins du souvenir de son père, le parc où il aimait à s'asseoir, le cabinet de travail où ses livres, ses papiers, son fauteuil restaient à la même place que jadis, comme attendant son retour?

De Coppet, elle continue sa route jour et nuit, jusqu'à une ferme au delà de Berne, où elle a donné rendez-vous à Schlegel, qui doit l'accompagner dans son voyage. Elle n'est pas sauvée; il faut qu'elle obtienne des passeports pour l'Autriche; mais il ne faut pas que ces passeports soient à son nom, pour ne pas éveiller l'attention de la police. Auguste de Staël reçoit heureusement de M. de Schraut, ministre d'Autriche à Berne, les papiers nécessaires. Tandis qu'il retourne à Coppet, ainsi que Rocca, pour mettre ordre aux affaires de sa mère, celle-ci, avec Albertine et Schlegel, continue son voyage. A Salzbourg, nouvelle alerte : un courrier français l'attend à la poste. Elle va fuir sous un déguisement, quand, heureusement, elle reconnaît Rocca, qui, à bride abattue, est venu la rejoindre. A partir de ce moment, un sentiment de douceur et de sécurité fit place à ses angoisses, et le 6 juin 1812, elle arriva enfin dans la capitale de l'Autriche.

Mme de Staël avait si bien pris ses mesures pour dépister la police que la nouvelle de son évasion ne se répandit dans Genève que le 2 juin au soir (1). On disait

fut Albert qui l'accompagna, que Rocca vint à sa rencontre. Ces détails sont inexacts. (Cf. *Dix années d'exil.*)

1) Sismondi à Mme d'Albany, 23 juin 1812. — Ce détail est confirmé par la lettre du baron de Melun au duc de Rovigo, datée du 2 juin 1812. (Archives nationales, F⁷ 6331.) Évidemment le baron de Melun dut écrire au ministre aussitôt qu'il apprit la nouvelle.

qu'elle était allée aux eaux de Schinznach, dans le canton
d'Argovie; mais les gens les mieux informés prétendaient que son projet était de s'embarquer dans un port
de Russie pour passer en Angleterre. Enfin l'on sut par
notre ministre plénipotentiaire en Suisse, le comte de
Talleyrand, que Mme de Staël était allée à Vienne, d'où
elle espérait trouver des facilités pour se rendre à Londres (1). La police finit par en prendre son parti et se
contenta de surveiller Auguste de Staël, qui restait à
Coppet comme un « gage de la bonne conduite » de sa
mère (2).

Seuls, les amis de Mme de Staël, qui ignoraient son
mariage, restèrent assez embarrassés pour expliquer
honnêtement les raisons de sa fuite avec Rocca. Sismondi écrivait à Mme d'Albany que Mme de Staël avait
emmené Rocca pour la protéger contre les Turcs, au
cas où elle se risquerait « dans un si terrible pays ».
On ne sait ce qu'en pensa Mme d'Albany. Quant à
Mme Récamier, ce malheureux Rocca faillit amener un
refroidissement entre elle et Mme de Staël. Mme Récamier, dans l'ardeur de son amitié, avait écrit à Auguste
de Staël qu'elle était prête à accompagner partout
Mme de Staël. Celle-ci fit la sourde oreille; elle ne
tenait pas à être accompagnée : « Je vous dis adieu, lui
écrit-elle, mon ange tutélaire, avec toute la tendresse de
mon âme. Je vous recommande Auguste. Qu'il vous voie
et qu'il me revoie. C'est sur vous que je compte pour
adoucir sa vie maintenant et pour le réunir à moi, quand
il le faudra. Vous êtes une créature céleste; si j'avais

---

(1) Le comte Auguste Talleyrand au duc de Rovigo, Bâle, 19 juin 1812.
(Archives nationales, F⁷ 6331.)

(2) Sismondi à Mme d'Albany, 11 juillet 1812. — Mme de Staël avait
pris la précaution, avant de partir, de vendre à son fils aîné la terre de
Coppet. Elle craignait fort une confiscation.

vécu près de vous j'aurais été trop heureuse. Le sort
m'entraîne. Adieu (1). » Mme Récamier jugea que le sort
l'entraînait un peu vite et éprouva quelque amertume de
se voir délaissée. Elle l'avouait plusieurs années après à
Benjamin Constant, qui, alors fort épris de la divine
Juliette, s'écriait : « Oh! les malheureux, qui n'ont pas
senti tout cela! Les malheureux, qui ont perdu un tel
trésor (2)! »

Cependant Mme de Staël fuyait par les grands chemins
de l'Europe. Mais son amour pour Rocca ne lui faisait
pas oublier la haine qu'elle avait vouée à son persécuteur
et elle était impatiente de vengeance.

(1) 10 juillet 1812. (*Souvenirs de madame Récamier.*) Mme de Staël était
alors en Moravie.
(2) Benjamin Constant, *Lettres à madame Récamier*, lettre XXVII.

CHAPITRE XX

A Vienne, Mme de Staël fut ravie de se retrouver au milieu d'une société qui l'avait jadis accueillie avec tant de faveur. Les nouvelles persécutions dont elle était victime, la suppression du livre *De l'Allemagne* ne firent qu'accroître l'ardeur de ces sympathies (1). Malgré le mariage de Marie-Louise avec Napoléon, la haute société de Vienne persistait dans son attitude hostile à l'égard de la France; c'était toujours le même « système de guerre », le même « esprit de vertige (2) » qui avait amené les désastres de 1809. Il était évident que le langage officiel des diplomates autrichiens était loin de refléter exactement les sentiments de la société; mais la consigne était donnée de n'indisposer en rien l'empereur des Français, et le gouvernement s'appliquait à la faire respecter.

Pendant les dix premiers jours, rien ne troubla l'existence de Mme de Staël. En arrivant à Vienne, elle avait fait demander son passeport à l'empereur Alexandre par l'entremise du comte de Stackelberg, ambassadeur de Russie; on l'avait assurée qu'elle pouvait attendre sans

---

(1) Elle est « fort accueillie » à Vienne, écrit Sismondi à Mme d'Albany, 11 juillet 1812.

(2) Archives des Affaires étrangères. AUTRICHE. Rapport de M. de la Blanche, chargé d'affaires à Vienne en l'absence de M. Otto (6 juin 1812).

crainte à Vienne : elle attendait. Mais si la société lui faisait l'accueil le plus aimable, le gouvernement autrichien
ne voyait pas sans inquiétude sa présence dans Vienne et
se souciait peu de donner asile à la fugitive de Coppet.
Mme de Staël fut épiée, surveillée; elle ne put faire un
pas dans Vienne, hors de Vienne, sans avoir les policiers
à ses trousses. On la suivait à pied, à cheval, en cabrio-
let; elle en vint à préférer la police de Napoléon, plus
discrète! La question se compliquait par la présence de
Rocca, qui, en sa qualité d'officier de l'armée française,
était réclamé par les autorités françaises. On avisa
Mme de Staël de s'abstenir de le présenter dans la société
qu'elle fréquentait. Elle s'en indigna, courut chez Hagen,
le président de la Police, jeta feu et flammes : « Mais,
madame, lui dit celui-ci, devons-nous faire la guerre à
cause de M. Rocca? » — « Pourquoi pas? » répondit-
elle (1). Elle eût trouvé tout simple qu'on mît l'Europe à
feu et à sang pour soutenir sa cause.

Bref, le gouvernement autrichien la juge encom-
brante. Il n'a qu'un désir : s'en débarrasser au plus vite.
Avec tant de qualités et un si rare talent, Mme de Staël
manquait assez généralement d'une vertu nécessaire dans
la pratique de la vie : la discrétion. Sans être égoïste, elle
était orgueilleuse et rapportait tout à elle. Dès que sa
personne était en jeu, les convenances, les usages, la
politique, les alliances, tout devait s'effacer et disparaître;
et, de très bonne foi, elle se croyait persécutée si ses prétentions rencontraient quelque obstacle.

Cependant le passeport russe n'arrive pas. D'autre
part, M. Otto, notre ambassadeur, va bientôt revenir à
Vienne. Le temps presse. Mme de Staël pense à gagner

(1) BLENNERHASSETT, t. III, p. 444, d'après les *Papiers inédits* de Metternich.

Odessa; mais elle n'a point de passeport. Elle fait
marché avec un Arménien pour qu'il la conduise à Cons-
tantinople, d'où elle s'embarquera pour l'Angleterre. Elle
demande au bureau des Affaires Étrangères un passeport
à deux fins, par la Galicie ou par la Hongrie. On l'invite
à choisir : elle se décide pour la Galicie. Elle laisse à
Vienne Schlegel et Rocca pour attendre le passeport
russe, et, dans les derniers jours de juin, elle part (1).

Elle s'arrête quelques jours à Brunn, en Moravie. Elle
est toujours dévorée d'inquiétude pour Rocca, qui est
très menacé. Son signalement a été envoyé sur toute la
route, et elle tremble qu'il ne soit arrêté, remis aux autorités françaises. Elle rédige ce billet mélancolique qui doit
lui servir d'introduction auprès de la grande-duchesse de
Saxe-Weimar, au cas où Rocca lui demanderait asile :

« Si cette lettre vous est remise par M. de Rocca, officier suisse, j'ose prier Votre Altesse de penser à moi avec
intérêt et de m'appuyer de ses vœux auprès du ciel, où ses
vertus doivent lui donner un saint empire. Je me rappelle
au souvenir de Monseigneur le Duc, et je dis les plus tendres adieux à Weimar, où j'ai passé d'heureux jours qui
ne renaîtront plus. Mille regrets.

« Necker, baronne de Staël-Holstein (2). »

Nous ne la suivrons pas dans les étapes de son voyage :
elle les a racontées en détail dans ses *Dix années d'exil*.
Le gouvernement autrichien la pousse vers la frontière;
le gouverneur de Moravie l'expédie en Galicie; on lui
interdit de passer plus de vingt-quatre heures à Landshut,

_____

(1) « Je priai mes amis de me rejoindre, » dit Mme de Staël dans *Dix
ans d'exil*. Et dans une lettre du 7 juillet, de Wadowitz, à Mme Récamier :
« Schlegel est resté à Vienne pour m'apporter l'argent qui m'est nécessaire. »
(2) Autographe en notre possession.

chez son amie, la princesse Lubomirska. Son signalement
est placardé dans tous les bureaux de police; le caporal
autrichien vient faire le tour de sa voiture « en fumant
sa pipe »; des grenadiers autrichiens « sont placés de
porte en porte pour s'assurer de sa marche »; un commissaire manifeste l'intention de passer la nuit dans sa
chambre pour la mieux surveiller! Voilà donc quels étaient
ces Allemands dont elle avait célébré la candeur, l'ingé-
nuité, la politesse! C'est ainsi qu'ils traitaient une femme
persécutée « pour avoir rendu justice à l'Allemagne ».
Elle put faire à cette heure d'amères réflexions sur le
caporalisme allemand, qu'elle semblait avoir totalement
ignoré. Elle a écrit, dans son dépit, que ces Allemands
avaient été « dépravés par la funeste mésalliance qui
semble avoir altéré le sang même des sujets comme celui
de leur souverain ». C'était, avouons-le, un effet inattendu
du mariage de Napoléon et de Marie-Louise!

Enfin, de Moravie en Galicie, de Galicie en Pologne, à
travers un pays inondé de mendiants et d'espions, elle
parvient à la frontière russe. « C'est le 14 juillet, écrit-
elle, que j'entrai en Russie. » Elle passe la barrière en
jurant « de ne plus remettre les pieds dans un pays soumis
d'une manière quelconque à Napoléon ».

Elle ne pouvait se rendre directement à Pétersbourg.
L'armée française, qui avait déjà pénétré sur le territoire
russe, lui coupait la route. Elle fut obligée de faire un
détour de deux cents lieues et de passer par Kiew et
Moscou. Elle n'eut pas à regretter ce long voyage. Avec
cet instinct merveilleux qui la guide quand la passion ne
l'égare pas, elle sentit, elle devina le caractère du pays,
celui du peuple, l'âme russe. Du fond de sa chaise de
poste fuyant au galop, elle s'emplit le regard de ce
paysage mélancolique, de ces immenses plaines sablon-

neuses s'étendant à l'infini. On dirait, écrit-elle, « un pays
dont la nation vient de s'en aller. » Elle a peint admirablement cette « nature peu inventive », le grêle feuillage
des bouleaux, les maisons en bois toutes taillées sur le
même modèle, et, de loin en loin, pour rompre l'unifor-
mité du tableau, l'étrange silhouette d'un cosaque, enca-
puchonné de gris, monté sur la maigre échine de son
cheval, se profilant sur le ciel avec sa longue lance.

Mais ce qui l'intéresse plus encore, c'est ce paysan
russe à longue barbe, simple et religieux ; ce sont ces
jeunes femmes gracieuses, chantant des airs de l'Ukraine,
qui parlent « d'amour et de liberté ». Elle devine ce que
cache de force, de résignation, de patriotisme, l'âme de
l'humble moujik ; elle sent ce « quelque chose de gigantesque » en tout genre qui caractérise le peuple russe.
« Elle a vu notre peuple simple et bon, et elle le comprend (1). » En même temps, elle espère. Quoi? Ce
qu'elle espère, ce qu'elle cherche avidement depuis des
années. Serait-ce enfin le peuple qui délivrera l'Europe
asservie?

Partout, sur son passage, dans les villes, on lui fait
fête. A Kiew, Miloradovitch, l'ancien aide de camp de
Souvarow, la fait inviter à un bal « chez une princesse
moldave », la comble d'égards. Dans les gouvernements
d'Orel et de Toula, les gentilshommes des environs
accourent à son auberge, la complimentent sur ses écrits.
La femme du gouverneur la reçoit à l'asiatique, « avec du
sorbet et des roses. » Elle jouit de ces hommages, elle est
flattée de cette curiosité. Mais ce que tous ces Russes

---

(1) POUCHKINE, *Fragments de mémoires inédits d'une dame,* publiés dans
la revue russe *Socremenike.* Ce récit, composé d'après des Mémoires au-
thentiques, a été écrit à l'occasion du roman de Zagoskine, intitulé *Ros-
laclew ou les Russes en 1812,* paru en 1831. Il contient des détails intéressants sur le séjour de Mme de Staël en Russie.

acclament en elle, ce n'est pas seulement la femme auteur,
c'est encore, c'est surtout la célèbre ennemie de Napoléon, persécutée, fugitive, demandant asile à la Russie,
envahie elle-même par son persécuteur.

Enfin, elle vit s'arrondir à l'horizon les coupoles dorées
de Moscou, et, le 1er août 1812 (1), elle entra dans la ville
sainte. Déjà la Grande Armée marchait sur Smolensk :
l'empereur Alexandre avait quitté Moscou le 31 juillet, se
rendant à Pétersbourg. On s'imagine aisément l'état d'esprit des Moscovites. Moscou était en proie à la fièvre
guerrière. Quelques jours auparavant, l'empereur avait
été acclamé sur les degrés du Kremlin par un peuple
immense, qui avait fait le serment de défendre l'Empire.
On ne parlait que régiments, levées d'hommes. Un jeune
comte Momonoff levait un régiment et n'y voulait servir
que comme sous-lieutenant ; une comtesse Orlof donnait
le quart de son revenu ; l'un donnait mille paysans, l'autre
deux cents. C'était la guerre sainte, une nouvelle Espagne,
mais une Espagne aux espaces infinis, protégée par son
immensité même. A supposer que la Russie d'Europe fût
envahie, conquise, n'y avait-il pas, derrière l'Oural, une
autre Russie où le tsar pouvait s'enfoncer avec ses
armées ?

Comment fut accueillie la voyageuse dans cette ville en
délire ? Le baron de Stein, le ministre prussien exilé,
l'ennemi juré de Napoléon, le conseiller d'Alexandre, qui,
à Moscou comme à Vienne, comme à Pétersbourg, n'avait
au cœur qu'une pensée, la revanche de la Prusse, l'abaissement de la France, Stein n'avait pas encore quitté
Moscou. Il revenait de la promenade, quand il trouva un
billet fort aimable de Mme de Staël qui demandait à le

_____

(1) Sismondi à Mme d'Albany, 5 septembre 1812.

voir. Bien que l'heure fût tardive, — il était environ minuit, — Stein courut au rendez-vous; mais Mme de Staël
était déjà couchée. Fort désappointé, Stein dut remettre
à Pétersbourg le plaisir d'entretenir celle qui avait témoigné tant de sympathie à l'Allemagne, tant de haine à
Napoléon. Le lendemain, il partit rejoindre à Pétersbourg
l'empereur Alexandre.

Après Stein, c'est le « fameux comte Rostopchin »
qui rend visite à Mme de Staël, l'invite à dîner (1), la
reçoit dans cette maison de campagne qu'il devait incen-
dier à l'approche de l'armée française. Elle est frappée de
l'originalité de son esprit, de l'énergie de son caractère;
on peut tout attendre d'un tel homme. Elle est enchantée
de la Russie et des Russes. Il n'y a qu'une ombre jetée
sur tant de joie : le servage, et le manque de « constitution ». Ces seigneurs russes qui « donnent » des paysans
pour en faire des soldats la choquent un peu. Elle s'en
console en pensant que la barbarie remplace chez eux la
« force concentrée de la liberté ».

De leur côté, ces Russes sont fiers de la recevoir. Ils
n'ont pas tous les jours semblable bonne fortune, et la
présence de cette femme célèbre les relève à leurs yeux.
Puis, ils sentent en elle une force, et que cette force combat pour eux, qu'elle est un lien très puissant entre les
peuples opprimés, qu'elle va mettre à leur service ses
immenses relations, son talent, son esprit d'intrigue.
Aussi font-ils des frais pour la séduire : ils posent devant
elle. Mme de Staël ne sera pas ingrate; si elle a éprouvé
quelque désappointement, elle l'a bien dissimulé dans
son livre. Il est certain que, si elle a été satisfaite de
l' « énergie » de ses hôtes, elle eût souhaité en même

(1) *Dix années d'exil.* — Confirmé par une lettre de Wiazemsky à Galiffe. (*D'un siècle à l'autre*, t. II, p. 311.)

temps une culture un peu plus raffinée et délicate. La
Moskowa ne lui faisait pas oublier les bords de la Seine.

Voici un tableau plaisant de son séjour à Moscou, qui
nous montre le revers de la médaille.

« Elle arriva l'été, lorsque les habitants étaient dispersés
dans les campagnes environnantes. Les Russes se mirent
en quatre ; hommes et femmes accoururent de tous côtés.
Ils ne furent pas satisfaits : ils virent une grosse femme
de cinquante ans, vêtue d'une manière peu conforme à
son âge. Son ton ne plut pas ; *ses propos parurent trop longs,
et ses manches trop courtes.* »

On lui offrit un dîner auquel furent invités les beaux
esprits de Moscou.

« Elle était assise à la place d'honneur, accoudée **sur la**
table, roulant et déroulant un petit tube en papier (1).
Elle semblait de mauvaise humeur. Plusieurs fois elle
voulut parler et ne put dire ce qu'elle avait à dire. Nos
beaux esprits mangeaient et buvaient tout à leur ordinaire ; ils avaient l'air beaucoup plus satisfaits de l'*oukha*
(soupe au poisson) que de la conversation de Mme de
Staël. Les uns comme les autres rompaient rarement le
silence, intimement convaincus du néant de leurs propres
pensées et tout intimidés de se trouver en présence de
cette illustration européenne.

« L'attention des convives était partagée entre le
sterlet et Mme de Staël. On était toujours dans l'attente
d'un bon mot. Enfin il lui échappa un mot à double
entente et même assez vif. Tous saisirent la chose, écla-
tèrent de rire, et un murmure d'admiration se fit entendre.

---

(1) C'était en effet l'habitude de Mme de Staël, quand elle parlait, de
tenir entre ses doigts un léger tube de papier ou une branche de feuillage. Dans le célèbre portrait de Gérard, elle tient une branche de feuillage
de la main gauche.

Les invités quittèrent la table, tout à fait réconciliés avec Mme de Staël : elle avait fait un calembour! Et ils se précipitèrent pour le répandre par toute la ville.

« A quel point faut-il que notre grand monde ait paru vide à cette femme! Elle est accoutumée à être entourée d'hommes pour lesquels un vif mouvement de son cœur, un mot enthousiaste ne sont jamais perdus. Et ici, pas une pensée, pas un mot remarquable pendant ces trois longues heures : des visages figés, une attitude raide. Comme elle s'est ennuyée! Comme elle paraissait fatiguée! Elle a vu ce qu'ils pouvaient comprendre, ces singes de la civilisation. Elle leur a jeté un calembour, et eux se sont jetés dessus (1) » !

Ce récit humoristique est le complément nécessaire et le correctif du tableau que Mme de Staël trace de la Russie dans *Dix années d'exil :* on ne se comprit pas toujours, quoi qu'elle en dise.

Le 10 août (2), Mme de Staël était à Pétersbourg. Elle remontait ainsi peu à peu vers la Suède, d'où elle comptait s'embarquer pour l'Angleterre. Cependant elle écrivait à ses amis de déclarer « d'une manière positive » qu'elle n'irait point en Angleterre. Elle redoutait des représailles, la confiscation de Coppet peut-être, bien que Coppet ne fût pas en France et qu'elle eût eu soin de faire passer la propriété de cette terre sur la tête de son fils Auguste.

Elle arrive donc à Pétersbourg. Avec quelle joie elle vit le pavillon anglais flotter sur les eaux de la Néva! Elle le salua, le cœur battant d'espérance, comme l'emblème de la liberté. Déjà la mer s'ouvrait devant elle, seul empire

---

(1) Pouchkine, ouvrage déjà cité. — Ce récit, arrangé par l'auteur d'après les *Mémoires* inédits d'une dame russe, donne b'en l'impression que dut éprouver Mme de Staël et celle qu'elle produisit sur ses hôtes.

(2) Sismondi à Mme d'Albany, 5 septembre 1812.

qui eût échappé jusque-là aux armes de son ennemi. A
Pétersbourg, l'exaltation est plus grande encore qu'à
Moscou. Alexandre est depuis huit jours dans la cité de
Pierre le Grand. Il joue une partie décisive, dont l'enjeu
n'est plus seulement la Russie, mais l'Europe tout
entière; il le sent, il groupe autour de lui toutes les
volontés, toutes les énergies.

Tout ce qui combat depuis des années contre l'empereur Napoléon est accouru à Pétersbourg : courtisans,
politiques, diplomates, Anglais, Allemands, Tyroliens,
Espagnols, Français émigrés, tous sont là, impatients de
vengeance. Voici lord Tirconnel, l'ambassadeur d'Angleterre; l'amiral Bentinck; sir Robert Wilson; Alexis de
Noailles, le seul Français qui fût présent « pour témoigner pour la France (1) »; l'envoyé espagnol; les Allemands, comme Stein, venu à Pétersbourg sur l'invitation
personnelle du tsar; Arndt, le colonel hessois Dornberg,
tous protégés par la tsarine Élisabeth, qui est Allemande;
les héros de la guerre du Tyrol, cette autre Espagne,
revenus d'Angleterre, pleins d'espérance, et parmi eux
le lion du jour, Franz Fidelis Jubele (2), que se dispute la
société pétersbourgeoise, qui chante dans les salons les
chants populaires du Tyrol, raconte ses conversations
avec l'empereur François-Joseph et le prince régent
d'Angleterre (3). Voici enfin Mme de Staël, qui est à elle
seule la « conscience » de l'Europe outragée. Tout ce
monde court les ambassades, s'agite, dîne, intrigue, boit
à la défaite des armées françaises. Il semble vraiment,

(1) *Dix années d'exil.*
(2) Jubele avait été un des lieutenants d'André Hofer, le héros de la
révolte du Tyrol. Il avait été chargé avec Marberger de défendre, en 1809,
la vallée supérieure de l'Inn contre les Bavarois. (Voir Egger, *Geschichte
Tirols,* t. III.)
(3) Arndt, *Erinnerungen.*

suivant le mot d'un témoin, que ce soit « la fête splendide de l'enthousiasme et de la délivrance (1) ».

Mme de Staël est reçue en triomphe. Moscou n'a pu
lui donner qu'un avant-goût des ovations qui l'attendent
à Pétersbourg. Chacun s'empresse, lui fait sa cour. Stein
n'y manque pas; il sait l'influence que les salons exercent sur l'empereur Alexandre (2); il sait le rôle qu'y
joue Mme de Staël; il est curieux enfin de voir cette
femme illustre. La première impression est pénible;
l'héroïne est mal faite, « trop forte pour une femme,
bâtie comme un homme (3); » heureusement, elle a des
yeux splendides, qui « lancent des éclairs », qui rayon-
nent d'intelligence et de bonté. On aime « sa bonté, sa
simplicité (4) ». On s'étonne bien un peu de son laisser-
aller, des imprudences de son langage; mais, tout compte
fait, on les attribue « à sa position au milieu d'une capitale comme Paris et d'un peuple gâté et excité par les
passions ». Stein ne tarit pas sur elle. « C'est plaisir,
écrit Arndt, de les voir *caramboler* ensemble, quand ils
sont assis sur le même sopha. »

Stein dîne avec Mme de Staël chez le comte Orlof, dans
sa charmante propriété sur la Néva. La paix vient d'être
proclamée avec l'Angleterre. La musique du comte joue
le *God save the king*, cet air « national » pour tous les
Européens (5). Après dîner, Mme de Staël lit quelques
pages de son livre *De l'Allemagne*. Stein est tout oreilles :

---

(1) ARNDT, *Erinnerungen.*
(2) ARNDT, *Erinnerungen.* — Stein disait que c'était par l'influence des
salons, plus encore que par ses lettres et par ses mémoires, qu'il agissait
sur Alexandre.
(3) *Ibid.*
(4) PERTZ, *Stein.* (Stein à sa femme, 15 août. Voir les lettres de Stein
à sa femme, des 13, 17, 31 août, 2, 8 septembre. Toutes parlent de Mme de
Staël.)
(5) *Dix années d'exil.*

« Elle a sauvé un exemplaire des griffes de Savary et le
fera imprimer en Angleterre (1). » Elle choisit le fameux
chapitre sur l'Enthousiasme, qui a excité la colère de la
police impériale, où elle a mis sa pensée secrète, toute
son âme, et aussi toute sa haine de celui qui tient l'Europe asservie. Quel breuvage enivrant elle verse à cet
auditoire tout brûlant de fièvre, enflammé d'ardeur guerrière! Penchés vers elle, ils écoutent cette voix éloquente
qui retentit comme un appel aux armes. « Elle m'a fortement ému, écrit Stein à sa femme, par la profondeur
et la noblesse des sentiments, l'élévation des pensées,
qu'elle exprime avec une éloquence qui va au cœur. » —
Le 2 septembre, il envoie à sa femme copie d'un frag-
ment du chapitre, et il espère lui en envoyer bientôt un
autre. Il a été particulièrement frappé du passage où
Mme de Staël signale chez ses compatriotes cette « tendance contemplative qui nuit à la puissance d'agir »,
cette « étendue de conceptions » qui nuit à la décision
des caractères. Il rentre chez lui rêveur, méditant cette
parole.

Entre tous ces personnages de nationalité étrangère,
Mme de Staël sert de lien, parce que, seule ou presque
seule, elle regarde de haut : c'est au nom de l'humanité
qu'elle parle. Mais qu'elle ne se fasse pas d'illusions : ce
n'est pas l'amour de l'humanité qui anime son auditoire;
c'est la haine.

Sa situation est fort délicate. Si elle n'est pas Française, elle porte à la France un amour élevé et sincère;
et elle se jette à corps perdu dans une société qui déteste
non seulement l'empereur Napoléon, mais aussi la France.
Tous ces vaincus de Zurich, d'Austerlitz, d'Iéna, d'Eylau,

_____

(1) Stein à sa femme, 31 août 1812. (PERTZ, *Stein*.)

de Friedland n'ont pas pardonné aux vainqueurs. Il est
vraiment puéril de séparer devant eux l'Empereur de la
France. Ce subtil « distinguo », les étrangers ne l'admettent pas ; ou, s'ils l'admettent en présence de Mme de Staël,
c'est pure condescendance. Mais parfois, malgré eux, leurs
sentiments éclatent. Mme de Staël va passer une journée
à la campagne chez le grand chambellan de la cour,
Narischkine. L'amphytrion s'oublie et propose de porter
un toast au succès des armes réunies des Russes et des
Anglais. L'assistance est saisie d'enthousiasme. « Moi,
dit Mme de Staël, je me sentis baignée de larmes. Fallait-
il qu'un tyran étranger me réduisît à désirer que les Français fussent vaincus ! » Elle s'en tire en buvant à la chute
du tyran « qui opprime la France contre l'Europe ». Et
Anglais et Russes d'applaudir.

Une autre fois, Mme de Staël reçoit chez elle quelques
amis, parmi lesquels Arndt, qui raconte l'anecdote. Rocca
et le jeune Albert de Staël sont allés au théâtre, où des
acteurs français jouent *Phèdre*. Le dîner se prolonge les
convives sont encore à table quand de Rocca et Albert de
Staël rentrent, fort émus. Ils racontent le tumulte, les
huées, les cris contre les Français qui ont accueilli le
chef-d'œuvre de Racine. Il a fallu interrompre la pièce.
« Les barbares ! s'écrie Mme de Staël en fondant en
larmes ; ne pas vouloir entendre la *Phèdre* de Racine (1) ! »
« Elle nous montra, dit Arndt, la profondeur du sentiment
qu'ont les Français pour leur patrie et tout ce qui s'y
rattache. » Et l'Allemand se demande avec tristesse si
une femme ou une jeune fille allemande verserait des

---

(1) ARNDT, *Erinnerungen*. — L'anecdote est racontée différemment
dans *Coppet et Weimar*, où il est dit que Mme de Staël était au théâtre
elle-même avec le Vaudois Fontana. Le récit très circonstancié de Arndt
paraît plus vraisemblable.

larmes en entendant siffler Schiller ou Gœthe sur un
théâtre de Paris ou de Londres. Arndt a raison; il n'est
pas vrai, en un sens, de dire que le génie n'a pas de patrie. Un grand poète exprime l'âme d'un peuple, il résume en lui-même les qualités de la race ; comme l'a si
bien dit Henri Heine, la différence n'est pas si grande
qu'on pourrait le croire entre les héros de la Grande
Armée et ceux des tragédies de Corneille ou de Racine.
C'est le même sang qui coule dans leurs veines.

Il faut le répéter : ce que la société russe acclame en
Mme de Staël, c'est l'ennemie de Napoléon. Quant à son
talent littéraire, on ne le comprend guère : « On manque
ici complètement de goût, écrit Stein, et les femmes sont
engourdies à un point extraordinaire (1). » Mais on l'apprécie, on la respecte comme une puissance.

Ce ne sont pas seulement les Stein, les Narischkine,
les Romanzof, les Orlof qui lui font fête. La famille
impériale même, les deux impératrices, l'empereur
Alexandre témoignent le désir de voir, d'entendre
Mme de Staël. « Mme de Staël est très bien reçue par les
impératrices, » écrit Stein (2). Il n'est pas de flatterie
qu'on n'imagine en son honneur. Quand elle visite l'Institut Sainte-Catherine, où sont élevées deux cent cinquante
jeunes filles sous la tutelle de l'impératrice, l'une d'elles
lui récite des pages du *Cours de morale religieuse* de
Necker. Elle en est attendrie jusqu'aux larmes.

Mais c'est surtout dans les deux entrevues qu'elle a
avec l'empereur Alexandre, avant et après les conférences
d'Abo, qu'elle joue un rôle politique véritable. Alexandre,
avec sa finesse ordinaire, avait deviné le puissant auxiliaire que les circonstances lui donnaient dans la per-

---

(1) A sa femme, 15 août. (PERTZ, ouv. cit.)
(2) *Ibid.* 17 août.

sonne de Mme de Staël ; il vit qu'en lui témoignant de la
considération, en flattant sa vanité, il ferait sa conquête,
et il déploya pour la séduire toute sa grâce fascinatrice.
Elle se trouvait chez l'impératrice Élisabeth quand « la
porte s'ouvrit », et l'empereur parut. Alexandre avait
alors trente-cinq ans. Élégant, chevaleresque, fort attentif
à plaire aux dames, parlant ou plutôt modulant le français avec « une douceur presque féminine », le visage
éclairé d'un joli sourire ou voilé parfois de mélancolie,
il avait en lui tous les dons capables de gagner le cœur
de Mme de Staël. Il eut vite fait de démêler en elle le
côté faible, le désir fou qui l'aiguillonnait sans cesse de
jouer un rôle politique, d'agiter les destinées des États,
de conseiller les puissants, d'être leur Égérie familière.
Bonaparte s'en était fait une ennemie en repoussant ru-
dement ses conseils ; plus habile, Alexandre flatta cette
manie, aborda avec elle « les grands intérêts de l'Europe », lui parla « comme auraient fait les hommes d'État
de l'Angleterre (1) ». Elle fut ravie. D'un air de confidence,
il se posa en dupe de l'empereur Napoléon, renia son
enthousiasme d'autrefois, déplora le machiavélisme,
l'immoralité de son adversaire : c'était justement le thème
favori de Corinne. Modestement il esquissa le regret de
n'être pas un grand capitaine. Mme de Staël lui répondit
avec impétuosité qu' « un souverain était plus rare qu'un
général ». Alexandre se piquait alors de libéralisme et de
philanthropie ; il déclara qu'il n'avait d'autre ambition
que celle de faire le bonheur de ses peuples, d'améliorer
l'état des paysans soumis à l'esclavage. « Sire, s'écria
Mme de Staël enthousiasmée, votre caractère est une
constitution pour votre Empire. » Alexandre répondit

(1) *Dix années d'exil.*

en soupirant : « Quand cela serait je ne serais jamais
qu'un accident heureux. » Ces belles paroles achevè-
rent la conquête de Mme de Staël, et elle sortit persuadée qu'Alexandre était le plus grand prince de l'Europe et le plus digne de vaincre l'empereur Napoléon.

Telle fut la première entrevue de Mme de Staël avec
Alexandre. Elle nous l'a racontée dans ses *Dix années
d'exil.* Mais il est évident qu'elle n'a pas tout dit. On ne
s'en tint pas à de vagues généralités, à d'hyperboliques
éloges. Comme le fait remarquer, non sans raison, le duc
de Rovigo dans ses *Mémoires,* l'empereur Alexandre avait en
ce temps-là autre chose à faire que de penser à des constitutions. L'armée française était à la veille d'entrer dans Smolensk. Alexandre avait en Finlande vingt mille hommes
de troupes, qui auraient renforcé fort à propos le corps
d'armée de Wittgenstein. Mais il n'osait les retirer de
Finlande, avant d'être certain que la Suède ne méditait
contre lui aucune agression ; et d'autre part, il espérait
obtenir du roi de Suède qu'il fît une diversion sur les
derrières de l'armée française. Il serait donc fort étonnant qu'à la veille de partir pour Abo, désirant vivement
obtenir le concours du prince royal de Suède, connais-
sant les relations d'amitié qui existaient entre Bernadotte
et Mme de Staël, il n'ait pas eu l'idée de se servir de son
interlocutrice pour préparer un événement dont les conséquences pouvaient être considérables.

Le duc de Rovigo l'affirme de la façon la plus formelle :
Mme de Staël, suivant ses propres expressions, fut « le
chaînon de l'entrevue d'Abo » ; et il faut reconnaître que
le rôle joué quelques semaines plus tard en Suède par
Mme de Staël, sur lequel nous avons des renseignements
fort précis, donne à cette affirmation la plus grande vraisemblance. Elle fit briller aux yeux d'Alexandre tous les

avantages qu'il pouvait retirer de l'appui du prince royal
de Suède, la connaissance parfaite que le général Bernadotte avait du caractère de Napoléon, de sa tactique, de
l'état matériel et moral des armées françaises, le prestige
que son nom exerçait encore sur ses anciens compagnons
d'armes, le trouble que son hostilité déclarée contre
Napoléon pouvait jeter parmi eux. Elle suggéra même à
Alexandre, s'il faut en croire le duc de Rovigo, comme
plus tard au prince royal de Suède, l'idée de faire revenir
Moreau d'Amérique : Moreau, la seule gloire militaire
qui pût contre-balancer celle de Bonaparte, appui moral
inestimable pour les armées alliées (1).

Quand Alexandre revint des conférences d'Abo, il eut un
nouvel entretien avec Mme de Staël. Il lui parla avec dédain de la lettre écrite par Berthier, après la prise de Smolensk, et qui se terminait par l'assurance que Napoléon con-
servait toujours pour Alexandre la plus tendre amitié. Il
eut l'art de la convaincre qu'il avait été jadis la dupe de
l'empereur des Français, qu'il l'avait cru partisan, comme
lui-même, des principes de la Révolution ! Il acheva de
l'éblouir par cette attitude chevaleresque et libérale. Il sut
la persuader surtout de son inflexible fermeté dans la lutte
qu'il soutenait contre le persécuteur de l'Europe. Il lui
parla « avec la plus haute estime » du prince royal de
Suède (2), sachant bien que de tels propos n'étaient pas

(1) Par une coïncidence frappante, à cette même époque, exactement
le 28 août 1812, M. de Cabre, notre chargé d'affaires à Stockholm, faisait
connaître à son gouvernement que le prince royal de Suède invitait
Moreau à venir en Suède, s'occupait de lui chercher une terre. Y avait-il
eu échange de lettres entre Bernadotte et Mme de Staël? Cela est fort
possible. — Le duc de Rovigo était bien placé pour connaître toutes
les intrigues de Mme de Staël à la cour de Suède, intrigues très réelles,
dont il reste des traces accusatrices dans les archives des Affaires
étrangères.
(2) Stockholm, 12 janvier 1813. Mme de Staël à la grande-duchesse de
Saxe-Weimar. (*Coppet et Weimar.*)

perdus, et qu'ils iraient à leur adresse. Bref, quand Mme de Staël partit de Pétersbourg, elle avait l'intention bien arrêtée de jeter la Suède dans les bras de la Russie. Elle était toute glorieuse à l'idée de jouer un rôle politique, décisif peut-être. Elle partait, accompagnée du sourire gracieux d'Alexandre, après avoir serré sur son cœur le vieux Kutusow, qui s'en allait, dit-elle, défendre dans les champs de Borodino les éternels principes de la morale (1).

(1) *Dix années d'exil.*

CHAPITRE XXI

Mme de Staël s'embarqua à Abo, dans cette même ville qui avait été témoin de l'entrevue de Bernadotte et d'Alexandre. La traversée fut émouvante; la tempête jeta les voyageurs sur le rivage désert de l'île d'Aland. Enfin, le 24 septembre 1812 (1), Mme de Staël arriva à Stockholm, dans cette Suède qui était la patrie de ses enfants, le but provisoire de son long voyage, après un détour immense de plusieurs centaines de lieues, fuyant les armées françaises qui semblaient acharnées à sa poursuite. Elle arrivait en petit équipage, sur un bateau de pêcheur, mi-naufragée, fourbue du voyage, mais bien décidée à jouer en conscience son rôle. Sa venue produisit l'effet d' « une bombe » (2) dans la paisible cité, où l'on n'ignorait pas ses malheurs, ni l'étroite amitié qui l'unissait au Prince royal.

Quel était alors l'état d'esprit de Bernadotte? L'ancien

(1) Archives des Affaires étrangères, SUÈDE. Dépêche de M. de Cabre : « Mme la baronne de Staël-Holstein est arrivée hier, venant de Pétersbourg, accompagnée de son fils. » 25 septembre 1812.

(2) *Ibid.* Lettre du 20 octobre 1812, adressée de Stockholm à M. de Ribbing, à Paris, arrêtée à la poste à Hambourg. Toutes les correspondances passant par Hambourg, que l'on supposait présenter un intérêt politique, étaient décachetées, traduites et envoyées à Paris. C'est ainsi, sans doute, que nous avons aux archives des Affaires étrangères tant de documents qui parlent de Mme de Staël.

compagnon d'armes du général Bonaparte n'avait jamais
pu lui pardonner sa brillante fortune. Bien que l'ex-ser-
gent de Royal-Marine fût parvenu à conquérir un royaume,
il comparait, non sans amertume, la couronne qui devait
lui échoir un jour à celle qui ceignait le front de son glorieux rival. Bref, le général Bernadotte était extraordi-
nairement ambitieux et jaloux de Napoléon. Mais comme
la prudence était encore chez lui un sentiment plus fort
que l'amour-propre, il n'avait jamais rompu ouvertement
avec l'Empereur. Il s'était contenté de prendre pendant
le Consulat une attitude frondeuse, de tenir des propos
pleins de jactance, sans jamais passer aux actes. Napoléon, qui connaissait son indécision naturelle et son
extrême prudence, affectait de dédaigner ses intrigues,
et ne se gênait pas pour témoigner le peu de cas qu'il
faisait de sa personne. C'était ce dédain surtout qui bles-
sait au cœur Bernadotte.

Devenu, avec la permission de l'Empereur, Prince
royal de Suède, il avait espéré que sa nouvelle fortune lui
mériterait les égards de Napoléon. Il fut déçu dans son
espérance. L'ultimatum que, en novembre 1810, Napoléon avait adressé à la Suède, l'entrée de cette puissance
dans le système continental, les pertes énormes qui en
résultaient pour son commerce, la capture de navires
suédois par des corsaires français, l'embargo mis sur ces
navires dans les ports d'Allemagne, enfin, en février 1812,
l'invasion de la Poméranie suédoise par les armées françaises, avaient porté à l'extrême l'irritation de Charles-
Jean. Ses griefs personnels contre Napoléon s'exaspé-
raient encore du sentiment de ses nouveaux devoirs, du
tort fait à la nation suédoise. Le Prince royal avait épousé
sans restriction les intérêts, la religion de sa nouvelle
patrie. Converti au luthérianisme, allant au sermon le

dimanche, édifiant ses sujets par son zèle religieux, il s'indignait de voir la Suède prise et broyée dans le formidable engrenage du système napoléonien. Mais, plus encore que les souffrances des Suédois, ce qu'il ne pouvait pardonner à Napoléon, c'était le dédain que l'Empereur des Français affichait à l'égard du Prince royal de Suède (1). Il en était inconsolable. Il avait espéré, depuis sa nouvelle fortune, être traité par l'Empereur en égal et « bon frère ». Il fut blessé au vif par le ton comminatoire du baron Alquier, notre ambassadeur en Suède. Il se plaignit naïvement à Napoléon (24 mars 1812) que ses communications ne portaient aucun caractère des égards que *se doivent mutuellement les têtes couronnées*. « Le baron Alquier, lui écrivait-il, parle en proconsul romain, sans se rappeler qu'il ne s'adressait point à des esclaves (2). » Ce curieux mélange de dignité royale et d'emphase jacobine dissimulait mal un amour-propre exaspéré, prêt à la vengeance, que retenait seul la prudence et l'habituelle indécision du prince.

Alexandre avait vu tout le parti qu'on pouvait tirer d'une telle disposition d'esprit. Le prince était « très sensible à l'encens ». Alexandre le lui avait prodigué à l'entrevue d'Abo (3); il lui avait fait la première visite, l'avait serré dans ses bras, séduit, fasciné, ébloui. Cette amitié glorieuse de l'autocrate russe relevait Bernadotte à ses propres yeux, le consolait des dédains de Napoléon. Il avait déchargé son cœur, exhalé sa haine contre l'ennemi commun, accepté le principe d'une alliance défen-

(1) « L'amour-propre du prince a été blessé par le mépris avec lequel l'a traité et le traite encore l'empereur Napoléon. » Archives des Affaires étrangères, SUÈDE. M. de Tarrach au roi de Prusse, 8 septembre 1812.
(2) Archives des Affaires étrangères, SUÈDE, Supplément.
(3) Archives des Affaires étrangères, SUÈDE. Rapport de M. de Cabre, notre chargé d'affaires à Stockholm, 28 août 1812.

sive et offensive avec la Russie. Il s'agissait maintenant de le faire passer des paroles aux actes : pour un
homme aussi prudent que le Prince royal, le pas était
énorme qui restait à franchir. Alexandre avait compté
sur Mme de Staël pour affermir sa résolution et stimuler
son zèle.

Mme de Staël était liée avec Bernadotte par le souvenir de leur ancienne amitié et une haine commune
envers Napoléon. On avait jadis comploté ensemble sous
le Consulat la chute du tyran; mais le général Bernadotte
ne s'était jamais avancé autrement qu'en paroles. Il s'était
esquivé quand l'affaire tournait mal. Mme de Staël le
retrouvait Prince royal de Suède. Il n'avait changé ni de
physionomie ni de caractère. C'était toujours le même
air chevaleresque et un peu théâtral, le même visage
d'aigle, le grand nez à la Condé, la chevelure flottant
au vent, le geste facile, la parole abondante et emphatique, relevée d'une légère pointe d'accent gascon, qui
révélait les origines du prince : un cadet de Gascogne,
très séduisant et très brave, très fin aussi et très maître
de lui sous l'apparent emportement du caractère, enfant
gâté de la Fortune, habile à ménager ses faveurs, et,
quoiqu'il en eût reçu beaucoup, lui demandant encore
davantage : tel était Bernadotte. Au demeurant, il jouait
à merveille son rôle d'Altesse royale, et semblait aussi à
son aise sur les marches du trône que s'il eût été à la
tête des armées françaises.

Il accueillit Mme de Staël avec la plus grande affabilité (1), « comme une ancienne amie. » Il lui savait gré

---

(1) Archives des Affaires étrangères, SUÈDE. Rapport de M. de Cabre,
26 septembre 1812. — Cf. Mme de Staël à Mme Récamier (*Coppet et Weimar*), 18 octobre 1812. « Je suis très bien accueillie par *notre ami commun*. » — Mme de Staël à Galiffe (*D'un siècle à l'autre*), Stockholm,
28 septembre 1812. « Je ne saurais trop me louer du noble prince royal;

aussi du rôle officieux qu'elle avait joué en Russie, du rapprochement qu'elle avait ménagé entre lui et Alexandre. Immédiatement il attacha à sa personne, en qualité d'aide de camp et de cornette du régiment des gardes, le jeune Albert de Staël, qui désirait entrer dans l'armée suédoise, et offrit de nommer son frère Auguste secrétaire d'ambassade aux États-Unis. Mme de Staël nageait dans le ravissement : elle était comblée d'attentions, d'honneurs ; elle avait la perspective d'un grand rôle politique à jouer, d'une revanche à prendre. Elle proclama que Bernadotte réalisait en lui l'union « du génie et de la vertu », et qu'il était le « *véritable* héros du siècle (1) ».

Elle entreprend de lui tracer son rôle et de lui faire brûler ses vaisseaux. Bernadotte est vaniteux : elle excite cette vanité, lui persuade qu'il est l'espoir de l'Europe, qu'il tient ses destinées entre ses mains, que « lui seul peut arrêter la fortune de l'Empereur (2) ». Elle organise autour du prince une vaste conspiration, une intrigue véritable, où les agents de la Russie et de l'Angleterre jouent le premier rôle. Elle « épaule leurs missions (3) », déploye un « zèle d'apôtre (4) ». Sa maison, suivant l'expression de l'envoyé de Prusse, M. de Tarrach, sert de « repaire » à tout ce que la Suède compte d'ennemis de l'empereur Napoléon et de la France (5). Elle poursuit l'Empereur d'une haine implacable ; elle ne parle de lui que comme du perturbateur de la paix publique et du

il a nommé mon fils son aide de camp, et il m'a reçue comme une ancienne amie. » — Affaires étrangères, SUÈDE. Mme de Staël à Mme Odier-Lecomte, à Genève, 29 octobre 1812. (Lettre interceptée à Hambourg.)

(1) Mme de Staël à la Grande-Duchesse Louise, 12 janvier 1813. (*Coppet et Weimar.*)

(2) Archives des Affaires étrangères, SUÈDE. M. de Cabre, 26 septembre 1812.

(3) *Ibid.* M. de Tarrach au roi de Prusse, Stockholm, 3 novembre 1812.

(4) *Ibid.* M. de Cabre, 24 novembre 1812.

(5) *Ibid.* M. de Tarrach au roi de Prusse, 3 novembre 1812.

fléau du monde (1). Elle « tient fort bonne maison (2) »,
donne fêtes et bals, où elle réunit le corps diplomatique,
à l'exclusion, bien entendu, de notre chargé d'affaires,
M. de Cabre, qui est traité à Stockholm comme une sorte
de paria et s'efforce de tenir tête à l'orage. C'est chez
Mme de Staël que se traitent les affaires diplomatiques.
C'est elle qui négocie la reconnaissance du chevalier
de Moreno comme ministre de la Junte espagnole à
Stockholm (3); elle en triomphe, comme d'un succès
personnel, d'un échec infligé à Napoléon. Elle jouit à la
cour de la plus haute faveur; « elle va à toute heure chez
le Prince royal, qui lui dit tout, et même le conseille quelquefois (4). » C'est par elle que Bernadotte est tenu au
courant de tout ce qui se passe à Pétersbourg où elle a
un correspondant sûr et fidèle, le Genevois Galiffe, secrétaire du baron de Rall, banquier de la cour. Elle dirige
une sorte d'agence secrète qui fonctionne à côté des
ambassades. La cour de Russie est-elle inquiète de l'attitude de la Suède? Elle la rassure (5). « Nous nous réveil-
lerons au printemps, écrit-elle à son correspondant, et
nous ferons un bruit terrible. » Mais il faut, ajoute-t-elle,
que la Russie envoie les troupes qu'elle a promises; sans
cela, rien n'est possible; et vingt fois elle revient sur
cet envoi de troupes, qui tient tant à cœur au Prince
royal.

Mais M. de Cabre est encore à Stockholm : cela est
intolérable. Il a répondu avec fermeté à la note insolente de M. d'Engeström, le ministre suédois : voilà qui

(1) Archives des Affaires étrangères, Suède. De Cabre, 24 novembre 1812.
(2) *Ibid.* Neipperg à la comtesse Zichy, à Berlin, février 1813.
(3) *Ibid.* De Cabre, 11 décembre 1812. Cf. Mme de Staël à Galiffe (ouvrage
cité). « Moreno vient d'être reconnu envoyé d'Espagne. » 23 novembre
1812.
(4) *Ibid.* De Cabre, 11 décembre 1812.
(5) Mme de Staël à Galiffe, 9 octobre, 22 octobre, 11 décembre 1812.

est inouï. Mme de Staël et le général russe Suchtelen
jettent feu et flammes, somment le Prince royal de faire
conduire à la frontière, par la police, le chargé d'affaires
français (1). Elle excite Bernadotte à faire une violente
sortie à M. de Binder, chargé d'affaires d'Autriche,
parce que cette puissance n'a pas encore rompu avec
Napoléon. Bernadotte invective ce diplomate, s'écrie que
l'Autriche sera punie, que le corps d'armée de Schwar-
zenberg sera écrasé, etc. Il parle avec une « noblesse et
une exaltation admirables (2) ». Pendant cette scène
Mme de Staël est là, qui triomphe et contemple la mine
déconfite de l'envoyé autrichien (3).

C'est une puissance; on la ménage et on la redoute.
Ses intrigues ne sont pas, d'ailleurs, du goût de tous ces
diplomates, qui craignent son indiscrétion, son humeur
brouillonne. M. de Tarrach, à qui Thornton, l'envoyé
anglais, fait des ouvertures pour détacher la Prusse de
l'alliance française, déclare qu'il ne s'y prêtera « qu'après
être bien sûr que les femmes n'en apprendront rien, et
qu'il n'en résultera pas des commérages dangereux (4) ».
Allusion évidente à Mme de Staël. Et pourtant, c'est chez
elle que, huit jours après, Tarrach a un long entretien
avec le Prince royal, qui invite le roi de Prusse à se
joindre à la coalition (5). Cependant, M. Schlegel joue
aussi son rôle. Poussé par Mme de Staël, il écrit au
comte de Sickingen, sous le couvert du chargé d'affaires
de Suède à Vienne, pour le prier d'user de son influence
auprès de l'empereur François, afin que l'Autriche aban-

(1) Archives des Affaires étrangères, Suède. De Tarrach au roi de
Prusse, 25 décembre 1812.
(2) Mme de Staël à Galiffe, 6 octobre 1812.
(3) Archives des Aff. étr., Suède. M. de Tarrach au roi de Prusse, 9 octobre 1812.
(4) Ibid. 29 décembre 1812.
(5) Ibid. 8 janvier 1813

donne la France (1); c'est le désir de Bernadotte. On croirait entendre Mme de Staël : « Le Prince royal n'agit que d'après des principes invariables. C'est le propre des âmes fortes et sublimes de suivre une résolution sage et conforme à l'honneur et au devoir... A travers la noble simplicité, la dignité tranquille et le charme entraînant répandus sur sa personne, brille le feu qui remplit son âme de la passion de la gloire... Un tel homme est fait pour gouverner l'opinion publique. » Après M. de Sickingen, c'est M. d'Ivernois qu'elle charge, d'insister auprès de l'empereur Alexandre, pour qu'il désintéresse les Polonais de la question, en rétablissant le royaume de Pologne (2). Elle parle, écrit, fait écrire, prépare les rapprochements et les alliances, se répand en de tels propos sur l'Empereur et sur la France, que d'honnêtes acteurs français, chassés de Russie, de passage à Stockholm, sont tout ébahis et scandalisés de l'entendre s'exprimer avec si peu de retenue (3).

Cependant, que fait Bernadotte? Il est en proie à d'horribles perplexités. Il a bien promis à Alexandre d'intervenir, de se prononcer contre Napoléon; mais, au dernier moment, il recule. Il se plaint amèrement de la Russie et de l'Angleterre, qui ne lui donnent ni hommes ni argent (4). Il se flattait d'obtenir de l'Angleterre un emprunt de 200,000 livres sterling : les Anglais font la sourde oreille. Il n'a pas d'argent, pas d'approvisionne-

---

(1) Archives des Affaires étrangères, Suède. Schlegel au comte de Sickingen, 14 janvier 1813 (interceptée à Hambourg.)

(2) Galiffe, *D'un siècle à l'autre*. Lettres de Mme de Staël du 20 novembre 1812, 5 janvier 1813.

(3) Ce témoignage est celui de l'acteur Vedel, depuis directeur du Théâtre-Français, qui faisait partie de cette troupe de passage. Il avait confié l'impression que lui causa Mme de Staël au père de M. Augé de Lassus, de qui je tiens l'anecdote.

(4) Archives des Affaires étrangères, Suède. De M. de Cabre, 26 septembre 1812.

ments; le 9 octobre 1812, il n'a plus que « pour dix-sept jours de fourrages et deux mois de vivres (1) ». Il est obligé de licencier en partie ses troupes. Pour comble de malheur, on apprend à Stockholm le résultat de la bataille de la Moskowa, l'entrée des Français à Moscou; l'émoi est grand dans l'entourage du prince. Mme de Staël accourt au palais, éperdue; « dans l'incroyable préoccupation de son importance (2), » elle se voit déjà poursuivie, traquée par l'armée française; elle pense à quitter Stockholm. Le Prince essaye de la rassurer : « Napoléon est perdu! » s'écrie-t-il. Mais il affecte un calme qui n'est pas dans son âme. Il est si mécontent d'Alexandre, qu'il envoie à Pétersbourg un officier d'ordonnance, pour déclarer à l'Empereur qu'il se considère comme dégagé de ses promesses (3). De fait, sa situation est fort difficile; il est littéralement « entre l'enclume et le marteau (4) ». Il est abandonné par ses alliés, brouillé avec Napoléon; s'il était sûr de pouvoir se réconcilier avec celui-ci, nul doute qu'il ne fit volte-face (5). Le roi de Suède, la majorité des Suédois lui reprochent de s'être laissé gagner par la Russie. Il est de plus en plus irrésolu; il devient pour ses gens un « objet de pitié (6) ». C'est au point qu'il lui échappe de dire que, « s'il avait de l'argent, il quitterait la Suède. »

Il faut pousser cet indécis, lui montrer quel est son intérêt, quel est l'intérêt de la Suède. Puisqu'il ne sait pas prendre un parti, c'est à la Suède, c'est à l'opinion publique que va s'adresser Mme de Staël. Deux jours

(1) Archives des Affaires étrangères, SUÈDE. De Cabre, 9 octobre.
(2) Xavier MARMIER, *la Suède sous Bernadotte*, *Revue des Deux Mondes*, 1844.
(3) Archives des Affaires étrangères, SUÈDE. De Cabre, 9 octobre.
(4) *Ibid.* De Tarrach, 2 octobre.
(5) *Ibid.* De Cabre, 26 septembre.
(6) *Ibid.* De Cabre, 2 octobre 1812.

après son arrivée à Stockholm, notre chargé d'affaires,
M. de Cabre, écrivait : « Je ne serais pas étonné qu'au
lieu de s'en tenir à des déclamations, elle ne publiât
quelque ouvrage propre à activer les passions du prince
en flattant sa vanité. » M. de Cabre était fort bien renseigné ou fort perspicace.

Au mois de février 1813, paraissait à Hambourg une
brochure sans nom d'auteur, intitulée : *Sur le système continental et sur ses rapports avec la Suède*. C'était « un appel
à l'esprit public européen (1) », un pamphlet d'une
extrême violence dirigé contre Napoléon et sa politique,
une invitation directe à la Suède de se joindre à la Russie
et à l'Angleterre pour délivrer l'Europe de la tyrannie.
Dans la première partie de ce pamphlet politique, l'auteur rappelait que l'Europe ne combattait pas la France,
mais uniquement l'esprit de conquête; délivrée de son
tyran, la nation française pourrait « se constituer selon
ses vœux ». Ce n'était donc pas une guerre d'oppression,
mais une guerre d'indépendance que l'Europe faisait à
l'Empire, et le devoir de toute nation était de faire céder
« l'égoïsme calculateur » à l'intérêt général de la liberté
humaine. Si Bonaparte poursuivait l'Angleterre d'une
haine inexpiable, c'est que cette généreuse nation combattait avec un noble dévouement pour la cause de l'humanité, et que dans la tempête où avait sombré le reste
de l'Europe, elle seule « restait à flot *comme l'arche au
milieu du déluge* ». Remarquons cette expression : nous la
retrouverons tout à l'heure.

Dans la seconde partie, l'auteur traitait du cas particulier de la Suède, la détournait de l'alliance française. Elle
ne pouvait s'imaginer « ce que coûtaient de tels amis ».

_____

(1) Préface de l'édition de 1813, page v.

Quel bénéfice avait-elle jamais relevé de l'alliance avec la
France? D'ailleurs, les raisons qui lui avaient fait con-
tracter cette alliance n'existaient plus à l'heure actuelle.
Elle n'avait qu'à méditer le sort du Danemark, à calculer
les avantages que ce malheureux pays avait retirés de sa
fidélité à la France : le bombardement de sa capitale, la
perte de sa marine et de ses colonies. Entrer dans le système continental, c'était, pour la Suède, la ruine et le
déshonneur, « au milieu de la terreur, de la misère, de
l'ignominie, l'obligation d'ériger des arcs de triomphe et
de chanter les hymnes de l'adulation. »

Qu'espérait-elle, en gardant la neutralité? Elle s'attirait
le ressentiment de Napoléon, resterait un jour seule en face
de lui, sans alliés, sans défenseurs. Elle avait tout intérêt
au contraire à s'allier à l'Angleterre et à la Prusse.
L'amitié de l'Angleterre assurait le développement de sa
navigation et de son commerce, lui ouvrait un vaste avenir,
l'espérance d'obtenir de sa puissante alliée les colonies
dont elle avait besoin. D'autre part, elle n'avait rien à
craindre de la Russie ; l'entrevue d'Abo avait à jamais
fait disparaître les causes d'inimitiés anciennes. C'était la
Russie qui pouvait assurer à la Suède l'acquisition la plus
désirable de toutes, la Norvège. Jamais Napoléon ne
consentirait à un accroissement de territoire, qui consti-
tuait dans le nord de l'Europe un état fort et indépendant,
et qui, en donnant à la Suède une plus grande étendue de
côtes, serait pour cette nation un nouveau motif d'éviter
toute hostilité avec l'Angleterre.

Heureusement pour elle, la Suède avait confié ses
destinées au Prince royal, nouveau Bayard, sans peur
comme sans reproche, qui avait porté *la chevalerie dans
le républicanisme aussi bien que dans la royauté*. Son élection avait été pour ce pays *l'aurore d'un nouveau jour de*

gloire et de prospérité. L'auteur rappelait adroitement les
victoires passées du général Bernadotte, et comme il avait
su défendre la France dans les temps les plus difficiles,
« longtemps avant qu'il fût question de son dominateur
actuel, qui sut ensuite par mille artifices accaparer la
gloire militaire » : délicat éloge, qui devait aller au cœur
du Prince royal, en réveillant en lui le principal de ses
griefs contre Napoléon. Il apparaissait en vainqueur des
peuples, en libérateur de l'espèce humaine, en véritable
héros du siècle. Quant à l'autre, « hier l'on encensait cette
idole gigantesque; demain, renversée, le monde n'y verra
plus que le fragile monument d'un orgueil insensé. »

Quel était le mystérieux auteur de cette prophétique
brochure, qui paraissait au début de la campagne de 1813?
L'éloquence du style, la haine furieuse qui animait l'auteur envers Napoléon, l'enthousiasme à l'égard du Prince
royal, tout désignait Mme de Staël. On le crut en Russie,
on le crut en Angleterre. Il y avait une analogie tout à
fait singulière, une frappante ressemblance entre les idées,
les sentiments, les expressions mêmes, les images de ce
pamphlet et celles qu'on trouvait dans la préface de
l'*Essai sur le suicide*, écrite à la même époque (1). C'était,
dans ce même ouvrage, la même adulation à l'égard de
Bernadotte, l'éloge encore plus accentué de son courage
intrépide (2), de sa bonté non moins sublime, de son esprit
transcendant, de son affabilité pleine de grâce, de sa mâle
énergie, etc. Par une singulière coïncidence, l'auteur de
l'*Essai sur le suicide*, comme celui du *Système continental*,
félicitait le prince de réunir *la chevalerie du républicanisme*

(1) Cette préface est datée de *décembre* 1812. L'ouvrage parut au commencement de l'année 1813. Il avait été rédigé en partie à Coppet.
(2) Mme de Staël déclare qu'elle s'est retirée, elle et ses enfants, *à l'abri
du laurier*, comme jadis les bergers d'Arcadie, pour se mettre à couvert
de la foudre.

à la chevalerie de la royauté (1). Mais ce n'était pas seulement dans les ouvrages de Mme de Staël, mais jusque dans ses lettres particulières de cette époque, qu'on retrouvait les mêmes images, les mêmes expressions que dans le *Système continental*. L'auteur du *Système* écrivait que l'Angleterre restait seule à flot *comme l'arche au milieu du déluge*. Or, quatre mois auparavant, le 9 octobre 1812, Mme de Staël écrivait à lord John Campbell que l'Angleterre était *l'arche qui a sauvé l'exemple de tout ce qui est beau dans un déluge de boue* (2). Aussi, en Europe, on n'hésita guère, et l'on nomma Mme de Staël comme étant l'auteur du pamphlet anonyme.

Elle protesta avec vivacité. « Où avez-vous pris, écrit-elle à Galiffe, que je suis l'auteur du *Système continental?* C'est M. Schlegel qui l'a écrit; je ne me mêle point ainsi de politique. Si je publiais jamais rien là-dessus, ce serait au point de vue philosophique... Rendez-moi le service de publier que le *Système continental* est de Schlegel. Ne pourrait-on le mettre dans vos gazettes?... *Il ne faudrait pas parler de moi dans l'article de la gazette, mais dire seulement que Schlegel est l'auteur de cet écrit.* » Et, en effet, Schlegel endossa la paternité de l'ouvrage, qui fut réimprimé sous son nom.

Mais le démenti de Mme de Staël et la signature de Schlegel ne peuvent nous convaincre. Quand Mme de

(1) Beaucoup d'autres phrases pouvaient prêter à des rapprochements intéressants, celles-ci, par exemple : « La nation suédoise, si illustre dans l'histoire. (*Système continental.*) — Cette nation suédoise, jadis si célèbre par ses exploits. (*Essai.*) — Cette élection est pour la Suède l'aurore d'un nouveau jour de gloire et de prospérité. » (*Système continental.*) — La Suède chérit en vous le présage de sa gloire. » (*Essai.*) Etc.

(2) Bibliothèque de Nantes, fonds Labouchère. Lettre de Mme de Staël à lord John Campbell, London, d'où nous extrayons cette phrase : « Je suis émue d'avance du plaisir de me trouver dans ce *semi-paradise*, comme dit John of Gaunt. C'est, en effet, aujourd'hui *l'arche qui a sauvé l'exemple de tout ce qui est beau dans un déluge de boue.* » (Datée : 9 octobre, Stockholm, sans indication d'année.)

Staël protestait avec vivacité à Galiffe qu'elle « ne se mêlait point ainsi de politique », quand elle lui recommandait de ne pas parler d'elle dans la gazette, elle avait ses raisons pour agir ainsi. Sa haine contre Napoléon n'exclut pas en elle une certaine prudence. Elle craint pour son fils Auguste, qui est sous la griffe du tyran et ne l'a pas encore rejointe en Suède ; elle craint pour sa fortune sur le continent, quoiqu'elle ait eu soin de la faire passer sur la tête de son fils ; elle craint enfin pour elle-même, si jamais elle retombe au pouvoir de son terrible ennemi. Elle sait que la police française continue à s'occuper d'elle. On « fait jaser » son intendant de passage à Genève, pour tâcher de deviner ce que fait Mme de Staël, quels sont les sentiments de la Suède à l'égard des Français (1). Elle pousse si loin la précaution qu'elle n'ose se rendre à Copenhague pour voir son amie Frédérique Brun, parce que le Danemark est resté fidèle à la France et qu'elle redoute une arrestation (2). Mais, n'en doutons pas, si Schlegel a collaboré au *Système continental*, c'est Mme de Staël qui en est le principal auteur ; c'est elle qui a certainement écrit la préface et la deuxième partie de cette brochure ; ce sont ses idées, son accent oratoire, son style, ses expressions mêmes ; et, dans le reste, c'est encore elle qui a inspiré Schlegel et guidé sa plume. Bien qu'elle ne veuille pas par prudence avouer cet ouvrage, elle le suit d'un œil maternel, elle s'intéresse à sa fortune. « Un ouvrage de Schlegel sur le *Système continental* est-il parvenu jusqu'à vous, madame écrit-elle à la grande-duchesse

---

(1) Capelle au duc de Rovigo. Archives nationales, F⁷ 6331, dossier 6991. — Cf. une note du 8 février 1813 pour le conseiller d'État, préfet de police, chargé du IVᵉ arrondissement de la Police générale : il faut ordonner au sieur Eugène, dit *Uginet* (l'intendant de Mme de Staël), de se présenter à la police. « *Faire surveiller avec soin sa conduite, ses démarches et ses relations.* »

(2) Correspondance de Frédérique Brun avec Bonstetten.

de Saxe-Weimar? Il me semble qu'il doit vous intéresser (1). »

Si Mme de Staël n'avait pas avoué la part qu'elle avait
prise à la brochure sur le *Système continental*, elle avait
signé du moins l'*Essai sur le suicide*, qui parut vers la même
époque (avril 1813). Elle l'avait écrit à la fin de 1811 à
Coppet, dans des heures bien tristes, sous l'influence des
idées religieuses qui prenaient toujours *plus d'empire sur son
esprit*. Elle envoyait de Stockholm à son amie la grande-
duchesse de Saxe-Weimar, à la princesse Louise de
Prusse « ces tristes méditations de l'exil (2) ».

On connaît déjà la préface de ce livre, l'extraordinaire
éloge de Bernadotte qu'elle renferme. Il est difficile de
pousser plus loin l'enthousiasme : on sent toutes les espérances que Mme de Staël avait placées dans le Prince royal
de Suède, ce qu'elle attendait avec une impatience qu'elle
dissimulait à peine : « Poursuivez, monseigneur, une carrière dans laquelle un si bel avenir vous est offert, et vous
montrerez au monde ce qu'il avait désappris : c'est que les
véritables lumières enseignent la morale, et que les héros
vraiment magnanimes, loin de mépriser l'espèce humaine,
ne se croient supérieurs aux autres hommes que par les
sacrifices mêmes qu'ils leur font. »

Mais si la préface opposait fort clairement à Bonaparte
Bernadotte, le « véritable héros » du siècle, l'*Essai* lui-
même, sous couleur philosophique et morale, était bourré
d'allusions, fort éloquentes d'ailleurs, et d'une rare élévation d'esprit, à la nécessité qu'il y avait pour l'Europe
de secouer le joug de la servitude. Ce n'est pas sans
raison que le fils aîné de Mme de Staël, qui s'est fait avec
piété l'éditeur de ses œuvres, a rapproché cet opuscule

(1) *Coppet et Weimar*. De Stockholm, 1813.
(2) *Coppet et Weimar*, p. 246.

de cet autre si différent : *De l'influence des passions sur le bonheur des individus et des nations.* Jadis Mme de Staël avait cru que le bonheur était le but de toute vie humaine ; elle combattait les passions comme destructives du bonheur, elle approuvait le suicide comme moyen d'échapper à l'infortune. Mais ses yeux s'étaient ouverts à la vérité. Elle avait trouvé le vrai sens de la vie : « Ce qui caractérise, écrit-elle, la véritable dignité morale de l'homme, c'est le dévouement. » Cette idée de dévouement, corollaire de l'idée d'enthousiasme, était la pensée maîtresse de l'*Essai sur le suicide.* Elle communiquait à ces quelques pages une beauté singulière. C'est en son nom que Mme de Staël prononçait la condamnation formelle de l'égoïsme, des « injustes attaques contre l'enthousiasme », du génie néfaste « qui se sert lui-même aux dépens du bonheur de la race humaine ». Elle se tournait vers le christianisme, poursuivant de ses sarcasmes ces philosophes qui « pouvaient bien, malgré leur force apparente, se plier sous la tyrannie, avec plus de souplesse qu'un vieillard débile, mais chrétien ». Mais surtout c'était au nom de cette idée de dévouement qu'elle stimulait l'Europe affaiblie, qu'elle condamnait le suicide à la mode en Allemagne, parce qu'il y avait pour les Allemands un meilleur emploi à faire de leur énergie, dans un temps où ils pourraient « *consacrer leurs forces à l'indépendance de la patrie... renaître comme nation et faire revivre ainsi le cœur de l'Europe paralysé par la servitude* ».

Si l'on doutait encore des tendances de cet ouvrage, si l'on croyait, sur la foi du titre, qu'il n'est qu'un simple essai philosophique sans allusions au temps présent, il suffirait, pour dissiper cette erreur, d'en relire les dernières lignes, toutes vibrantes d'un égal amour pour la France et pour la liberté :

« L'imagination, écrivait Mme de Staël, se représente
cette belle France qui nous accueillerait sous son ciel
d'azur, ces amis qui s'attendriraient en nous revoyant,
ces souvenirs de l'enfance, ces traces de nos parents que
nous retrouverions à chaque pas ; et ce retour nous apparaît comme une sorte de résurrection terrestre, comme
une autre vie accordée dès ici-bas ; mais si la bonté
céleste ne nous a pas réservé un tel bonheur, dans
quelques lieux que nous soyons, nous prierons pour
ce pays qui sera si glorieux, si jamais il apprend à connaître la liberté, c'est-à-dire la garantie politique de la
justice. »

Enfin, à Stockholm, pendant ce même hiver de
l'année 1812-1813, sur le conseil de Mme de Staël, de
Rocca écrivait ses élégants *Mémoires* sur la guerre d'Espagne, dont une première édition devait être donnée à
Londres en 1814, et dont la seconde parut cette même
année à Paris. Dans la pensée de Mme de Staël, ce n'était
pas une pure autobiographie ni un simple récit militaire,
mais, sous sa forme raffinée et polie, une œuvre destinée
à inspirer l'horreur des guerres napoléoniennes, l'admiration pour un peuple, qui puise dans sa foi patriotique et
religieuse l'énergie suffisante pour résister au vainqueur.
Elle-même avait guidé la plume de Rocca, communiqué
à l'œuvre cette sorte d'éloquence discrète et de généreuse ardeur. Elle avait écrit pour ce livre une préface,
que nous avons eue sous les yeux (1), qui révélait sa col-
laboration intime et dévoilait bien clairement sa pensée

(1) Archives du château de Broglie. — Voir dans la deuxième édition
de 1814 les notes de l'*Appendix*, destinées à célébrer la résistance des
Espagnols (notes II, VII, XIX, etc.), et l'*Avis de l'éditeur*, ainsi conçu :
« La première édition de cet ouvrage était sous presse à Londres avant
l'entrée des puissances coalisées à Paris et la restauration de la famille
royale sur le trône de France. » Cette note montre bien la pensée intime
de Mme de Staël.

maîtresse, et que, seuls, les événements de l'année 1814 l'empêchèrent de publier.

Cependant le héros, le saint Georges dont l'épée, suivant Mme de Staël, devait délivrer l'Europe captive, Bernadotte, en un mot, s'était décidé à entrer en lice. Mme de Staël, comme nous le savons, n'avait négligé aucun moyen pour atteindre ce but; elle avait flatté adroitement l'orgueil de Bernadotte, ménagé le rapprochement entre la Suède et la Russie, excité l'opinion publique en lui représentant le Prince royal comme le sauveur nécessaire. Charles-Jean avait cédé à la fin, d'autant plus facilement qu'il voyait la fortune tourner contre Napoléon. Il pensait bien obtenir pour prix de son concours la Norvège : cette belle proie devait consoler l'orgueil national de la perte de la Finlande, assurer au prince la reconnaissance éternelle des Suédois. Mais, en même temps, l'avisé Bernadotte nourrissait secrètement une autre pensée, que Mme de Staël se plaisait à entretenir dans l'âme du prince. Bernadotte était extrêmement ambitieux; il ne pouvait pardonner à Napoléon d'avoir joué sur la scène du monde un rôle qu'il se jugeait apte à remplir. Bref, il rêvait d'une autre couronne que celle de Suède. Napoléon vaincu, le trône de France restait libre. Qui donc pouvait y prétendre? Un Bourbon? C'était « une race usée (1) » ; il n'y avait qu'un roi soldat qui pût régner sur

(1) Voir dans les *Mémoires* de Rochechouart la conversation si intéressante entre le Prince royal de Suède et M. de Rochechouart, aide de camp de l'empereur Alexandre. Bernadotte y expose naïvement toute son ambition. Il est très évident qu'il visait par tous les moyens la couronne de France, et, s'il ne pouvait l'obtenir par l'entremise des alliés, il était tout disposé à les trahir. Après Leipzig, il essaya de négocier avec Davout : il proposait de rallier toutes les troupes françaises des garnisons situées au delà du Rhin, de se mettre à leur tête avec les Suédois, et de passer sur le ventre de ses anciens complices; il se présenterait à la France comme le libérateur de la patrie et comptait bien toucher le prix de ses services. La brusquerie de Davout fit échouer ce beau projet. (THIÉBAULT, *Mémoires*, t. V.)

la France ; et, comme le disait, cette même année 1813,
le Prince royal de Suède à M. de Rochechouart, aide
de camp d'Alexandre : « Quel est l'homme qui convient
mieux que moi aux Français? » Magnifique gasconnade,
où l'on aperçoit dans un éclair l'ambition de ce brillant
soldat, de ce diplomate avisé, de cet heureux homme,
qui reprochait à la fortune d'avoir lésé le général Bernadotte, en comblant ce « coquin » de Bonaparte.

Ces espérances, Alexandre se plaisait à en leurrer l'esprit de son allié et Mme de Staël s'y abandonnait avec
tout l'enthousiasme de sa nature : il ne lui eût pas déplu
de contribuer à faire un roi de France; un roi constitutionnel, ami de la liberté et des principes de 89. Longtemps encore elle caressera cette idée, alors que Bernadotte lui-même s'efforce d'oublier ce beau rêve (1).

Donc, le 20 avril, le Prince royal de Suède part pour
se rendre à Stralsund, au quartier général de l'armée du
Nord; il emmène avec lui Albert de Staël et Schlegel.
Albert est un de ses aides de camp, Schlegel son secrétaire. Ce dernier est un legs de Mme de Staël. Par Schlegel, elle continuera à être instruite des projets du prince,
elle stimulera son indécision, elle lui donnera des conseils. En quittant la Suède, elle se rend à Londres, l'en-
trepôt des nouvelles du monde entier, et Bernadotte a
besoin de savoir ce qu'on dit dans les cercles diplomatiques, pour diriger sa barque au milieu des écueils.
Schlegel est une sorte de maître Jacques, qui reçoit les
instructions de Mme de Staël, les transmet à Bernadotte,

___

(1) Bernadotte « avait rêvé que, si Napoléon venait à tomber, la France
pouvait l'admettre à recueillir son héritage. Il paraît que dans les conférences d'Abo, l'empereur Alexandre, pour le conquérir plus entièrement,
avait fait briller à ses yeux cette chimérique espérance. Mme de Staël, qui,
dans le même temps, vint se réfugier auprès de lui, a dû contribuer à
entretenir ses illusions à cet égard. » (PASQUIER, *Mémoires*, t. II, p. 84.)

écrit aux diplomates étrangers, pose les conditions du
Prince royal, recueille les mille bruits échappés des offi-
cines et coulisses diplomatiques, qu'on est convenu d'appeler « l'opinion européenne » : homme précieux, dont
le Prince royal sait estimer les services.

Bernadotte parti avec Schlegel et Albert de Staël,
Mme de Staël ne tarde pas à s'ennuyer à Stockholm. « Le
Prince royal est parti, écrit-elle (1), et ce pays est devenu
d'un terrible ennui depuis cet instant. » L'ennui ! Toujours le spectre qui la poursuit, que ne peut chasser ni la
présence de Rocca, ni celle de sa fille. Elle est malade.
En proie à de tristes pensées, elle ouvre son secrétaire,
feuillette des lettres jaunies, les lettres de Benjamin Constant, en regarde longuement l'écriture : « Tout ce que
j'ai souffert par ces lignes d'écriture me fait frémir, lui
écrit-elle, et pourtant je voudrais encore en recevoir (2). »
Elle est indécise, hésitante ; elle ne sait encore si elle ira
à Berlin ou à Londres. « J'aurais quelque idée d'aller à
Berlin, mais je crains ma propre peur (3). » Elle voudrait
publier en Allemagne son grand ouvrage supprimé par la
police française, mais, dit-elle, « j'ai peur (4). » Cette peur
est bien caractéristique de son état d'esprit en ce moment ;
elle craint de retomber sous la griffe de l'ennemi, de
l'homme « qui menace l'espèce humaine » ; malgré la belle
assurance qu'elle étale aux yeux du monde, elle est fort
incertaine sur le succès final.

A cette heure, ses regards sont tournés vers l'Allemagne ; c'est d'elle qu'elle attend la délivrance : « Le
cœur me bat sur le destin de l'Allemagne, comme si la

(1) A la princesse Radzivill. (PERTZ, *Stein*, t. III.)
(2) De Stockholm à Benjamin Constant, à Gœttingue. — Adolphe
STRODTMANN, *Profils de poètes et caractères de la littérature étrangère.*
(3) A Galiffe, 24 avril.
(4) A la princesse Radzivill. (PERTZ, *Stein*, t. III, p. 671.)

guerre était en France, » écrit-elle à la princesse Radziwill.
Mais ni l'ennemi, ni la peur ne suffisent à expliquer la
sombre mélancolie qui s'empare d'elle. Elle porte au
cœur une plaie secrète : elle est victime de son cosmopolitisme, elle n'a point de patrie. Suivant la disposition
du moment, elle erre de la France à l'Allemagne, à la
Suède, à la Russie, à l'Angleterre. Il lui arrive d'écrire
à Galiffe : « Tous ces pays délivrés ne sont pas le mien,
et le mal du pays me prend sur ces *vents de nuages* (1). »
De quel pays parle-t-elle? De la France sans doute? Mais
au même moment elle écrivait à la princesse Radziwill
que le jour où celle-ci l'inviterait à venir à Berlin, elle
croirait « presque rentrer *dans sa patrie* ». C'est qu'au
fond, elle est une errante, elle n'a pris racine nulle part.
Il lui manque ce qui soutient les autres hommes aux
heures tristes et troublées, le souvenir de la terre natale,
la tradition des ancêtres, la communauté longtemps
éprouvée des joies, des peines, des espérances. Elle est
emportée par les « vents de nuages ».

Enfin, elle se décide à partir pour l'Angleterre, ce
« semi-paradise », comme elle écrit à John Campbell, sa
vraie patrie — encore *une!* — Elle s'y décide à cause de
l'éducation de sa fille, de son prochain établissement (2),
de la publication de *l'Allemagne* qu'elle ne veut pas retarder plus longtemps. Elle a reculé son départ jusqu'en
juin, à cause de son fils Auguste, dont elle attend l'arrivée
avec impatience. Enfin Auguste de Staël arrive; elle
part avec lui, sa sœur Albertine et de Rocca.

(1) 30 mars 1813.
(2) C'est déjà « une grande et jolie personne », écrit-elle à lord Campbell. (Lettre déjà citée, Bibliothèque de Nantes.) — A rapprocher d'une
lettre écrite à lady Campbell, conservée dans les archives de Broglie;
elle proteste de son admiration pour la grandeur de l'Angleterre, et
s'excuse d'avoir jadis tracé dans *Corinne* un tableau satirique des mœurs
provinciales du pays.

CHAPITRE XXII

A Londres, Mme de Staël est reçue en triomphe. Toute
la haute société anglaise se presse dans ses salons de
Georges street et d'Argyle street; hommes d'État, diplomates, whigs ou tories, artistes, poètes, écrivains, co-
médiens, gens du monde, tous briguent l'honneur d'être
présentés à Mme de Staël. On veut connaître cette femme
célèbre, l'illustre ennemie de Napoléon; on sait l'influence qu'elle exerce; chacun pose devant elle, quête un
mot, un sourire de sa bouche. Le prince régent, la reine,
la duchesse d'York, le duc de Glocester la reçoivent.
Toute l'aristocratie anglaise, les lords Lansdowne, Grey,
Harrowby, Liverpool, Erskine, Wellesley, Holland,
Byron, Castlereagh, etc., lui font leur cour. On dit à
Londres que si l'on souhaite voir des ministres, il faut
aller chez Mme de Staël (1). Réellement, elle dispose d'un
pouvoir considérable; il n'y a pour ainsi dire pas de
prince, d'homme d'État qu'elle ne connaisse en Europe;
on l'écoute avec déférence, on sait qu'elle est un des fac-
teurs de la grande opinion publique européenne, et que,
grâce à ses innombrables correspondants, sa parole circule d'un bout à l'autre de l'Europe, avec une rapidité
incroyable. Elle est une puissance.

(1) Miss Berry, citée par lady BLENNERHASSETT, t. III, p. 538.

Elle est presque à l'apogée de sa gloire. Il n'y a qu'un moment plus brillant encore dans sa vie, en 1814, à l'époque de sa rentrée triomphale à Paris. Pour l'instant, elle parle, prêche, disserte, harangue à perdre haleine. Elle nage à pleine eau dans la constitution et dans la liberté anglaise. En vain, lord Byron lui fait remarquer que cette fameuse constitution se lézarde, que les mœurs électorales sont corrompues, que les ministres eux-mêmes ne sont pas désintéressés, que l'Angleterre est en pleine décadence : elle ne veut rien entendre. Elle gourmande les Anglais qui ne sentent pas tout leur bonheur, et leur souhaite une « petite défaite » comme remède à leur pléthore politique (1). Elle finit par lasser ses interlocuteurs : « Elle écrit des in-octavo et parle des in-folio, » écrit lord Byron.

D'ailleurs, chose étrange pour quiconque ignore sa vraie nature, elle s'ennuie (2). D'où lui vient cette tristesse? Serait-ce de la mort tragique de son jeune fils Albert, décapité d'un coup de sabre, en duel? Serait-ce de celle de Narbonne, son ami d'autrefois? Ou bien de l'absence de Schlegel, le compagnon, le confident de toutes ses pensées? C'est de tout cela; mais c'est aussi et surtout du manque d'assiette de son âme. En vain, elle cherche à s'étourdir : elle a « mal à la vie (3) ». Ses enfants ne peuvent se faire aux habitudes anglaises. Elle-même sent, malgré tout son enthousiasme, que l'Angleterre lui est étrangère; il lui échappe d'écrire à Schlegel qu'il faut être de ce pays « pour le préférer à tous les autres ».

---

(1) BLENNERHASSETT, t. III, p. 533.
(2) Un jour, à Genève, après avoir ébloui de sa verve, de son éloquence, la société qui l'environne, restée seule, elle se jette sur un canapé et s'écrie, en portant la main à son front : « Dieu! que je suis malheureuse! Non, non, jamais je n'ai été plus malheureuse. » (Souvenirs d'Aimé Martin.)
(3) Correspondance inédite avec Schlegel, Bibliothèque de Dresde. (Citée par BLENNERHASSETT, t. III, p. 546.)

Elle avoue à son ami sir James Mackintosh qu'elle souffre douloureusement sur la terre étrangère du « manque de souvenirs ». C'est là la rançon de son cosmopolitisme ; en Angleterre, comme jadis en Suède, elle souffre visiblement du manque de patrie. De là cette inquiétude, ce changement perpétuel, cette agitation, cette angoisse. Singulière femme, dont l'enthousiasme apparent n'est pas toute la nature, mais recouvre, pour qui sait l'entrevoir, un abîme incommensurable de mélancolie et d'ennui.

Cependant, en octobre 1813, parut le livre *De l'Allemagne*. Déjà grondait le canon de Leipzig. On se jeta avidement sur l'ouvrage : le nom dont il était signé, la haine bien connue de Mme de Staël pour Napoléon, les persécutions dont elle avait été victime, la brutale suppression du livre, toutes ces circonstances contribuèrent à exciter la curiosité du public. En trois jours, la première édition fut épuisée. Il faut avouer qu'à cet instant solennel où se jouaient les destinées de l'Europe, ce livre avait un accent prophétique bien propre à frapper l'imagination des lecteurs. C'était bien par les moyens qu'avait indiqués Mme de Staël que s'accomplissait l'œuvre de délivrance : le sentiment patriotique, l'exaltation du dévouement, l'enthousiasme.

Sans doute, le livre datait : il semblait « avoir été écrit il y a nombre d'années (1) ». L'Allemagne qu'avait peinte Mme de Staël ne ressemblait guère à ce camp en armes, tout vibrant d'une ardeur belliqueuse. Le livre était destiné à glorifier une nation vaincue, écrasée ; il se trouvait que cette nation était relevée de ses défaites et déjà victorieuse. Mais enfin, malgré son air un peu

---

(1) Gœthe à Mme de Grotthuss, 17 février 1814.

antique, malgré ses erreurs, ce livre proclamait une
grande, une éternelle vérité, dont chacun à cette heure
sentait la force. Cette vérité, c'est que l'homme porte
en lui-même un asile sacré, inviolable; c'est la confiance absolue en la toute-puissance de la pensée, de
la vérité, de la justice; c'est l'exaltation de tous les sentiments désintéressés de l'âme humaine; c'est enfin cette
ferme croyance que la liberté politique a pour fondement
la liberté morale, et que, comme le disait Mme de Staël,
« l'indépendance de l'âme fonde celle des Etats. »

Peu de temps après *l'Allemagne*, en janvier 1814 (1),
paraissait à Hanovre la fameuse brochure de Constant,
intitulée : *De l'esprit de conquête et de l'usurpation dans leurs
rapports avec la civilisation*. Benjamin Constant, qui se
morfondait d'ennui dans les petites villes d'Allemagne,
et qui n'avait quitté qu'à son grand regret la scène politique, rêvait d'y faire une brillante rentrée. Il avait jugé
le moment opportun, la chute de Bonaparte prochaine :
« Le temps presse, si je peux arriver à l'hallali! » écrit-il
dans son *Journal intime*. C'est pourquoi il avait détaché
cet opuscule d'un plus vaste ouvrage, d'une sorte de
traité politique, terminé, disait-il, depuis longtemps,
mais que l'état de la France et de l'Europe semblait avoir
condamné à ne jamais paraître. Il rappelait dans sa
préface qu'il avait été jadis « un des mandataires de ce
peuple qu'on a réduit au silence »; il affirmait qu'il parlait encore au nom de ce peuple, qu'il n'y avait rien dans
son livre qu'un Français pût désavouer. Mais, à travers
toutes ces lignes, perçait l'envie démesurée de sortir de

---

(1) « Le livre a paru à Hanovre le 19 janvier, autant que je m'en sou-
viens. (Benjamin Constant à Rosalie de Constant, 25 mai 1814.) Il fut
réimprimé en Angleterre au commencement de mars 1814, puis en France
la même année. Il eut quatre éditions en un an.

sa retraite et de jouer un rôle dans les destinées d'une
France nouvelle. Comme Mme de Staël, il avait jeté les
yeux sur Bernadotte.

Constant s'était retiré à Hanovre en 1813 pour éviter
les troupes qui encombraient Gœttingue. Ce fut là qu'il
reçut la visite du Prince royal de Suède. Celui-ci connaissait le merveilleux talent de polémiste de Benjamin
Constant, la netteté, la lucidité de ses vues, son extrème
ambition, ses relations avec Mme de Staël; un tel homme
était précieux à ménager dans la partie que se proposait
de jouer le Prince royal, et dont l'enjeu était la couronne
de France. Charles-Jean déploya envers lui, comme il
avait fait à l'égard de Mme de Staël, toute sa puissance
de séduction; il dîna avec lui en tête-à-tête dans sa
chambre, le cajola, l'embrassa (1). « Il a l'air de m'aimer, » écrit Constant dans son *Journal intime*. Avec
un apparent abandon, que gouvernait toujours la plus
extrême prudence, Charles-Jean lui expliqua qu'il était
l'objet de la défiance des rois; il le supplia d'employer
Mme de Staël, qui avait grand crédit auprès de l'empereur
Alexandre, pour lui faire comprendre que lui seul, Bernadotte, offrait assez de garanties pour établir en France un
gouvernement durable. Enfin, dit Constant, « je vis un
homme qui brûlait d'envie d'être roi de France, et qui
ne voulait pas risquer de n'être pas roi de Suède (2). »
C'était résumer, de façon exacte et piquante, l'état d'esprit de Bernadotte. Constant ajoute, il est vrai : « Comme
il était Béarnais et Gascon, il nous fut impossible de nous
entendre. » Au contraire, cela n'était nullement impos-

---

(1) Tous les détails rigoureusement exacts de cette entrevue curieuse
sont empruntés au *Journal intime* de Constant et à l'article de Loève-
Weimars sur Constant. (*Revue des Deux Mondes*, 1833, t. I.)
(2) Article de Loève-Weimars, déjà cité.

sible : ces deux ambitions s'entendirent. Benjamin se laissa dûment endoctriner, attacher au quartier général du prince, décorer de l'Étoile polaire — il aimait fort les hochets — et, du même coup, il fut réconcilié avec Mme de Staël.

C'est que, au fond, malgré tant de querelles et d'orages, ces deux éminents esprits, Mme de Staël et Benjamin Constant, étaient indissolublement liés l'un à l'autre. Ils avaient beau se quitter, ils se reprenaient sans cesse. Le goût très vif des choses de l'esprit, un commun amour de l'intrigue, le même désir de jouer un rôle politique les unissaient plus qu'ils ne croyaient eux-mêmes. Sans Benjamin, Mme de Staël errait comme une âme en peine, et, sans Mme de Staël, Benjamin manquait d'excitant et d'appui : « J'ai fait une sottise, écrit-il, en rompant, *quand il aurait pu me servir,* un lien que j'avais conservé et subi quand il me nuisait. Je le regrette, j'ai fait une sottise! » Il la répara. Déjà Mme de Staël s'était informée de lui auprès de Schlegel : « Que fait Benjamin Constant? Est-il employé par votre prince (1)? » Constant saisit la balle au bond, écrivit à son ancienne amie une lettre « plus passionnée que dans le temps où il l'aimait le plus ». Mais en même temps, faisant marcher de front les affaires politiques et l'amour, il chargeait Mme de Staël de remettre aux ministres anglais un mémoire et lui promettait de lui envoyer bientôt *l'Esprit de conquête.*

Mme de Staël fut ravie. Elle adressa bien quelques reproches pleins de mélancolie à l'infidèle, mais elle lut avidement son mémoire : « Je ne crois pas, lui écrit-elle,

---

(1) BLENNERHASSETT, t, III, p. 572. — La lettre de Constant doit être de décembre 1813 ; la réponse de Mme de Staël est du 8 janvier 1814. (Adolphe STRODTMANN, *Profils de poètes et caractères de la littérature étrangère,* t. II, p. 26-27.)

que ce style, cette fermeté, cette clarté de langage puissent se trouver nulle part ailleurs. »

Ils étaient réconciliés, et l'occasion de ce rapprochement avait été l'intérêt de l'adroit Bernadotte. Il est amusant de suivre à cette époque cette intrigue à quatre personnages, Mme de Staël, Benjamin Constant, Schlegel et Bernadotte. Mme de Staël, Constant jouaient les premiers rôles, écrivaient, intriguaient; Schlegel transmettait au Prince royal les précieux renseignements que lui envoyait de Londres Mme de Staël; Bernadotte en pesait la valeur, remerciait, excitait le zèle de Benjamin et de Mme de Staël. On trouvait à Londres que le Prince royal de Suède ménageait trop la France, qu'il parlait trop dans ses proclamations de la « barrière du Rhin », du « roi de Saxe », du « roi de Westphalie ». Enfin on soupçonnait son ambition, on commençait à dire qu'il voulait succéder à l'empereur Napoléon (1). Mais les émigrés déclaraient qu'à la Contre-Révolution, le prince ne pouvait rester sur le trône, que sûrement il se ferait Monk. Mme de Staël, en transmettant au prince par l'intermédiaire de Schlegel tous ces détails et beaucoup d'autres, ajoutait : « Faites-moi valoir auprès du prince. Ce que j'entends par faire valoir, c'est lui dire combien je l'aime. Ce serait trop de bonheur que... Mais enfin le bon Dieu nous protégera. Peut-être ce qui manque à la France pour se débarrasser de son chef actuel, c'est l'idée claire et agréable d'un lendemain. Dites cela de ma part au prince, *il comprendra ce que je souhaite.* » Il faut avouer que le Prince royal de Suède avait dans le salon de Mme de Staël le plus parfait bureau

---

(1) Lettre de Mme de Staël à Schlegel, citée par lady BLENNERHASSETT, t. III, p. 570. « Il marche, écrivait Constant. Je voudrais plus de rapidité; mais j'espère que cela ira. » (*Lettre à Ch. de Villers*, 27 janvier 1814.)

de renseignements politiques, et dans la personne de Mme de Staël le plus actif et le plus entreprenant des alliés.

Tant de zèle ne reçut pas sa récompense. La rapidité des événements surprit les acteurs de cette petite intrigue ; la capitulation de Paris, la proclamation de Louis XVIII firent tomber leurs espérances. « Grande nouvelle ! écrivait Constant à cette date. Le Corse est-il donc à bas ! Tout se précipite, Paris est pris, et le Béarnais (Bernadotte) revient sans y avoir même été. *Quelle chute déplorable !* Je n'ai pas eu le temps de partir, et Talleyrand s'en tire. Justice divine ! » A la réflexion, Benjamin s'en tira aussi. Tournant le dos au Béarnais, il partit pour Paris. « Servons la bonne cause, écrit-il, et servons-nous (1) ! »

Quant à Mme de Staël, il semble qu'elle ait été plus tenace et qu'elle n'ait pas renoncé si tôt à ses espérances. Le billet suivant, que lui adressait Bernadotte, le 12 juillet 1814, trois mois après le retour des Bourbons, répond évidemment à de nouvelles insistances.

« Je reçois à l'instant votre lettre, environné de beaucoup de monde et occupé d'une multitude d'affaires. J'ai à peine le temps de vous remercier de tout ce que vous me dites. J'apprécie, soyez-en bien convaincue, le motif qui vous anime, et personne plus que moi n'est capable de connaître le charme de l'amitié et de la reconnaissance. Les idées que je me suis formées sur le sujet dont vous m'entretenez sont irrévocables. La justice et la raison en sont les bases, et en somme *je m'attache à être plus sage que brillant.* Recevez mes salutations affectueuses et veuillez me croire autant à vous qu'à

C. (2).

(1) *Journal intime* de CONSTANT.
(2) Ce C est la première lettre de Charles-Jean. Ce billet mystérieux est

Telle fut la fin de ce curieux roman, qui avait fait naître parmi ses acteurs tant d'espérances.

Revenons au séjour à Londres de Mme de Staël. Son pouvoir ne cesse de grandir; son étoile se lève à mesure que celle de Napoléon baisse à l'horizon. On ne saurait se faire une idée exacte des marques de déférence, d'adulation qu'on lui prodigue.

Les journaux anglais la proclament la « première femme du monde »; les ministres sont à ses pieds. N'est-elle pas l'amie du Prince régent d'Angleterre, l'amie surtout d'Alexandre, qui va être bientôt l'arbitre de la situation en Europe? Les prétendants frappent humblement à sa porte. Les Bourbons, qui ne l'aiment pas, qui détestent le souvenir de Necker, lui dépêchent des émissaires, sollicitent humblement la fille de l'ancien banquier : « Le comte Edouard Dillon est venu chez moi de la part du premier ministre de Louis XVIII, M. de Blacas, me demander de le recevoir et de prêter ma plume et ma conversation à leur désir de remonter sur le trône. « Tout ce que vous désirez, m'a-t-il dit, sera le fruit de « cette condescendance. » J'ai répondu que je n'y pouvais rien. Il m'a dit que les poèmes et les journaux anglais venaient d'imprimer que j'étais la première femme du monde (ce qui vient, il est vrai, d'être publié), et qu'à ce titre on pouvait tout. J'ai encore répondu que je ne me mêlais pas de politique, et j'en suis restée là (1). » Mme de

---

dans les archives de Broglie. La date du 12 juillet 1814 est sur la couverture qui le renferme. Mme de Staël devait être à Coppet; elle y était en tout cas le 8 juin, nous le savons par une lettre écrite à la grande-duchesse de Saxe-Weimar. (*Coppet et Weimar*, p. 269.) Cette insistance de Mme de Staël auprès de Bernadotte s'explique parfaitement par l'attitude qu'elle prit envers le gouvernement de la Restauration, par les intrigues qu'elle mène à cette époque et que Louis XVIII et sa police connaissaient parfaitement.

(1) Lettre à Schlegel, citée par lady BLENNERHASSETT, t. III, p. 571.

Staël ne pas se mêler de politique! Le mot dut faire
sourire son interlocuteur. Ainsi éconduits, les Bourbons
ne perdent pas courage. Le duc de Berry en personne
vint voir Mme de Staël. « Le duc de Berry est venu
me voir, écrit-elle, et je ne suis pas mal avec les Bourbons (1). » C'est qu'ils sentent la nécessité de ménager
une si haute influence, d'obtenir, sinon son alliance,
du moins sa neutralité. Tout au fond de leur âme, ils
détestent la femme libérale et protestante, mais ils la
craignent.

On était alors au commencement de l'année 1814. Les
plus graves pensées agitaient les esprits. On sentait que
le moment approchait où la puissance de l'homme qui
avait fait trembler l'Europe allait s'écrouler à son tour.
Les négociations de Francfort avaient échoué, comme il
fallait s'y attendre; personne n'avait été sincère, ni les
alliés qui cherchaient à deviner les intentions de Napoléon, ni l'Empereur, qui n'avait feint d'être leur dupe que
pour mieux les duper à son tour, gagner du temps et
tenter un effort suprême. Maintenant il n'était pas douteux que le canon ne dît le dernier mot de la tragédie. Ce
n'était pas sans de grandes perplexités que les alliés
s'étaient décidés, le 21 décembre, à franchir le Rhin. Ils
allaient trouver devant eux non plus seulement l'Empereur, mais la France; et il était bien difficile de faire
croire au pays envahi que l'Europe vidait avec un seul
homme une querelle personnelle et qu'elle séparait la
cause de la France de celle de Napoléon. Au fond, c'était
l'esprit révolutionnaire autant que l'esprit de conquête
que les alliés allaient combattre; ils arrivaient pleins de
haine contre cette France, qui avait fait trembler si long-

(1) Mme de Staël à Benjamin Constant, 23 janvier 1814. (Adolphe
STRODTMANN, ouvrage déjà cité.)

temps les vieilles monarchies. Mais ils n'étaient pas eux-
mêmes sans éprouver une terreur secrète : le génie de
l'Empereur était intact; la France, bien qu'affaiblie par
le despotisme, pouvait au dernier moment retrouver
l'élan patriotique de 1792, briser l'effort de la coalition,
châtier ses envahisseurs.

Quel est alors l'état d'esprit de Mme de Staël?

Un témoin l'a défini d'un mot fort juste : « Elle est
dans le vague de l'infini (1). » Elle reste indécise et troublée. Tant que les alliés ont combattu Bonaparte, elle a
applaudi à leurs succès; maintenant que, de toute évidence, ils attaquent la France, elle proteste. Ses yeux
enfin se sont dessillés; elle voit la réaction furieuse qui
menace l'Europe, l'esprit révolutionnaire partout étouffé,
la liberté bientôt enchaînée. Elle hait toujours Bonaparte,
cela est entendu; mais elle voudrait qu'il disparût en
plein triomphe, après avoir sauvé la France. A un ministre anglais qui l'interroge, elle répond : « Je désire
que Bonaparte soit victorieux et tué. » Elle écrit à Schlegel à la fin de l'année 1813 : « Vous êtes tous au moment
délicat et ce que vous avez fait était plus facile que ce
qui vous reste à faire. Vous voulez mettre des princes
souverains en Hollande, attaquer la Suisse, attaquer la
France; sans doute, tant que l'homme vit, il n'y a rien
de fait, mais c'est difficile de renverser quatre-vingts millions d'hommes pour en atteindre un (2). » Il y a quelque
naïveté d'ailleurs à s'imaginer que la mort de Bonaparte
désarmera toutes les haines et que les alliés s'empresse-
ront de repasser le Rhin. Mais elle n'est pas au bout de
ses désillusions.

_____

(1) Miss Berry, citée par lady BLENNERHASSETT.
(2) Mme de Staël à Schlegel, citée par lady BLENNERHASSETT, t. III,
p 571.

Elle hait Bonaparte; mais dans sa haine, rien de bas, ni d'insultant. Ce n'est pas la haine d'un soudard tel que Blücher, qui voudrait voir Napoléon pendu à la maîtresse branche d'un chêne, comme un coquin de grande route; ce n'est pas non plus la haine pleine de morgue de l'émigré, pour qui le plus grand crime de Bonaparte est d'être un parvenu de la Révolution; ce n'est pas même le dédain un peu sot de M. Benjamin Constant, chambellan d'un principicule d'Allemagne, déguisé en champion de la légitimité, maudissant l'usurpation « en termes qu'un habitué de Coblentz n'eût pas désavoués (1) ». Il faut entendre de quel ton Mme de Staël gourmande ce franc royaliste : « Vos relations, lui écrit-elle, ont fait de vous un chambellan. Croyez-vous donc que Bonaparte ne peut pas se montrer dans une réunion de princes? Quarante batailles sont pourtant une noblesse (2)! » Voilà une belle réponse aux éplucheurs de titres et de parchemins. « Quel lâche coquin ! » écrit Constant en parlant de Bonaparte dans son *Journal intime*. Ce mot, Mme de Staël ne l'écrira jamais.

Elle a fort à faire pour conserver son sang-froid, et surtout pour en donner à son entourage, dans ce déchaînement d'aveugles fureurs. Mais, quoi qu'on dise autour d'elle, elle garde au cœur l'amour de la liberté et l'amour de la France. La liberté, elle tremblait pour elle, depuis l'invasion étrangère. Les singuliers apôtres de la liberté, que ces Cosaques barbus, ces Baskirs demi-sauvages, qui chevauchaient dans nos campagnes, pillaient et brûlaient les fermes, violaient, assassinaient les habitants! Ce n'était pas là ce que, dans sa naïveté, avait rêvé Mme de

---

(1) De Broglie, *Souvenirs*, t. I, p. 282.
(2) Mme de Staël à Benj. Constant, 22 mars 1814, (Ad. Strodtmann, ouvrage cité.)

Staël. L'empereur Alexandre lui-même, son idole, paraissait venu en France beaucoup plus pour venger l'incendie de Moscou que pour faire triompher la liberté. Il avait
été tout étonné de voir qu'en France Napoléon était
encore populaire, que la nation se serrait autour de son
chef. Il hésitait s'il traiterait avec l'Empereur, s'il accepterait une régence avec Marie-Louise. Les Bourbons,
il n'y songeait guère; il estimait que l'émigration ne les
avait pas corrigés (1). Bref, il flottait dans l'indécision et
le vague. Devant ce réveil de tant de haines, cet assaut
de tant de convoitises, Mme de Staël demeurait pleine
d'angoisse; elle en arrivait à ne plus souhaiter la chute de
Napoléon, au moins par des mains étrangères. « Quant à
l'*homme,* écrivait-elle à Constant, quel cœur libre pourrait
désirer qu'il fût renversé par les Cosaques?... Quelle crise,
ce moment! La liberté est la seule chose qui circule avec
le sang, dans toutes les époques, dans tous les pays, dans
toutes les littératures, — la liberté, et ce qu'on ne peut
en séparer, l'amour de la patrie. Mais quelle combinaison
que celle qui nous fait trembler devant la défaite d'un tel
homme (2)! »

En même temps que la liberté, elle aime, elle défend
la France, « la terre natale de l'intelligence, la métropole
des esprits, dont la civilisation de l'Europe est une co-
lonie (3). » Cette pauvre France émeut son cœur de pitié,
depuis qu'elle souffre. Mme de Staël n'avait pas prévu cet
effet de la campagne qu'elle avait menée contre Napoléon : l'invasion de la France. Cette invasion lui « déchire

---

(1) Voir *Mémoires* de VITROLLES, t. I, la conversation que Vitrolles a
avec Lichtenstein, qui s'étonne qu'il ne se soit pas encore trouvé un Français pour assassiner Napoléon.
(2) Mme de Staël à Benjamin Constant, 23 janvier 1814. (Adolphe
STRODTMANN, ouvrage cité.)
(3) VILLEMAIN, *Souvenirs contemporains,* t. II, p. 26. Il cite les expressions mêmes dont se sert Mme de Staël.

le cœur (1) ». L'entrée des alliés à Paris la met au désespoir : « Ce coup est cruel, écrit-elle à son fils; tout
Londres est ivre de joie (2). » Et à quelqu'un qui la
félicite de voir la fin de son exil : « De quoi me faites-
vous compliment? De ce que je suis au désespoir? »
Elle a d'autant plus de mérite à parler ainsi qu'autour
d'elle on perd toute retenue. Déjà, à propos de Napoléon,
elle a donné à Benjamin Constant une leçon de tact et de
mesure. Mais voici que ce même Constant déblatère
contre la France, piétine les vaincus. Il écrit dans son
Journal intime : « Les Français sont toujours les mêmes,
fous et méchants. » Il appelle la France une « Chine
européenne »; il écrit à Charles de Villers qu'il n'y a plus
rien de bon à attendre d'une nation prosternée quatorze
ans aux pieds du « Corse ». « Nous verrons si les Français tiendront à cet enragé qu'ils nomment Empereur...
Je n'aurais pas cru cette nation bête à ce point. » Il charge
Mme de Staël de faire imprimer à Londres sa brochure sur
l'Esprit de conquête, où il flétrit la nation conquérante. Et
Mme de Staël lui répond avec éloquence : « Ne voyez-vous
pas le danger de la France?... Je suis comme Gustave
Wasa; j'ai attaqué Christiern, mais on a placé ma mère
sur le rempart. Est-ce le moment de mal parler des Français quand les flammes de Moscou menacent Paris (3)? »
Et elle ajoute avec un élan du cœur : « Que Dieu me
bannisse plutôt de France, que de m'y faire rentrer par le
secours des étrangers! » Mais Constant récidive, il écrit
à sir James Mackintosh le 27 mars, quatre jours avant l'entrée des alliés à Paris, que la France doit être mise « au

(1) Notice en tête des *OEuvres complètes* d'Auguste DE STAËL, par sa
sœur, la duchesse de Broglie.
(2) *Ibid.* Auguste de Staël était allé rejoindre Bernadotte à Liége.
(3) A Benjamin Constant, 23 janvier 1814. (Adolphe STRODTMANN, ouvrage
cité.)

ban des nations », et il adresse à Mme de Staël un mémoire
de même encre, pour qu'elle le mette sous les yeux des
ministres anglais. Cette fois, elle lui envoie cette apostrophe indignée (1) : « J'ai lu votre mémoire; Dieu me
garde de le montrer! Je ne ferai rien contre la France. Je
ne tournerai contre elle dans son malheur ni la réputation
que je lui dois, ni le nom de mon père qu'elle a aimé; ces
villages brûlés sont sur la route où les femmes se jetaient
à genoux pour le voir passer (2). Vous n'êtes pas Français, Benjamin! » Nobles, généreuses paroles, qui feront
pardonner à cette illustre femme beaucoup d'erreurs. Le
1er avril, quand déjà le sort en est jeté, quand les alliés sont
entrés à Paris, elle jette à Constant cette recommandation
suprême : « Soyez fidèle à la France et à la liberté! »

Quelle avait donc été l'erreur de Mme de Staël? Elle
avait cru, d'une part, que l'étranger ne combattait que
Napoléon et non la France; elle avait pensé, d'autre part,
comme les libéraux de cette époque, comme La Fayette,
qu'une insurrection nationale débarrasserait la France à
la fois de l'invasion étrangère et du despotisme intérieur (3). « La France, disait-elle, n'a-t-elle donc pas deux
bras, l'un pour repousser les étrangers, et l'autre pour
renverser la tyrannie? » Ses vœux ne pouvaient être
exaucés; la France de 1814, épuisée par tant d'années de
guerre, énervée par le despotisme, était incapable d'un
tel effort.

Mme de Staël part de Londres le 8 mai 1814 pour rentrer en France. Physiquement, elle est changée, elle

(1) A Benjamin Constant, 22 mars 1814.
(2) Elle faisait allusion au retour de Necker, à son voyage de Bâle à
Paris en 1789. « Les femmes, écrit-elle, se mettaient à genoux de loin dans
les champs, quand sa voiture passait. » (*Du caractère de monsieur Necker
et de sa vie privée.*)
(3) LA FAYETTE, *Mémoires*, t. V, p. 416. Conversation de La Fayette et
de Joseph Bonaparte.

souffre; les émotions, l'exil ont usé ses forces; elle a les
« nerfs abîmés (1) »; elle ne se rétablira jamais. Avec
quel serrement de cœur, après dix ans d'exil, elle aborde
à Calais, elle revoit cette terre tant désirée! Des soldats
prussiens montent la garde sur le rivage; le long de la
route, jusqu'à Paris, des uniformes étrangers; à Saint-
Denis, « où la cendre des rois de France repose (2), » des
Allemands, des Russes, des Cosaques, des Baskirs; à
Paris, encore des figures étrangères, des bivouacs aux
grilles des Tuileries, partout « de longues barbes et des
lances (3) »; sur les boulevards, dans les rues, aux portes
des théâtres, les mitres étranges des grenadiers russes,
les shakos plats et le haut plumet des officiers prussiens, les habits blancs des Autrichiens, les uniformes
écarlates des Anglais, toute la soldatesque de l'Europe
réunie, une Babel de langues. Le peuple regarde ce
spectacle avec indifférence (4); seuls, quelques anciens
officiers de l'armée impériale se promènent, sans déco-
rations, sans uniforme, sombres, silencieux, la rage au
cœur.

Mme de Staël veut aller à l'Opéra. C'est une idée longuement caressée dans les journées d'exil que cette
rentrée triomphale en plein cœur de Paris, où elle va, en
reine, s'enivrer des hommages, parmi l'éclat des bijoux
et des lumières, le parfum des fleurs. Elle pose le pied
sur l'escalier, toute joyeuse; elle monte, un peu surprise,

---

(1) Lettre à la grande-duchesse de Saxe-Weimar, 8 juin 1814. (*Coppet et
Weimar.*)
(2) *Considérations sur la Révolution française*, Vᵉ partie, chap. vi.
(3) Benjamin Constant à Mme la comtesse de Nassau, 20 avril 1814.
(MENOS, *Lettres de Constant.*)
(4) « Les étrangers ont été reçus avec une douceur parfaite. » Mme de
Staël à la grande-duchesse Louise. (*Coppet et Weimar.*) Tous les témoignages contemporains sont d'accord sur ce point. La lassitude, une
morne résignation étaient la note dominante.

entre deux rangs de sentinelles russes. Est-elle à Pétersbourg ou à Paris? Elle s'assied, elle cherche dans la salle
un visage ami : personne. Au parterre, quelques vieux
habitués sont venus assister à leur spectacle favori. En
revanche, un fourmillement d'uniformes étrangers dans
les loges, le cliquetis des sabres, des figures inconnues.
« Je me sentais humiliée, écrit Mme de Staël, de la grâce
française prodiguée devant ces sabres et ces moustaches,
comme s'il était du devoir des vaincus d'amuser encore
les vainqueurs. »

Du moins, elle se consola en jouissant du plus grand
pouvoir que jamais femme ait exercé en ce siècle. « En
Europe, disait-on alors, il faut compter trois puissances :
l'Angleterre, la Russie et Mme de Staël (1). » Cela est
vrai, presque sans exagération. On se fait difficilement
une idée de l'importance des salons politiques en France
à cette époque (2); et parmi ces salons brillait au premier rang celui de Mme de Staël. Le retour des émigrés
et des gens de cour avait donné plus d'éclat à la vie de
société. On se reposait de la longue contrainte de l'Empire. Les étrangers qui affluaient à Paris en cette année
1814 étaient curieux de ces assemblées, qui avaient jadis
répandu si loin la réputation de l'esprit français. Mme de
Staël, à cause de ses nombreuses relations européennes,
de ses perpétuels voyages, était la personne la plus désignée pour leur faire les honneurs de Paris. Elle réunissait
chez elle tous les partis, tous les mondes; elle tenait à
l'ancien régime par le souvenir de son père, ministre du
roi très chrétien, à la Révolution par ses idées libérales,

---

(1) *Mémoires* de Mme DE CHASTENAY, t. II, p. 445.
(2) « Parmi les difficultés que le ministère avait à vaincre en 1814, il
faut mettre au premier rang l'influence que les salons exerçaient sur le
sort de la France. » (*Considérations sur la Révolution française*, V⁰ partie,
chap. x.)

par le rôle qu'y avait joué au début M. Necker, à la
société de l'Empire par les relations qu'elle n'avait cessé
d'entretenir avec beaucoup de hauts fonctionnaires, ou
même certains personnages de la famille de Napoléon,
comme le roi Joseph, la reine Hortense. Dans le désarroi qui suivit la chute de l'Empire et l'avènement des
Bourbons, elle apparut comme une autorité régulièrement constituée : on s'inclina devant elle.

Elle est reçue à la cour, bien que Louis XVIII ne
l'aime guère ; mais il la ménage. Elle reçoit de son côté
l'Europe entière (1), les Français naturellement, un
pêle-mêle pittoresque, partisans de la légitimité, anciens
« constituants », revenants de l'émigration ou de 1789,
monarchistes constitutionnels, anciens fonctionnaires de
l'Empire : Mathieu de Montmorency, l'ami des mauvais
jours, le duc de Laval, Montesquiou, Jaucourt, l'abbé
Louis, Talleyrand, avec qui elle est réconciliée, La Fayette,
Lally-Tollendal, Malouet, Boissy d'Anglas, Fontanes, Benjamin Constant, un peu « gêné », mais qui n'a garde de
négliger le salon de Mme de Staël, à cause des utiles relations qu'il y trouve ; — les étrangers, princes, diplomates,
ambassadeurs, généraux, hommes d'État, Gentz, le
farouche ennemi de Napoléon, les deux Humboldt, sir
James Mackintosh, Canning, Wellington, lord Harrowby,
le grand-duc de Saxe-Weimar, le tsar Alexandre surtout,
le grand homme du jour et le grand homme du salon de
Mme de Staël. « Quel homme que cet empereur de
Russie ! » s'écrie-t-elle (2). Alexandre l'enchante, car il
est dans toute la ferveur de ses idées libérales ; il veut

---

(1) Voir les *Souvenirs* du duc DE BROGLIE, et BLENNERHASSETT, t. III,
p. 589 et suiv.
(2) Miss BERRY, *Journal and Correspondence*. (Cité par BLENNERHASSETT,
t. III, p. 598.)

pour la France une sage Constitution ; il flatte la manie de
Mme de Staël. Il n'espère rien de bien des Bourbons,
« non corrigés et incorrigibles ; » il se plaint de la servi-
lité de la presse française, disant (est-ce une ironie ?)
qu'on ne trouverait rien de semblable en Russie ; il
déclare à La Fayette qu'il se prononcera contre l'esclavage des noirs. Mme de Staël nage dans l'allégresse ; La
Fayette approuve. Ce n'est pas un spectacle médiocre-
ment plaisant, parmi les tristesses de cette année 1814,
de voir l'autocrate de toutes les Russies discutant des
droits de l'homme et de la liberté entre la fille de Necker
et le prisonnier d'Olmütz.

Mme de Staël, du moins, eut un mérite assez rare : elle
n'accabla pas le vaincu de la veille, l'homme qui l'avait
persécutée, et elle resta fidèle à la liberté. Alors que tant
d'anciens courtisans de l'Empire, de sénateurs grassement
rentés, de maréchaux, de ministres, se distinguaient par
l'ardeur de leurs palinodies, que les enragés de réaction
niaient jusqu'au génie de « Buonaparte », elle garda toujours une attitude pleine de dignité et n'insulta jamais
bassement son ennemi à terre. Nous verrons bientôt
qu'elle eut même l'occasion de rendre d'importants services à ceux dont la fortune avait été liée à celle de l'Empereur, et à l'Empereur lui-même. Enfin, elle défendit la
liberté de tout son pouvoir contre la réaction monarchiste
et étrangère. Il ne nous appartient pas de retracer ici le
rôle de Mme de Staël sous la première et sous la seconde
Restauration. On sait qu'elle contribua plus que personne
à fonder en France le grand parti libéral, qui a été l'honneur de la première moitié du dix-neuvième siècle. Par
la parole, par la plume, par son admirable livre posthume
des *Considérations de la Révolution française*, qui est comme
le testament de sa pensée politique, elle a précisé les

idées de ce parti, elle a suscité une pléiade d'écrivains
et d'orateurs qui ont défendu la cause de la liberté.

Personne n'a gémi plus qu'elle des erreurs de la première Restauration, personne n'en a prévu plus clairement les résultats et n'a été moins surpris de la facilité
du retour de Bonaparte. Quelle fut son attitude pendant
les Cent Jours à l'égard de celui qu'elle avait tant combattu? Voilà ce qu'il nous reste à examiner.

CHAPITRE XXIII

« Il n'y avait point d'excuse pour servir Bonaparte ailleurs que sur le champ de bataille (1). »

Ainsi parle Mme de Staël de ceux qui se rallièrent à Napoléon en 1815. Elle-même, s'il faut l'en croire, serait restée irréconciliable ; elle aurait prévu, dès la nouvelle du débarquement de l'île d'Elbe, toutes les conséquences du retour, et alors que tant de ses amis, comme Benjamin Constant, comme La Fayette lui-même, avaient consenti à déposer les armes, cru ou feint de croire à la conversion du tyran, elle aurait gardé à Coppet la même rigidité d'attitude qu'elle avait eue au temps de la prospérité de l'Empire.

Il s'en faut de beaucoup que ce récit soit conforme à la vérité. Nous avons signalé déjà, au commencement de cette étude, une des faiblesses de Mme de Staël : elle a voulu se donner, en toute occasion, l'apparence d'avoir infailliblement deviné l'avenir, percé à jour Bonaparte, poursuivi l'homme de sa défiance et de sa haine, de Brumaire à Waterloo. Qu'aurait dit la postérité, si Mme de Staël avait un seul instant abandonné ce rôle? Nous savons cependant qu'elle avait mis, au début, toutes ses

(1) *Considérations sur la Révolution française*, V⁰ partie, chap. xiv.

espérances dans Bonaparte; nous verrons qu'à la fin elle
s'adoucit beaucoup à l'égard de son ennemi, qu'elle
ne fut pas insensible à ses avances, qu'elle consentit
même à servir ses desseins. Pourquoi s'en cacherait-elle,
si elle agit ainsi moins par intérêt pour elle-même que
par amour de la France et de la liberté? En quoi sa gloire
serait-elle diminuée? Une telle action serait bien d'une
femme, et d'une femme comme Mme de Staël; si, émue
des périls que courait la France, elle laissa parler son
cœur, si la pitié fit céder la haine, la postérité lui sera
indulgente. Le rôle a moins d'unité; il a plus de grandeur,
de générosité peut-être.

Ce fut le 6 mars au matin (1) que Mme de Staël apprit
par un de ses amis le débarquement de Bonaparte au
golfe Jouan. Elle fut consternée : « Je crus, dit-elle, que
la terre allait s'entr'ouvrir sous mes pas. » Elle habi-
tait alors la même maison que M. de Lavalette (2). Elle
le pria de descendre chez elle : « Eh bien, monsieur, le
voilà de retour! » Son premier cri fut pour la liberté, le
second pour la France : « Ah! mon Dieu! voilà donc la
liberté perdue sans retour!... Pauvre France! Après tant
de souffrances, malgré des vœux si ardents, si unanimes... » Ce n'est qu'ensuite qu'elle pense à elle, à
l'exil qui recommence, aux angoisses, à la solitude. « Je
m'éloigne de ce pays; je vais le quitter pour toujours
sans doute! » D'ailleurs, elle n'a point d'illusions; elle
connaît son ennemi, elle sait qu'il triomphera de tous les
obstacles. A Lavalette, qui lui offre, sans y croire, de
banales espérances, parle de la longueur de la route du
golfe Jouan aux Tuileries, elle répond : « Il arrivera, il

---

(1) *Considérations*, Vᵉ partie, chap. XIII.
(2) L'ancien hôtel de Lamoignon, dont elle occupait le rez-de-chaussée.
(LAVALETTE, *Mémoires et souvenirs*, t. II, p. 147-148.)

sera ici dans peu de jours; *je ne me fais pas d'illusions.* »
En effet, parmi l'effarement de la première heure, la terreur des uns, les fanfaronnades des autres, elle garde
une lucidité merveilleuse, elle a la claire prescience de
ce qui va s'accomplir. Un mot qu'elle dit alors encore
peint l'inquiétude de son âme : « C'en est fait de la liberté
si Bonaparte triomphe, et de l'indépendance nationale
s'il est battu (1). » Tout de suite, elle a vu « le bout des
choses » : l'armée en révolte, le pays résigné, le royalisme
en déroute, l'Empereur aux Tuileries.

Quant à elle, elle n'hésite pas un instant : elle part.
En vain M. de Lavalette, en vain le prince de Beauvau,
gouverneur du roi de Rome, l'engagent à rester en
France, insinuent qu'elle peut, à cette condition, tout
espérer de l'Empereur, même le payement de ses deux
millions (2). Elle demeure incrédule. « Il me hait, disait-
elle; il hait en moi mon père, mes amis, nos opinions
à tous, l'esprit de 1789, la charte, la liberté de la
France (3)... » Elle court, ce matin même du 6 mars,
chez Mme Récamier, lui annonce son départ, l'invite à
fuir avec elle leur commun persécuteur. Elle trouve tout
éperdu, tout consterné; elle rencontre chez Mme Récamier la « maréchale » Moreau, qui s'apprête à passer
en Angleterre, la duchesse de Mouchy, la duchesse de
Raguse. Toutes ces dames s'embrassent dans l'antichambre avec des airs éplorés (4). Il semble que la porte
va s'ouvrir, qu'IL va apparaître. Mme Récamier, plus
calme, résiste aux prières de son amie; elle restera à

---

(1) *Considérations*, Vᵉ partie, chap. XIII. Elle rappelle ce mot dans une
lettre à Mme d'Albany du 20 décembre 1816, citée par lady BLENNERHAS-
SETT, t. III, p. 641.
(2) Duc de BROGLIE, *Souvenirs*, t. I, p. 291.
(3) VILLEMAIN, *Souvenirs contemporains*, t. II.
(4) *Souvenirs de madame Récamier*, t. I, p. 277.

Paris; elle compte sur la reine Hortense, avec qui elle
est liée d'amitié et qui s'offre à la servir.

Mme de Staël attend quelques jours encore. Autour
d'elle, l'air retentit des vantardises légitimistes contre le
« Buonaparte ». Le 9 mars, point de nouvelles; le télégraphe de Lyon ne marche pas. Un nuage a, dit-on,
empêché de lire la dépêche (1). « Je compris, dit-elle, ce
que c'était que ce nuage. » Elle va le soir aux Tuileries
saluer une dernière fois le roi qu'elle a combattu; spectacle émouvant, digne du pinceau d'un Shakspeare, que
celui de ce monarque impotent, habitué de l'exil, montrant sur ses traits, avec un noble courage, une sorte de
résignation et de tristesse (2). Au sortir des Tuileries,
elle se rend chez Mme de Rumford, la veuve de l'illustre
Lavoisier, qui dirige un des salons les plus élégants de
l'époque, fréquenté surtout des libéraux. Son visage est
« abattu et comme malade de tristesse ». Elle n'a pas
son éloquence coutumière; contrairement à son habitude,
elle parle peu; de temps en temps, l'angoisse de son âme
se trahit par de brèves réflexions sur sa propre situation,
sur l'état de la France, sur l'avenir de la liberté. Elle
sourit amèrement à ceux qui parlent de la fidélité des

(1) Ce fait, rapporté par Mme de Staël dans ses *Considérations*, est confirmé par le *Moniteur* du 9 mars : « Le temps extrêmement couvert et
orageux dans toute la matinée de ce jour a interrompu totalement les
communications télégraphiques et n'a permis que celles de la correspondance ordinaire du midi. » Il s'agit naturellement du télégraphe Chappe.
(2) C'est bien le 9 mars au soir que Mme de Staël a dû voir le roi.
« Le Roi recevra aujourd'hui 9 mars les hommes à midi et demie, et *les
dames à 8 heures du soir*. » (*Journal de Paris*, jeudi 9 mars 1815.) —
C'est à tort que Villemain, dans ses *Souvenirs contemporains*, affirme
que Mme de Staël quitta Paris dans la nuit du *18 au 19*. C'est *dans la
nuit du 9 au 10* qu'elle partit, après sa visite aux Tuileries et la soirée
de Mme de Rumford. Le 16 mars, Mme de Staël était à Coppet depuis
plusieurs jours déjà. (Voir *Journal de Paris* du 28 mars.) Villemain
commet donc une erreur de date manifeste. (Cf. les *Considérations sur la
Révolution française* et les *Lettres de Benjamin Constant*. « Elle est partie
bien précipitamment, » écrit-il à Rosalie de Constant, 2 avril 1815.)

Français à leur roi légitime. La Fayette promène dans
cette foule anxieuse son visage toujours serein et son
imperturbable optimisme. Elle lui dit : « Dans le chaos
prochain vous devez demeurer, vous devez paraître pour
résister au nom du droit et représenter Quatre-vingt-
neuf. » Quant à elle, elle ne peut rester : « Je ne veux
pas qu'il me tienne prisonnière, car il ne m'aura jamais
pour suppliante. » Le 10 mars au matin elle part. Le
12, inquiète de Constant qui a fulminé la veille dans le
Journal de Paris contre « Attila » et « Gengis-Khan », elle
écrit de sa chaise de poste à Mme Récamier (1) : « Rendez-moi encore un service; faites partir Benjamin Constant. J'ai la plus grande anxiété sur lui après ce qu'il a
écrit. La route que je suis est d'une sécurité parfaite;
rien ne doit plus retenir à Paris. Ah! si vous me retrou-
viez sur les bords du lac! Vous êtes une divinité dans les
grandes circonstances. *J'écris à mon fils ce que vous savez.*
Je mets toutes mes affections sous votre protection. Ah!
quelle douleur! »

Elle a quitté Paris et elle voudrait que tout le monde
quittât Paris avec elle. Elle n'espère rien, elle ne demande
rien : ni prisonnière, ni suppliante. Par quel miracle
l'évolution va-t-elle se faire dans son esprit? Comment
va-t-elle se rapprocher de l'Empereur? Pour quelles raisons? Par quels intermédiaires?

Aussitôt après la chute de Napoléon en 1814, Mme de
Staël, par un phénomène bien connu de sa nature, s'était
senti une très vive tendresse pour ceux qu'il entraînait avec
lui dans sa ruine. On connaît le joli mot de Talleyrand :
elle aimait à repêcher ceux qu'elle avait noyés la veille.
Il suffisait que les puissants d'autrefois fussent proscrits,

(1) *Coppet et Weimar.*

persécutés, pour qu'elle s'intéressât à leur sort (1). Elle
avait témoigné à son ami le roi Joseph, son voisin de
campagne en Suisse, une vigilante sympathie. Surtout,
elle avait fait rage pour Murat, qui prétendait garder sa
couronne. Elle avait appelé à la rescousse Benjamin
Constant, Mme Récamier, chargé Benjamin de rédiger un
mémoire pour servir la cause du roi de Naples. Elle
entretenait avec celui-ci, par l'intermédiaire du médecin
du roi, une correspondance suivie. Elle lui écrivait :
« Je vous adore, non parce que vous êtes roi, non parce
que vous êtes un héros, mais parce que vous êtes un vrai
ami de la liberté (2). » Il lui semblait que la liberté était
alors du côté des bonapartistes, et, bien que détestant
Bonaparte, elle aidait les bonapartistes par amour de la
liberté. Cette conduite avait fort indisposé le gouvernement de Louis XVIII, qui était par le cabinet noir (3) au
courant de toutes les intrigues de Mme de Staël. Les
royalistes étaient furieux contre elle; le duc de Fitz-
James demandait qu' « on fît saisir et brûler ses papiers,
qu'on la renvoyât dans son pays (4) ». Louis XVIII
s'était vengé de la façon la plus mortifiante pour Mme de
Staël. Sur son ordre, M. Dandré lui avait rendu ses lettres,
en lui tenant ce petit discours : « Madame, voilà votre
correspondance avec le roi de Naples; je vous la rends
et vous pouvez la faire expédier; le roi l'a lue; vous
pouvez, madame, continuer d'écrire et de recevoir des

(1) Elle disait fort joliment : « Ma maison est l'hôpital des partis vaincus. » (Mme NECKER DE SAUSSURE : Notice en tête des Œuvres de Mme DE
STAËL.)
(2) Archives nationales, F 3739, cité par Henri HOUSSAYE, *1815*.
(3) Il y a beaucoup de copies de lettres de Mme de Staël aux archives
des Affaires étrangères, FRANCE, vol. 675-76.
(4) Voir les rapports de police des 26 décembre 1814 et 9 janvier 1815,
extraits des Archives nationales, publiés par Ch. NAUROY, dans l'*Intermédiaire des chercheurs et curieux*, t. XXXIII, p. 673.

lettres; vous pouvez voyager en France, sortir de France,
y rentrer, y prendre votre domicile. On met si peu d'importance à tout ce que vous faites, à tout ce que vous
dites, à tout ce que vous écrivez, que le gouvernement ne
veut ni le savoir, ni vous inquiéter à cet égard, ou même
souffrir qu'il vous soit apporté aucune inquiétude sur
vos projets et sur vos mystères (1). »

L' « incorrigible intrigailleuse » — ainsi la nomme
Constant dans son *Journal intime* — ne s'était pas contentée de prendre la défense de Joseph et de Murat.
Détail curieux et peu connu, elle avait protégé les jours
de l'Empereur déchu dans une récente circonstance. Un
jour elle est avertie par un de ses amis que deux sicaires
ont formé le projet de se rendre à l'île d'Elbe pour assassiner Napoléon. L'imagination de Corinne s'enflamme,
son cœur s'émeut; elle accourt à Prangins, hors d'haleine.
Ce jour-là, Joseph recevait Talma à sa table. Mme de
Staël leur fait part du complot, et, avec l'impétuosité de
son caractère, s'offre à partir sur le champ pour l'île
d'Elbe. Talma lui dispute cet honneur. Il fallut que le
prudent Joseph les mît d'accord en choisissant comme
envoyé un personnage obscur, moins capable d'attirer
l'attention que l'illustre tragédien et la femme célèbre (2).

On ne peut donc s'étonner que Napoléon lui ait fait
dire, à son retour de l'île d'Elbe, qu'il savait « combien
elle avait été généreuse pour lui pendant ses malheurs (3) »
Elle avait eu beau répondre qu'il devait savoir combien
elle le détestait, la glace était rompue entre eux. Il ne

(1) Du 26 décembre 1814. (*Intermédiaire des chercheurs*, t. XXIII.)
(2) *Mémoires du roi Joseph*, publiés par le baron Du Casse, t. X, p. 226.
Tiré d'un manuscrit « très volumineux » écrit par Joseph au jour le
jour.
(3) Mme Necker de Saussure : Notice en tête des Œuvres complètes de
Mme de Staël.

s'agissait plus pour l'Empereur que de calmer les craintes
de Mme de Staël, de la rassurer sur elle-même et sur le
sort de la liberté. Assurément, ce n'était pas de gaieté de
cœur que Napoléon allait se rapprocher de Mme de Staël.
Mais il y était forcé par les circonstances. Il sentait la
nécessité de s'appuyer sur le parti constitutionnel et
libéral, du moins jusqu'au jour où il serait victorieux de
l'Europe, et, de même qu'il allait faire appel à Benjamin
Constant et à La Fayette, il cherchait à se concilier les
bonnes grâces de Mme de Staël. Il n'ignorait pas non
plus l'influence extraordinaire dont elle jouissait en
Europe, les relations qu'elle entretenait avec les hommes
politiques de tous pays. Il disait à son frère Lucien,
quand celui-ci, rentrant de Suisse, vint s'installer au
Palais-Royal : « J'ai eu tort, Mme de Staël m'a fait plus
d'ennemis dans son exil qu'elle ne m'en aurait fait en
France (1). » Dans un moment où les nations coalisées
avaient proclamé le blocus de la France, mis l'Empereur
au ban de l'Europe, il avait besoin d'un auxiliaire aussi
précieux, qui était capable, d'une part, de lui donner
d'importants renseignements sur les intentions des alliés,
d'autre part, de transmettre à l'étranger des nouvelles
rassurantes sur l'état de la France et les intentions pacifiques de son gouvernement. Il ne négligea donc aucun
moyen pour s'assurer le concours de Mme de Staël, et il
y réussit, comme nous allons le voir, en flattant sa
vanité et en lui montrant l'accord intime de ses intérêts
privés avec ceux de la France.

Mais, pour ouvrir les négociations, un intermédiaire
et un prétexte étaient nécessaires. Ils se présentèrent à
point nommé l'un et l'autre.

(1) *Lucien Bonaparte et ses Mémoires*, t. III.

Nul n'était mieux qualifié pour servir de trait d'union entre Mme de Staël et Napoléon que Joseph Bonaparte. Obligeant et dévoué, d'un caractère doux et aimable, Joseph avait toujours été l'ami de Mme de Staël, qu'il avait protégée plus d'une fois contre les violences de son frère. Il savait mieux que personne tempérer le despotisme fraternel par l'affabilité de ses manières et par un air de libéralisme qui était bien fait pour séduire Mme de Staël. Enfin celle-ci avait confiance en Joseph; elle savait qu'il ne lui eût point tendu de piège. Ils étaient unis l'un à l'autre par les liens d'une reconnaissance mutuelle; car si Joseph avait protégé Mme de Staël sous l'Empire, elle avait rendu plus d'un service à Joseph et aux Bonaparte sous la Restauration. Coppet était peu éloigné de Prangins, et Mme de Staël s'était donné le plaisir d'aider son ami Joseph et d'intriguer contre les Bourbons.

L'intermédiaire était trouvé; quant au prétexte, il s'offrait de lui-même. La préoccupation dominante de Mme de Staël était alors le mariage de sa fille. Elle avait trouvé, avant le retour de Bonaparte, le mari qu'elle rêvait pour Albertine. Mais une des conditions du mariage du duc de Broglie et de Mlle de Staël était le remboursement des fameux deux millions avancés jadis par Necker au trésor royal. On sait que Mme de Staël les avait réclamés en vain sous l'Empire. Le roi Louis XVIII avait reconnu cette dette, promis de la faire inscrire au nombre de celles que la France prenait à son compte (1); le comité de liquidation l'avait également reconnue, Mme de Staël se reposait sur cette promesse. Et voilà que, soudain, le retour de Bonaparte semblait anéantir ses espérances!

(1) Duc DE BROGLIE, *Souvenirs*, t. I, p. 290

L'occasion était trop belle pour que Napoléon et ses
partisans la laissassent échapper. Sans doute, il ne s'agissait pas de corrompre Mme de Staël ; mais les dispositions
favorables de l'Empereur pouvaient singulièrement adoucir l'irritation de son ennemie et l'amener à des vues
plus conciliantes. Déjà MM. de Lavalette et de Beauvau
avaient fait les premières approches. Elle n'avait pas
voulu les croire, s'était enfuie à Coppet. Mais elle avait
eu soin de laisser à Paris son fils Auguste, pour qu'il
continuât à s'occuper de ses intérêts. Tel était le sens de
la phrase mystérieuse qu'elle écrivait le 12 mars, de sa
chaise de poste, à Mme Récamier : « J'écris à mon fils
ce que vous savez (1). » Elle croyait encore à la rancune
de l'Empereur, à son désir de vengeance ; les décrets de
Lyon l'avaient affermie dans cette pensée. Cependant,
elle espérait encore qu'il ne révoquerait pas les ordres
de Louis XVIII, qu'il reconnaîtrait sa dette. Elle chargeait la duchesse de Saint-Leu, amie de Mme Récamier,
Fouché, Joseph Bonaparte de défendre ses intérêts.

Il faut avouer d'ailleurs que le moment n'était pas très
bien choisi pour réclamer de l'argent avec tant d'insistance.
A supposer que l'Empereur se montrât bien disposé à son
égard, il lui aurait été difficile de tenir sa promesse, à
cause de la pénurie du Trésor, de l'attitude menaçante
des puissances et d'une guerre qu'il prévoyait « longue
et difficile (2) ». Il fallait remplir les arsenaux, réunir un
immense matériel, des approvisionnements de toutes

(1) Auguste de Staël était donc resté à Paris. Il rejoignit sa mère plus
tard à Coppet, puis revint à Paris, porteur de lettres et d'instructions.
« Auguste de Staël est revenu à Paris, » écrit Sismondi le 12 avril. Dans
ces négociations entre Mme de Staël, Joseph Bonaparte et l'Empereur,
Auguste de Staël joua le rôle d'intermédiaire.
(2) Benj. CONSTANT, *Mémoires sur les Cent-Jours*. Conversations de
l'Empereur et de Constant : « Je prévois une lutte difficile, une guerre
longue. »

sortes, armer nos soldats, habiller les recrues, remonter
la cavalerie, fortifier les places frontières, mettre Paris
en état de défense. Le gouvernement allait faire appel à la
générosité des citoyens; officiers, soldats, bourgeois,
commerçants, industriels, élèves des grandes écoles et
des lycées, tous, avec une ardeur patriotique, versaient
des dons, contribuaient dans la mesure de leurs moyens
à la défense du territoire. Avouons que la France n'avait
guère le temps de penser au mariage de Mlle de Staël,
et, franchement, cette fois Napoléon était bien excu-
sable.

Cependant, comme il avait grand intérêt à ménager
Mme de Staël, il s'empressa de la rassurer. Elle se
croyait menacée, elle se vit courtisée. Le duc d'Otrante
lui écrivit le 24 mars, en sortant du conseil des ministres :

« Paris, 24 mars 1815.

« Madame, j'avais le projet de vous faire une longue
lettre. J'aurais eu beaucoup de plaisir à causer à vous (*sic*),
à vous dire tout ce que l'Empereur a montré d'intérêt à
la situation de vos affaires, à la position délicate de
Mlle de Staël. J'arrive du conseil des ministres; on ne
me laisse que le temps de vous offrir mes hommages et
de vous dire que je serai très heureux le jour où je
pourrai contribuer à accélérer la conclusion du mariage
de votre chère fille. Je comprends quelle doit être l'impatience de celui qui aura le bonheur d'obtenir sa main.
Croyez, madame, que je ne vous oublierai point. Ce n'est
pas seulement votre esprit qui m'attache à vous, c'est
surtout votre excellent cœur (1).

« Le duc d'Otrante. »

(1) Archives de Broglie.

Toute heureuse de ce gracieux accueil, Mme de Staël écrit à Joseph Bonaparte le 30 mars (1), et à Mme Récamier, « sa divinité, » le 31, pour renouveler sa demande de façon précise. Elle désire que l'Empereur tienne la promesse faite par le roi avant son départ et que sa dette soit inscrite au Trésor (2). Elle invite Mme Récamier à dire « à qui elle pourra », à la duchesse de Saint-Leu, à Joseph, tout ce qu'elle croira nécessaire. Elle déclare qu'elle n'a pas l'intention de quitter Coppet pour venir à Paris, et que son fils Auguste suffira à soutenir ses intérêts. Au fond, elle ne se souciait pas de venir se mettre sous la griffe du maître et attendait les événements.

Enfin, ce fut au tour de Joseph d'entrer en scène. Mme de Staël lui avait écrit le 30 mars, toujours pour l'affaire des deux millions. Joseph lui répondit le 5 avril :

« Paris, 5 avril 1815.

« Madame, j'ai reçu votre lettre du 30 mars : je serai bien heureux de contribuer à vous faire rendre la justice que vous réclâmez; les dispositions pour vous sont très bonnes, et je ne doute pas du succès. Dans ce moment, on est beaucoup occupé des grandes questions de consolidation intérieure, auxquelles se rattachent les intérêts et les relations de la France avec l'étranger. La France est aujourd'hui une avec l'Empereur; il veut donner plus de liberté que vous n'en voudrez; ses sentiments, ses opinions sont d'accord avec ses paroles et les désirs des gens sensés, et les gens sensés, aujourd'hui, me paraissent être la France entière; jamais, même en 89, il n'y eut une pareille unanimité d'opinion et de mouvements vers un ordre de choses fixe et raisonnable... Je vous

(1) « J'ai reçu votre lettre du 30 mars, » lui écrit Joseph le 5 avril.
(2) Mme de Staël à Mme Récamier, 31 mars. (*Coppet et Weimar.*)

trouve bien où vous êtes, et j'espère que vous serez bien
partout; vos sentiments, vos opinions peuvent aujourd'hui
se manifester librement, elles sont celles de toute la
nation, et je me trompe fort si l'Empereur ne devient
pas dans cette nouvelle phase de sa vie plus grand qu'il
ne l'a été, plus grand qu'aucun autre prince dont les
historiens ont le plus célébré les vertus et la modération; si on l'attaque, on retrouvera Hercules, mais Hercules sur la terre d'Antée. Si on le laisse en paix, il fera
le bonheur de la France et contribuera puissamment à
celui de l'Europe. Vous ne pouvez être étrangère à rien
de ce qui est grand et généreux; je serai donc charmé
des titres que vous acquerrez de nouveau à promulguer
les doctrines d'éternelle vérité qui vous honorent; vous
serez sans doute contente d'apprendre que j'ai entendu
dire à l'Empereur, lorsqu'il a détruit la Censure : « Il
« n'y a pas jusqu'au dernier ouvrage de Mme de Staël
« que les censeurs ne m'aient fait prohiber (1); je l'ai lu à
« l'île d'Elbe; il n'y a pas une pensée qui dût le faire
« défendre. Je ne veux plus de censeurs; que l'on dise ce
« que l'on pense, et que l'on pense ce que l'on voudra. »

« Je vous prie de compter sur moi; je vous écrit (*sic*)
par une occasion sûre, mais fort à la hâte; je vous répète
que vos affaires particulières s'arrangent.

« Adieu. »   (*Sans signature.*)

La lettre était d'une suprême habileté et montrait en
Joseph un excellent avocat en même temps qu'un avisé
diplomate. Nul doute qu'elle n'eût été inspirée par l'Empereur et que Joseph ne fût, dans la circonstance, l'interprète des sentiments de Napoléon. Cette modération de
langage, ce ton de délicate flatterie, cette assurance

---

(1) On sait combien cette assertion est fausse et qu'au contraire les
censeurs proposaient d'autoriser la publication de *l'Allemagne*.

qu'on donnait à Mme de Staël qu'elle serait bien partout
où elle irait, qu'elle pouvait librement parler et écrire,
les regrets exprimés à propos de *l'Allemagne*, la suppression effective de la Direction générale de l'imprimerie et
de la librairie et de la Censure (1), ces paroles et ces
actes devaient ébranler l'âme de Mme de Staël, frapper
son imagination, modifier son jugement. Que reprochait-
elle à Napoléon? De l'avoir dédaignée? Mais il la traitait
en puissance, il négociait avec elle... D'avoir étouffé la
liberté? Mais il abdiquait la tyrannie, il réclamait une
constitution...

Suivons la marche des sentiments de Mme de Staël
depuis le débarquement au golfe Jouan. Elle avait d'abord
été épouvantée, persuadée que Napoléon n'avait rien
oublié, qu'il revenait plein de haine, altéré de vengeance.
Tous les amis sincères de la liberté partageaient ses
craintes. Les proclamations du golfe Jouan, les décrets
de Lyon montraient « le langage de la Convention dans
la bouche d'un prétorien (2) ». La dissolution des
Chambres, l'expulsion des émigrés rentrés sans radiation
régulière, le séquestre mis sur leurs biens en cas d'in-
fraction à cet ordre, le projet de mise en jugement et de
séquestre des biens de Talleyrand, Dalberg, Vitrolles,
Marmont, Augereau, etc., tels avaient été les premiers
actes de Napoléon, et ils étaient de nature à justifier les
craintes de Mme de Staël. Il semblait qu'on s'ache-
minât vers une « terreur militaire, combinée avec des
proscriptions anarchiques ». Donc Mme de Staël était
restée sourde aux prières des bonapartistes et s'était enfuie à Coppet.

Le premier sentiment avait été l'effroi. Le second fut

(1) Le 24 mars.
(2) Benj. CONSTANT, *Mémoires sur les Cent-Jours*, IIe partie.

une sorte de surprise, mêlée encore d'incrédulité. L'Empereur étonnait par sa modération : point d'exécutions, point de vengeances. Les plus compromis sortaient de leur retraite, osaient se montrer au grand jour. Benjamin Constant, qui, après sa philippique, avait fui jusqu'à Ancenis, était revenu à Paris, l'oreille aux aguets, encore inquiet, « plus surpris que rassuré (1). » Il s'attendait à voir entrer les gendarmes ; à leur place ce furent Sébastiani, Gérando et « deux autres personnes (2) », qui le réconfortèrent, l'engagèrent à faire visite au tyran. Bientôt, il reçut une lettre du Grand Chambellan de service (3), qui l'invitait officiellement à se rendre aux Tuileries. Il s'y rendit. Ce fut un beau scandale parmi les amis de la liberté. Quelques jours auparavant, La Fayette, Mme de Staël (4) avaient blâmé l'attitude de Constant, qui s'obstinait à rester à Paris, écrivait un *Mémoire pour la paix*, et, manifestement, tournait autour du pouvoir. Cela indignait Mme de Staël ; elle aurait voulu que Constant « ne fît rien pour sa fortune (5) ». Mais Benjamin avait toujours rêvé un rôle à sa taille, et il croyait enfin le tenir. Il parlait le plus sérieusement du monde des idées libérales de l'Empereur, de ses projets de constitution. La Fayette lui écrivait : « Je vous offre mon incrédulité. » Quant à Mme de Staël, elle paraissait s'enfermer dans une réserve intransigeante : « L'Empereur s'est bien passé de constitution et de moi pendant douze ans, disait-elle,

---

(1) *Mémoires sur les Cent-Jours.* IIe partie.

(2) *Revue des Deux Mondes*, 1833, tome I, article de *Loève-Weimars*.

(3) Le 14 avril, dit Constant. Date contestée par Henri HOUSSAYE dans *1815.*

(4) Lettres de désapprobation de La Fayette et de Mme de Staël. « Ils ont raison ; imprimons et partons. » (Benj. CONSTANT, *Journal intime.*) — Voir dans les *Mémoires* de LA FAYETTE une lettre de Constant datée du 9 avril, mais manifestement écrite *après* l'entrevue avec l'Empereur.

(5) *Journal intime.*

et à présent il ne nous aime guère plus l'une que
l'autre (1). »

Mais il fallut bien se rendre à l'évidence. On pouvait
douter de la sincérité de Napoléon; on ne pouvait nier
ses actes, et ceux-ci étaient conformes à ses paroles. Il
avait dit à Constant qu'il voulait « des discussions publiques, des élections libres, des ministres responsables,
la liberté de la presse (2) ». Il avait aboli la censure, il
adoptait une constitution, telle qu' « aucune monarchie
constitutionnelle, aucune république n'assurait tant de
droits et de libertés au peuple (3) ». Il acceptait deux
assemblées législatives; il consentait, malgré sa répu-
gnance, à convoquer immédiatement une Chambre des
représentants, et, du coup, il ralliait le suffrage de La
Fayette, l'homme « le plus respecté de la Révolution (4) »,
celui qui semblait en France la vivante image de la
liberté. La Fayette posait sa candidature aux élections,
promettait formellement au roi Joseph de s'unir à Napoléon, comme représentant de la nation, « pour repousser
l'invasion et l'influence étrangère (5). » Et il écrivait à
Benjamin Constant : « Oui, je suis content, et j'aime à le
dire. »

Comment Mme de Staël n'eût-elle pas été ébranlée?
Tous ses amis, tous ceux qui s'étaient illustrés en défen-
dant la liberté dans les assemblées républicaines, sous le
Consulat, sous l'Empire, ceux mêmes qui avaient voté
en 1814 la déchéance de l'Empereur, les La Fayette, les
Carnot, les Daunou, les Benjamin Constant, les Flauger-

(1) Mme NECKER DE SAUSSURE, *Notice sur le caractère et les écrits de
madame de Staël.*
(2) *Mémoires sur les Cent-Jours,* IIe partie.
(3) SISMONDI, Articles sur la Constitution parus dans le *Moniteur*
(29 avril, 2, 6, 8 mai 1815).
(4) THIERS, *Consulat et Empire,* t. XIX.
(5) LA FAYETTE, t. V, p. 418.

gues, les Lanjuinais, les Tracy, les Latour-Maubourg,
et tant d'autres, se ralliaient maintenant à l'Empereur ; un
de ceux en qui elle avait le plus de confiance, l'homme
qui connaissait le mieux les diverses constitutions, qui
« n'avait jamais varié dans son amour pour la liberté (1) »,
qui rappelait que « pas une fois pendant quinze ans il
n'avait inséré le nom de Napoléon dans ses ouvrages (2) »,
ni fait allusion à sa gloire, — l'honnête et sage Sismondi, — se déclarait maintenant complètement satisfait
par l'Acte additionnel, et proclamait la nécessité pour
tous de se serrer autour de l'Empereur, dont l'épée défendait la France, et, avec la France, « la cause de la liberté (3) ».

Assurément, ni l'Empereur, ni ses nouveaux partisans
n'étaient absolument sincères. Napoléon se promettait
bien, s'il était victorieux, de faire sentir à la France le
« vieux bras de l'Empereur ». D'autre part, en général, à
part Sismondi et quelques enthousiastes, on avait accueilli avec froideur *l'Acte additionnel ;* on devinait que
l'Empereur s'imposait une horrible contrainte ; on ne
croyait pas à la loyauté de ses intentions. Mais les chefs
du parti constitutionnel avaient confiance dans le génie
militaire de Napoléon, et, tout en gardant leurs soupçons,
prétendaient s'aider, comme disait Sismondi, de l'épée
du grand homme pour défendre la France et la liberté.

Si Mme de Staël eût encore hésité à se rapprocher de
Napoléon, cette dernière considération eût levé tous ses
scrupules. Elle n'avait plus les mêmes illusions qu'autrefois. L'invasion de 1814 avait dessillé ses yeux ; elle
avait vu la fureur qui animait les ennemis de la France,

---

(1) *Journal de l'Empire,* 3 mai 1815.
(2) Sismondi, Introduction à son *Examen de la Constitution,* 1815.
(3) *Ibid.*

elle avait gémi des dangers que courait la liberté. N'était-ce pas elle qui, la première parmi les ennemis de Napoléon, avait élevé la voix en faveur de la France? Et voilà que de nouveau la France était attaquée; mais qu'était-ce que l'invasion de 1814 à côté de celle qui menaçait actuellement nos frontières? On n'avait plus devant soi un adversaire étonné, intimidé, tremblant encore de tant de défaites, mais un ennemi acharné et furieux, enflammé d'une haine implacable contre Napoléon, contre la France, contre l'esprit de la Révolution. Il n'y avait de salut que dans la victoire. Vaincue, la France serait occupée par les troupes étrangères, rançonnée, pillée, asservie, démembrée peut-être. Ce n'était plus la liberté qui était compromise, mais l'indépendance, « plus précieuse » encore que la liberté (1).

« Je n'hésite point à regarder le gouvernement de l'Empereur comme le moindre de deux maux, disait La Fayette au roi Joseph, et je m'unirai cordialement à vous pour repousser les puissances étrangères et les Bourbons, qui les ont appelées (2). » Tel fut aussi le raisonnement de Mme de Staël. Puisqu'on avait commis la faute de laisser rentrer Napoléon, il fallait l'opposer à l'Europe déchaînée; par une singulière ironie de la fortune, sa cause était devenue celle de la liberté. Car ce n'était pas seulement la France, ce n'était pas seulement l'indépendance nationale, c'était bien la liberté que menaçaient les alliés. En 1813, ils pouvaient invoquer avec vraisemblance la tyrannie de Bonaparte, prêcher la guerre sainte, la guerre de délivrance; mais en 1815, il leur était difficile de justifier leur agression en se couvrant d'un tel prétexte. S'ils haïssaient tant ce soldat heureux, ce

(1) SISMONDI, ouvrage cité.
(2) LA FAYETTE, *Mémoires*, t. V. p. 416.

n'était pas seulement parce qu'il les avait longtemps
écrasés, mais parce qu'il personnifiait à leurs yeux l'esprit de la Révolution, l'esprit de la nation qui avait
ébranlé tous les trônes, sapé les plus antiques traditions
et appelé les peuples à la révolte. Voilà ce que voyaient
clairement en 1815 les La Fayette, les Sismondi, les Staël,
et s'ils consentaient à aider Napoléon, c'était par amour
de la France et de la liberté. Il faut relire la page éloquente qu'écrivait alors Sismondi et qui exprime si bien
les sentiments de ceux qui ne séparaient pas la cause de la
France de celle de la liberté :

« Si Napoléon succombe dans cette lutte terrible, —
écrit-il, — il n'y aura plus de France... Il n'y aurait plus
de France ; et cette effroyable pensée ne ferait pas bouil-
lonner le sang dans les veines de tout Français ! Et parmi
les hommes dont le nom seul rappelle l'illustration passée
de la France, il y en aurait d'assez aveuglés par la passion pour travailler à l'anéantissement de leur patrie ! Il
n'y aurait plus de France, et cette vaillante, cette généreuse nation, qui a ouvert toutes les carrières de l'esprit,
serait partagée entre celles à qui elle a enseigné ce que
c'est que la force de la pensée et la noblesse de l'âme ! Il
n'y aurait plus de France, et cette belle langue, dépôt de
tant de chefs-d'œuvre de l'esprit humain, ne serait plus
qu'une langue d'esclaves ! Il n'y aurait plus de France !...
Et vers qui donc les peuples de l'Italie se tourneraient-ils
un jour pour trouver un libérateur? De qui les patriotes
de l'Espagne espéreraient-ils du secours sous le joug qui
les opprime? Qui sauverait l'indépendance de la Suisse,
resserrée entre les possessions allemandes et italiennes
de l'Autriche? Qui mettrait un terme aux vexations sous
lesquelles succombent les peuples des rives du Rhin? Qui
conserverait à la Saxe son existence? Qui ferait encore

entendre à la Pologne le doux nom de liberté (1)? »

Donc, en premier lieu, par amour de la France et de la liberté, Mme de Staël, comme Benjamin Constant, comme La Fayette, comme Sismondi, se rallia à l'Empire. Elle sut gré à l'Empereur des garanties qu'il donnait à la liberté. Elle fit acte d'adhésion à la nouvelle constitution, au « benjamisme », comme on disait alors. Peut-être entra-t-il dans sa pensée un peu de vanité; car, après tout, ce Benjamin, avec qui en ce moment même elle avait les plus vives discussions, était un peu son disciple; elle l'avait formé de ses propres mains, élevé pour la gloire. Elle écrivit à Joseph Bonaparte : « Les articles additionnels sont tout ce qu'il faut à la France, rien que ce qu'il faut, pas plus qu'il ne faut; le retour de votre frère est prodigieux et dépasse toute imagination... Je vous recommande mon fils (2). »

<hr />

(1) SIMONDE DE SISMONDI, *Examen de la Constitution française*, Treuttel et Würtz, 1815.

(2) MÉNEVAL. *Mémoires*, t. III, p. 527. Méneval cite les *propres paroles* que Mme de Staël écrivait de Coppet au roi Joseph. Cette lettre était destinée à être montrée à l'Empereur, et Joseph s'empressa de mener aux Tuileries Auguste de Staël, qui en était porteur. (*Mémoires du roi Joseph*, t. X.) Soit que cette lettre fût restée entre les mains de l'Empereur, soit qu'elle fût en la possession de Joseph, Méneval en eut connaissance quand Napoléon quitta l'Élysée en 1815. En effet, celui-ci fit alors remettre à Joseph une caisse de « papiers précieux » (*Mémoires du roi Joseph*), contenant la correspondance avec les souverains alliés. Parmi ces papiers, nous savons qu'il se trouvait des lettres de Mme de Staël; l'Empereur y faisait allusion quelques jours avant sa mort, en recommandant de les publier. (*Mémoires du roi Joseph*, t. X, p. 228.) Quand Joseph quitta Paris le 29 juin 1815 pour suivre Napoléon à Rochefort, il confia ses papiers et ceux de son frère à quelques amis sûrs, parmi lesquels était Méneval. Celui-ci, indigné que la famille de Mme de Staël niât ses rapports avec Napoléon, écrivait au comte de Survilliers (Joseph Bonaparte), le 26 août 1828 (*Mémoires du roi Joseph*, t. X, p. 296) : « Un extrait des lettres de Mme de Staël serait la meilleure réponse aux déclarations de sa famille. J'ai pris sur moi de communiquer au duc de Rovigo la phrase de sa lettre relative aux articles additionnels, pour qu'il s'en servît, mais sans vous nommer. » Ceci prouve bien que la lettre était adressée à Joseph et restée entre les mains de Méneval. Le duc de Rovigo (*Mémoires*, t. VIII) cite en effet le passage de la lettre à Joseph que lui avait communiquée Méneval. Il dit : « La célèbre Mme de Staël essaya à

Il y a loin de cet enthousiasme à l'attitude intransigeante que se prête Mme de Staël dans les *Considérations*.
Mais il paraît impossible de nier l'évolution de ses sentiments. Elle avait fini par être séduite. Sur ce point, tout
les témoignages sont d'accord : le *Mémorial* d'abord, le
Journal de Sainte-Hélène de Gourgaud (1). Mais ces asser-
tions venant de Napoléon lui-même pouvaient être sus-
pectes. Le témoignage de Méneval est beaucoup plus
probant (2). Mais c'est Sismondi qui parle à mots couverts
d'une personne « dont les sentiments ont dû changer (3) »,

la même époque d'ouvrir une correspondance avec lui, mais elle rencontra les mêmes répugnances que précédemment (?); néanmoins, elle
ne se rebuta pas, et, comme elle voulait de l'importance partout, elle
adressa ses lettres au roi Joseph. L'Empereur les lisait, mais ne voulut
jamais permettre qu'elles lui fussent adressées directement. » Cette dernière assertion est assurément fausse. Mme de Staël n'écrivit pas directement à l'Empereur pour ne pas se compromettre; mais elle écrivit à
Joseph qui transmettait ses lettres à Napoléon, et il n'est pas douteux que
la phrase citée par Méneval ne soit, au moins dans son sens, authentique.

(1) « Au retour de l'île d'Elbe, Mme de Staël écrivit *ou fit dire* à l'Empereur, lui exprimant à sa manière tout l'enthousiasme que venait de
lui causer ce merveilleux événement, qu'elle était vaincue, que ce dernier acte n'était pas d'un homme, qu'il plaçait dès cet instant son auteur
dans le Ciel. Puis, en se résumant, elle finissait par insinuer que, si
l'Empereur daignait laisser payer les deux millions déjà ordonnancés
par le roi en sa faveur, elle lui consacrerait à jamais sa plume et ses
principes. (Ceci est évidemment une calomnie.) L'Empereur lui fit répondre que rien ne le flatterait plus que son suffrage, car il appréciait
tout son talent, mais que, en vérité, il n'était pas assez riche pour le
payer tout ce prix. » (L'empereur se garda bien de parler ainsi.) —
Mémorial, chap. III.

Gourgaud (t. II, p. 133) : « En 1805 (évidemment, il faut lire 1815), elle
me fit savoir que si je lui faisais payer deux millions, elle écrirait tout
ce que je voudrais. Je l'envoyai promener. »

(2) Si les lettres de Mme de Staël à Joseph ne furent pas publiées,
c'est, comme nous l'avons dit, que ce dernier, se souvenant des relations
d'amitié qu'il avait eues avec cette femme illustre, s'y refusa par égard
pour sa mémoire.

(3) *Lettres de Sismondi sur les Cent-Jours*. Lettre datée du 30 mai
1815. (*Revue historique*, 1877.) « Une personne qui m'est bien chère se
plaignait de ne pouvoir jamais être contente de la conduite du parti
qu'elle aimait. Aujourd'hui ses vœux ont dû changer, il est possible
qu'on lui donne encore le même chagrin. » Sismondi fait allusion aux
passionnés de l'Assemblée, aux mesures que l'on proposait de prendre
contre les nobles, contre les traîtres. Napoléon se distinguait, au contraire, par sa modération.

et il n'est pas difficile de deviner Mme de Staël. C'est Montlosier qui écrit : « Le benjamisme a pour lui M. de Sismondi et même Auguste de Staël qui est revenu de Coppet. » Et quelques jours plus tard, le 6 mai : « Je ne sais si je vous ai dit que Mme de Staël est dans l'admiration de la constitution de Benjamin (1). » Et enfin, c'est Mme de Staël elle-même qui écrit à Benjamin : « La constitution m'a fort satisfaite (2). » Elle était flattée de voir qu'on la consultait, qu'on la traitait en puissance : elle était conquise.

Une véritable lutte d'influences s'établissait autour d'elle. C'était à qui aurait dans son camp Mme de Staël. Les alliés n'avaient pas vu sans inquiétude l'évolution de Benjamin Constant. Le 6 avril, Talleyrand écrivait de Vienne à Mme de Staël :

« Dans l'ignorance où je suis du lieu où vous êtes et de ce que vous pensez, je ne vous écris que quatre mots. Je désirerais que Benjamin Constant pût et voulût venir ici. Faites-lui parvenir ce vœu, et dites-lui que je ne suis pas ici le seul à le faire : je tiens dans cette circonstance un peu la plume pour les personnes qui ont signé la déclaration du 13 mars.

« Dites-moi quelque chose des affaires de votre fille.

« Adieu : écrivez-moi par l'agent de l'Autriche, qui de Genève correspond avec M. de Bellegarde, ou d'une manière sûre au ministre d'Autriche à Turin ou Zurick (sic).

« Mille tendres hommages. »

« Vienne, 6 avril. (Sans signature) (3).

A Vienne, on s'inquiétait beaucoup de la présence de

(1) A Prosper de Barante, 24 avril, 6 mai 1815. (BARDOUX, le Comte de Montlosier.)
(2) STRODTMANN, ouv. cit., t. II, p. 36-38.
(3) Archives de Broglie.

Lucien Bonaparte, qui était installé dans la villa de Bel-
levue, sur le territoire de Versoix, près de Coppet. Il était
évidemment chargé d'une mission diplomatique par Napoléon, s'ingéniait à faire croire aux intentions pacifiques
de l'Empereur, faisait suivre par ses espions tous les
mouvements de troupes sur les frontières. En même
temps il voyait Mme de Staël, et on s'en tourmentait
fort à Vienne. M. de Vincy écrivait à Talleyrand :
« Qu'est-il venu faire ici? *Il voit très souvent Mme de Staël*,
qui se désole du mariage manqué, presque autant que du
remboursement non encore effectué. C'est une vraie
sal... (1). » Évidemment, il entrait dans le plan de
Lucien d'obtenir l'adhésion de Mme de Staël, et les alliés
s'alarmaient à la pensée qu'elle pût céder à ses instances.

Si Talleyrand, si M. de Vincy faisaient allusion aux
angoisses de Mme de Staël, au « mariage manqué » de sa
fille, c'est qu'ils sentaient bien que c'était l'objet de ses
préoccupations constantes, et que, par là, l'Empereur
pouvait faire brèche. Ne dépendait-il pas de lui que ce
mariage se réalisât? Mme de Staël s'inquiétait du silence
que gardait son futur gendre, le duc Victor de Broglie.
Elle s'indignait contre Constant, qui osait lui écrire
froidement : « On dit que le duc de Broglie *pense à votre
fille*. » Elle réclamait à ce même Constant 40,000 francs
sur les 80,000 qu'elle lui avait prêtés l'année précédente
pour l'achat de sa maison de la rue Neuve-de-Berri;
ces 40,000 francs devaient figurer sur le contrat, et
Constant paraissait peu disposé à s'exécuter (2). Mais

(1) Th. Iung, *Lucien Bonaparte et ses Mémoires*, t. III, d'après les archives
des Affaires étrangères.
(2) Voir la correspondance curieuse de Constant et Mme de Staël à ce
sujet dans Strodtmann (ouvrage cité). Mme de Staël lui écrivait des
lettres horribles. A quoi Constant répond dans son *Journal intime* : « Je
l'attends, et je l'écrase! »

c'étaient surtout les deux millions de Necker qu'elle réclamait sans relâche. Elle écrivait à Constant : « Il ne tient qu'à vous de persuader à l'Empereur que je suis une personne sur laquelle la reconnaissance aura toujours plus de pouvoir qu'un souvenir quelconque (1). » Elle n'avait pas l'intention de quitter Coppet; cependant, si cela était nécessaire, elle reviendrait pour quinze jours; ce qui la retenait, c'était la crainte de déplaire à l'Empereur, de s'exposer à ce qu'on lui dît qu'elle « avait parlé (2) ». Elle consultait Benjamin pour savoir si, en cas de retour, elle devait s'installer à Paris même ou dans sa maison de Clichy (3). Bref, elle montrait autant de prudence qu'elle avait affiché jadis de témérité.

Enfin, elle se décide à envoyer son fils Auguste à sa place. Auguste de Staël descend chez Benjamin Constant, tout glorieux de sa nomination de conseiller d'État (4). Il voit Sismondi. Benjamin, Sismondi, Auguste de Staël, tous nagent dans l'amour de la Constitution. Quant à la mission spéciale dont est chargé le jeune baron, elle s'annonce bien; le gouvernement « paraît assez disposé » à le payer (5). Le roi Joseph conduit le jeune homme aux Tuileries, le présente à l'Empereur. Auguste de Staël est porteur de la fameuse lettre où Mme de Staël se déclare satisfaite de la Constitution. Napoléon fait excellent accueil au fils de Mme de Staël et lui donne les meilleures assurances. Il ne pouvait guère lui donner autre chose.

En plus de l'adhésion formelle de Mme de Staël à la Constitution, qu'attendait-il d'elle? Il voyait la guerre

---

(1) Strodtmann, t. II. Mme de Staël à Benj. Constant, 30 avril 1815.
(2) Mme de Staël à Mme Récamier, 17 avril. (*Coppet et Weimar.*)
(3) Mme de Staël à Constant, 17 avril. (Strodtmann.)
(4) Quand Sismondi entra chez lui, la première chose qui s'offrit à sa vue fut un superbe habit de conseiller étalé dans l'antichambre.
(5) Sismondi, *Lettres sur les Cent-Jours.* (*Revue historique*, 1877.)

inévitable et s'y préparait avec une activité extraordinaire. Mais il voulait reculer autant que possible le
moment d'entrer en campagne, et il était pour lui de la
plus grande importance de persuader l'Europe de la soli-
dité de son gouvernement et de ses intentions pacifiques.
Mais les courriers de l'Empereur, ses émissaires secrets
mêmes étaient arrêtés sitôt qu'ils passaient la frontière;
les communications postales étaient interrompues. La
France était mise en interdit, retranchée du reste du
monde. Il fallait user de subterfuge.

M. Crawfurd, ministre des États-Unis en France, venait d'être rappelé dans son pays pour y remplir les fonctions de secrétaire d'État de la guerre. Il était à peu près
le seul diplomate qui pût et voulût aider la France et
rendre un service personnel à l'Empereur. Avant de
passer aux États-Unis, il se rendait en Angleterre, sous
le couvert de l'immunité diplomatique. Sur la prière de
Joseph Bonaparte, La Fayette le pressentit pour savoir
s'il consentirait à « passer un paquet à Londres (1) ».
M. Crawfurd ayant répondu de façon affirmative, La
Fayette amena l'ancien ministre chez Joseph Bonaparte,
qui l'accueillit avec beaucoup d'affabilité et lui fit longuement la leçon sur tout ce qu'il désirait que M. Crawfurd ré-
pétât en Angleterre, quand on l'interrogerait sur l'état de la
France et les intentions de l'Empereur. Joseph n'ignorait
pas qu'il existait en Angleterre et jusque dans la Chambre
haute (2) un parti de la paix, qui combattait la politique
de lord Castlereagh; ceux qu'on appelait les « whigs na-
poléonistes », Whitbread, Burdett, Ponsonby, Tierney,

---

(1) LA FAYETTE, *Mémoires*, t. V, p. 423.
(2) A la Chambre des lords, quarante-trois lords devaient se prononcer
avec énergie pour la paix, le 23 mai, quand on discuta le traité signé à
Vienne, le 25 mars.

protestaient contre la déclaration du 13 mars, réclamaient
pour la France la liberté de jouir en paix du gouvernement de son choix. Il restait donc encore un espoir, bien
faible à la vérité, mais réel pourtant d'éviter la guerre.
M. Crawfurd était chargé de sonder les dispositions du
Prince régent et de lord Castlereagh, de rassurer l'opinion en Angleterre, ou, si cela était nécessaire, de l'effrayer par la perspective d'une guerre nationale, où
l'Europe pourrait trouver, comme jadis l'Empereur, son
Espagne.

En même temps, Joseph remit à Crawfurd les papiers
qu'il désirait faire passer en Angleterre. Parmi ces papiers
se trouvait très vraisemblablement la fameuse lettre de
Mme de Staël, adressée en apparence à Crawfurd, mais
en réalité destinée à être lue par de plus hauts personnages, par lord Castlereagh ou même par le Prince régent,
qui avait témoigné beaucoup de considération à Mme de
Staël pendant son séjour en Angleterre. De la part d'une
femme dont les sentiments de haine à l'égard de l'Empereur étaient connus de l'Europe entière, une telle lettre
devait faire sur l'esprit des ministres anglais une impression peut-être décisive (1).

---

(1) Thiers parle (*Consulat et Empire*, t. XIX) de « lettres pressantes »
de Mme de Staël, écrites aux ministres britanniques et dont Crawfurd
se serait chargé. Il les analyse sans en citer le texte. La famille de
Mme de Staël a toujours nié l'authenticité de ces lettres. Il en est au
moins une que l'on ne peut nier, à notre avis ; c'est celle qui se trouvait
dans les papiers de lord Castlereagh et qui est attribuée à Mme de Staël
dans les *Letters and Dispatches of lord Castlereagh*, t. II, p. 336. Elle était
incluse (enclosure) dans une lettre du 29 avril adressée par Crawfurd à
lord Castlereagh, de Jermyn Street, Londres. Elle est sans signature,
suivant l'usage de Mme de Staël et de ses correspondants politiques à cette
époque, par prudence. Elle est certainement de Mme de Staël, quoi qu'en
dise Mme Lenormant dans *Coppet et Weimar* : « Elle n'est ni par le style,
ni par les sentiments, signée de ce nom glorieux parmi ceux des amis
de la liberté. »

1° Il est très exact que Mme de Staël était à Coppet et non à Paris, et
Thiers s'est trompé en affirmant qu'elle n'avait pas quitté Paris pendant

Dans cette lettre, Mme de Staël se proposait de rendre au gouvernement anglais un compte exact de l' « état de la France ». Elle le faisait avec une passion éloquente,

les Cent-Jours. Mais peut-on prouver la non-authenticité de la lettre par ce fait que Mme de Staël écrit : « Il y aura *ici* liberté et repos. » Dans toute cette lettre, Mme de Staël se place au point de vue de la France, parle en Française, bien qu'elle soit étrangère. Ne dit-elle pas aussi : « *Nos* agitations intérieures, » « Notre position ». Il est évident qu'il ne s'agit pas de la Suisse, mais de la France. Elle dit *ici*, comme elle dit *nous*, se considérant comme Française; Coppet n'est pas sa vraie résidence : c'est Paris.

2° Contrairement à l'opinion de Mme Lenormant, nous retrouvons dans cette lettre le ton ordinaire, le style, la façon d'écrire de Mme de Staël. C'est bien sa manière éloquente et passionnée. Elle a l'habitude, quand elle écrit à un correspondant anglais ou sachant l'anglais, de se servir ainsi d'expressions anglaises, surtout dans le titre qu'elle donne aux personnes : « My dear sir. » « Brûlez ma lettre, my dear sir, et God bless you. » Cf. les lettres à Chateaubriand : « My dear Francis. »

Quant aux prétendues fautes de style qu'on trouve dans cette lettre, ce sont de simples fautes d'impression. Ainsi : « Aujourd'hui elle (l'armée) est *réformée* de toutes les vieilles troupes, » pour *reformée*. — « Les Belges *prononcent* pour les Français, » pour « Les Belges *se prononcent* pour les Français ». — « 250,000 hommes *des* troupes, » « pour 250,000 hommes *de* troupes ». — « Il aura 50,000 hommes de plus et à la fin de mars 100,000; *encore* ils sont là, » pour « et à la fin de mars 100,000 encore », etc. Les autres lettres en français, publiées dans les *Letters of Castlereagh*, sont également pleines de fautes. (Voir la note qui suit la lettre de Mme de Staël, tirée des papiers de Dumouriez.)

3° L'appel au prince régent d'Angleterre est bien d'une personne qui, comme Mme de Staël, connaissait le prince et était écoutée de lui. Remarquez le ton éloquent de cet appel : « Le prince régent peut empêcher tous ces malheurs. Oh! qu'il soit grand, magnanime, qu'il se porte en médiateur, qu'il attache son nom, sa force, sa gloire à dire à toutes les nations : « Je veux la paix, et vous resterez en paix. »

4° Mme de Staël parle assez cavalièrement de l'empereur Alexandre, avec qui elle était liée : « La vanité de l'empereur de Russie. » Mais n'oublions pas qu'elle s'adresse à des Anglais, qu'elle veut les piquer au jeu, en leur montrant qu'ils agiraient pour la plus grande gloire de l'empereur Alexandre.

5° Pourquoi la lettre est-elle adressée à Crawfurd et non à lord Castlereagh? Par précaution, pour n'éveiller aucun soupçon, étant donné l'impossibilité de passer des dépêches de France à l'étranger. Mais il est bien évident qu'elle a été écrite pour être montrée à lord Castlereagh.

6° La lettre est datée du 23 avril; M. Crawfurd serait parti le 25. Il est impossible, dit-on, qu'il ait reçu la lettre à temps, de Coppet. Mais la date du départ de Crawfurd n'est pas certaine. Puis il faut être, sur ces questions de dates, d'une extrême réserve. Mme de Staël a pu antidater sa lettre. La lettre a pu être publiée avec une date inexacte, etc. Rien n'est moins concluant que cette preuve.

En résumé, l'authenticité de cette lettre ne fait pour nous aucun doute.

qui montrait tout l'intérêt qu'elle prenait à cette cause.
Elle commençait par poser en principe que, si la paix
continuait, il y aurait en France « liberté et repos », et
que, même « si ces deux biens nous manquaient », l'Europe n'aurait point à souffrir de nos agitations intérieures;
mais si la guerre éclatait, il n'était pas douteux que la
nation tout entière se ralliât autour de l'Empereur. Il
restait encore des hommes et en argent des ressources
infinies, et les puissances se trouveraient dans une situation moins favorable que l'année précédente. Elles n'auraient plus pour alliés les traîtres, connus, écartés des
commandements et des places. L'armée, non plus déci-
mée par les froids du Nord, mais reconstituée avec les
vieilles bandes de Napoléon et les jeunes gens « que leur
exaltation a électrisés », brûlait de venger ses humi-
liations, de recouvrer sa gloire passée. Le patriotisme
des paysans était monté à un tel point qu'en cas d'invasion les alliés trouveraient en France une autre Espagne.
Mme de Staël terminait en faisant appel à la magnanimité
du Prince régent : « Qu'il attache son nom, disait-elle, sa
force, sa gloire, à dire à toutes les nations : je veux la
paix, et vous resterez en paix! » Laisserait-il encore
l'empereur de Russie être, comme l'année précédente,
« l'Agamemnon, le Roi des rois? » Ne consentirait-il pas
à être lui-même le « Dieu de la paix », à abandonner à
l'autre la royauté de cette guerre avec des chances bien
douteuses? Napoléon voulait la paix; il la voulait contre
son armée même, que sa « main de fer » avait peine à
retenir, impatiente qu'elle était de « regagner ses trophées
et sa gloire ».

Telle est, en résumé, cette lettre, remarquable à tant
d'égards, qui fait tant d'honneur à la noblesse d'âme de
celle qui l'a conçue et écrite. Pourquoi en ferait-on un

grief contre Mme de Staël? « Bien, très bien, s'écriait
Sainte-Beuve; qui que tu sois, tu es un brave cœur! »
La postérité ne peut que ratifier le jugement du critique.
Ce jour-là, Mme de Staël mérita bien de la France et de
la Liberté.

Que ne s'en est-elle tenue à cette lettre, et pourquoi,
six semaines après, en a-t-elle écrit une autre, qui lui fait
moins d'honneur? La guerre était alors inévitable; les
armées françaises allaient franchir la frontière belge;
l'angoisse était grande dans tous les cœurs français.
Ceux-là mêmes qui détestaient le plus vivement Napoléon souhaitaient sa victoire. Mme de Staël, oubliant
trop les nobles paroles qu'elle adressait à M. Crawfurd
et aux ministres anglais, ne doutant plus déjà de la
défaite de Napoléon, s'adressait à l'empereur Alexandre
avec les termes de la flatterie la plus hyperbolique (1).
Celui-ci n'était plus l'Agamemnon dont elle parlait au
Prince régent d'Angleterre sur un ton fort peu respectueux; il redevenait, comme en 1814, le héros magnanime, le « chevalier de l'Europe » : « Tout se réduit à
vous demander, Sire, de vous recommencer!... Au nom
de vous, soyez toujours vous; c'est mon unique prière. »
Elle l'enveloppait de ce pathos nuageux qu'affectionnait
Alexandre : générosité, magnanimité, humanité, dignité,
justice, bonté, conscience, jugement de la postérité!
L'Europe, la France, la liberté, le genre humain, mettaient en Alexandre leur plus ferme espérance. Quant à
Napoléon, c'était « l'homme que nous détestons ». Dix
jours avant Waterloo! Vraiment Mme de Staël eût pu

---

(1) 8 juin 1815. (*Revue de Paris*, 1er janvier 1897.) Cette publication a
été faite par l'entremise du général Schilder, qui en avait publié une
traduction dans le *Vestnik Evropy* du 1/13 décembre. Les lettres
d'Alexandre sont dans les archives de Broglie, où nous les avons vues.

attendre. Elle évoluait un peu vite vers celui qu'elle considérait déjà comme l'arbitre de la situation.

Waterloo survient; de nouveau l'Empereur tombe.
Mme de Staël reprend dans le concert européen son rôle
de « troisième puissance ». Elle voit se réaliser son rêve
le plus cher, le mariage de sa fille; elle est bien traitée
de Louis XVIII; elle entretient une correspondance
personnelle avec l'empereur Alexandre; elle joue auprès
des souverains ce rôle d'Égérie pour lequel elle eut toujours une vocation particulière; en même temps, elle
défend avec une ardeur généreuse la France envahie, la
liberté menacée.

A partir de ce moment, nous n'avons plus à nous
occuper d'elle. Elle ne reverra plus son ennemi d'autrefois, qui expie ses fautes sur le rocher de Sainte-Hélène.
Il est temps de résumer l'histoire de leurs démêlés et de
conclure.

CONCLUSION

Qu'y a-t-il au fond de ce débat entre Mme de Staël et Napoléon, entre « l'impératrice de la pensée » et le tout-puissant Empereur? Une querelle de personnes, d'abord, une antipathie toute instinctive de nature, de caractère, où il entre d'une part du dépit, de la vanité blessée, de la rancune, de l'autre beaucoup d'absolutisme et d'orgueil, et le dédain de la femme qui n'est pas uniquement femme, qui sort de son rôle d'épouse et de mère. Sur ces raisons toutes personnelles viennent se greffer les raisons politiques, tirées des circonstances, de la situation de la France et de l'Europe à cette époque, des progrès du despotisme militaire, de la fragilité très réelle de l'immense édifice impérial. Enfin, — et cela élève infiniment le débat, — il y a dans ce conflit un objet permanent, éternel, une question de principes, où s'agitent les plus grands intérêts de l'humanité, les rapports de la morale et de la politique, la direction de la vie des peuples et des individus.

Reprenons chacun de ces traits en détail.

*
* *

Il est bien certain que Mme de Staël a été enthousiaste de Bonaparte à ses débuts, du général et du Premier

Consul. Il est certain qu'elle a manifesté hautement, bruyamment, son enthousiasme; la discrétion n'était pas sa vertu ordinaire. Disons le mot : elle s'est jetée à la tête de Bonaparte, et Bonaparte en a été fort ennuyé. D'abord, il n'aimait que les femmes vraiment femmes; et ce n'était pas le cas de Mme de Staël; elle avait en elle, suivant un joli mot, « quelque chose au-dessus de son sexe, » ce qui est une façon polie de dire qu'elle était trop peu femme. Elle parlait, elle écrivait, elle tenait un salon politique : toutes choses que le général Bonaparte avait en horreur. Mais comme elle exerçait une influence très réelle, qu'elle était liée avec les Barras et les Talleyrand, Bonaparte la ménagea, répondit à ses compliments par des formules de politesse. Ce n'était pas tout à fait ce que souhaitait Mme de Staël. Bonaparte se dérobait : elle le poursuivit. Il ne l'aimait pas : elle voulut s'imposer à lui, le prendre en tutelle, lui montrer sa puissance. Mais le Premier Consul était plus puissant qu'elle, et il le lui fit sentir. Voilà l'origine de leur brouille.

Qu'est-ce que Bonaparte reprochait à Mme de Staël? Son esprit d'intrigue. Elle remuait les salons, elle agitait les esprits, elle était une « machine à mouvement ». Comme elle s'ennuyait, elle cherchait à tout prix à s'étourdir; elle aimait les conciliabules, les complots, les conspirations; elle tenait ce goût de sa nature et aussi de l'époque où elle avait vécu, sous la Révolution, sous le Directoire. Elle aimait tourner autour des gens en place; car elle avait la passion effrénée du pouvoir, et, ne pouvant l'exercer par elle-même, elle voulait du moins approcher, conseiller ceux qui l'exerçaient. Voilà ce que Bonaparte ne peut souffrir : cela le gêne et le choque. Il est choqué aussi de cette vanité démesurée, de ce manque absolu de réserve et de modestie féminine, de ce désir

d'étonner le monde et de l'occuper à tout prix. Joseph de
Maistre disait que « s'il lui avait plu d'accoucher en public
dans la chapelle de Versailles, on eût battu des mains (1) ».
Elle avait été gâtée par l'adulation de ses parents d'abord,
de la société ensuite, et elle trouvait tout naturel de se
donner en spectacle. Cette « intempérance de célébrité (2) »
déplaît au Premier Consul, autant que son ambition et
son esprit d'intrigue. Il ne lui pardonne pas non plus la
liberté de sa vie privée, cette façon de se mettre hors de
la règle commune par droit de génie, l'exemple qu'elle
donne à la société ; cela blesse son esprit d'ordre, ses
projets de réforme sociale. Enfin tout, dans cette femme,
l'irrite et le déconcerte, ses inconstances politiques, ses
« infidélités », comme dit le *Mémorial*, son « désordre d'esprit et d'imagination », son cosmopolitisme ; tour à tour
exaltant les Français et les rabaissant, anglophile, germanophile, portant aux nues tous les peuples de l'Europe et
surtout ceux à qui Napoléon fait la guerre, elle se trouve
toujours et sans cesse sur sa route. Faut-il s'étonner qu'il
l'ait prise en grippe ? Cela avait commencé par une antipathie toute personnelle ; la politique fit le reste.

<center> *</center>

On connaît les raisons politiques de cette brouille, les
espérances que Mme de Staël et son parti avaient fondées
sur Bonaparte, la déception qu'ils éprouvèrent. Ils avaient
cru terminer la Révolution, l'enchaîner à leur profit, se
rendre maîtres du pouvoir, constituer et gouverner la
France. Soyons francs : ils aimaient sincèrement la
liberté, mais il entrait dans leurs vues beaucoup

(1) Joseph de Maistre au prince Kolowski, 20 août 1818.
(2) *Mémorial*, chap. viii.

d'égoïsme, une grande méconnaissance de l'esprit du
temps et de la lassitude de l'opinion publique. Au lieu de
l'oligarchie qu'ils rêvaient, ils firent naître et grandir le
despotisme militaire. C'était l'aboutissement presque fatal
de l'état de guerre permanent où la Révolution française
vivait avec le reste de l'Europe. Bonaparte exploita fort
habilement la situation, et l'on peut dire que, à ses débuts
tout au moins, il eut contre Mme de Staël et ses amis la
majorité de la France. On était fatigué de guerre, fatigué
aussi d'agitation et de discours; la société française ressemblait à un malade qui, au lendemain d'une crise terrible, entre en convalescence. On voulait la paix à l'extérieur et à l'intérieur. La première, le génie militaire du
Premier Consul semblait capable de l'imposer à nos ennemis; quant à l'œuvre de la réconciliation nationale, il avait
seul assez d'autorité, de ferme volonté pour l'accomplir.
Le danger, Mme de Staël et ses amis du Tribunat, Benjamin Constant en tête, le virent clairement : ils dénoncèrent
l'ambition de Bonaparte, estimant qu'une nation achète
trop cher son repos, quand elle le paie de sa liberté. Il y
avait quelque mérite alors à proclamer cette vérité; mais
il était un peu tard pour le faire.

Pourquoi Bonaparte a-t-il poursuivi Mme de Staël? Que
craignait-il donc d'elle?

Il est un fait qui frappe par son évidence quiconque
étudie avec impartialité l'histoire de Bonaparte : c'est
l'instabilité de son pouvoir. Malgré tout son génie, toute
sa puissance, cet homme n'a pu consolider l'immense
édifice qu'il avait élevé de ses mains. A aucun moment,
ce pouvoir n'est indiscuté, inébranlable. Comme le rocher
de Sisyphe, il retombe sans cesse. A Marengo, Bonaparte joue sa fortune; c'en est fait de lui, si la victoire
l'abandonne. Une fois de plus il triomphe, il est l'idole

de la France. Mais voici les jacobins, les royalistes,
les émigrés, ses anciens compagnons d'armes qui com-
plotent contre son pouvoir, contre sa vie même; machines
infernales et conspirations échouent. On raille l'entreprise de Boulogne, on raille la campagne de 1805, on
escompte une défaite, à la veille même d'Austerlitz. Un
an plus tard, en 1806, pendant la campagne de Prusse,
en 1807, pendant celle de Pologne, l'espoir des partis se
ranime, en 1807 surtout, pendant cette dure campagne
où la position de l'Empereur semble désespérée; d'heure
en heure, on attend un bulletin de défaite. Napoléon est
trahi par Fouché, trahi par Talleyrand, à Erfurth, en
pleine gloire, et en 1809, pendant qu'il est en Espagne.
Il ne peut se fier à personne. La terrible guerre d'Espagne
lui porte le coup fatal; l'Allemagne tout entière frémit
d'impatience, brûle de secouer le joug. En 1809, après
Essling, nouvelle alerte; on croit la chute prochaine;
Paris est anxieux, la Bourse baisse : c'est Wagram!
Encore un répit pour l'Empire. Il y a un court moment
d'accalmie au moment du mariage autrichien et de la
naissance du roi de Rome; mais il est de peu de durée.
Et c'est la guerre de 1812, la retraite épique, la conspiration de Malet, qui n'est pas, comme on l'a dit, une
« échauffourée », mais un complot fort bien raisonné,
très logique, et qui dévoile à tous les yeux la faiblesse de
l'Empire. Viennent les jours de revers, l'invasion, et la
France affaiblie, épuisée, sans esprit public, laissera
partir avec indifférence celui qui, durant quatorze ans,
l'enchaîna à sa propre fortune. « Que pensez-vous que
dira le monde quand je ne serai plus là? » disait un jour
Napoléon à ses courtisans. Et comme ils se taisaient :
« Eh bien! c'est pourtant bien simple. Quand je ne serai
plus là, tout le monde dira : Ouf! »

Voilà pourquoi il craint toujours, et il craint justement.
Il sait toute la faiblesse de ce pouvoir qui, de loin, paraît
immense. Il ne veut pas que les esprits réfractaires puissent « faire peloton » à Paris, au cœur de son Empire,
parce qu'il sait qu'au moindre symptôme de défaite tout
s'agite, et qu'il court risque, à cinq cents lieues de la
France, de n'avoir plus de capitale. « Paris, c'est ici que
je demeure, et je n'y veux que des gens qui m'aiment. »
Dans cette armée de mécontents, s'il distingue Mme de
Staël, c'est qu'elle a le grade de général, et la persécution
dont il l'accable est une sorte d'hommage qu'il rend à son
talent, à son influence. Il la craint, et il a raison de la craindre ; car elle peut lui faire, elle lui a fait beaucoup de mal.

A-t-il été fort adroit à son égard? Non, assurément;
Stendhal admire sa « sottise » de n'avoir pu gagner un
être aussi séductible. Il assure qu'avec une dotation
annuelle de deux préfectures et de cent places de juge ou
de chambellan, Napoléon se la fût attachée (1). Stendhal
est un impertinent, mais il n'a pas complètement tort. Si
Bonaparte, à ses débuts surtout, eût un peu plus ménagé
Mme de Staël, elle l'eût adoré. Elle était vaniteuse, et il
eut tort de froisser cette vanité. Il eut tort surtout de la
pousser aux résolutions extrêmes, de la chasser hors de
France. Il l'a reconnu en 1815 : elle lui a fait plus de mal
en Allemagne, en Autriche en Russie, en Suède, en
Angleterre, qu'elle ne lui en eût fait à Paris. Elle a prêché
contre lui la croisade, et finalement elle a triomphé.

* *
*

Mais ce qui fait pour nous l'intérêt vraiment humain
de cette querelle, c'est qu'elle représente deux courants,

(1) *Correspondance inédite*, Stendhal à M. Colomb, 17 juin 1818.

deux tendances de l'humanité, deux familles d'esprits toujours en guerre.

Parmi les hommes, les uns sont frappés surtout des faits, les autres des idées; les uns règlent leur vie sur l'expérience et la pratique, les autres sur l'abstraction et la théorie; les uns sont disciples de l'*a posteriori*, les autres de l'*a priori*. Ces deux familles d'esprits se reconnaissent en Napoléon et Mme de Staël.

Mme de Staël est *idéologue*, c'est-à-dire qu'elle croit à la valeur objective des idées, des principes de la philosophie et de la morale, à leur souveraineté absolue. Elle se plaît dans cette « ténébreuse métaphysique », dans cette « subtile recherche des causes premières (1) » qu'abhorre son ennemi. Droit, justice, liberté, devoir, humanité, elle a sans cesse ces mots à la bouche. Elle croit à l'homme « en soi », c'est-à-dire à un être idéal, doué de raison et de sensibilité, qui serait le même partout, sous toutes les latitudes, blanc, noir ou jaune, civilisé ou sauvage, jouissant des mêmes droits, ayant les mêmes devoirs. De là, des idées très nobles, très belles, très justes, comme celle de l'affranchissement des nègres, et d'autres fort ridicules, comme cette manie d'appliquer à toute force la constitution de l'Angleterre aux Français. Elle n'a pas suffisamment médité ce mot de Montesquieu : « Les lois politiques doivent être tellement propres au peuple pour lequel elles sont faites, que c'est un très grand hasard si celles d'une nation peuvent convenir à une autre. » Elle ignore qu'une constitution ne sort pas de toutes pièces du cerveau d'un philosophe, mais qu'elle est imposée en quelque sorte à l'homme politique par les traditions, les mœurs, l'esprit public. De même, n'allez pas dire à Mme de

(1) Discours de Napoléon au Conseil d'État, le 20 décembre 1812.

Staël que la liberté n'est pas une chose absolue, qui puisse
exister en dehors des circonstances, toujours et partout
identique, que la politique n'est pas toujours d'accord
avec la vraie morale, que l'intérêt de l'individu est parfois
en conflit avec celui de la société : ce sont affirmations
contre lesquelles elle se révolte, et si vous lui opposez
l'expérience, elle vous répondra que l'expérience a tort et
qu'il nous appartient de réformer l'expérience.

Elle est idéologue, et elle est aussi individualiste,
comme son maître Rousseau. Elle l'est par tempérament,
par éducation protestante, par fréquentation des philosophes du dix-huitième siècle, de Rousseau surtout. On
a pu dire avec raison que « l'individualisme est le
fond de sa nature (1) ». Elle a le plus haut respect de la
personne humaine, de la vie humaine : « La liberté d'une
nation ne vaut pas la vie d'un homme innocent. » Elle
s'enthousiasme pour ce mot, elle le prend pour épigraphe d'un de ses livres (2), elle l'inscrit sur le tombeau
du philosophe à Ermenonville, elle le répète dans un chapitre de *l'Allemagne* (3). Elle repousse de toutes ses forces
la doctrine contraire, la dure maxime romaine, celle de la
Convention, du Comité de Salut public, le *Salus populi
suprema lex esto*. Cela lui paraît tout simplement monstrueux. « La suprême loi, c'est la justice (4). » Périsse la
société plutôt que ce principe ! Elle a écrit encore : « L'inté-
grité des principes de la morale importe plus que les intérêts des peuples. » Mais, dans sa pensée, l'intérêt de la
société est bien le même que celui de l'individu; l'anti-
nomie n'est qu'apparente; toutes les fois que l'individu

(1) M. Faguet.
(2) Le manuscrit inédit *Des circonstances actuelles*, déjà cité. Ce mot
est inscrit au revers du premier feuillet.
(3) IIIe partie, chap. XIII.
(4) *Ibid...*

souffre, la société souffre également. Point d'exception à
cette règle.

C'est qu'il n'y a pas, qu'il ne peut y avoir deux morales, l'une à l'usage des individus, l'autre à l'usage des
sociétés : en d'autres termes, Mme de Staël ne sépare pas
la politique de la morale, et c'est un trait par lequel elle
se distingue profondément de Napoléon. La maxime qui
place la politique au-dessus de la morale est une « maxime
infernale ». Le premier devoir du politique en ce monde
est d'assurer le triomphe de la morale. C'est ce qu'a fait
Necker; il a « dédaigné le machiavélisme (1) », il a cru
la morale « plus nécessaire encore dans un homme public
que dans un particulier »; il s'est fait le martyr de « l'union
de la morale avec la politique (2) ». Ce que Mme de Staël
ne pardonne pas à Napoléon, c'est « d'avoir fondé le despotisme sur l'immoralité (3) », c'est d'avoir rabaissé la
nature humaine, raillé la vertu, l'enthousiasme, les plus
nobles aspirations de l'âme. Il a fait de l'immoralité un
système de gouvernement; il s'est appuyé sur la raison
d'État, chose odieuse, prétexte inventé pour déguiser le
crime. Dans un État bien ordonné, cette raison-là ne doit
pas exister. Non seulement il n'est pas permis à un chef
d'État de sacrifier la morale à son intérêt particulier, mais
il ne doit même pas la sacrifier à l'intérêt national. Quand
on la réduit à ce seul mot, on est bien près d'en resserrer
chaque jour le sens, « d'en faire d'abord ses partisans,
puis ses amis, puis sa famille, qui n'est qu'un terme
décent pour se désigner soi-même (4). »

Non seulement la politique ne se distingue pas de la

(1) *Considérations sur la Révolution française.* IV⁰ partie, chap. x.
(2) *Du caractère de monsieur Necker et de sa vie privée.*
(3) *Considérations,* IV⁰ partie, chap. xv.
(4) *De l'Allemagne,* III⁰ partie, chap. xiii. Voir tout le chapitre, très
important, intitulé : *De la morale fondée sur l'intérêt national.*

morale, mais politique, « c'est religion, morale et poésie
ensemble (1). » Voilà qui est plus étonnant. Mais suivons
le raisonnement de Mme de Staël; ce n'est qu'une série
d'équations. Politique égale morale, nous le savons.
Mais, d'autre part, morale égale religion, parce que la
morale nous vient de Dieu, qu'elle est la manifestation du
divin dans nos âmes; et morale égale poésie, parce que
la poésie a justement pour but de chanter le divin, d'exalter
nos pensées et nos âmes; donc, politique égale religion
et poésie, en vertu de cet axiome que deux quantités
égales à une troisième sont égales entre elles.

Que pense Napoléon de toutes ces idées?

*
* *

Mme de Staël est idéologue. Bonaparte déteste les
idéologues. Ce n'est pas seulement parce qu'ils le gênent,
mais parce qu'ils ont une conception de la vie différente
de la sienne, et, selon lui, fausse et funeste. Cette haine
vient du temps où il a vécu, des événements dont il a été
témoin, et aussi de la nature de son esprit.

Bonaparte a vu la Révolution; il a assisté à cette
orgie d'idées abstraites qui caractérise la période révolutionnaire; il a vu les idéologues à l'œuvre, et il a jugé que
leurs erreurs « devaient et ont effectivement amené le régime des hommes de sang (2) ». Son règne est une réaction contre l'idéologie, contre cette « ténébreuse métaphysique »; et il a pour auxiliaire, à ses débuts au
moins, l'esprit du temps, nettement hostile à l'idéologie.
Au lieu de fonder un gouvernement sur des principes abs-

(1) Voir Amiel, *Étude sur madame de Staël* (remarquable) dans la *Galerie
suisse*, publiée à Lausanne par Eug. Secrétan, t. II, 1876.
(2) Discours au Conseil d'État, le 20 décembre 1812.

traits, il l'a fondé sur des principes « constamment opposés », la connaissance du cœur humain, les leçons de l'histoire.

Il hait les idéologues, parce que leur nature d'esprit lui est étrangère. Il sait que l'abstraction ne représente jamais complètement la réalité, la vie : celle-ci est beaucoup plus complexe, foisonne de mille éléments divers. Il a un génie merveilleux pour saisir cette complexité, percevoir les choses directement, en elles-mêmes. C'est un « réaliste terrifique pour tous les bavards et les obscurcisseurs de vérité (1) ». Il voit l'homme tel qu'il est, non pas l'homme en soi. S'il a jamais été bercé des chimères de Rousseau, il s'en est vite dégoûté. Rousseau croit à la bonté naturelle de l'homme ; pour Bonaparte, l'homme est mauvais ; l'homme de la nature est un « chien ». Il déteste les optimistes, les esprits à principes. Rien ne se décide dans la vie uniquement en vertu des principes ; il faut faire la part des circonstances, du hasard. Il le sait mieux que personne, lui qui est « la créature des circonstances », et qui leur doit la moitié de sa fortune. Sur ce point, il n'a jamais varié : « Que me parle-t-on de bonté, de justice abstraite, de lois naturelles ? La première loi, c'est la nécessité ; la première justice, c'est le salut public... A chaque jour sa peine, à chaque circonstance sa loi, à chacun sa nature (2). » Le monde n'est pas uniquement guidé par l'Idée ; le Fait est un terrible argument, sans réplique. Puis, autre chose est de travailler sur le papier, comme l'homme de cabinet, ou sur la peau humaine, « qui est autrement chatouilleuse. »

Bonaparte n'est pas idéologue ; il n'est pas non plus individualiste. Pour Mme de Staël, l'individu est tout ;

---

(1) EMERSON, *les Surhumains* (traduction Izoulet).
(2) GUIZOT, *Mémoires*, t. I, p. 68.

pour Napoléon, il n'est rien, ou plutôt il n'est que partie du tout, subordonnée à l'ensemble. Il peut très bien arriver que l'intérêt de tel ou tel individu doive être sacrifié à l'intérêt légitime de l'État; et, en ce cas, Napoléon n'hésite pas. « Il ne recule jamais devant la somme immense des souffrances individuelles (1) » que nécessite l'exécution de son plan. Il va droit devant lui ; tant pis pour ceux qu'il brise sur sa route. Ce n'est pas qu'il soit cruel; mais, comme l'a très bien noté Mme de Staël, il est « indifférent à la vie des hommes ». Il a en pareille matière des mots atroces. Ainsi, après l'effroyable boucherie de la Moskova : « Une nuit de Paris me réparera cela. » Ce n'est pas avec de la sensibilité qu'on mène les États, mais avec une volonté ferme, impitoyable. Sur ce point, il est d'accord avec les grands fondateurs, les grands politiques, un Richelieu, un Bismarck : ils ont le « cœur dans la tête ». On aperçoit les conséquences certaines de cette doctrine; ce sont celles qu'a si bien vues Mme de Staël. Un Napoléon arrive à s'identifier avec l'Etat. C'est à lui-même, c'est à son intérêt personnel qu'il sacrifie les individus; et cela est simplement monstrueux. Il fait du monde « un piédestal à son égoïsme (2) ».

On sait ce qu'est la politique pour Mme de Staël : une dépendance de la morale. Pour Napoléon, c'est la « conciliation des intérêts (3) », c'est le « calcul des combinaisons et des chances (4) ». « La haute politique, dit-il encore, n'est que le bon sens appliqué aux grandes choses (5). » Il faut être « froid, constant, raisonné », pour

(1) METTERNICH, *Mémoires*, t. I, p. 289.
(2) *Considérations sur la Révolution française.*
(3) FIÉVÉE, *Correspondance avec Napoléon.*
(4) NAPOLÉON, *Correspondance.* Le général Bonaparte à Talleyrand, 7 octobre 1797.
(5) FIÉVÉE.

réussir. Quant à faire triompher la vertu, Napoléon n'y
pense pas : le politique n'est pas un moraliste. Cela est
vrai, et Mme de Staël exagère. En fait, jusqu'à ce jour,
aucun gouvernement ne s'est proposé pour but le triomphe
de la morale. Le politique a en vue l'intérêt de la nation
qu'il gouverne; il est obligé de se plier dans une certaine
mesure aux circonstances. Les principes de la morale
sont, au contraire, catégoriques, ne souffrent aucune
exception. S'il fallait faire une comparaison, il serait
assez exact d'assimiler une nation à une maison de
banque ou de commerce; le commerçant, le banquier,
dans son intérêt même, doit pratiquer l'honnêteté; mais
pratique-t-il toujours, peut-il pratiquer la vraie morale,
la stricte vertu? Il est bien évident qu'à supposer qu'il
l'essayât, il serait abandonné de ses actionnaires. Un
philosophe, un religieux, un solitaire, un saint vivant en
lui-même, pour lui-même, peut prendre la vertu pour
règle. Le pourrait-il, s'il était à la tête d'un État, s'il était
aux prises avec les détails compliqués d'un grand organisme social, avec les intérêts, les convoitises, les passions de toutes sortes? Non, évidemment. Le philosophe
peut, en certains cas, s'abstenir, s'enfermer dans sa tour
d'ivoire; cela est défendu au politique. Il doit agir, agir
sans cesse. La société lui dit : Marche! L'absolu n'est pas
son domaine; il se contente du possible.

Alors, la politique peut se passer de la morale?

On sent bien que non, et c'est là où Mme de Staël
reprend tout son avantage. La justice est le premier
besoin de toute société, et quand elle est violée, la soli-
dité de l'édifice est compromise. Ce qui a fait la grandeur
du Premier Consul après Brumaire, c'est qu'il a voulu,
c'est qu'il a réalisé la justice. Ce qui a fait plus tard sa
faiblesse, c'est qu'il s'est cru tout permis, c'est qu'il a

violé de façon éclatante la justice. L'assassinat du duc
d'Enghien, et surtout l'affaire des princes espagnols, le
guet-apens de Bayonne, ont soulevé contre lui la conscience de l'Europe. De son propre aveu, rien ne lui a nui
davantage que les événements de Bayonne : ce jour-là,
l'immoralité fut trop « patente », l'injustice trop cynique (1).

Il y a un beau mot de Carlyle : « L'injustice se paye
avec d'effroyables intérêts composés. » Napoléon en a
vérifié à ses dépens l'exactitude.

*
* *

En dernière analyse, qui l'a emporté, de Napoléon ou
de Mme de Staël? Il est bien évident que c'est Mme de
Staël. Napoléon disait, en 1808, à Fontanes : « Fontanes,
savez-vous ce que j'admire le plus dans le monde? C'est
l'impuissance de la force pour organiser quelque chose.
Il n'y a que deux puissances dans le monde, le sabre et
l'esprit... A la longue, le sabre est toujours battu par
l'esprit (2). »

Malgré beaucoup d'erreurs, de passion, d'aveuglement,
d'injustice même, Mme de Staël a vaincu. Elle a merveilleusement incarné de son temps l'opinion publique, la
morale outragée, et ce sont ces forces qui ont triomphé
de Napoléon. Sans doute, il entrait dans l'opinion européenne, à l'insu même de Mme de Staël, une bonne part
d'hypocrisie, une part plus forte encore de rancune et de
haine; sans doute la morale avait de singuliers vengeurs
parmi ceux qui renversèrent Napoléon. Mais c'est la gloire
de Mme de Staël, comme celle de Chateaubriand, parmi
tant de bassesses et de vilenies, d'avoir proclamé les

(1) *Mémorial.*
(2) SAINTE-BEUVE, *Portraits littéraires*, t. II, p. 267.

grands principes de liberté et de dignité, « sans lesquels
l'espèce humaine ne serait qu'une horde de barbares ou
un troupeau d'esclaves. »

D'ailleurs, il est probable, quoi qu'en dise Mme de Staël,
que la politique ne sera jamais complètement d'accord
avec la morale; et cependant on ne peut nier, malgré les
apparences, que le pouvoir de la morale ne devienne plus
impérieux chaque jour. La conscience morale de l'humanité n'est encore qu'une lueur vacillante, incertaine; mais
elle brille. Il est un peu plus difficile de nos jours d'accomplir un acte injuste qu'au moyen âge ou au dix-
septième siècle même. Les politiques ont beau nier ce
pouvoir de la morale : malgré eux, ils le subissent. Il
semble qu'il y ait une justice immanente des choses, tardive, mais réelle.

C'est une erreur de ne croire qu'aux idées; c'est une
autre erreur de ne croire qu'aux faits. L'impondérable
existe. Le désintéressement, l'énergie morale, l'enthousiasme, sont des forces incalculables, plus puissantes que
les baïonnettes. La gloire de Mme de Staël, c'est sa foi
invincible dans l'Idéal; elle s'en est fait la prêtresse.
Sur ce point, elle a raison contre Napoléon. Elle l'a
accusé à juste titre de mépriser l'humanité, de « dégrader
les caractères », d'énerver la nation dont il guidait les
destinées. Elle a prédit qu'il serait vaincu par cet « enthousiasme », qu'il avait trop dédaigné. Cette prédiction se
réalisa; il fut renversé par des forces morales beaucoup
plus que par les canons des Alliés, et quand la fortune
lui manqua, tout lui manqua à la fois; car il n'avait à
compter ni sur la France épuisée, ni sur le dévouement
de serviteurs qu'il avait, en les méprisant, comblés de
richesses et d'honneurs.

Assurément Mme de Staël s'est trompée plus d'une fois

en combattant Napoléon ; du moins, elle ne s'est jamais trompée bassement. Elle avait, avec d'insupportables défauts, une âme naturellement haute et généreuse. C'était une femme « d'un très grand talent, de beaucoup d'esprit », disait son ennemi à Sainte-Hélène. Il a raison, mais il fallait ajouter : « C'était une femme d'un très grand cœur. »

INDEX ALPHABÉTIQUE

DES NOMS PROPRES CONTENUS DANS CET OUVRAGE

TABLE DES MATIÈRES

CHAPITRE VIII

CHAPITRE IX

CHAPITRE X

CHAPITRE XI

27

CHAPITRE XXII

CHAPITRE XXIII

PARIS

TYPOGRAPHIE PLON-NOURRIT ET

Rue Garancière, 8.